机场运行

王汝昕 牟奇锋 ◎ 编著

西南交通大学出版社
·成 都·

图书在版编目（CIP）数据

机场运行 / 王汝昕，牟奇锋编著. --成都：西南交通大学出版社，2025.2. --ISBN 978-7-5774-0342-7

Ⅰ.F560.81

中国国家版本馆 CIP 数据核字第 2025H6D819 号

jichang yunxing
机场运行

王汝昕　牟奇锋　编著

策划编辑／胡　军
责任编辑／郭鑫鹏
责任校对／左凌涛
封面设计／墨创文化

西南交通大学出版社出版发行
（四川省成都市金牛区二环路北一段 111 号西南交通大学创新大厦 21 楼　610031）
营销部电话：028-87600564　　028-87600533
网址：https://www.xnjdcbs.com
印刷：成都中永印务有限责任公司

成品尺寸	185 mm×260 mm
印张	20.25　字数　506 千
版次	2025 年 2 月第 1 版　印次　2025 年 2 月第 1 次
书号	ISBN 978-7-5774-0342-7
定价	72.00 元

课件咨询电话：028-81435775
图书如有印装质量问题　本社负责退换
版权所有　盗版必究　举报电话：028-87600562

前言

随着经济全球化步伐加快，在技术进步与市场需求的共同驱动下，航空运输已成为增长速度最快、发展潜力最大的交通运输方式。机场作为航空运输系统的重要组成部分，同样面临安全、优质、高效运行的压力和挑战。机场运行是机场管理的基本内容，安全、有序、高效和低污染的机场运行是机场管理追求的目标。本书所呈现的机场，是一个多部门协同运行的复杂系统，机场运行管理泛指对系统的运转，活动的计划、组织、实施和控制的过程，是与机场安全服务保障密切相关的各项管理工作的总称。

安全是民航发展的生命线。机场运行管理中的许多工作都是直接或间接地为航空安全服务的。航空安全要求要在机场运行中体现，航空安全理念应该蕴含在机场运行进程的每一步骤和每一名员工中。机场运行管理的核心目标之一是通过制定和实施必要的程序以维持运行期间可接受的安全水平，保证"持续适航"，即机场物理特性和设施的技术标准持续满足航空器运行性能要求，其设施规模及运作模式也要与航空市场需求相适应。

当前，全球正迎来新一轮科技革命和产业变革，创新领域、创新方式和创新范式正在经历着深刻的变化。在这样的时代背景下，民航局贯彻落实习近平总书记提出的"建设以'平安、绿色、智慧、人文'为核心的四型机场"，不断增强机场综合管控能力，提升全域协同效能，推进可持续发展，聚焦"安全、质量、效益、效率"，推动机场运行管理质量评价指标更加综合全面。

在全生命周期管理过程中，围绕航班运行保障中心任务，机场运行管理涵盖了航空运输生产计划与组织、机场勤务在内的全部运维知识，也涉及安全与应急、需求管理、公共关系等领域技术与服务。本书共分为9章。第一章机场运行系统，讲述了机场管理的形成与发展，并重点介绍了机场分类、功能分区、机场系统构成、主要管理模式、组织结构、机场安全运行法规体系，由牟奇锋、王汝昕编写；第二章机场安全与运行，介绍机场安全管理体系的构成要素、机场安全能力建设、机场许可管理、运行最低标准及限制、偏离和豁免等，由王汝昕、牟奇锋、李明捷、陈明编写；第三章机场收费标准，介绍机场收入构成以及我国机场收费标准等，由王汝昕、牟奇锋编写；第四章机场容量与航班安排，介绍了机场容量评估计算、描述高峰小时的方法、航班动态调时，阐明了容量、高峰小时流量、延误之间的关系，为提升机场航班管理水平奠定良好基础，由牟奇锋、李明捷、王汝昕编写；第五章机场噪声控制，从提升机场噪声综合治理能力出发，介绍了机场噪声及危害、机场噪声评价及标准、航空器噪声适航审定、机场噪声监测与控制，由王汝昕、赵悦编写；第六、七章空侧运行，为本书的核心章节，介绍了飞行区场地管理、外来物防范、目视助航设施管理、机场净空管理、鸟击及动物侵入防范、跑道侵入防范、机坪管理、除冰雪管理、不停航施工管理，由王汝昕、牟奇锋、李明捷、冯晓磊编写；第八章航班保障与指挥协调，介绍了航班运行保障管理、信息管理与资源管理、航班正常性管理、机场协同决策与航班进程管控、航班备降管理，由牟奇锋、冯晓磊编写；第九章民航机场应急救援，介绍了运输机场突发事件应急救援、残损航空器搬移，由王汝昕、冯晓磊编写；第十章机场安全保卫，介绍了机场安全保卫组织与责任、安全程序和民用航空安全检查，由牟奇锋编写。本书的编写主要参考了《运输机场运行安全管理规定》《运输机场安全管理体系（SMS）建设指南》《机场时刻容量评估技术规范》等规范性文件，以及大量同类专著、教材、期刊和学术研究成果。Norman J.Ashford、高金华等前辈学者在长期实践中积累的丰富素材，激发了团队的创作灵感。在本书的编写过程中，天府机场林馨、大兴机场张超、上海机场地服张磊等人分别对本书进行了指导，在此一并表示衷心的感谢。本书可作为民航院校交通工程、交通管理专业基础教材。在学习本书之前，学生应掌握机场规划设计基本理论与分析方法，通过本书的学习，能加深对机场运行环境、运行机制和核心业务流程的认识和理解，为机场安全管理、机场运行指挥等后续专业课的学习打下良好基础。本书也可作为机场从业人员的指导手册和案头工具书。

  机场运行管理涉及的学科门类众多，知识内容庞杂，由于编写时间仓促，以及编者水平有限，书中难免存在不足和错误之处，恳请读者提出宝贵意见，以便在以后的版本中加以改进。

编者

2024 年 7 月

目录

第一章 机场运行系统 001
- 第一节 机场管理的形成与发展 002
- 第二节 机场的类别、等级及功能分区 005
- 第三节 机场系统构成及运行 008
- 第四节 机场管理模式及组织结构 013
- 第五节 机场安全运行法规体系 020
- 复习与思考 025

第二章 机场安全与运行 026
- 第一节 机场使用许可管理 027
- 第二节 机场安全管理 032
- 第三节 机场运行安全业务管理 037
- 第四节 机场条件与飞机运行特性 043
- 第五节 机场运行限制 055
- 第六节 偏离和豁免 060
- 复习与思考 063

第三章 机场收费标准 064
- 第一节 机场收入的构成 065
- 第二节 我国机场收费标准 066
- 复习与思考 068

第四章 机场容量与航班安排 070
- 第一节 机场容量与时刻容量评估 071
- 第二节 机场高峰小时 077
- 第三节 容量与延误 082
- 第四节 机场航班时刻安排 086

复习与思考 ……………………………………………………………………… 092

第五章　机场噪声控制 ………………………………………………………… 093
　第一节　机场噪声及危害 …………………………………………………… 094
　第二节　机场噪声评价 ……………………………………………………… 095
　第三节　航空器噪声适航认证 ……………………………………………… 098
　第四节　机场噪声监测与控制 ……………………………………………… 100
　　复习与思考 ……………………………………………………………………… 107

第六章　空侧运行Ⅰ ……………………………………………………………… 108
　第一节　飞行区场地管理 …………………………………………………… 109
　第二节　外来物防范管理 …………………………………………………… 125
　第三节　目视助航设施及供电管理 ………………………………………… 135
　第四节　机场净空管理 ……………………………………………………… 142
　第五节　鸟害及动物侵入防范管理 ………………………………………… 146
　　复习与思考 ……………………………………………………………………… 153

第七章　空侧运行Ⅱ ……………………………………………………………… 154
　第一节　跑道侵入防范管理 ………………………………………………… 155
　第二节　机坪管理 …………………………………………………………… 169
　第三节　除冰雪管理 ………………………………………………………… 178
　第四节　不停航施工管理 …………………………………………………… 188
　　复习与思考 ……………………………………………………………………… 192

第八章　航班保障与指挥协调 …………………………………………………… 193
　第一节　航班运行保障管理 ………………………………………………… 194
　第二节　信息管理与资源管理 ……………………………………………… 217
　第三节　航班正常性管理 …………………………………………………… 240
　第四节　机场协同决策与航班进程管控 …………………………………… 246
　第五节　航班备降管理 ……………………………………………………… 256
　　复习与思考 ……………………………………………………………………… 260

第九章　民用机场应急救援 ……………………………………………………… 261
　第一节　运输机场突发事件应急救援管理 ………………………………… 262
　第二节　残损航空器搬移 …………………………………………………… 284
　　复习与思考 ……………………………………………………………………… 290

第十章　机场安全保卫 ··· 291
第一节　政策与组织机构 ·································· 292
第二节　安全程序 ··· 294
第三节　民用航空安全检查 ································ 298
复习与思考 ·· 303

附录A　机型代码和参数 ·· 304
附录B　常用通话及标准用语 ·································· 307
附录C　航班作业服务计划 ···································· 311
附录D　航班延误原因分类 ···································· 312

参考文献 ·· 315

第一章 机场运行系统

随着航空业务量的快速增长,机场规模不断扩大,系统运行的复杂性越来越高。围绕着民航安全工作"主线",机场管理机构对机场的运行安全实施统一管理,负责机场安全、正常运行的组织和协调,保证机场持续符合安全运营要求。航空运输企业及其他驻场单位按照各自的职责,共同维护机场的运行安全,并承担相应的责任。机场作为一个复杂的生态系统,它包含了旅客、航空公司、货主货代、商业、广告、地面运输、航空服务、基础建设、运维、机场运营、空管、联检、政府、行业监管等要素。如何完善全域协同规则,维持安全、高效、智慧、稳定运行,是机场管理者考虑的首要问题。

机场运行

第一节　机场管理的形成与发展

机场是陆地或水面上划定的一块区域,包括所有的建筑物、设施和设备,全部或部分用于航空器起飞、着陆、滑行、停放以及加油、维修等地面保障活动等。作为航空运输系统的重要组成部分,机场从诞生之日起就是保障飞行活动的基础设施,不可能脱离飞行保障活动而单独创造价值。机场具有公益性和收益性的双重特征。随着时代的变化和科学技术的进步,民用机场功能不断扩大,管理内涵得到进一步丰富和延伸。

一、机场运行管理发展史

1903年莱特兄弟发明"飞行者一号"时还没有机场的概念,当时只需要找一块相对平坦的土地或草地,可承受不大的飞机重量。从第一个机场建设至今已过去百年,机场经历了从无到有、从小到大、从简单到复杂、从单一功能到多种功能的发展历程,大致可分为三个阶段。

第一阶段:真正意义上的机场最早出现于1910年德国,用于"齐柏林飞船"的起降。这个机场只是一片划定的草地,设有简易帐篷存放飞机,没有可供与飞行员通话的无线电设备,更无着陆引导系统和其他保障设施,空中交通管制也仅仅是由一人挥动红旗来作为起飞和降落的信号。在这种条件下,飞机只能在白天飞行。由于这个时期的航空器在安全性和技术方面尚不稳定,还未被社会广泛接受,使用十分有限,主要供航空爱好者的试验飞行或军事目的飞行,不搭载乘客。机场只为飞机和飞行人员提供服务,基本不参与社会服务,发展尚处于初期阶段,只是"飞行人员的机场"。

第二阶段:1919年后,航空技术得到迅速应用,新航线的不断开通,在全球范围内进一步刺激了机场的发展。欧洲一些国家率先对机场设计进行初步改进。美国联邦政府拨巨额专项资金建设和改进了数百个机场,其中最大的和装备最好的机场由政府接管,同时继续鼓励私人开发建设机场。随着航空技术的进步,飞机对机场的要求也提高了。为了满足航管和通信、跑道强度、旅客进出机场的要求,塔台、混凝土跑道和候机楼开始出现,现代机场的雏形基本形成。1951 年，ICAO（国际民用航空组织）理事会通过了首部机场标准和建议措施，定为《国际民用航空公约》的附件 14，使得全球的机场设计和运行有了大体统一的标准。这个时期的机场主要是为飞机服务，是"飞机的机场"。

第三阶段：20 世纪 50 年代末，大型喷气式飞机投入使用，使飞机成为真正的大众交通运输工具，航空运输成为地方经济的一个重要且不可或缺的组成部分。而这种发展也给机场带来了巨大的压力，它要求全世界范围内的机场设施必须提高等级。一方面，先进的飞机性能要求各个机场的飞行区必须有很大改进，不仅是跑道、滑行道、停机坪的强度、长度和宽度，还涉及飞机起降设施水平的提高、空管系统改进以及机场净空保护等。另一方面，载重量更大、航程更远的喷气飞机的使用，也促使乘机旅行、客流量和货运量增加，原有的航站楼需要重新设计或改扩建，以满足新增需求。在速度经济时代，机场已经成为全球生产和商业活动的重要节点，也是推动区域经济社会发展的强力引擎。以机场为依托，能够快速形成以临空指向产业为主导、多种产业有机关联的独特经济发展模式。机场是一个城市乃至一个地区的重要门户和窗口，但由于一些特殊要求和限制因素，对城市发展也产生了不利的影响，如机场净空保护区限高问题、机场土地使用规划与控制问题、机场噪声问题等。总之，机场成为了整个社会的一部分，因而现代机场是"社会的机场"，机场的建设和运行应当与城市的发展协调统一。

进入 21 世纪后，随着机场密度的增加，区域环境、土地、空域容量、航班编排等各方面资源的制约作用日益加剧，邻近机场之间的关系变得越来越紧密。为了实现资源的有效分配以及更好地满足航空运输需求，区域内两个或两个以上地理位置邻近的不同规模、不同等级的运输机场以一个或多个机场为核心，通过相互作用关系形成集聚，实现资源共享和协同联动，这样的机场集合称为多机场系统。在机场密度较高的区域，存在严重的机场两极分化现象。大型机场的资源使用情况越来越紧张，航班延误情况严重，机场服务质量下降；而大部分中小机场设施闲置，资源没有得到充分利用。因此，未来机场的建设和运行更需要深度融入城市群高质量发展，统筹协调，合作共赢，增强服务国家区域发展战略能力，通过市场细分、扩大协同规模，实现整体效益最大化。

二、我国机场运行模式演进与现代转型

新中国成立以来，尤其是改革开放以来，我国运输机场建设取得举世瞩目的成就，机场数量显著增长，机场运行保障能力显著增强，机场安全管理水平和服务品质显著提升。民用机场作为公共基础设施，在服务国家战略、促进经济社会发展和满足人民群众对美好生活的向往方面发挥着先导性、基础性和战略性作用。进入 21 世纪，我国以京津冀、长三角、粤港澳、成渝四大机场群，国内十大国际航空枢纽和 29 个区域枢纽为骨干，以非枢纽和通用航空机场为重要补充的现代化国家综合机场体系已经基本建立，一批以机场为核心的现代综合交通枢纽正在加快形成。机场群是以协同运行和差异化发展为主要特征的多机场体系。随着区域经济一体化进程的不断推进，机场群能够为城市群的各种功能、活动提供支撑，城市群的发展又会不断拓展航空需求、促进机场群发展。机场群一体化协同运行在我国部分地区的中

小机场已经完成试点，这种以机场群为单位，充分强调区域性和协同性的创新发展模式能够有效协调整合航班航线资源、时刻资源、保障资源，对提升地区航空整体运输保障能力、解决部分特殊机场在复杂天气下的安全运行问题具有重要作用。

在推进机场治理体系和治理能力现代化的进程中，通过破除体制机制障碍、联合重组、创新管理模式等一系列改革，我国机场的竞争活力得到了极大增强。2002年，机场属地化管理体制改革拉开了帷幕，机场自此真正融入地方经济社会，成为区域、社会经济发展的新动力，极大增强了地方政府对机场投入的积极性。2009年颁布的《民用机场管理条例》首次明确了机场的公共基础设施定位，并逐步推动机场从部分直接经营的业务中退出，使机场管理机构从直接经营型向管理型转变。以"平安、绿色、智慧、人文"为核心的四型机场发展理念，是解决机场快速发展与机场运行安全、环境生态保护、旅客美好出行需求等深层次矛盾的方法，通过全过程、全要素、全方位优化，实现安全运行保障有力、生产管理精细智能、旅客出行便捷高效、环境生态绿色和谐，充分体现了新时代民航机场高质量发展的新要求。

转型发展过程中机场的角色定位与转换使得机场运作模式发生了深刻变化。在我国机场发展初期，航空公司、机场、空管三大运行主体尚未细分，没有独立的机场运作形式。体制改革后，机场开始作为企业独立开展运营，围绕航班运行保障中心任务，设置专门机构对内部各部门及生产过程进行统一的协调指挥和全面的综合管理，形成了以现场指挥和总值班室为核心的粗放型、经验型、权威型运行管理架构。随着中国式现代化建设进程的不断加快，越来越多的机场跨入"多航站楼、多跑道"全新发展时代，统筹飞行区、航站区及公共区等区域的现场运行指挥和资源调度工作，实现全域协同运行，借助各种信息化和通信技术手段，逐渐形成了以机场运控中心（AOC）为核心、各生产运营保障单位为依托的集约型、流程化、体系化运行组织架构。机场运作模式的路径演变主要分为以下四个阶段：

（1）三级调度模式。旅客年吞吐量千万级以下的中小型机场，通常会设立机场运行指挥室，负责机场整体的运控协调和指挥调度工作。另外还会根据需要设置二级、三级甚至四级调度，用以协调处理现场的生产保障。这种分散式运行模式，组织结构简单、职责权限易区分，缺点是沟通机制不完善、跨部门交流困难、不利于危急响应，具有潜在的组织冲突。

（2）区域化运行管理模式（AOC/TOC模式）。强调"统一指挥、区域化管理和专业化支持"，其核心思想是将机场的运行管理按照飞行区、航站区、公共区等物理区域划分出不同的管理范围，设置区域化的管理部门来负责区域内所有安全、运行、服务相关事务，并通过一个全局的指挥中心来实现各区域的"统一指挥、协同运行"。另外成立专业保障部门，负责安全、服务、设施设备、能源生产等专业保障，与区域部门建立基于服务水平协议（SLA）的合约管理机制。AOC/TOC模式实质是一种分布式运行，各运行主体不在同一个地点办公，但使用统一的系统平台实现信息共享和交流。由于人员、设备分散，因此抗风险能力强；缺点是易形成"区域壁垒"，影响整体的统筹性。

（3）集中运控中心（Intergration Operation Centre，IOC）模式。IOC模式是为打破"区域壁垒"，将原本区域化组织的运控协调岗位入驻一个物理空间，形成联合作业机制。通过建立多部门协同的SOP（Service Operation Process，服务运营流程），理顺航班流、旅客流、行李流、货物流、交通流上下游岗位，使得区域管理机构能够站在全局高度提升部门履职效能。物理集中是促进各方达成协同的一种措施，目的是通过面对面的沟通和协作降低沟通成本，有利于协同文化的形成。

（4）虚拟化 IOC 模式。在高度自动化、高度信息化及高度网络化背景下，由物理集中的运控中心模式进化形成的高级管理形态，即当运行各方协同文化理念统一后，没必要再通过物理集中促进协同，而是借助数字化平台形成广泛的虚拟协同格局，满足不同组织架构和业务模式下的管理需求，总体运行更加高效快捷。

第二节　机场的类别、等级及功能分区

航空器起降需要有专门的飞行区场地、着陆引导系统和其他保障设施。为了便于规划、建设和管理，机场可根据服务性质、航线性质、航线布局和旅客乘机目的划分为不同类别，也可根据飞行区等级、助航设施条件和消防保障要求等对机场进行等级划分。

一、机场的分类

（一）按服务性质划分

民用机场按服务性质可分为运输机场和通用机场。

运输机场是指为从事旅客、货物运输等公共航空运输活动的民用航空器提供起飞、降落等服务的机场。

通用机场指专为从事通用航空活动的民用航空器提供起飞、降落等服务的机场，根据是否对公众开放分为 A、B 两类。

（二）按航线性质划分

民用运输机场按航线性质可分为国际机场和国内机场。

国际机场指供国际航线定期航班飞行使用的机场，有出入境和过境设施，并设有固定的联检机构，如海关、边防检查等。国际机场一般也同时供国内航线定期航班飞行使用。国际机场又分为国际定期航班机场、国际定期航班备降机场和国际不定期航班机场。国际定期航班机场指可安排国际通航的定期航班飞行的机场；国际定期航班备降机场指为国际定期航班飞行提供备降的机场；国际不定期航班机场指可供国际不定期航班飞行的机场。

国内机场指供国内航线定期航班飞行使用的机场，不提供国际航线定期航班飞行使用。

机场运行

（三）按机场航线布局划分

民用机场按航线布局及在航线网络系统中所起的作用可分为枢纽机场、干线机场和支线机场。

枢纽机场指全国航空运输网络和国际航线的枢纽，是运输业务特别繁忙的机场。枢纽辐射式航线结构系统是当今世界大型航空公司的六大竞争武器之一。全球前20家航空公司（按运输量排名）基本上都拥有枢纽辐射式航线结构系统，并且世界排名前20位的机场无一例外都是枢纽机场。枢纽辐射机场起着与周边支线机场的连接纽带作用。

干线机场指以国内航线为主，可开辟少量国际航线，可以全方位建立跨省跨地区的国内航线，运输业务量较为集中的机场。

支线机场指分布在各省、自治区内及至邻近省区的短途航线机场，运输业务量较少。

（四）按旅客乘机目的划分

民用机场按旅客乘机目的可分为始发机场、终程机场、经停（过境）机场和中转（转机）机场。

始发机场指某航班运行的始发地。出发旅客提前到达始发机场等候，办理有关手续后准备登机离港。

终程机场指某航班运行的目的地。到达旅客在终程机场结束航空旅行，下机后到航站楼提取行李，再经相关流程后离开航站楼，转入地面交通。

经停（过境）机场指某航班中间经停的机场。过境旅客可下机到过境厅等候登机，待航空器结束加油、清洁、餐食补给或上下旅客等各种地面保障活动后，继续飞往下一机场。

中转（转机）机场指中转旅客乘坐一架到达航班抵达此处时，需换乘另一架出发航班前往目的地的机场。中转是枢纽机场很重要的功能之一，合理的航班衔接、便利化的中转服务能够有效提升旅客运输量，加快推进"干支通、全网联"航空运输服务网络建设。为了进一步优化中转流程，缩短最小衔接时间，各地开始打造更具品质的通程航班服务，即旅客在始发站办理登机手续，领取两个联程航段的两张登机牌，旅客行李从始发站直接托运到终点站。为此，中国民用航空总局（简称民航局）正式发布了通程航班服务管理平台和民航中转旅客服务平台，推动中转便利化服务进程。

二、民用机场等级

（一）机场飞行区等级

机场飞行区等级按飞行区指标Ⅰ（代码）和飞行区指标Ⅱ（代字）来划分，以使该机场飞行区各种设施的技术标准能与在这个机场上运行的航空器性能相适应。

飞行区指标Ⅰ按拟使用跑道的各类航空器中最长的基准飞行场地长度，分为1、2、3、4四个等级。航空器基准飞行场地长度（Aeroplane Reference Field Length）是航空器以核定的最大起飞重量，在平均海平面、标准大气条件、无风和跑道无纵坡条件下起飞所需的最小场地长度。

飞行区指标Ⅱ按拟使用该机场的各类航空器中的最大翼展，分为A、B、C、D、E、F六个等级，参见表1.1。

表1.1 机场飞行区等级

飞行区指标Ⅰ		飞行区指标Ⅱ	
代码	航空器基准飞行场地长度/m	代字	翼展/m
1	<800	A	<15
2	800～<1 200	B	15～<24
3	1 200～<1 800	C	24～<36
4	≥1 800	D	36～<52
—	—	E	52～<65
—	—	F	65～<80

需要注意的是，飞行区指标Ⅰ指的是基准飞行场地长度，故所需跑道长度还应根据航空器起降特性、机场标高、机场基准温度、风和跑道表面条件等进行修正得到。

（二）跑道助航设施等级

按照跑道助航设施等级及可提供的目视或仪表进近程序，跑道可划分为非仪表跑道和仪表跑道。其中，仪表跑道又分为以下几类。

非精密进近跑道为最低下降高或决断高不低于75 m，能见度不小于1 000 m的仪表进近运行的跑道。

Ⅰ类精密进近跑道为决断高低于75 m，但不低于60 m，能见度不小于800 m或跑道视程不小于550 m的仪表进近运行的跑道。

Ⅱ类精密进近跑道为决断高低于60 m，但不低于30 m，跑道视程不小于300 m的仪表进近运行的跑道。

Ⅲ类精密进近跑道为决断高低于30 m或无决断高，跑道视程小于300 m或无跑道视程限制的仪表进近运行的跑道。Ⅲ类精密进近跑道还可继续划分为ⅢA、ⅢB和ⅢC。

（1）ⅢA：用于决断高小于30 m或无决断高，且跑道视程不小于175 m时运行。

（2）ⅢB：用于决断高小于15 m或无决断高，且跑道视程小于175 m但不小于50 m时运行。

（3）ⅢC：用于无决断高和无跑道视程限制时运行。

三、民用机场的功能分区

民用机场的功能分区主要由飞行区、航站区和进出机场的地面交通系统三部分构成。

（一）飞行区

供飞机起飞、着陆、滑行和停放使用的场地，一般包括跑道、滑行道、机坪、升降带、跑道端安全区以及仪表着陆系统进近灯光系统等所在的区域，通常由隔离设施和建筑物所围合，如图1.1所示。

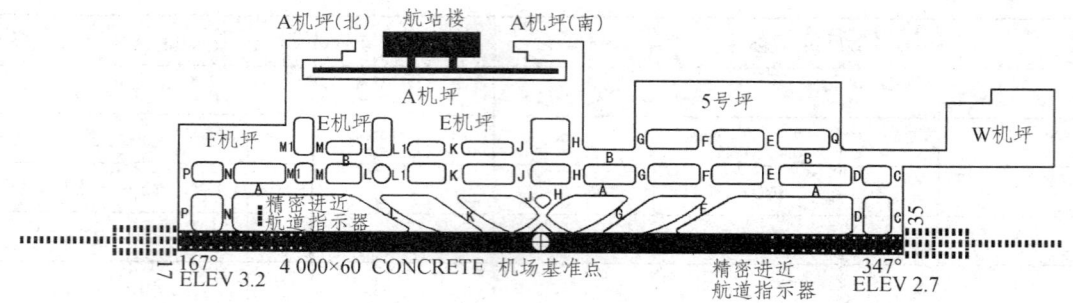

图1.1 机场飞行区和航站区

（二）航站区

航站区是飞行区与机场其他部分的交接部。航站区包括航站楼及站坪、服务车道、停机设施、公共交通设施等。

（三）进出机场地面交通系统

地面交通系统包括了公共交通站台、停车场、供车辆和行人使用的道路交通设施。进出机场的地面交通系统，包括公路、铁路、地铁、轻轨或者水运码头等，其目的在于将旅客、货物和邮件及时地运进或运出航站楼。

第三节 机场系统构成及运行

一、机场系统空间构成及运行关系

空侧（Airside）和陆侧（Landside）两大区域组成了完整的机场系统。空侧是指航空器活

动区以及与其相毗连的地带、建筑物或其一部分,包括机场空域、飞行区、站坪、航站楼隔离区以及航空器维修区中用于保养和维护航空器的区域等,进入该区域受严格控制。陆侧是指机场内旅客和非旅客可自由出入的区域和建筑物,包括航站楼非隔离区、停车场、楼内/前地面交通系统、公共服务配套设施以及工商业区等。空侧和陆侧的分界点从旅客活动的意义上讲是安检口;从规划设计、交通运输方式及移动类型转换的意义上讲则是以航站楼与机坪为分界线,也就是说,登机口(廊桥口)成为两个区域的分界线。机场系统空间划分如图1.2所示。

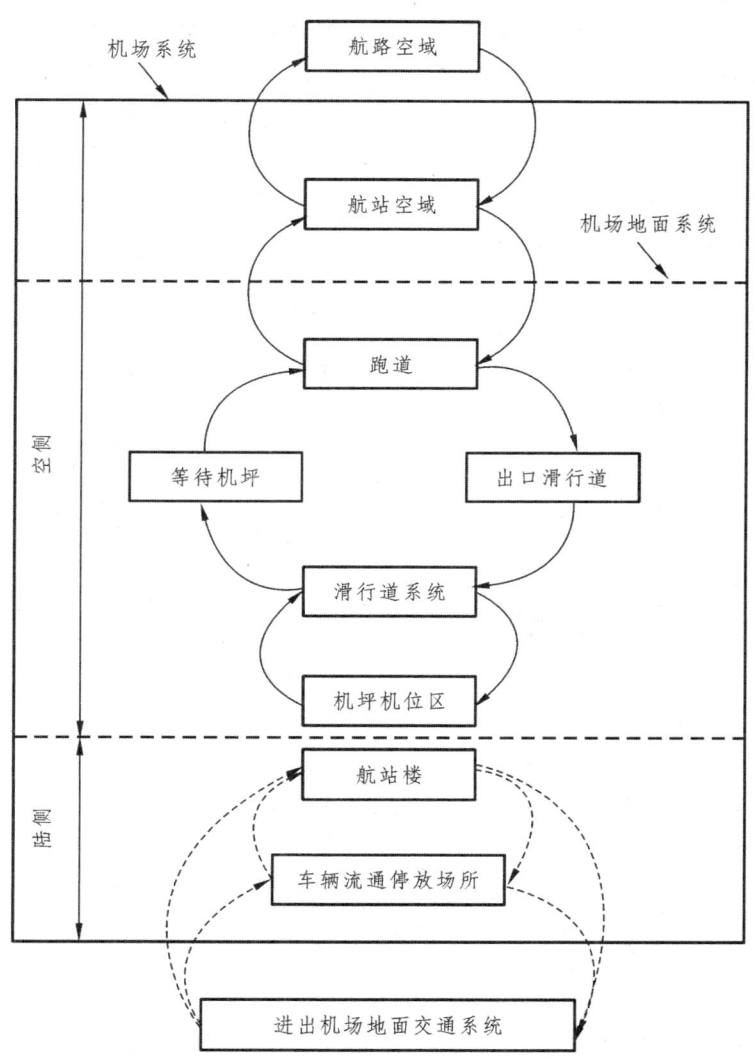

图 1.2　机场系统空间划分

机场是航空运输系统的实体场所,也是机场、航空公司、用户三种主要成分的结合点。三者平衡运作,系统才能达到最好的运行状态,否则可能导致机场设施运行规模的下降。三者相互作用进一步影响了机场运行规模、旅客需求、机场容量和飞行能力等因素,各因素间关系如图1.3所示。机场作为公共服务平台,有责任为航空公司等驻场单位和用户提供安全、

公平、高效的服务保障，优化完善机场用户协商工作机制。航空公司依靠机场设施开展航空运输，从中获取收益。随着用户不断增多，航空公司需要更大的运力来满足用户需求，而运力的增大势必占用更多的机场资源，由此对机场设施规模提出了更高的要求。机场需要将获取的部分收益用来改善机场环境，提升空侧和陆侧设施设备水平，满足用户需求。

为促进机场、航空公司、空管等运行成员单位之间的高效协同，缓解机场空地资源保障能力不足与快速增长的航空运输需求之间的矛盾，我国推动建立以机场运行管理委员会（简称运管委）为核心的机场运行协调机制，充分发挥信息共享和协同联动作用，促进以提升运行效率为核心的机场保障管理体系、以运行控制为核心的航空公司运行管理体系、以流量管理为核心的空管运行服务管理体系、以考核机制为核心的政府监督管理体系等"四个体系"融合，完善空地保障流程衔接，优化运行资源配置，提升协同服务效能。尤其在重大保障任务、航班大面积延误、不利条件运行、应急救援等特殊情况下，可充分发挥运管委的组织、协调、控制、决策作用，调动各方资源，形成强大保障合力，确保机场安全、高效、顺畅运行。

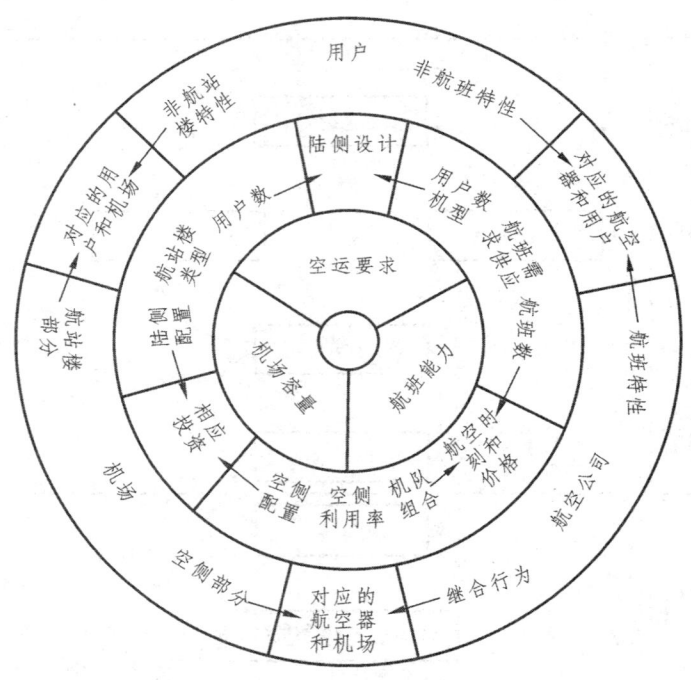

图 1.3　机场各组分的关系

二、机场系统组织

（一）机场管理机构

机场管理机构是指依法组建的或者受委托的负责机场安全和运营管理的具有法人资格的机构，按照机场使用许可证规定的范围使用机场，对机场安全生产负直接的主体性责任。

(二)空中交通管制单位

空中交通管理是民航安全管理的一项重要工作,其任务是有效地维护和促进空中交通安全,维护空中交通秩序,保障空中交通顺畅。空中交通管理对飞行计划的制定与实施有着最直接、重要的影响。空中交通管理由以下三部分组成:空中交通服务(ATS)、空中交通流量管理(ATFM)和空域管理(AM)。其中,空中交通服务包括空中交通管制服务、飞行情报服务和告警服务。

空中交通管制服务的目的是防止航空器与航空器相撞及防止机动区内航空器与障碍物相撞,维护和加快空中交通的有序流动。空中交通管制服务包括机场管制服务、进近管制服务和区域管制服务。

机场管制服务是向在机场机动区内运行的航空器以及在机场附近飞行且接受进近和区域管制以外的航空器提供的空中交通管制服务。

进近管制服务是向进场或者离场飞行阶段接受管制的航空器提供的空中交通管制服务。

区域管制服务是向接受机场和进近管制服务以外的航空器提供的空中交通管制服务。

空中交通服务由空中交通管制单位提供,包括塔台管制单位、进近管制单位、区域管制单位、空中交通服务报告室、地区空中交通运行管理单位、全国空中交通运行管理单位,具体工作区范围如图 1.4 所示。塔台管制单位负责本塔台管辖范围内航空器的推出、开车、滑行、起飞、着陆和与其有关的机动飞行的空中交通服务。

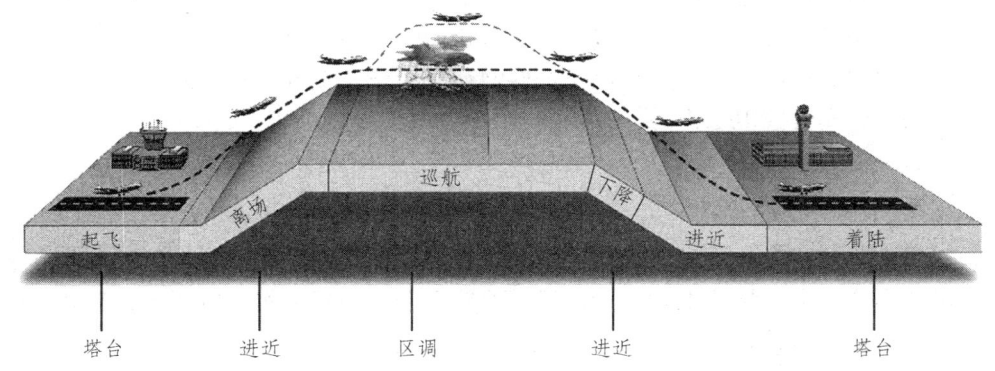

图 1.4 空中交通管制单位工作区范围

(三)航空公司

航空公司是指以各种航空飞行器为运输工具,以空中运输的方式运载人员或货物的企业。航空公司作为承运人,负责直接管理本单位在机场的飞行保障、地面保障和旅客服务工作,与机场管理机构共同使用、管理好机坪,确保机坪运行安全、正常、高效。

在机场运营的航空公司可分为基地航空公司和非基地航空公司。基地航空公司是指以该机场作为一个航线运作中心、办公后勤中心驻地的航空公司。一个机场可有多个基地航空公司,例如将成都双流国际机场作为基地的航空公司就包括中国国际航空、中国东方航空、中国南方航空、四川航空、成都航空等八家公司。基地航空公司一般都有航空器派驻当地,在

该机场有专设的机坪,且在当地拥有调度、机务、销售、宣传等后勤和行政管理职能部门。而非基地航空公司即便派驻了航空器,在当地也没有庞大的后勤行政部门。非基地航空公司的运营可以有效地弥补基地航空公司通航点有限的缺陷。

(四)联检部门

机场若开设国际航线,则必须设置联检部门,包括边检、海关和卫生检疫。

边检就是边防检查的简称,包括对出入国境人员的护照、证件、签证、出入境登记卡、出入境人员携带的行李物品的检查,交通工具及其运载的货物等的检查和监护,以及对出入国境上下航空器的人员的管理和违反规章行为的处理等。

海关是国家进出境监督管理机关,海关的基本职能是监管进出境的运输工具、货物、行李物品、邮递物品和其他物品,征收关税和其他税费,查缉走私,编制海关统计,办理其他海关业务等。

卫生检疫是对国际到达旅客所携带的动物、植物进行检查,以防传染病或有害的动植物瘟疫、病菌等从境外带入,造成危害性传播。

(五)公安部门

机场公安部门主要负责对机组、空警、安全检查机构移交的案件进行查处;负责安检现场执勤、维护安检现场治安秩序;负责空防安全信息和工作情况的收集、统计和上报工作;处置非法干扰民用航空安全事件;负责机场辖区内治安管理和道路交通管理工作;负责危害民用航空安全犯罪和辖区内其它刑事犯罪案件的侦查工作;负责辖区消防监督检查工作;负责辖区内专机地面安全警卫工作。

(六)消防部门

消防部门主要工作是在机场及其邻近地区发生突发事件时,负责救助被困遇险人员、防止起火、组织实施灭火工作;根据救援需要实施航空器的破拆工作;协调地方消防部门的应急支援工作;实施伤员的紧急救护工作。此外,在残损航空器搬移过程中,消防部门负责实施现场监护。

(七)航空油料公司

航空油料公司主要负责机场航空油料供应设施的建设、运营和维护,以及航油采购、输转、储存、检测、销售和加注等,在机场负责机场客货运航班的加油保障,为航空公司提供"质量合格,数量准确"的加油服务。

(八)航空器维修企业

航空器维修企业主要为航空公司提供各种维修服务,包括各种航空器检查、修理、翻新、喷漆、内部装修;提供地面设备的维修和加工、制造等服务;提供特种车辆的维修服务以及有关的技术咨询和培训；进行航空器材进出口销售；航空器材仓储、工具设备租赁及自制专用工具设备销售等业务。

（九）其他专业化公司

为了推进管理型机场改革，机场实施主辅分离与专业化重组，分离了商贸、广告、餐饮、贵宾服务、地服、配餐、设备维修维护等业务。越来越多的机场采取将部分业务委托给社会专业机构的运营方式，通过特许经营、合资合作、采购服务等形式引进资本、技术、管理和人才，以提升服务质量和核心竞争力。机场在获得诸多外包优势的同时，也带来一些风险，这也凸显了机场业务外包风险管理的重要性。

实现机场高质量发展需要面临的首要任务就是正确处理好安全与发展的关系。机场管理机构与航空运输企业及其他驻场单位应当签订有关机场运行安全的协议，明确各自的权利、责任、义务，对各自保障机场运行安全的设施设备及时进行维护，保持设施设备的持续可用。在机场范围内的任何单位和个人，应当遵守有关机场管理的各项法律法规、涉及民航管理的规章，以及机场管理机构为保障飞行安全和机场正常运行所制定并经民用航空主管部门批准的各项管理规定。按照运输机场运行安全管理和安全管理体系建设指南要求，机场管理机构应当组织成立机场安全管理委员会，定期通报交流运行安全情况，识别危险和评估风险，协调解决安全生产有关问题。

第四节 机场管理模式及组织结构

一、机场管理模式

机场管理模式是在明确机场属性和定位基础上，建立与定位相匹配的责权关系后形成的管理行为体系结构和组织形式。无论采用何种模式，国家都对机场拥有管辖权，如国家机场系统发展规划、使用许可颁发、人员执照颁发、空中交通管制系统建立、机场及其周围地区的发展和环境政策制定、军民航空协调、航空事故调查等。

（一）国外机场管理模式

美国将机场定性为不以营利为目的的公共基础设施。多数机场归政府所有，由政府负责投资、建设和管理。机场管理机构多为事业化机构，一般不直接从事经营性业务，而是通过对经营性业务实施专业化、市场化的运作，采取业务外包的形式，将这些业务交由专业公司去做，自身则成为这些业务的监管者，专心从事机场的规划发展和政策制定等工作，为航空公司提供一个公平运营的平台。因此，美国机场管理机构人员规模相对较小，职责明确，用工制度相对比较灵活。

英国的机场管理体制主要是机场私有化并拥有管理权、政府保留对机场公司的经营、收费监督权和运行审查权。英国将机场定位为国家的重要基础设施，但允许私人投资兴建并拥有机场。对没有私有化的机场，政府在建设投资、运行补贴等方面仍然予以扶持，例如，曼彻斯特机场的建设和发展得到了当地政府在各方面的大力扶持。对已经私有化的机场，地方政府也会给予一定的支持，例如，伦敦城市机场是由私人投资兴建的机场，政府对其使用的土地给予很大的优惠，而且在政策方面也进行扶持，对从该机场往返于欧盟国家的商务旅客免海关验关，提高了该机场对商务旅客的吸引力。

法国机场大部分由国家或国有控股公司拥有，机场的安全监管由交通部民航局负责，主要通过审查颁发机场许可证以及后续管理实施监管。新加坡机场由新加坡民航局直接管理，但民航管理局不参与任何经营，机场主要通过合同约定对各专业化公司进行监督和管理并收取特许经营费。

日本机场管理由各级政府承担，政府通过商业化模式来提高机场的融资效率和管理效率。

可见，多数国家机场管理模式都是建立在政府主导基础上，政府所有并监管、政府投资规划建设、政府优惠政策给予经营补贴、政府引导资源开发等。而机场的经营和获利主要是依靠政府土地授权，通过专营、特许经营等方式收取专营权或特许经营权费实现，并以此保持机场作为公平的平台，同时提高机场范围内专业化管理和服务水平。

（二）国内机场管理模式

21世纪初，我国对机场进行了属地化管理改革，意味着民用机场的政府管理模式由以往民航局全面管理开始向民航局负责行业管理、地方政府负责管理机场的资产与人员的体制转变。各机场在寻求发展的同时形成了诸多类型的机场管理模式，主要分为以下六种。

（1）省机场集团。

省机场集团是一种以省会机场为核心机场，以省内其他机场为成员机场的机场集团组织架构，如云南省机场集团、新疆机场集团等。该模式最大的优势在于能够统筹省内资源，但在一定程度上导致机场所在地的地市政府缺乏扶持机场建设和发展的主动性和积极性。

（2）跨省机场集团。

跨省机场集团是各地在以省为单位成立机场管理集团后，出现了省机场管理集团之间兼并与收购的情况形成的。这种模式的优势主要表现在能够在资源配置、航线网络、人力资源等方面发挥超省机场集团更大规模的效应，但可能存在一些劣势，如机场部分投资一般归当地国资委管理，而当地国资委没有动力和义务把资金投入其他省份机场；当地政府把机场交给省外的跨省机场集团公司管理后，一定程度上削弱了投资建设和扶持机场发展的积极性，由于没有建设投资压力，如果一味要求机场高标准开展建设工作会给跨省机场集团公司造成资金等方面的压力。

（3）省会机场公司。

省会机场公司是一种在没有以省为单位成立机场管理集团的情况下，省政府只负责管理省会机场，其他机场由所在地市政府管理的模式，如山东、浙江等。省会机场优势在于能够调动全省的资源和力量来扶持省会机场的建设和发展。但各省会机场一般都是本省业务量最大的机场，资源优势明显，管理水平较高，而省内其他机场大部分是小型机场，资源匮乏、经营困难、管理水平一般，如果不利用省会机场的优势来带动这些小型机场，势必造成这些机场发展受阻。

（4）市属机场公司。

市属机场公司由所在地市政府管理，这种模式下，机场所在地的城市不同，情况也不相同。若机场所在城市的经济实力强，当地政府重视机场发展，如深圳、厦门、宁波等机场。但机场若处在经济欠发达城市，当地政府往往财力有限，客观上欠缺足够的资源支持机场。

（5）航空公司管理机场。

机场由航空公司管理，如海航集团管理了海口、三亚和满洲里机场；南方航空公司管理南阳机场。这种模式有利于小机场利用航空公司的优势来增加航线航班，提高机场的业务量。但对于大中型机场，这种模式优势不太明显，还会削弱机场所在地政府投资建设机场的积极性。

（6）委托管理机场。

委托管理机场是将机场委托给具有经营资质和管理优势的机场管理者，以期提高经营管理水平，促进机场发展。委托管理机场有两种情况，一是内地机场委托内地机场进行管理，如内蒙古机场集团曾经委托首都机场管理；二是内地机场委托港资管理，如珠海机场。但委托管理也因受托方往往缺乏主人翁意识，探索和规划所管理机场长远发展战略的积极性不高，容易出现短期行为。

二、组织结构及部门职能

（一）机场组织结构

机场的组织规模与结构取决于机场承担的角色及直接参与的机场运营管理活动。机场管理机构可以分为行政和业务两部分职能。行政部门负责管理和协调组织内部日常事务，可提供政策评估与决策支持。业务部门负责具体的民航运输生产组织和航班服务保障。图1.5列出了三种典型的机场组织结构形式。

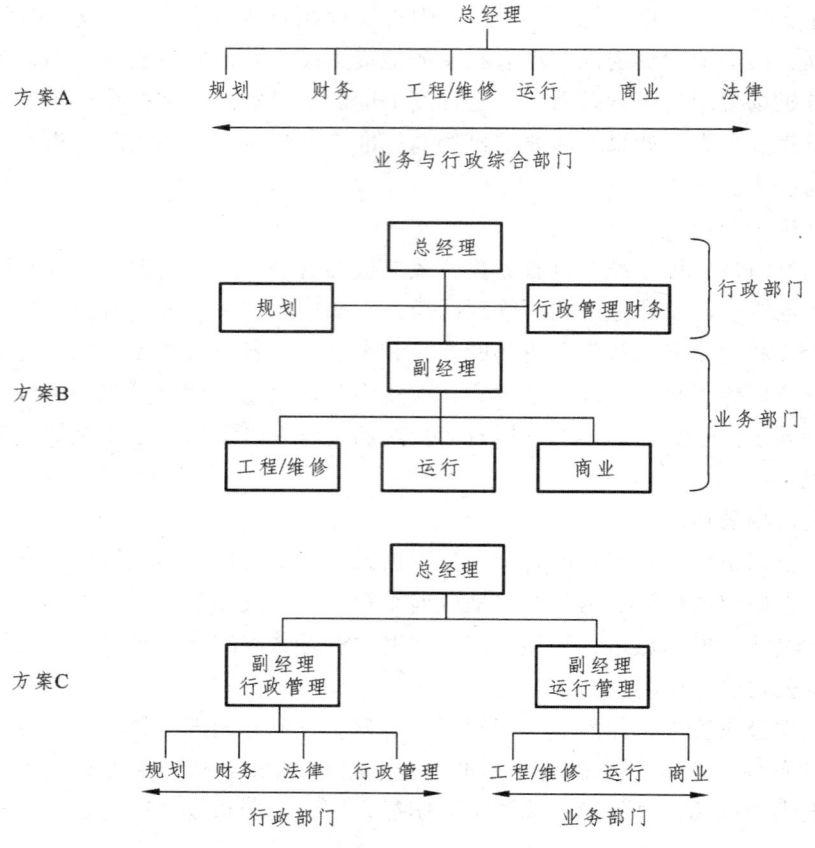

图 1.5 机场管理机构中业务和行政部门职务图解

方案 A 是机场组织结构中最简单的类型，机场按照行政和业务职能划分为若干个部门，总经理与各部门人员之间没有任何中间部门，机场实行集中决策管理，在财务上实行统一核算与控制。该结构在规模较小的机场比较常见，由于行政功能并不太多，总经理势必需要紧密参与到每天的生产运营中。

方案 B 是在方案 A 的基础上进行了适当的改进而形成的一种企业组织结构。这种组织结构是在总经理和各部门之间增设了一级参谋辅助机构，如计划、销售、法律等部门从事专业管理，参谋辅助机构通常由具有专业知识的人员组成，可以广泛搜集信息，提供可行建议，弥补机场负责人精力、知识和经验的不足，提高总经理决策水平，减轻负担，使其能集中思考和解决关键问题。该结构很可能出现在规模较大的机场中，随着航班量不断增大，日益繁忙的业务部门由专门设置的副经理负责管理，而行政部门起到紧密支持的角色。

方案 C 是将不同性质的部门按照专业化原则组成不同的事业部，每一个事业部对机场总经理负责，这时机场的决策分为两个层次，机场最高决策层，它主要负责机场总体的运营决策，各事业部副经理负责某一门类的运营决策。其管理原则可以概括为"集中决策、分散经营"。这种结构适用于超大型规模的机场，业务部门和行政部门分别设置两个副经理进行管理，并单独向总经理汇报。

图 1.6 所示为地拉那国际机场组织结构，其形式反映了旅客和航空器的地面服务保障工

作主要由机场负责实施。图 1.7 为达拉斯沃思堡国际机场组织结构，图 1.8 为浦东机场公司组织结构。

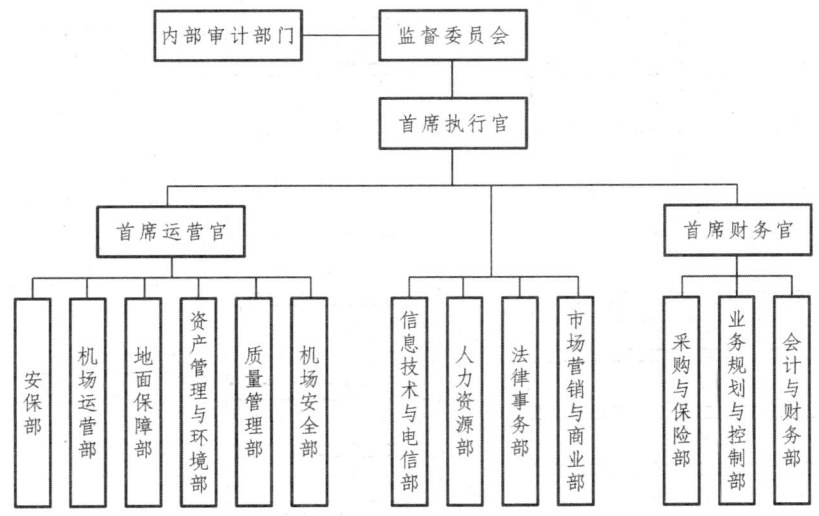

图 1.6　地拉那国际机场组织结构（2023 年）

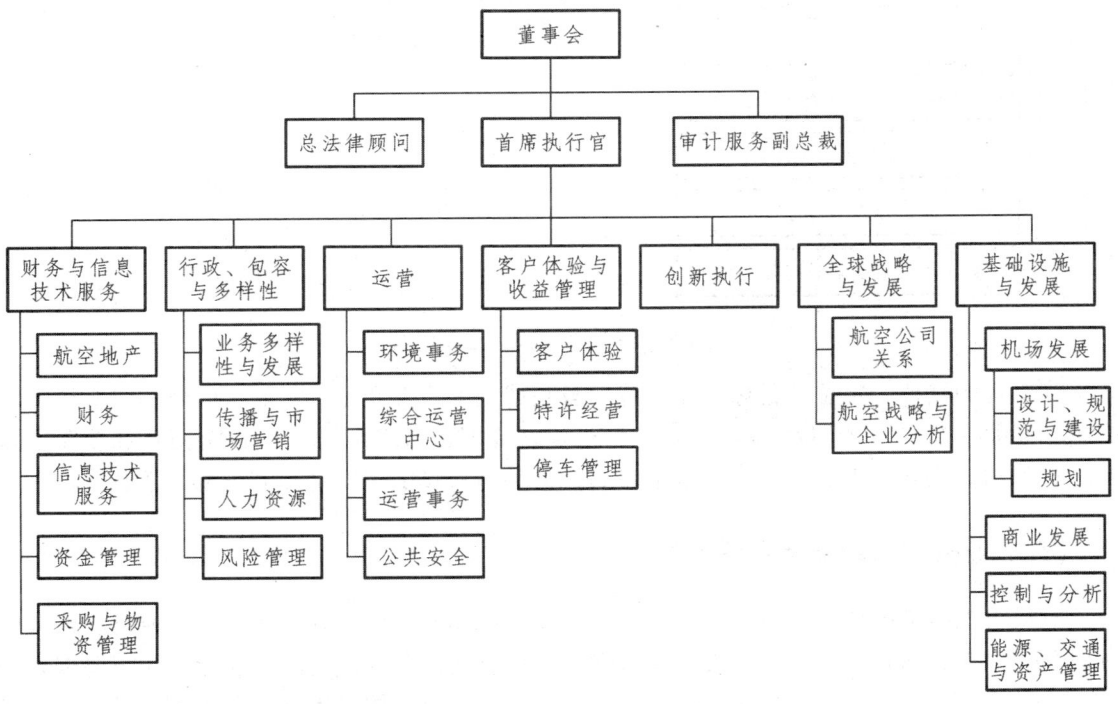

图 1.7　达拉斯沃思堡国际机场组织结构（2021 年）

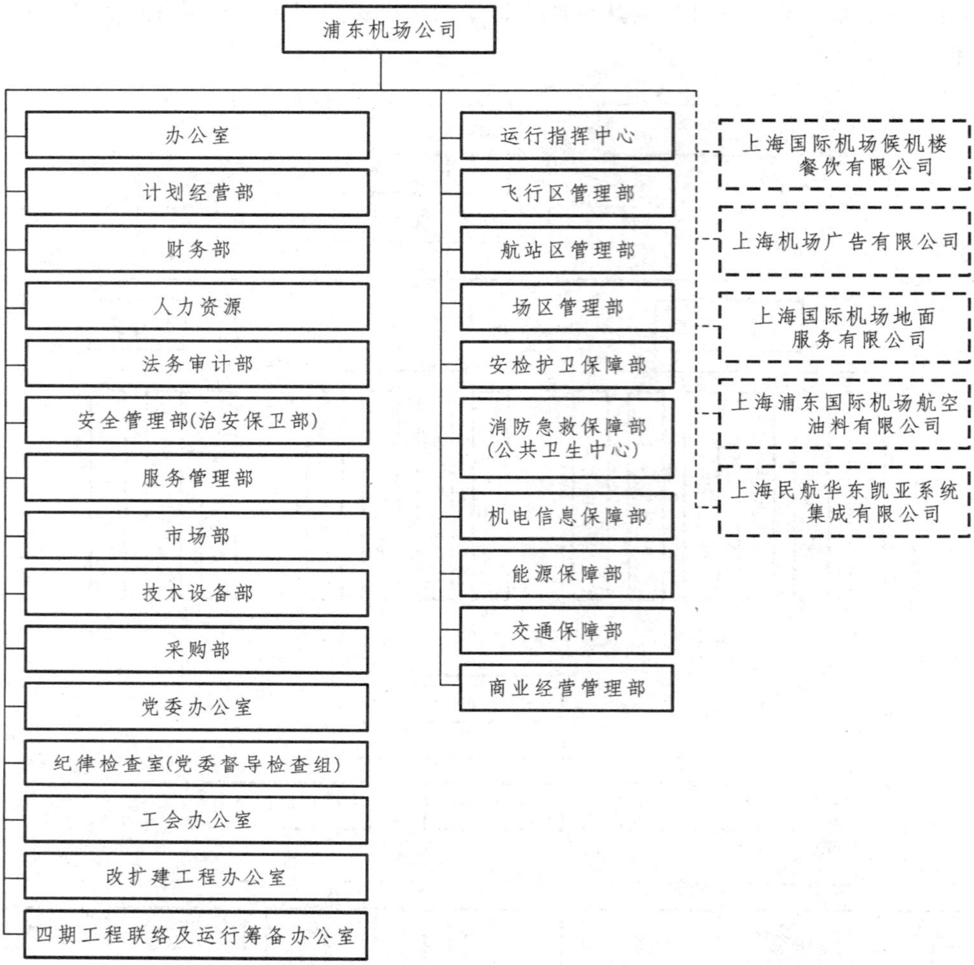

```
                        浦东机场公司
    ┌───────────────────────┴──────────────────────┐
    │                                              │
  办公室                                      运行指挥中心          上海国际机场候机楼
  计划经营部                                   飞行区管理部           餐饮有限公司
  财务部                                       航站区管理部          上海机场广告有限公司
  人力资源                                     场区管理部
  法务审计部                                   安检护卫保障部        上海国际机场地面
  安全管理部(治安保卫部)                       消防急救保障部         服务有限公司
  服务管理部                                   (公共卫生中心)        上海浦东国际机场航空
  市场部                                       机电信息保障部         油料有限公司
  技术设备部                                   能源保障部            上海民航华东凯亚系统
  采购部                                       交通保障部             集成有限公司
  党委办公室                                   商业经营管理部
  纪律检查室(党委督导检查组)
  工会办公室
  改扩建工程办公室
  四期工程联络及运行筹备办公室
```

图 1.8　浦东机场公司组织结构

当机场的规模、定位、目标、业务范围与领域发生重大变化时，如从区域枢纽机场向国际枢纽机场、从经营型机场向经营管理型机场转变时，组织结构也会不断调整和变革。因此，机场组织结构类型选择和部门职能设置，必须与机场的实际情况和外部环境相适应。

（二）业务部门职能及专业人员

机场组织结构因规模和特点有所不同，导致业务部分职能划分存在差异，但机场核心业务内容和对人员的知识技能要求具有相似性。机场航空性业务部门岗位职能和知识要求如表1.2 所示。机场作为综合性服务场所，业务涉及面广，专业技术人才队伍结构复杂。《中华人民共和国职业分类大典（2022年版）》中与机场专业相关的职业有机场运行指挥员、机场场务员、专用车辆驾驶员（航空器地面设备操作员）、民航机场专用设备机务员、民航机场工程技术人员、机场消防员和民航安全检查员等。

第一章　机场运行系统

表 1.2　机场航空性业务部门岗位职能和知识要求

业务部门	岗位职能	知识技能
运行控制中心	协调和信息处理 监视 资源管理（停机位分配等） 航班动态监控 航班运行品质控制（正常性管理等） 机场应急救援管理 VIP保障服务指挥 机坪管理 不停航施工管理 残损航空器搬移	机场运行、机场规划与设计、机场勤务、机场运行安全管理、民用航空法规、民航安全系统工程、机场运行指挥、机场管制、空管基础、机场消防与应急救援、机坪运行管理、航站楼管理、机场信息管理、机场净空管理、机场管理专业英语、航空气象、飞行性能与计划、管理学原理、运筹学、航空运输系统分析、机场目视助航工程、航空器系统与动力装置、航空油料管理、航空情报服务、机场保全保卫、不停航施工管理
飞行区管理中心	场务管理（道面、土面区、目视助航标志） 净空管理（鸟情管理） 灯光站（目视助航灯光） 施工管理 场地除冰雪 机坪管理 不停航施工管理 残损航空器搬移	机场运行、机场规划与设计、机场勤务、机场运行安全管理、民用航空法规、机场道面工程与维护、机场特种设备、通信导航监视设施、机场净空管理、机场目视助航工程、机场信息管理、机场野生动物管理、民航安全系统工程、空管基础、机场管制、机场运行指挥、机场管理专业英语、不停航施工管理、路面路基工程、土力学与地基基础、工程测量、建筑材料、机场目视助航工程、电工学、电工实验、建筑制图
航站区管理中心	值机柜台分配 航站楼商业管理 旅客引导和服务 信息及广播服务	机场运行、机场规划与设计、机场运行安全管理、民用航空法规、航站楼管理、机场运行指挥、民航安全系统工程、机场信息管理服务、机场管理专业英语、管理学原理、运筹学
航空服务部	签派代理 值机代理 商务与航空器配载代理	机场运行、机场运行安全管理、民用航空法规、飞行性能与计划、航空运输经济、管理学原理、空港物流、航空器系统与动力装置、航空器系统与动力装置、航空气象、航空情报服务、航空运输系统分析
地面服务部（地勤）	特种车辆设备调度 特种车辆作业 设备机务代理 航空器清洁 行李处理及特种服务	机场运行、机场规划与设计、机场勤务、民用航空法规、管理学原理、机场特种设备与设施、航空油料管理、航空危险品运输、机坪管理、机场净空管理
机电信息保障部	信息服务平台维护 弱电系统维护	机场运行、民用航空法规、计算机基础、电工学、电工实验、建筑制图
安检护卫保障部	安检 护卫	机场运行、民用航空法规、机场运行安全管理、安保、航空危险品运输、安检

机场运行

续表

业务部门	岗位职能	知识技能
职能支持部门	安全质检 技术设备 统计 综合业务	机场运行、机场规划与设计、机场勤务、机场运行安全管理、民航安全系统工程、飞行程序设计、空管基础、航空情报服务、飞行性能与计划
能源保障部	机场电力与供电	机场运行、机场规划与设计、民用航空法规、机场目视助航工程、机场信息管理、电工学
航务部（中小型机场）	塔台指挥	机场管制、空管基础、程序管制、雷达管制、飞行性能与计划、航空情报服务
其他	工程及维修部 规划发展部	机场环境与公共关系、机场工程建设与管理、结构设计原理、飞行区设计

第五节 机场安全运行法规体系

民用机场安全运行法规体系是为了维护民航机场安全运营，保障旅客和机组人员的生命财产安全而制定的一系列法规和规章制度。自新中国成立以来，我国缔结或加入了有关国际公约，尽量采用国际标准和通行做法，履行国际义务，并相继颁布了有关机场建设、运营、保障、管理的法规和标准，初步建立起由国际法律文件和国内法律文件两部分组成的法律法规体系。随着我国民航事业的不断发展，该体系还会不断完善和优化。

一、国际法律文件

（一）公 约

《国际民用航空公约》（也称《芝加哥公约》）作为国际航空领域的宪章性文件，规定了国际民用航空领域的基本问题。公约要求各缔约国在可行的情况下尽力遵循国际标准和建议措施，在其领土内提供机场及其他航行设施，并对机场收费等方面进行了指导和协调。总体而言，公约直接涉及机场管理的内容并不多，但它为国际民用航空活动提供了基本框架，间接地影响了机场安全运行的各个方面。

（二）附　件

《国际民用航空公约》附件由标准和建议措施（Standard and Recommended Practices，SARPs）两部分组成。标准被认为是保障国际民用航空的安全和正常必需的规范，要求各缔约国应予以遵守，当不能遵守时，需要根据公约的要求通知理事会；建议措施则是对国际民用航空的安全、正常和效率有益的规范，各缔约国应力求遵守但非强制执行。迄今为止，《国际民用航空公约》已有19个附件（见表1.3），涉及许多机场安全运行相关问题，其中最为典型的就是附件14。

表1.3　《国际民用航空公约》附件

序号	文件名称	序号	文件名称
1	附件1 人员执照	11	附件11 空中交通服务
2	附件2 空中规则	12	附件12 搜寻与援救
3	附件3 国际航空气象服务	13	附件13 航空器事故和事故征候调查
4	附件4 航图	14	附件14 机场
5	附件5 计量单位	15	附件15 航空情报服务
6	附件6 航空器运行	16	附件16 环境保护
7	附件7 航空器国籍和登记标志	17	附件17 安全保卫
8	附件8 航空器的适航性	18	附件18 危险品运输
9	附件9 简化手续	19	附件19 安全管理
10	附件10 航空电信		

附件14共分为两卷，第Ⅰ卷为《机场设计和运行》，第Ⅱ卷为《直升机场》。随着航空技术的发展，附件14一直在不断地进行修订和补充。第Ⅰ卷《机场设计和运行》对于民用机场的规划设计、管理和运行安全保障提出了一系列国际标准和建议措施。该附件是各缔约国制定本国民用机场各种规章制度、运行手册的基础，是国际民航组织各成员国在进行机场建设时应遵循的基本准则。

航行服务程序（Procedures for Air navigation services，PANS）是附件的补充文件，含配合SARPs实施的具体操作程序。PANS通常由航行委员会根据专业航行会议的建议制定，如表1.4所示。其中，PANS-Aerodromes《机场》主要针对现有机场无法完全符合附件14的各项标准时，可能需要采取的特定措施，以及面对新机型或环境变化所带来的运行问题等。

机场运行

表 1.4 航行服务程序

序号	文件名称	序号	文件名称
1	PANS-ICAO Abbreviations and Codes《国际民航组织缩略语和代码》（Doc 8400）	5	PANS-Aircraft Operation《航空器运行》（Doc 8168）
2	PANS-Aeronautical Information Management《航空情报管理》（Doc 10066）	6	PANS-Training《培训》（Doc 9868）
3	PANS-Aerodromes《机场》（Doc 9981）	7	PANS-Inforamtion Management《信息管理》
4	PANS-Air Traffic Managenment《空中交通管理》（Doc 4444）		

附件 14 第Ⅰ卷附载了与其相关的各种国际民航组织出版的技术手册，如《机场设计手册》《机场规划手册》《机场勤务手册》《机场许可颁证手册》《先进地面活动引导及控制系统（A-SMGCS）手册》《短距离起降机场手册》等。技术手册是帮助缔约国实施标准与建议措施的指导性文件，内容通常比航行服务程序更为详细。

二、国内法律文件

（一）法　律

法律是全国人民代表大会及其常务委员会根据宪法或依职权制定的规范性法律文件，其效力高于法规和规章。在我国现行机场安全运行法规体系中，属于法律层级的有《中华人民共和国民用航空法》和《中华人民共和国安全生产法》。

《中华人民共和国民用航空法》是我国第一部全面规范民用航空活动的法律，是调整民用航空法律关系的"母法"。其中有专门的章节对民用机场的定义、布局规划、建设使用、净空保护、收费、机场使用许可以及安全运行等做了方向性、原则性规定。《中华人民共和国安全生产法》强调"管行业必须管安全、管业务必须管安全、管生产经营必须管安全"，为抓好机场安全生产工作明确了责任链条，对机场安全监管工作也产生重要影响。

（二）法　规

1. 行政法规

行政法规是指国务院根据宪法和法律，按照法定程序制定的有关行使行政权力，履行行政职责的规范性文件的总称。它的效力次于法律，高于部门规章和地方法规。民航行政法规主要以国务院令发布，用于规范民用航空活动，如《中华人民共和国飞行基本规则》《中华人民共和国民用航空器适航管理条例》《中华人民共和国民用航空安全保卫条例》等。

《民用机场管理条例》是与机场安全运行直接相关的行政法规，自 2009 年颁布实施以来，对于规范民用机场的建设与管理，推进民用机场发展，保障民用机场安全和有序运营，发挥了积极作用。它明确了民用机场的公共基础设施定位，涵盖了运输机场建设管理、使用许可管理、安全运营管理、机场净空与电磁环境保护等方面内容。

2. 地方性法规

地方性法规是指省、自治区和直辖市等的人民代表大会及其常务委员会根据本地区的具体情况和实际需要，在法定权限内制定发布的适用于本地区的规范性文件，如《上海市民用机场地区管理条例》《重庆市民用机场保护条例》《山西省民用机场净空和电磁环境保护办法》等。地方立法可以有效弥补国家法律、行政法规在民用运输机场保护方面的不足，为优化治理手段、推进民航与区域经济社会融合发展提供了有利契机。

（三）规　章

部门规章是指国务院各部门根据法律和国务院的行政法规、决定、命令在本部门的权限内按照规定的程序所制定的规定、办法、规则等规范性文件的总称。

中国民用航空规章（China Civil Aviation Regulations，CCAR）是我国民航主管部门实施行业管理的重要依据，共15编400部，主要参照了美国联邦航空管理局规章（FAR）的管理规章体系，目前尚未全部完成，有待调整与完善。现行规章及规章性文件按类别进行编号，如表1.5所示。

表1.5　民航部门规章

编号	文件类别	编号	文件类别
1	行政程序规则（1~20部）	9	航空保险（190~199部）
2	航空器（21~59部）	10	综合调控规则（201~250部）
3	航空人员（60~70部）	11	航空基金（251~270部）
4	空域、导航设施、空中交通规则和一般运行规则（71~120部）	12	航空运输规则（271~325部）
5	民用航空企业合格审定及运输（121~139部）	13	航空保安（326~355部）
6	学校、非航空人员及其他单位的合格审定及运行（140~149部）	14	科技和计量标准（356~390部）
7	民用机场建设和管理（150~179部）	15	航空器搜寻援救和事故调查（391~400部）
8	委任代表规则（180~189部）		

与机场安全运行直接相关的民航规章主要包括《运输机场运行安全管理规定》（CCAR-140）、《运输机场使用许可规定》（CCAR-139CA）、《民用航空安全管理规定》（CCAR-398）、《民用运输机场突发事件应急救援管理规则》（CCAR-139-Ⅱ-R1）等。

民用航空活动同样受到国务院其他组成部门及直属机构，省、自治区、直辖市人民政府及省、自治区政府所在地的市和设区市的人民政府颁布的规章约束，如原中华人民共和国监察部、原国家安全生产监督管理总局发布的《安全生产领域违法违纪行为政纪处分暂行规定》，中华人民共和国住建部所发布的《工程建设项目勘察设计招标投标办法》《工程建设项目货物招标投标办法》《工程建设项目施工招标投标办法》等。

（四）行政规范性文件

民航局行政规范性文件是指除国务院的行政法规、决定、命令以及部门规章外，由民航局依照法定权限、程序制定并公开发布的有关民用航空管理方面的文件。规范性文件必须遵守法律、法规和民航部门规章的规定，不得与法律、法规和民航局规章相冲突，具有一定的强制性和约束力。

与机场安全运行直接相关的行政规范性文件主要包括《运输机场安全管理体系（SMS）建设指南》《运输机场飞行区场地管理办法》《运输机场地面车辆和人员跑道侵入防范管理办法》《运输机场净空保护管理办法》《运输机场外来物防范管理办法》《运输机场鸟击及动物侵入防范管理办法》《运输机场鸟击航空器防范危险鸟种目录》《运输机场不停航施工管理办法》《运输机场使用许可实施细则》《运输机场残损航空器搬移管理办法》等，这些文件是《运输机场运行安全管理规定》（CCAR-140）、《运输机场使用许可规定》（CCAR-139CA）以及《民用运输机场突发事件应急救援管理规则》（CCAR-139-Ⅱ-R1）的具体实施办法和管理程序，或是对规章条文的具体阐述。

（五）民航标准

我国的标准分为国家标准、行业标准、地方标准、企业标准四级。民用航空业既有国家标准也有民航主管部门制定的标准，按性质又分为强制性标准和推荐性标准。强制标准具有法律属性，是在一定范围内通过法律、行政法规等手段强制执行的标准；推荐性标准不具有强制性，任何单位均有权决定是否采用，违反这类标准不承担经济或法律方面的责任。

标准的编号由标准代号、标准发布顺序号和标准发布年代号（四位数）组成。国家标准代号为GB。部分行业标准代号如表1.6所示，其中民用航空行业标准代号为MH。推荐性行业标准的代号是在强制性行业标准的国家标准代号后面加"/T"。

表1.6 部分行业标准代号

序号	行业标准	行业标准代号	序号	行业标准	行业标准代号
1	林业	LY	11	医药	YY
2	民政	MZ	12	烟草	YC
3	石油天然气	SY	13	化工	HG
4	石油化工	SH	14	建材	JC
5	地质矿产	DZ	15	土地管理	TD
6	测绘	CH	16	机械	JB
7	汽车	QC	17	民用航空	MH
8	航空	HB	18	航天	QJ
9	交通	JT	19	铁路运输	TB
10	劳动和劳动安全	LD	20	电子	SJ

国家标准的编号由国家标准代号、标准发布顺序号和标准发布年代号（四位数）组成，如图1.9所示。例如，推荐性国家标准《公共航空运输服务质量》编号为 GB/T 16177—2007。

行业标准的编号由行业标准代号、标准发布顺序号及标准发布年代号（四位数）组成，如图1.10所示。例如，民航强制性标准《民用机场飞行区技术标准》编号为 MH 5001—2021；民航推荐性标准《民用机场道面评价管理技术规范》编号为 MH/T 5024—2019。

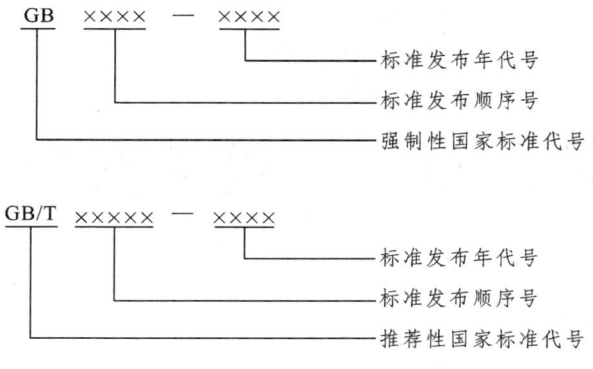

图 1.9　国家标准的编号

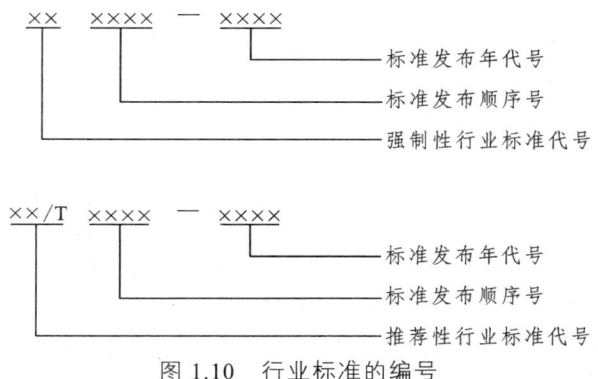

图 1.10　行业标准的编号

复习与思考

1. 民用机场发展史上的关键节点有哪些？简述机场运行管理概念在内涵上的延伸发展过程。

2. 机场、航空公司和用户之间如何相互作用影响机场运行管理？在促进三方高效沟通和协同方面，运管委应重点开展哪些工作？

3. 国内外机场管理模式及特点有哪些？比较分析其作用和影响。

4. 民用机场安全运行法规体系由哪几部分组成？其中有哪些重要的国际和国内法律文件？具体指导作用是什么？

第二章 机场安全与运行

机场运行安全是民航安全体系和安全能力现代化建设的重要组成部分。多年来，我国民航在发展过程中逐步吸收国际先进 SMS（安全管理体系）理念，结合自身实际和特点，不断实践、总结和完善，逐步形成了一套具有中国民航特色的安全管理理念和体系，通过持续的危险识别和风险管理过程，将风险控制在可以接受的水平以下，压紧压实机场安全生产主体责任，防范化解重大风险，促进机场运行安全保障能力的不断提升。

第一节　机场使用许可管理

机场实行使用许可制度。机场管理机构取得机场使用许可证后，机场方可开放使用。机场使用许可证用于证明该机场在审定时符合设施和使用规范，并达到开放运行的初始条件和各项要求。我国运输机场（含军民合用机场民用部分）使用许可及相关活动管理按照现行《运输机场使用许可规定》执行，A 类通用机场按照《通用机场分类管理办法》执行，B 类通用机场使用许可采用备案管理。

机场管理机构应当按照机场使用许可证规定的范围使用机场，不得擅自关闭。机场使用许可证在未被吊销、撤销、注销等情况下，持续有效。

一、运输机场使用许可证的实施

1. 运输机场使用许可申请与受理

机场管理机构负责机场使用许可的统一申请，空管单位、地服单位、机场公安以及其他驻场单位协助准备申请材料。机场应满足相应的条件，主要包括：

（1）有健全的安全运营管理体系、组织机构和管理制度；

（2）机场管理机构的主要负责人、分管运行安全的负责人以及其他需要承担安全管理职责的高级管理人员具备与其运营业务相适应的资质和条件；

（3）有符合规定的与其运营业务相适应的飞行区、航站区、工作区，以及运营、服务设施、设备及人员；

（4）有符合规定的能够保障飞行安全的空中交通服务、航空情报、通信导航监视、航空气象等设施、设备及人员；

（5）使用空域已经批准；

（6）飞行程序和运行标准符合民航局的规定；

（7）有符合规定的安全保卫设施、设备、人员及民用航空安全保卫方案；

（8）有符合规定的机场突发事件应急救援预案，应急救援设施、设备及人员；

（9）机场名称已在民航局备案。

机场管理机构还应按规定报送相应文件资料，并对材料真实性负责。报送资料包括：运输机场使用许可证申请书；机场使用手册；机场管理机构的主要负责人、分管运行安全的负责人以及其他需要承担安全管理职责的高级管理人员的资质证明；与机场运行安全有关的人员情况一览表；机场建设的批准文件和行业验收的有关文件；机场产权和委托管理的证明文件；通信导航监视、气象等设施设备开放使用的批准或者备案文件；符合要求的机场使用细则、飞行程序、机场运行最低标准的材料；符合要求的民用航空安全保卫方案和人员配备、设施设备配备清单；机场突发事件应急救援预案；机场名称在民航局的备案文件；民航局、民航地区管理局要求报送的其他必要材料。

运输机场使用许可的申请和受理采用分级管理的办法，民航局负责飞行区指标为 4F 的运输机场使用许可申请，民航地区管理局负责本辖区内飞行区指标为 4E（含）以下的运输机场使用许可申请。

2. 机场使用许可审查与审批

申请受理后，首先由民航局或者地区管理局组织成立审查组，依据专业审查单进行审查，审查工作分为文件审查和现场审查两个阶段。

第一阶段主要是对文件资料的真实性、完整性进行复核，对格式、内容与规章、标准的符合性进行审查。第二阶段，由各专业审查小组分别审查相关单位是否按要求制定程序、预案等，结合实际进行一致性复核，最后形成审查组意见，并通报机场管理机构及相关单位。机场管理机构及相关单位应当采取措施弥补缺陷，并提交缺陷弥补措施报告，民航局或地区管理局组织对颁证前必须完成弥补的部分进行复查，认定合格后颁发机场使用许可证。机场颁证流程如图 2.1 所示。

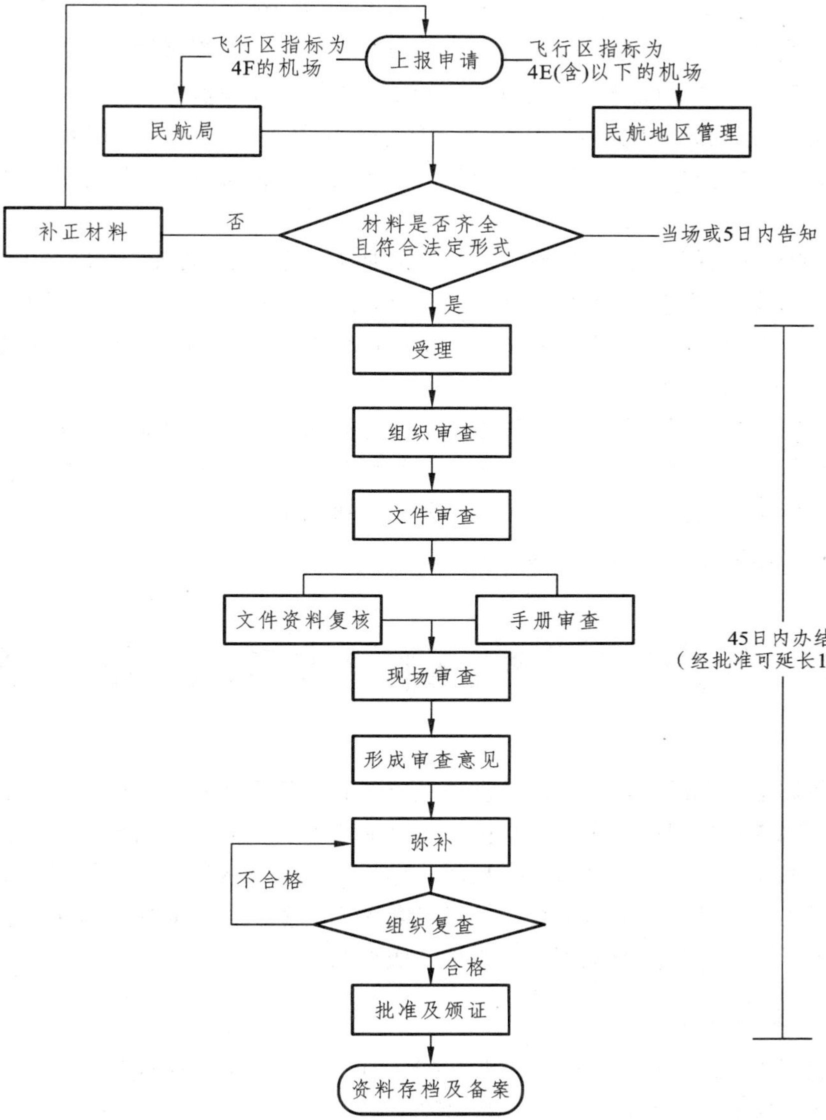

图 2.1 机场使用许可申请、审查和批准流程图

3. 机场使用许可的变更和注销

机场使用许可证载明的下列事项发生变化的，机场管理机构应当按照规定申请变更。载明事项包括：机场名称；机场管理机构；机场管理机构法定代表人；机场飞行区指标；机场目视助航条件；跑道运行类别、模式；机场可使用最大机型；跑道道面等级号；机场消防救援等级；机场应急救护等级。机场管理机构可以仅报送机场使用许可证申请资料的变化部分，审查组也可以仅包括机场使用许可变化部分涉及的专业审查小组，并优先采用远程审查方式进行审查。

（1）需要注销机场使用许可证的情况。民航局或者民航地区管理局应当依法对以下情况

办理机场使用许可证的注销手续；机场关闭后，不再具备安全生产条件，被撤销机场使用许可的；决定机场关闭不再运营的；机场管理机构依法终止的；因不可抗力导致机场使用许可无法实施的；法律、行政法规规定的应当注销行政许可的其他情形。

机场管理机构应当按照相关规定将机场关闭信息通知航空情报服务机构发布航行通告并向社会公告，并自关闭之日起，撤掉识别机场的标志、风向标等，设置跑道、滑行道关闭标志。

（2）不需注销机场使用许可证的情况。有下列情形之一的，机场管理机构应当于机场预期关闭前至少 45 日报民航局或者所在地民航地区管理局审批，民航局或者民航地区管理局应当在 5 个工作日内予以答复，但机场使用许可证不予注销：机场因改扩建在 1 年以内暂不接受航空器起降的；航空业务量不足，暂停机场运营 1 年以内的。

机场管理机构应当根据民航局或者民航地区管理局的答复，及时通知有关的空中交通管理单位或者航空情报服务机构发布航行通告并向社会公告。在批准的关闭日期，撤掉识别机场的标志、风向标等，设置跑道、滑行道关闭标志。机场恢复开放使用时，机场管理机构应当报民航局或者所在地民航地区管理局批准。

二、民用机场名称管理

民用机场名称是体现民用航空活动始发、经停、到达的重要标识，民用机场的命名、更名与使用应当遵循统一的规范。机场名称由"专名＋通名"构成。专名由所在地行政区划名组成，分为一级专名和二级专名，以确定机场具体地理位置并区别于其他机场为准则。通名为机场、国际机场、直升机场或水上机场。机场名称不得重名，同时应当避免同音、歧义和使用生僻字或者贬义字。特殊情况下可以不设二级专名。

1. 运输机场名称管理

运输机场的一级专名与所在地的市、州、盟、县、区、旗的行政区划名称相一致。跨地区的机场，机场一级专名应当由所跨行政区的地方政府协商确定。二级专名通常使用机场所在地的市、县、区、旗、乡、镇、街道的名称。一级专名使用市、州、盟名称的运输机场，其二级专名原则上应当与机场所在地的区、县、旗的名称相一致；一级专名使用县级市、县、区、旗名称的运输机场，其二级专名原则上应当与机场所在地的乡、镇的名称相一致。

特殊情况下，运输机场二级专名确需不以通常规则命名的，还应当遵循以下要求：不以人名、外国地名作为机场专名；不以企业名称、商标名称或者当地物产作为机场专名；不以反映自然地理实体类别属性的通名作为机场专名；一般不以著名的山、江、河、湖、海、草原等自然地理实体名称作为机场专名，确需以自然地理实体名称作为机场专名的，自然地理实体范围不得超出机场所在地行政区划；不与当地人民群众风俗习惯相冲突。

运输机场的更名应当遵循的要求为：机场所在地更名的，应当变更机场行政区划名；因机场所在地经济发展需要、与当地人民群众风俗习惯相冲突、现有名称的谐音容易产生歧义等情况的，可以变更机场专名；作为国际机场使用的机场，需在机场名称内增加"国际"二字。

机场是城市对外交流的重要窗口，民用机场的命名、更名应得到政府和广大市民的认可，能够让人感受到城市的文化底蕴、历史特点和地域特色。机场管理机构或者建设项目法人申请机场命名、更名前，需要通过必要的形式和程序，广泛征求民意，组织开展综合评估和专家论证，形成相应报告。必要时民航局可以根据需要组织开展相关工作。

民用机场名称报批时，应当报送的文件资料包括：机场命名或者更名的申请文件；命名或更名的综合评估、专家论证、征求意见的相关报告；所在地县级以上人民政府的审核意见；军民合用机场附相关军队机关的意见；机场通名由"机场"变更为"国际机场"的，附国务院同意航空口岸对外开放的批复和通过国家口岸管理部门联合验收的文件。

机场管理机构应在机场入口和航站楼显著位置设置机场名称标志。航站楼屋面仅可设置城市名。机场名称标志的主要内容包括：标准机场名称汉字的规范书写形式，标准机场名称汉语拼音字母的规范拼写形式。在民族自治区域，可依据民族区域自治法有关文字书写规定，并列该民族文字的规范书写形式。国际机场还应当规范标示机场英文名称。

2. 通用机场的名称管理

通用机场一级专名的命名要求与运输机场一致；二级专名通常使用机场所在地的市、县、区、旗、乡、镇、街道、村的名称，机场确实不在乡镇或者村屯的，可使用所在地的农、林、牧、渔、港等场名称。

通用机场的更名要求与运输机场一致。

A类通用机场命名、更名后，由民航地区管理局按照有关规定报送机场所在地省级人民政府地名行政主管部门备案。

三、监督管理

民航局负责对全国民用机场名称实施统一监督管理，负责运输机场命名、更名审批。民航地区管理局负责对本辖区内的民用机场名称实施监督管理，受民航局委托实施通用机场命名、更名审批或者备案。

民航地区管理局应当对辖区内已取得使用许可证的机场进行年度适用性检查和符合性评价，监督检查机场使用许可的执行情况和许可条件的符合性；发现存在问题的，督促机场管理机构整改。适用性检查与符合性评价的形式包括文件审核与现场检查。

民航地区管理局应当制定监督检查计划，明确年度适用性检查的内容、频次、检查方式等，并按计划落实年度检查任务。

民航地区管理局对已取得使用许可证的机场进行符合性评价后，应当向机场管理机构出具符合性评价意见，并报民航局备案。

机场管理机构及相关驻场单位应当配合所在地民航地区管理局对机场使用许可的监督管

机场运行

理,及时整改监督检查中发现的问题。

对机场管理机构的适用性检查、符合性评价、行政处罚、行政强制等处理措施及其执行情况记入民航行业信用信息记录,并按照有关规定进行公示。

第二节　机场安全管理

高质量的安全管理体系(Safety Management Systems,SMS)是实现机场安全管理水平和能力提升的重要保障。建立和实施 SMS 的意义是在完善规章符合性的安全管理模式的基础上,形成基于安全绩效的安全管理模式和一系列高效、易于操作的风险管理程序,实现主动的安全管理,提高控制安全风险的能力和效率;建立一套综合运用被动、主动和预测型安全数据的信息收集系统,形成基于数据驱动的安全管理模式;制定内部定期监控、评估、审核制度,促进安全管理的闭环运行和持续改进,有利于更好地履行机场的安全主体责任,健全自我监督、自我审核、自我完善的长效机制,最终实现从事后到事前、从开环到闭环、从个人到组织、从局部到系统的安全管理。

一、机场安全管理体系框架

机场安全管理体系包括 4 个部分和 12 个要素,代表安全管理体系实施工作的基本要求。构成安全管理体系的 4 个部分是安全政策和目标、安全风险管理、安全保证、安全促进。其中,安全政策和目标构成安全管理体系的基本框架和总体要求;安全风险管理通过识别危险源,评价相关的风险,并制定适当的缓解措施;安全保证通过持续监测其遵守国际标准和国家规章的过程,有助于 SMS 按设计运行,实现预期安全绩效;安全促进提供了必要的培训和交流。

机场安全管理体系所包含的 4 个组成部分和 12 个要素如图 2.2 所示。

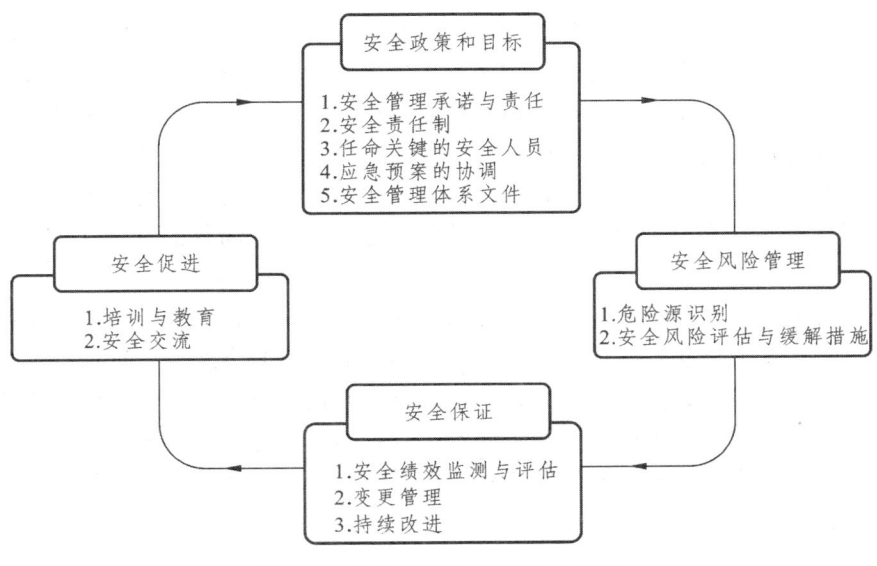

图 2.2 安全管理体系的基本框架

二、机场安全管理体系主要内容

（一）安全政策与目标

安全政策概述了安全管理体系实现预期安全成果的基本理念和行动准则，体现机场管理机构安全管理的宗旨，有助于完善安全管理的体制机制，调动全体员工的积极性，展示机场保障安全的坚定决心和举措。安全目标明确其安全管理的努力方向，为安全绩效评估考核提供依据，在保持机场正常运行的同时，持续提升安全管理水平，达到国家可接受的安全水平。

机场管理机构根据相关要求制定安全政策，以及安全政策的审核、批准、发布与改进的程序，推进安全政策的贯彻执行，确保承诺到位，并根据局方的安全目标、机场的安全政策和实际情况等制定、细化机场的安全目标，逐级签订目标责任书，根据安全目标制定行动计划，建立权责明晰、管理高效的组织机构和运行机制。机场管理机构党政主要负责人同为本单位安全生产的第一责任人，可直接担任机场安全管理体系建设的负责人，也可确定一名副总经理级别（含）以上的人员具体负责运行安全，并担任机场安全管理体系建设的责任人，协助开展机场安全运行管理与安全管理体系建设的相关工作。负责运行安全的领导应按照相关要求经过培训，取得相应的资质，按照分工协助主要负责人组织落实各项安全生产法律法规和标准，统筹协调和综合管理安全生产工作，对分管范围内的安全生产工作负领导责任，对机场整体安全生产运行工作负监管责任。其他领导对分管业务和部门的日常安全管理工作负有直接的领导和管理责任。

机场管理机构应当组织成立机场安全管理委员会。机场安全管理委员会由机场管理机构、驻场航空运输企业、空中交通管理单位、油料保障企业及其他有关驻场运行保障单位负责安全工作的领导组成，负责人由机场管理机构主要负责人担任。

机场安全管理委员会是机场管理机构与驻场单位安全生产的协调机构,主要职责是:依据国家法律法规、规章标准,对机场运行安全工作进行指导;研究分析机场运行安全形势,评估机场运行安全状况;协调解决机场运行中的安全问题;对机场运行安全隐患和问题,提出整改要求,并督促有关单位落实;研究其他需要协调解决的运行保障问题。

机场管理机构应任命一位安全经理,负责具体实施和维持有效的安全管理体系。安全经理可以为公司副总(含)以上级别人员,特殊情况经所辖管理局备案可由安全管理部门主要负责人担任。

机场应急处置能力是衡量机场运行管理水平的重要标志,是机场管理机构实行主动性安全管理的具体体现,也是实现机场安全管理体系功能的保障要素之一。机场管理机构应制定应急处置制度、应急处置预案和应急处置演练计划,并按照有关规定的要求组织演练。

机场管理机构应通过有效的组织与控制安全管理体系文件,完善机场自身的文件制度体系,保障文件的适用有效,方便机场安全管理体系的内部行政管理、沟通和维持,便于安全管理相关活动的查阅、追溯和监督。

(二)安全风险管理

安全风险管理是识别、分析和排除危险源或将其风险降低到可接受程度的过程,是机场安全管理体系的核心理念,它是机场日常运行管理的重要组成部分,不只是意外情况发生后的应对方法。机场管理机构应确保对机场运行所遇到的安全风险加以控制,从而实现安全绩效目标。

危险源识别是对可能引起人员伤害或财产损失的情况和条件进行识别的过程。机场管理机构应制定并不断完善危险源识别的程序,建立与机场运行规模和复杂程度相适应的安全管理信息系统,系统中应包括安全风险评价流程,其中应包括对危险源的描述,相关的后果,对安全风险的可能性和严重程度的评价,以及需要进行的安全风险控制。

机场管理机构应制订并不断完善相关程序,确保能对已识别的危险源相关的安全风险进行分析、评估和控制,探索适合本机场的风险管理方法,特别是危险源识别和风险分析的技术方法,并设法将风险控制在"切实可能低(ALARP)"的水平。

(三)安全保证

安全保证是机场管理机构为确定安全管理体系的运行是否符合期望和要求而开展的各项过程和活动。机场管理机构对其内部流程和运行环境进行持续的监测,以便发现可能的新安全风险或使现有风险控制恶化的变化或偏差,然后对其进行安全风险管理。安全保证的输入数据来源于运行的各个环节,其输出结果不仅用于改进安全管理体系的相关工作,还有助于改进与提高运行过程的质量及安全。

(四)安全促进

安全促进培育积极的安全文化,创建一种有利于实现机场安全目标的环境。积极的安全文化体现了单位的安全工作所秉持的价值观、态度和采取的行为。仅通过命令或要求员工严

格遵守规章制度，难以让机场为实现安全目标所做的努力达到预期效果。安全促进影响个人和单位的行为，补充机场的政策、程序和流程，从而带来了支持安全努力的价值观体系。通过培训和教育、有效沟通和信息分享，促使员工的技术能力不断提高。

三、机场安全管理体系建设与实施

建立并实施安全管理体系是机场管理机构的责任。目前我国各运输机场均已建立 SMS 基本框架，具备 SMS 基本功能，以后将着力探索安全管理体系融入日常运行安全保障的方法、途径。机场管理机构的安全文化是机场实施安全管理体系的前提，倡导和营造积极的安全文化，有利于把安全管理的方针、政策、程序、标准变成全体员工的价值观和行为方式，落实"预防为主，关口前移"的原则。

机场管理机构应将安全管理体系的理念融入到《机场使用手册》中。《机场使用手册》应体现安全管理体系的理念，突出系统管理、闭环管理、风险管理、信息管理、绩效管理和持续改进的思想，形成自我监督、自我完善的体系。使安全管理体系的理念贯穿机场所有运行保障文件，并落实到岗位和业务工作每一个环节。

四、机场法定自查

机场安全管理体系的构建需要将局方要求和企业安全生产的特点相结合，才能针对性解决核心问题，有效防控安全风险。为确保制度和措施有效落实，局方和民航生产经营单位应按照 SMS 要求，开展内、外部监督检查。局方检查是指行政检查，以行业监管事项库为准则，对民航生产经营单位的安全管理情况开展监督检查。民航生产经营单位法定自查是指法定要求的符合性自查，即民航生产经营单位以监管事项库为基础建立法定自查事项清单，采取技术、管理措施，持续检查、监控生产经营过程各要素、各环节，落实作为民航安全管理体系核心的风险分级管控和隐患排查治理制度要求，及时纠正偏差、消除隐患，开展符合民用航空相关法律、法规、规章、行政规范性文件、标准等要求的活动。

法定自查的组织实施主要包括以下内容：

（1）法定自查制度。建立健全法定自查制度，从制度层面保障法定自查工作有效开展，法定自查制度中明确法定自查要求、机构设置和工作流程，并至少包含法定自查人员管理、法定自查事项清单管理、法定自查计划管理、法定自查实施和闭环管理、案卷整理、数据分析与应用。局方鼓励将法定自查工作制度同生产经营中其他相关工作制度，如 SMS、SeMS（航空安保管理体系）、隐患排查治理、内审、安全审计、安保审计等统筹融合，避免重复建设。

（2）法定自查机构和人员。民航生产经营单位应当确保有机构和人员承担法定自查职责，从机构和人员层面保障法定自查工作有效开展。机构方面，可以建立专门的法定自查机构，也可以利用现有机构，明确法定自查组织体系各层级、各业务单元的职责和工作要求。人员方面，明确本单位法定自查负责人和法定自查人员。法定自查负责人应当由法定代表人

或主要负责人担任。法定自查人员分为专职和兼职法定自查人员。生产体系之外的专门负责开展法定自查工作的人员为专职法定自查人员。对于涉及特定专业知识的法定自查事项，仅能由具备相应专业资质要求的法定自查人员实施检查。

法定自查负责人和法定自查人员都应当接受初始培训和年度复训。初始培训内容应当包括安全生产法律法规、民航法律法规和规范性文件、法定自查制度和程序、相关国家/行业标准、监管事项库或本单位法定自查事项清单、必要的专业知识、安全管理知识和技术等，以使法定自查负责人和法定自查人员胜任法定自查工作的要求。年度复训应当包括上次培训以来初始培训内容的更新等，以使法定自查负责人和法定自查人员持续胜任法定自查工作的要求。

（3）法定自查事项清单。根据适用的法律、行政法规、规章、行政规范性文件、国家标准、行业标准等要求，在对标监管事项库的基础上，结合自身生产经营运行特点和实际情况确定法定自查事项，明确法定自查要求，形成本单位法定自查事项清单，并持续提升法定自查事项清单编制水平。法定自查事项清单的内容应当至少覆盖监管事项库（全国库）中适用于本单位的所有安全类监管事项。法定自查事项清单应当至少包括检查专业、检查项目、内容编号、检查内容、检查标准、符合性判断标准、检查依据、检查频次等要素。

（4）法定自查计划。每年12月31日之前完成下一年度法定自查计划的编制，并依据法定自查事项清单的更新和实际运行情况调整，以计划的针对性、科学性来提升法定自查效能，也可以采取航季、季度等作为法定自查计划的编制周期，但需确保相关法定自查计划在航季、季度开始前完成编制且满足自查事项的检查频次要求。

法定自查计划应当明确需要检查的法定自查事项及开展检查的时间，时间应当至少具体到月份。对计划进行调整时，不得低于相关法定自查事项的检查频次要求，且应当如实记录法定自查计划的调整情况及调整理由。

（5）组织实施法定自查。按照制定的法定自查计划实施法定自查，将所发现的问题归类，视情况开展组织系统原因分析，制定有效的整改措施并跟踪验证，使法定自查工作形成闭环。

① 实施检查。在检查过程中应当及时准确记录发现的问题，经被检查部门确认后填写日期。发现的问题应当以书面、法定自查网络信息系统等正式形式告知存在问题的部门，对于现场已经完成整改的，应当在自查检查单上予以说明，可不再以正式形式告知。

② 问题分析。法定自查发现的问题应纳入企业隐患清单，并建立问题分析机制，对发现的问题及其他企业隐患按照民航局规定的问题分类方法进行归类（相关问题分类方法将另行提供）并按照民航行政机关的要求对相关问题组织系统原因分析，找出导致问题发生的不同层级原因，并做好记录。

③ 问题整改。建立问题整改机制，制定整改措施，明确整改期限，按照制定的整改措施和期限完成整改，形成必要的整改记录，落实民航局关于"问题隐患动态清零"的有关要求。

④ 跟踪验证。要对整改进行跟踪验证，确认整改措施按要求落实，评估整改的有效性，如不足以有效解决问题，应当再次启动整改、跟踪验证的流程，直至问题有效解决。对整改期限较长的问题，应当对整改情况进行持续监控。跟踪验证应当形成必要的文件记录。

（6）案卷管理。自查任务完成后，要对自查过程中形成的案卷进行整理，确保法定自查案卷完整真实，具有可追溯性。法定自查案卷应当至少包括自查计划、自查检查单、整改通知书、整改措施和情况报告、验证材料。法定自查案卷应当真实，内容不得有虚假，禁止伪造材料。如能保证案卷要素符合以上要求，且法定自查工作与SMS、SeMS、隐患排查治理、内审、安全审计、安保审计等工作融合开展的，可以认可SMS、SeMS、隐患排查治理、内审、安全审计、安保审计等工作形成的案卷。

通过法定自查网络信息系统保存法定自查案卷的，可以不再保存纸质案卷。

（7）数据分析与应用。民航生产经营单位应当汇总分析法定自查的相关数据，按要求收集并报送相关内容，同时利用数据分析结果指导法定自查工作优化、改进，持续提升法定自查工作水平。

① 数据收集，收集的法定自查数据至少包括法定自查事项数据、发现问题的法定自查事项数据、整改闭环的数据。

② 每年3月1日前对上一年度的法定自查工作情况进行分析、总结，编制法定自查工作情况年度总结并留存备查。总结内容至少包括法定自查制度建设情况、法定自查队伍建设情况、法定自查清单管理情况、法定自查计划实施情况、发现问题及整改情况、发现问题的分析和法定自查工作自评情况。

第三节　机场运行安全业务管理

聚焦主责主业，履行好主体责任、领导责任、监管责任和岗位责任，是落实民航安全管理的主线。按照安全生产法"三个必须"原则，机场管理机构在管理实践中，不断建立健全全员安全生产责任制，加强三基建设，提升过程安全管理能力，在对过程系统进行全面风险分析的基础上，主动地、前瞻性地管理和控制过程风险，预防重大事故发生。

一、运输机场使用手册管理

运输机场使用手册是机场运行的基本依据和纲领性文件，机场管理机构应当严格按照生效的手册运行和管理机场。

1. 运输机场使用手册基本内容

运输机场使用手册应当包含下列主要内容：编制手册的目的和适用范围、对手册的使用

管理要求、机场管理机构的责任、机场管理机构（法定代表人）的承诺。

（1）机场安全管理体系。

（2）机场运行程序和安全管理要求，主要包括机场关闭（含临时）和恢复运行程序、机场部分设施临时关闭和恢复运行程序、飞行区场地管理、视助航设施管理、机场供电系统管理、机坪运行管理、机场控制区内车辆及驾驶人员的管理、施工管理、救援及消防设施管理、机场净空管理、机场电磁环境管理、机场野生动物管理、机场除冰雪管理、机场外来物管理、民航局或者民航地区管理局认为必要的其他管理规定。

（3）手册相关附件，包括机场突发事件应急救援预案、机场航空安全保卫方案、《民用机场使用许可空管事项申请与审批规定》所规定的材料、航油供应安全运营手册、危险品管理手册。

（4）机场资料，主要包括：跑道与升降带，滑行道，机坪，障碍物，通信、导航、航管、气象等空中交通管制设施，灯光、标志线、标志牌、标志物等目视助航设施，旅客航站楼、货运航站楼及其他建筑物（含地下工程）的说明，例如旅客桥、行李及货物传输设备、信息系统，救援与消防、安全防护和安全检查设施及设备的说明，公用设施、供油设施、供电设施的说明，电磁环境保护、噪声防治、污水处理及排放、冰雪控制、航空垃圾处理等环境保护设施，机场建设史，包括建设依据、工程规模和工程实施中的重要事件，城市发展规划对本机场的要求。

（5）机场附图，主要包括：机场位置图，机场总体布置图（包括地形、排水设施），机场规划总平面图和现状总平面图，机场净空平面图、剖面图和以跑道中心线及其延长线关系表示的障碍物位置及顶端标高的一览表，机场管网综合系统平面图含转折点的位置及埋深，机场目视助航设施平面图。

2. 运输机场使用手册格式要求

运输机场使用手册的格式应满足相关编制与审查规则的要求。

3. 运输机场使用手册的修改

有下列情形之一的，机场管理机构应当及时组织修改手册：手册不符合有关法律法规和涉及民航管理的规章、标准等的；机场组织机构、管理制度、基础设施、保障设备等发生变化的；手册执行过程中，发现规定内容难以客观反映运行安全管理要求，不利于保障机场安全运行的；手册年度评估中发现存在问题的。

二、机场主要运行安全业务管理

民航安全风险分级管控和隐患排查治理双重预防机制是民航安全管理体系的核心内容，构筑起防范事故的两道防火墙，是实现源头治理、关口前移、超前防范、抓根本、管长远、建长效的根本举措。针对跑道侵入、机坪剐碰、鸟击、外来物、净空及危险品运输等重点防范领域，民航双重预防机制能够从技术和业务层面增强系统的安全性，将隐患排查治理转变为安全风险管控。

（一）地面车辆和人员跑道侵入防范管理

跑道侵入是指在机场发生的，任何航空器、车辆或者人员错误地出现或存在于指定用于航空器着陆和起飞地面保护区的情况。由此可见，跑道侵入的实质是航空器、车辆或人员侵入了跑道及其附近区域，从而对已经或者将要起飞、降落的航空造成危险。其中，机场管理机构主要负责对地面车辆和人员跑道侵入防范进行统一协调管理。

机场管理机构会同空中交通管理机构、航空运输企业或者其代理人、航油供应企业以及其他与机场运行安全有关的单位成立跑道安全小组，履行地面车辆和人员跑道侵入防范职责，审定跑道侵入防范方案，并对跑道侵入防范工作进行评估，同时对成员单位开展跑道侵入防范培训。

（二）飞行区场地管理

飞行区场地管理主要包含对跑道、滑行道、机坪的道面（含道肩）、升降带、跑道端安全区和排水设施等场地的日常维护和管理工作，需确保飞行区场地持续处于适用状态。

飞行区场地管理应做好以下工作：

（1）保证机场跑道、滑行道、机坪等道面的表面状况基本完好、符合标准，对出现的各类破损要及时进行维修，同时还要做好飞行区日常巡视检查，及时发现和解决问题。

（2）保证机场跑道具有良好的摩阻性。为此，要对道面摩擦系数进行检测，还要及时清除降低道面摩阻性的各种污染，包括机轮胶印、冰雪等。

（3）保证升降带和其他土面区的平整和强度，控制土面区植草的高度。

（4）对机场围界的维护。

（5）做好机场排水、防洪设施的维护管理，防止道面、土面区积水。

（三）外来物防范管理

外来物（Foreign Object Debris，FOD）是指在机场活动区内无运行或者无航空功能，并可能对航空器运行构成危险的无生命的物体。航空器对于外来物而言相当脆弱，一小块塑料布被发动机吸入可能引起空中停车，一颗小螺钉或金属片甚至尖锐石子也可能扎伤轮胎引起爆胎，爆胎产生的轮胎碎片又会打伤飞机本体或重要部件，如液压管、油箱等。因此外来物防范管理工作对航空器安全运行具有重要意义。

机场管理机构应当组织成立外来物防范管理委员会，制定与本机场风险相匹配、运行保障实际相符合的外来物防范管理方案，并开展外来物防范宣传和教育工作，确保所有飞行区的作业人员充分认识外来物对航空安全的危害。

（四）目视助航设施管理

目视助航设施是确保航空器在机场正常起降的重要因素，机场应当确保目视助航设施始终处于适用状态，并提供与实际天气情况相适应的目视助航设施服务。各类标志物、标志线应当清晰有效、颜色正确。助航灯光系统和可供夜间使用的引导标记牌的光强、颜色、有效

完好率、失效时间，应当符合民航规章标准的要求。机场应当定期对目视助航设施进行综合评估，避免因滑行引导灯光、标志物、标线、标记牌等指示不清，设置位置不当，灯光光强有效范围不符合相关要求等，产生混淆或错误指引，造成航空器误滑或人员、车辆误入跑道、滑行道事件。对新开航的机场或在机场启用新的跑道、滑行道和机坪之前，发生跑道侵入事件等情况时，机场要组织对目视助航设施进行安全评估。机场应定期对目视助航灯光系统的各类灯具进行检测，保证各类灯具的光强、颜色持续符合民航相关技术标准的规定。机场飞行区的标线应经常刷新或补漆，确保各类标志、标志物清晰有效。

（五）机坪运行管理

机坪是飞行区供航空器上下旅客、装卸货物或邮件、加油、停放或维修使用的特定场地。机坪运行有如下特点：①机坪构型愈加复杂，机坪作业空间愈加狭小；②机坪内活动车辆、人员较多；③机坪作业有较强的时间限制；④机坪工作环境相对较恶劣；⑤机坪工作人员专业差别较大；⑥机坪保障作业系统性强；⑦机坪内工作单位多，职责界线不明确，管理难度大；⑧部分大型机场机坪分属机场和航空公司，缺乏统一管理。

根据国际飞行安全基金会的统计，由于机坪事故造成的航空器及其他设备设施损坏，每年给航空公司造成的损失超过50亿美元。国际机场协会（Airports Council International，ACI）对机坪事故进行了分类，根据ACI的分类标准，机坪事故主要包括以下类型：①机坪主要设备因操作不当碰撞停放的航空器造成事故；②机坪设备因操作不当碰撞移动中的航空器造成事故；③航空器尾喷损坏机坪设备造成事故；④机坪设备对机场设施造成事故；⑤机坪设备对机场设施造成事故；⑥机坪航空器或设备因燃油泄漏造成事故。以上事故的发生，往往是由于对车辆管理不力，或者是由于机坪勤务道路及人行道设计存在问题，或者地面设备车辆操作人员操作方面存在问题造成的。因此，在机坪安全管理时需要特别注意严格遵守操作规范，重点加强对机坪车辆行驶速度的控制，加强对危险区域和危险环节的防范，避免航空器损坏或人员受伤的情况发生。

（六）机场净空和电磁环境保护

机场净空和电磁环境保护管理主要是对机场净空保护区和电磁环境保护区内影响飞行安全的障碍物高度、升空物体及其他活动或者行为进行控制，防止障碍物、升空物、电磁干扰、施工机械等影响飞行安全，创造一个适航、安全的近空空域。

（七）鸟击及动物侵入防范

机场鸟击及动物侵入防范主要是在生态环境和鸟情调研的基础上，对机场周边环境进行治理，消除适合鸟类居住和觅食的条件，同时对侵入机场的鸟类进行驱赶。其他动物，如鼠、兔等，一方面会吸引鹰等猛禽，另一方面会对飞行区土质、排水、助航灯光、线缆等造成危害。因此需要加强围界管理，避免围界出现缺口或围界护栏间隙过大。总之，机场应采取综合措施，防止鸟类和其他动物对航空器运行造成危害。

（八）除冰雪管理

有降雪或道面结冰情况的机场，应成立机场除冰雪专门协调机构，负责对除冰雪工作的指导和协调。制定除冰雪预案，配备必要的除冰车辆、设备和物资，并认真组织演练，最大限度地消除冰雪天气对机场正常运行的影响。机场在除冰雪作业过程中，应注意保护跑道、滑行道边灯及其他助航设备。

（九）不停航施工管理

不停航施工是指在机场不关闭或部分时段关闭并按照航班计划接收和放行航空器情况下，在飞行区内实施的工程施工。不停航施工不包括在飞行区内进行的日常维护工作。机场不停航施工工程主要包括：飞行区土质地带大面积处理工程、围界、飞行区排水设施改造工程、跑道、滑行道、机坪的改扩建工程，助航灯光及电缆的扩建或更新改造工程等。机场应制定不停航施工管理规定，并进行监督管理，最大限度地减少由于不停航施工对机场正常运行的影响，避免危及机场运行安全。

（十）应急救援管理

机场应急救援管理是机场运行安全管理中的重要部分，机场应急救援保障是机场日常安全运行的有效保障。应急救援管理主要包括以下五个方面：①要确保机场应急救援预案完善、有效、符合实际，能满足实际救援的要求；②要加强应急救援培训和演练工作，确保应急救援指挥和处置人员熟悉救援预案，以便在救援时能快速启动预案、迅速按照预案要求开展救援行动；③要按要求配备应急救援设备，加强应急救援设备保养和维护，以便应急救援设备有效；④要完善应急救援专职或兼职队伍建设，确保应急救援管理人员的专业化；⑤要确保应急救援日常管理工作按计划、按要求开展，加强应急救援日常监管工作。

（十一）航空油料管理

航空油料是航空业不可或缺的重要组成部分，它直接为航空器的飞行提供能源，是航空器能够安全飞行的重要保障。当前航空油料主要分为航空燃油、航空润滑油和航空液压油三大类。航空燃油是燃气涡轮发动机用燃料，航空润滑油是发动机润滑系统工作液，航空液压油是航空器液压系统工作液。

航空油料管理的主要内容包括航空油料存储安全管理、航空油料质量管理、航空器加油安全管理、机坪内油料相关车辆安全管理、航空油料计量管理、航空油料设备管理和库站内施工维修安全管理等。

（十二）机场运行安全信息管理

机场安全信息是机场安全生产活动中对安全有影响的信息集合，它反映了人、机、环、管之间的关系变化，贯穿于一切机场安全管理活动的始终。机场运行安全信息主要包括机场使用细则资料的变更、安全生产建议、影响运行安全的事件或隐患等与安全生产有关的信息

等。机场管理机构及相关驻场单位通过对运行安全信息的上报、分析、利用和共享,支持机场开展风险管理,从而提高机场运行安全水平。

三、运输机场安全保障能力评估

机场安全是民航安全工作的重要环节,机场运行安全保障能力反映了机场维系持续安全状态的能力。机场安全保障能力评估是对机场进行安全管理能力的检查和评价,对促进落实企业主体责任,提升运行安全管理水平具有不可替代的重要作用。

评估工作每半年为一个周期,与航班换季时间相结合,使评估结果的应用更易落地。综合评估结果以机场运行安全保障能力指数为体现形式,满分100分,可以计负分。机场运行安全保障能力指数高于90分(不含)的机场列入绿色区间,低于70分(含)的机场列入红色区间,其余列入黄色区间。

机场分为A、B、C、D四类实施运行安全保障能力综合评估,具体划分如下:A类机场是上一年度年旅客吞吐量高于或等于4 000万人次的机场;B类机场是上一年度年旅客吞吐量高于或等于1 000万,且低于4 000万人次的机场;C类机场是上一年度年旅客吞吐量高于或等于200万,且低于1 000万人次的机场;D类机场是上一年度年旅客吞吐量低于200万人次的机场。

(一)指标划分和打分方法

目前评估指标体系包括4个严格管理类指标、15个安全管理类指标和6个综合管理类指标,指标权重分配综合考虑该指标对机场运行安全的影响程度等因素。

严格管理类指标不设权重,机场在评估周期内出现该类指标所描述情形的,如民用航空器事故、严重净空管理事件、A/B类跑道侵入征候和企业严重失信行为,每发生一次扣除30分;安全管理类指标分值依据机场在评估周期内发生的不安全事件情况,如应急救援处置不当事件、鸟击事件、航空器剐碰事件、机场原因造成的航班不正常情况等,采用扣分法进行计算;综合管理类指标分值依据机场在评估周期内的综合安全管理和运行保障情况进行评估计算,其中包括机场安全管理体系建设情况、安全投入情况、运行安全问题及整改情况等。机场运行安全保障能力指数按以上指标得分求和计算。

(二)结果应用

根据机场运行安全保障能力综合评估结果,民航管理部门决定对其采取管理措施的,原则上按照以下规定执行:

(1)评估指数处于红色区间的,自评估结果公布后的下月起至下一航季结束,暂停批准该机场除国家重大航空运输保障任务以外的加班、包机。必要时可根据影响评估结果的主要原因,依据有关法规要求,进一步采取其他管理措施。

(2)评估指数处于黄色区间的,自评估结果公布后的下月起,连续3个月暂停批准该机

场除国家重大航空运输保障任务以外的加班、包机。是否进一步采取其他管理措施由管理局根据影响评估结果的主要原因研究决定。

（3）评估指数处于绿色区间的，不对机场采取管理措施。

（4）管理措施到期时，管理局应当及时开展评估整改复查，复查认为可以解除管理措施的，按期解除措施；复查认为不能解除管理措施的，继续采取相应措施，并报民航局。

对于进入红色和黄色区间的机场，管理局在向民航局报告评估结果时，应当同步研究拟采取的针对性管理措施。拟采取的管理措施如涉及削减航班飞行总量的，管理局应当在民航局公布评估结果后规定工作日内，制定详细的削减方案，并报民航局批准后实施。

第四节　机场条件与飞机运行特性

环境是导致飞机性能失效或下降的一个重要因素。飞机在起降、滑行过程中存在与飞行区场地设施兼容性问题。如果匹配不佳，会对安全和效率产生重大影响。

一、航程业载分析

一般而言，航空公司的市场部门能够将航空器匹配到距离比较恰当的航线上。然而，当一条航线始发和目的地机场运行条件较为复杂，或航线距离接近某些机型航程能力的极限值时，再考虑到航路风、高度等对飞行速度的影响，则需要从航空器性能的角度去详细分析哪种机型更适合于该航线的运营。

因此，航空公司在选择运营的机型时，既要考虑机型的座级、运行成本等因素，又要兼顾每种机型不同的性能特点和每条航线不同的运行特点，这样才能使航空公司在运行成本效益及安全生产之间实现双赢。

其中，机型的选择首先需要考虑的重要性能参数就是航空器的重量[1]。

---

[1] 航空器的重量实际指航空器在各种状态下的质量。

（一）不同重量定义

制造厂家空重（MEW）是指航空器结构、动力装置、固定设备、不可用燃油、滑油和特种液体（如液压油、防冰液、防雷液和冷却液）等重量之和。制造厂家空重经常被称为基本空机重量。

使用空重（OEW）是指在制造厂家空重基础上加上服务设施、供应品和空勤组等重量。

干使用重量（DOW）是指在使用空重基础上加上特定飞行所需的特殊项目，如配餐、报纸等，但不包括所有可用的燃油和业载。通常干使用重量是航空器重量计算的起算点。在很多情况下干使用重量与使用空重是不加区分的，可以混用。

总业载（Total Traffic Load）是指装载在航空器上的乘客、货物、行李和邮件的重量。

零燃油重量（ZFW）是指干使用重量与总业载重量之和。

着陆重量（LW）是指航空器着陆时的重量，该重量为无燃油重量加上防止意外情况出现所装载的储备油量。

起飞重量（TOW）是指航空器起飞时的重量，着陆重量加上航程所需的燃油重量。

滑行重量（Taxi weight）是指航空器在地面开始滑行时总的重量。

以上这些重量之间的关系如图 2.3 所示。

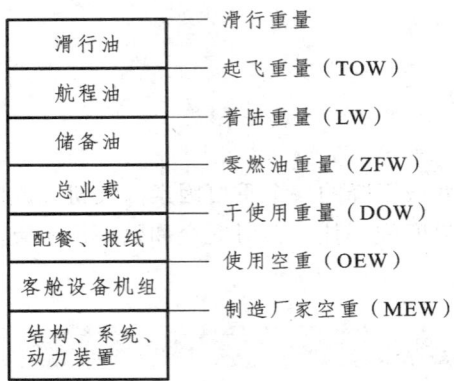

图 2.3 航空器重量

通常航空器制造厂商在航空器设计和审定的过程中，必须建立起航空器结构重量的极限，这些极限包括最大起飞重量、最大着陆重量、最大无燃油重量、最大滑行重量等。

（1）最大起飞重量（MTOW）是按照飞行中的航空器结构强度原则，和在该机重下以垂直速度为 -1.83 m/s 着陆接地时起落架及航空器结构的强度要求确定，实际起飞重量不允许超过此重量。

（2）最大着陆重量（MLW）是航空器着陆时的最大结构限制，该重量按照飞行中的航空器结构强度原则，和在该机重下以 -3.05 m/s 的垂直速度着陆接地时起落架及航空器结构的强度要求确定，实际着陆重量不允许超过此重量。大型航空器的最大着陆重量通常小于它的起飞重量，中型航空器的最大着陆重量等于或者略小于最大起飞重量，小型航空器则通常两者相等。

（3）最大无燃油重量（MZFW）是无燃油时航空器允许的最大结构限重，实际航空器无燃油重量不允许超过该重量。

（4）最大滑行重量（MTW）是指航空器在滑行时的最大结构限重，考虑航空器在地面转弯时可能的起落架弯曲应力和减震器的应力，并非限制因素。

（二）业载和航程

业载与航程之间的关系如图 2.4 所示，在受到重量限制时，航空器业载也随飞行航程的变化曲线，主要考虑最大结构业载、最大起飞重量和最大燃油容积等因素。A 点表示航空器在最大结构业载时所能飞的最远距离 R_A，该飞行距离对应的商务载重为 P_A，航空器必须以其最大起飞重量起飞，但它的油箱并没有完全装满燃油。B 点表示如果航空器在航行开始时油箱完全装满了燃油，它所能飞行的最远距离 R_B，这时相应业载为 P_B。要飞行距离 R_B，航空器必须以其最大起飞重量起飞。因此，为了将航行距离从 R_A 延长到 R_B，增加燃油的同时必须减少业载。C 点表示航空器在不带任何业载时能飞行的最远距离。有时也把这个距离称为"转场距离"，在必要时用于交付航空器使用。要飞行转场距离 R_C，需要最大量的燃油量，但因它没有业载，因而其起飞重量小于最大起飞重量。

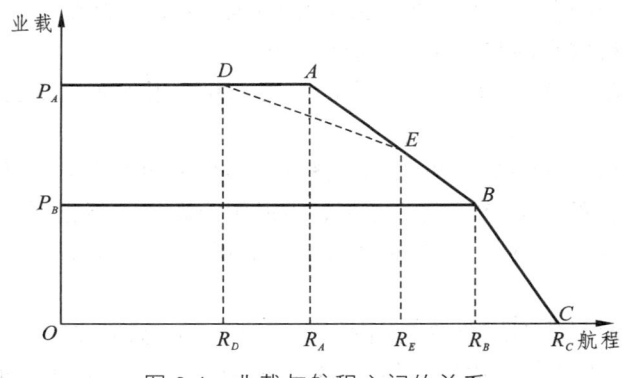

图 2.4 业载与航程之间的关系

在有些情况下，最大结构着陆重量可能决定一架载有最大结构业载的航空器能够飞多远。此时，线段 DE 代表了业载和航程之间的折中，这是因为业载受最大结构着陆重量的限制。于是业载与航程的关系曲线就将沿着 $DEBC$ 线，而不是 ABC 线。

业载与航程的对比关系取决于诸多因素，如航路上的天气条件、飞行高度、速度、燃油、风和备用燃油量。为了对不同的航空器作大致的性能比较，商务载重与航程的关系曲线通常是按标准天气日、无风和远程巡航来绘制的。

二、机型适配性检查

（一）初步适配性检查

机场飞行区等级将关键航空器特性同机场设施关联起来，因此，进行初步适配性检查时，是将机型所需的飞行区等级与机场实际的飞行区等级进行比较，如 A330-300 所需的飞行区指标为 4E，那么机场的飞行区指标只要在 4E 及其以上，就可以初步确定 A330-300 能在该机场运行。

(二) 跑道长度分析

航空器要在某机场起飞和着陆，需要考虑跑道是否满足航空器起飞和着陆的要求，即跑道的公布距离是否大于等于航空器起飞和着陆的所需距离。对于双发航空器，不但要考虑全发工作的情况，还必须考虑一发不工作的情况，即全发起飞所需距离、一发失效继续起飞距离、一发失效中断起飞距离、着陆所需距离都应小于等于相应可用距离。但实际运行时，由于跑道的长度还受到机场标高、机场基准温度、风和跑道道面等条件的影响，因此航空器实际运行所需距离还应进行相应修正。修正得到的所需距离与机场障碍物 A 型图中公布的可用距离进行比较。只有当公布距离大于等于根据机场所在条件修正后得到的所需距离时，机场跑道长度才能满足航空器运行的需要。

1. 机场公布距离

机场跑道每个方向的公布距离（Declared Distance）公布在机场障碍物 A 型图中，以便使用该机场的航空器进行安全的起飞和着陆运行，包括：

（1）可用起飞滑跑距离（TORA）：公布的可用于并适用于航空器起飞时进行地面滑跑的跑道长度。

（2）可用起飞距离（TODA）：可用起飞滑跑距离加上净空道的长度。

（3）可用加速停止距离（ASDA）：可用起飞滑跑距离加上停止道的长度。

（4）可用着陆距离（LDA）：公布的可用于并适用于航空器着陆时进行地面滑跑的跑道长度。

跑道各部分可用距离典型组合情况：图 2.5（a）所示为跑道（RWY）不设停止道（SWY）或净空道（CWY）且无跑道入口内移的情况；2.5（b）所示为只设有净空道的情况；图 2.5（c）所示为只设有停止道的情况；图 2.5（d）所示为跑道存在入口内移的情况；图 2.5（e）所示为跑道设有停止道和净空道以及跑道入口内移的情况。

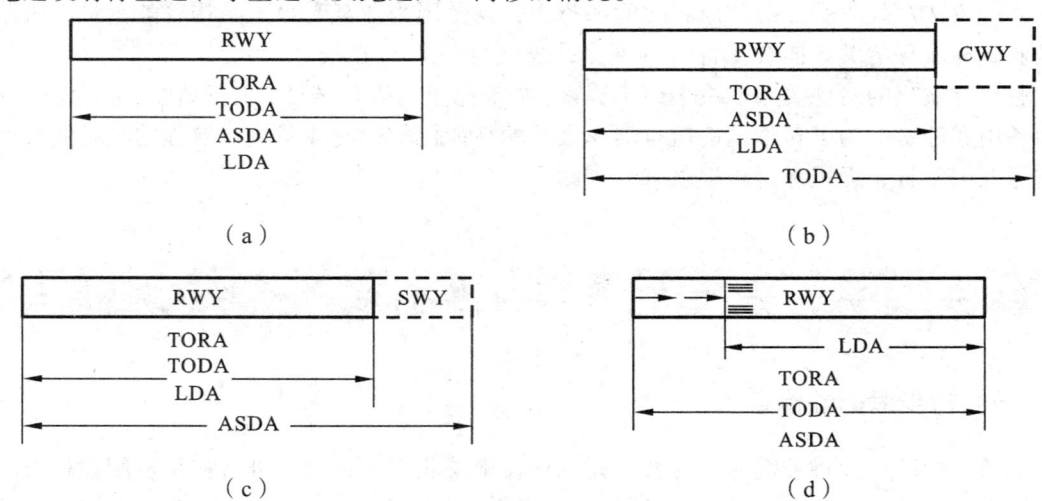

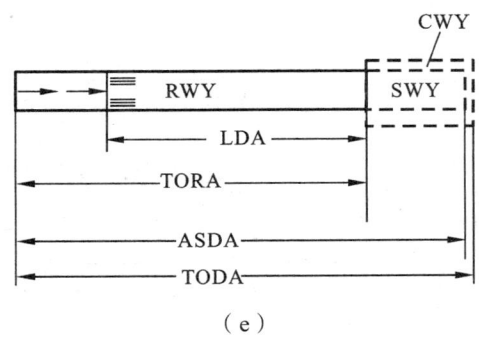

（e）

图 2.5　跑道各部分可用距离典型组合

（注：图中跑道均为从左至右单向运行）

2. 航空器所需跑道长度修正

航空器实际运行所需的跑道长度一般需要修正的影响因素有：高程修正、温度修正、纵坡修正。

（1）按跑道高程进行修正。

在按航空器起飞和着陆性能要求确定的基准场地长度基础上，机场标高每增加 300 m，跑道基本长度增加 7%。

（2）依据机场基准温度进行修正。

将机场的基准温度与该机场标高的大气标准温度进行比较，每增加 1 °C，经过海拔修正后的跑道长度增加 1%。

（3）长度验证。

如果上述高程和温度的修正量超过基准长度的 35%，则需进行专门的研究来确定修正值。

（4）按照跑道的有效坡度计算，坡度每增加 0.1%，跑道长度增加 1%。

（三）道面承载能力

为了使机场的道面结构能满足航空器运行的要求，ICAO 对于起飞重量超过 5 700 kg 的航空器，制定了一套道面强度评价和报告方法，称为 ACR-PCR 法。

ACR 即航空器分类等级（Aircraft Classification Rating），表示航空器对一具有规定标准土基等级的道面的相对影响的一个编号。ACR 可以从制造商提供的机型手册中获取，如图 2.6 所示，也可通过 ICAO-ACR 软件计算，如图 2.7 所示。

A340-500/-600

AIRCRAFT CHARACTERISTICS - AIRPORT AND MAINTENANCE PLANNING

**ON A/C A340-600

AIRCRAFT TYPE	ALL UP MASS (kg)	LOAD ON ONE MAIN GEAR LEG (%)	TIRE PRESSURE (MPa)	ACR FOR RIGID PAVEMENT SUBGRADES - MPa				ACR FOR FLEXIBLE PAVEMENT SUBGRADES - MPa			
				HIGH 200	MEDIUM 120	LOW 80	ULTRA-LOW 50	HIGH 200	MEDIUM 120	LOW 80	ULTRA-LOW 50
A340-600 WV000	366 200	32.2 (WLG) 29.1 (CLG)	1.61	690	790	880	990	620	640	710	870
A340-600 WV001	369 200	32.2 (WLG) 28.9 (CLG)	1.61	700	800	890	1 000	630	650	720	880
A340-600 WV101	381 200	31.7 (WLG) 28.8 (CLG)	1.61	720	820	920	1 030	640	660	730	900
A340-600 WV102	368 200	32 (WLG) 29.3 (CLG)	1.61	700	790	890	990	620	650	710	870
A340-600 WV103	366 200	32 (WLG) 29.5 (CLG)	1.61	690	790	880	980	620	640	700	860

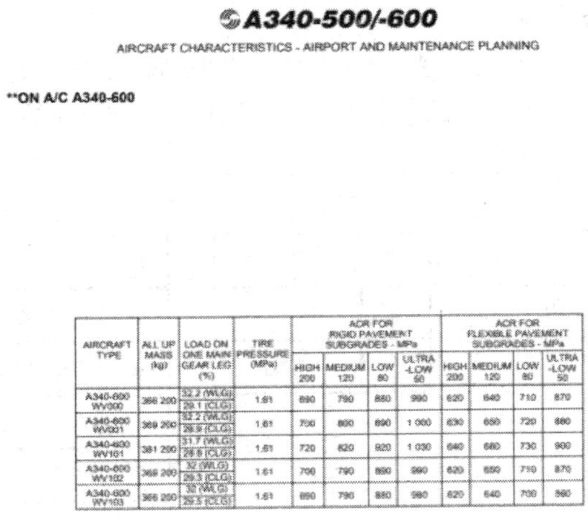

图 2.6　从飞机特性手册中查询 ACR

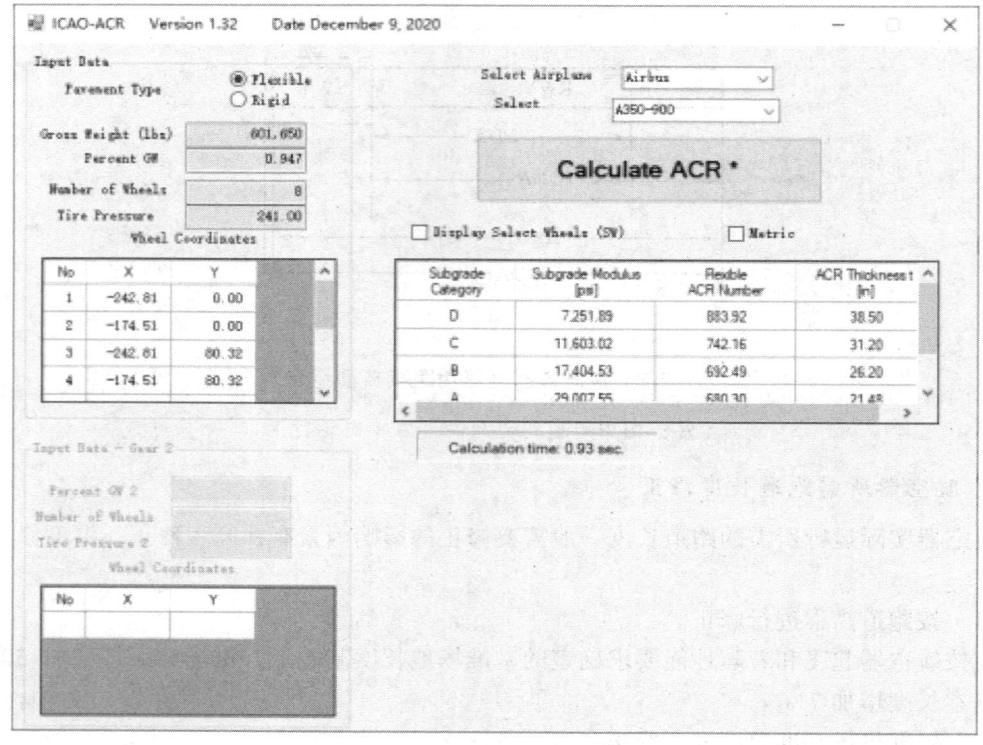

图 2.7 ICAO-ACR 软件计算航空器的 ACR

道面分类等级（PCR）是表示道面承载强度的编号。PCR 由道面的力学特性、道面的交通流量以及道面的设计寿命（或剩余寿命）决定。每条跑道都有一个 PCR 值，由机场建设部门提供。

1. 报告道面强度的格式

机场道面强度评价和报告公布在机场图中，采用"ACR-PCR 法"公布道面承载强度时，报告格式如下：

PCR 值/道面类型/土基强度/胎压限制/评定方法

报告格式中的各参数含义及数值如图 2.8 所示。

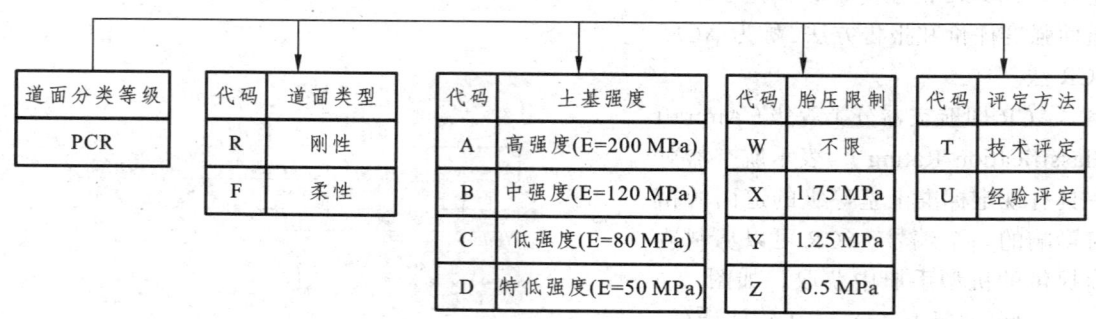

图 2.8 道面强度报告格式

如设置在中强度土基上的刚性道面的承载强度，用技术评定法评定的道面分类等级为760，无胎压限制，则其报告资料为：PCR 760/R/B/W/T。

如设置在高强度土基上的性质类似柔性道面的复合道面的承载强度，用航空器经验评定法评定的道面分类等级为550，最大允许胎压为1.25 MPa，则其报告资料为：PCR 550/F/A/Y/U。

对拟供起飞质量等于或小于5 700 kg航空器使用的道面承载强度应报告下列资料：最大允许的航空器质量/最大允许的胎压，如4 000 kg/0.7 MPa。

2. 超载运行

将某一跑道的PCR值与某一航空器相应的ACR值进行比较，当ACR≤PCR，且胎压符合要求时，即可满足运行要求。但在道面的整个使用寿命中，道面承受的交通量可能超过道面的承载能力，如ACR＞PCR时，允许有限制的超载运行，遵循的原则包括：

（1）对于柔性和刚性道面，ACR≤1.1PCR；

（2）年超载起降架次在年总起降架次（除轻型航空器之外）的5%以内；

（3）当道面呈现破损或失效迹象、道面在冻融期间或道面土基强度因水的影响而减弱时，应避免超载运行；

（4）当有超载运行时，应对道面加强常规巡查，定期评估超载标准是否适用。

（四）机场地面保障能力

机场航空器地面保障能力包括：

（1）机场是否提供加油车、客梯车、廊桥、集装箱装卸车、平台车等，各保障作业车辆是能否达到航空器的平均勤务高度。

（2）当航空器没有辅助动力装置时，需要注意机场是否提供气源车、电源车等，并了解保障车辆的接口、插头是否与机型匹配，是否提供与机型适配的牵引杆等。

（3）机场航空器维修能力是否满足要求。

（4）道面除冰扫雪和航空器除防冰能力。对于寒冷地区的机场，需了解机场道面的扫雪、除冰能力以及对航空器的除冰、防冰能力是否满足航空器运行需要。

（5）消防救援和应急救护能力。机场的消防救援和应急救护能力必须与航空器相匹配。

此外，为了减小噪声影响，某些机场采取不同程度噪声限制措施，航空器运行前需了解该机场是否对航空器噪声等级等的特殊要求，例如机场宵禁。同时，对于国际航班还应考虑机场是否设置海关、边检和卫生检疫等政府职能部门。

三、起飞性能分析

航空器起飞性能包括起飞场道性能和起飞航道性能。起飞场道性能主要研究两方面内容，一方面需要考虑航空器在跑道上能否安全起飞，另一方面需要考虑航空器能否安全停住。起飞航道性能主要考虑航空器在初始爬升过程中是否能够顺利完成构型的转换，并能达到法规规定的最小爬升梯度的要求，同时考虑在这个过程中航空器是否能安全越障。

（一）起飞定义和阶段

航空器从地面开始加速滑跑到航空器离地高度不低于 1 500 ft（1 ft = 0.304 8 m）完成从起飞到航路上升构型的转换，速度不小于 $1.25V_S$（V_S 为失速速度），爬升梯度达到法规（CCAR）规定值的过程叫作起飞。起飞过程可划分为起飞场道阶段和起飞航道阶段。其中，起飞场道阶段通常是指航空器从地面开始速滑跑到航空器离地高度 35 ft，速度不小于起飞安全速度 V_2 的过程，通常包括地面滑跑段和起飞空中段。而起飞的航道阶段则开始于基准零点（常选择航空器离地 35 ft 时在道面上投影点作为基准零点）到起飞结束的过程。起飞过程的剖面如图 2.9 所示。

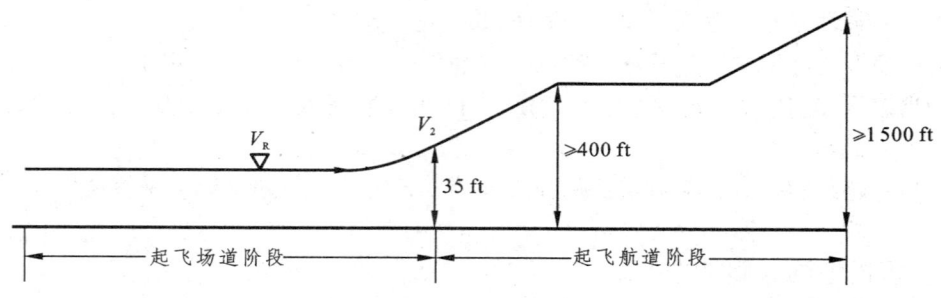

图 2.9　起飞过程剖面图

由于在起飞航道阶段上升，航空器重量大，高度低，而且在航道阶段开始还带有起落架和襟翼，正处于机场周围障碍物上空。为保障起飞安全，在研究起飞航道时又把它分为四个阶段。起飞航道示意图如图 2.10 所示。

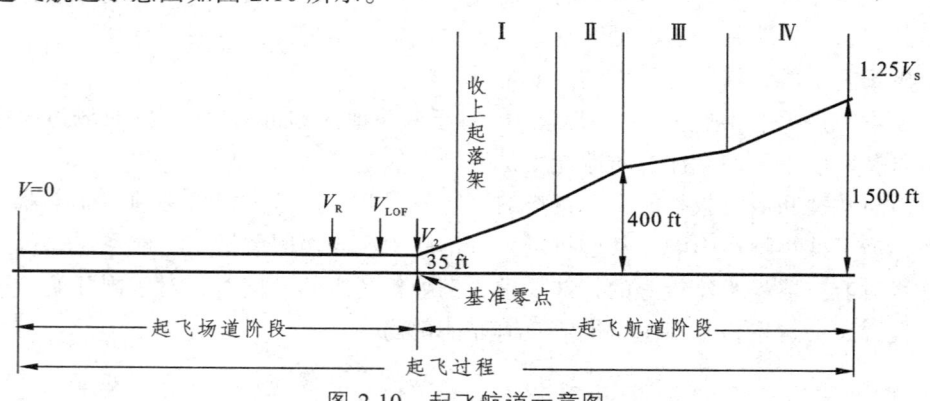

图 2.10　起飞航道示意图

起飞航道 I 段：自基准零点开始，结束于起落架完全收起（收起落架动作可能开始于起飞航道 I 段之前）。

起飞航道 II 段：从起落架完全收起到高度不低于 400 ft。如果在航道上有障碍物，则应在越过障碍物后才进入航道 III 段。

起飞航道 III 段：减小上升角或改平飞使航空器增速。

起飞航道 IV 段：增速到规定的速度，并保持该表速上升到不低于 1 500 ft。

航空器在起飞航道各个阶段的上升梯度反映了航空器的越障能力。为了保障安全,《运输类飞机适航标准》（CCAR-25-R4）对起飞航道各个阶段的上升梯度的规定如表 2.1 所示。

表 2.1　CCAR-25-R4 对起飞航道各段上升梯度的规定

	Ⅰ 段	Ⅱ 段	Ⅲ 段	Ⅳ 段
双发航空器	> 0	2.4%	1.2%	1.2%
三发航空器	0.3%	2.7%	1.5%	1.5%
四发航空器	0.5%	3.0%	1.7%	1.7%

（二）起飞速度概念

1. 失速速度

失速是指航空器迎角超过其临界迎角，不能保持正常飞行的现象。失速速度就是航空器可以操纵的正常飞行的最小速度，它是校正速度，用符号 V_S 表示，单位为海里每小时。

在实际飞行中，航空器并不会以失速速度飞行，但由于这个速度涉及飞行安全，它经常作为起飞速度和进近着陆速度的参考速度。失速速度的大小与航空器的重量、构型以及功率等因素有关，通常通过试飞来确定该值。

2. 起飞决断速度

起飞决断速度用符号 V_1 表示，是指飞行员能决定中断起飞并保证航空器在跑道限制长度内停下的最大速度。该速度以校正空速表示，由申请人选定。

3. 抬前轮速度

抬前轮速度用符号 V_R 表示，是在起飞滑跑中驾驶员开始抬起前轮时的速度，以校正空速表示，抬前轮的速率为 2.5°/s ~ 3°/s。

4. 离地速度

离地速度用符号 V_{LOF} 表示，是航空器离开地面开始腾空瞬间的速度，这表明该瞬间航空器的升力开始大于机重，用校正空速表示。

5. 起飞安全速度

起飞安全速度又称起飞爬升速度（Takeoff Climb Speed），用符号 V_2 表示，是当航空器在一发失效情况下达到离地面上空 35 ft 时应达到的最小爬升速度，以校正空速表示，由申请人选定。

（三）限制最大起飞重量的因素

航空器的最大起飞重量是影响航空运输经济性的重要因素之一，同时也是影响飞行安全的重要因素之一。而航空器在实际运行时，最大起飞重量受到很多影响，除了受到本身结构强度和跑道条件限制外，还受到起飞航道性能、刹车能量、轮胎速度、越障能力等因素的影响。

1. 起飞航道第 Ⅱ 段爬升梯度的限制

根据表 2.1，起飞航道第 Ⅱ 段爬升梯度的要求最高。由于一台发动机停车后，在起飞航道

第Ⅱ段，航空器速度小，可能比对应构型下的陡升速度大，而且襟翼在起飞位置，航空器阻力较大，而在起飞航道第Ⅱ段又要求有较大的爬升梯度来保证航空器安全爬升，因此航空器的起飞重量常常受到起飞航道第Ⅱ段爬升梯度的限制。

2. 障碍物的限制

如果机场净空条件好，起飞航道上没有障碍物，航空器只需满足起飞剖面最低爬升梯度要求。但如果机场净空条件不太好，航道中的障碍物不得不飞越，则必须按照航道越障限制条件来确定最大起飞重量。

3. 最大着陆重量的限制

现代大航空器实际运行时燃油消耗量多，通常设计的结构强度限制的最大起飞重量比最大着陆重量大得多。对于较短的航线，如果起飞时不考虑最大着陆重量的影响，以较大的起飞重量起飞，则航空器到达着陆机场的重量有可能大于最大着陆重量，因此，起飞前就必须考虑最大着陆重量的限制。

4. 航路最低安全高度的限制

对于飞越山区的航线，当山区范围较大，不宜设置改航点时还会受到航路最低安全高度的限制。由于确定最大起飞重量时，必须考虑航路中一台发动机停车后的情况，而当航空器在巡航飞行中一台发动机停车，航空器单发飘降的升限降低时，可能使航空器飘降过程中不能越过障碍物。通常情况下，航路最低安全高度不会限制最大起飞重量，但在航路安全高度较高的山区航线飞行就必须考虑这个问题，例如，我国的成都—拉萨航线。

5. 轮胎速度的限制

在高温高原机场，特别是在有顺风时，相同起飞重量、相同离地表速的情况下，航空器的地速大，轮胎旋转速度快，则轮胎受到的离心力大，当轮胎转速达到一定值时，巨大的离心力和航空器重力将使轮胎破裂。这时由最大轮胎转速限制了航空器最大起飞重量。

6. 最大刹车能量的限制

在中断起飞和着陆中，有50%以上的航空器动能靠刹车片吸收，当刹车累计的热能达到一定程度时，将使机轮的热熔断塞熔化，甚至机轮起火燃烧，严重威胁飞行安全。通常把刹车吸收的热能达到极限值时的航空器滑跑速度称为最大刹车能量限制速度。由于相同速度下，重量越重，则动能越大，刹车吸收的热能越多，所以，最大刹车能量在一定程度上也会限制最大起飞重量。

四、着陆性能分析

进近着陆是航空器飞行转为地面滑行的重要阶段。由于该阶段航空器离机场距离较近，障碍物较多，飞行速度的变化范围较大，飞行员对飞行的操纵过程相对复杂。因此，航空器进近着陆阶段为飞行任务中事故多发阶段，据统计空难大约50%左右是发生在进场和着陆阶段。

（一）着陆过程

着陆是指航空器从跑道入口上空 50 ft（约 15 m）开始，以参考速度按 3°下滑角下滑，当离地高度为 0.15～0.25 m 时拉平，随着速度的降低，航空器飘落接地。航空器接地后，使用刹车，打开扰流板，并将发动机设置反推力状态，直至航空器在跑道上减速停止。

（二）着陆速度的概念

1. 着陆最小操纵速度

全发工作着陆进场期间的最小操纵速度用符号 V_{MCL} 表示。它是校正空速，在此速度上，当临界发动机突然停车时，能在该发动机继续停车的情况下保持对航空器的操纵，并维持坡度不大于 5°的直线飞行。着陆最小操纵速度是制造商根据法规试飞确定的。

2. 进场参考速度

着陆进场参考速度是根据航空器着陆时应保留的安全裕量而确定的一个速度，用符号 V_{REF} 表示，其大小为着陆构型失速速度的 1.3 倍（$1.3V_S$）或 $1.23V_{S1g}$（V_{S1g} 为 1 g 失速速度）。航空器的着陆构型和着陆重量都会影响其失速速度大小，从而影响到着陆进场参考速度的大小。

3. 最后进近速度

最后进近速度也就是常说的跑道入口速度，它是指航空器下降到 50 ft 过跑道端时应达到的速度，用符号 V_{at} 表示。根据 CCAR25.125 条的规定，航空器下降到 15 m（50 ft）高度前，必须维持以不小于 $1.3V_S$ 或 V_{MCL} 两者中较大者的校正空速稳定进场。ICAO 将机型按照跑道入口速度的划分如表 2.2 所示。

表 2.2 根据跑道入口速度的航空器类别划分

分类	跑道入口速度 V_{at}	代表机型
A 类	$V_{at} < 169$ km/h	TB-20、TB-200 等
B 类	169 km/h ≤ $V_{at} < 223$ km/h	Y-7 等
C 类	223 km/h ≤ $V_{at} < 261$ km/h	B737、B757、B767、A300、A310、A320 等
D 类	261 km/h ≤ $V_{at} < 307$ km/h	B747-200/400、A340、MD-11 等
E 类	307 km/h ≤ $V_{at} < 391$ km/h	

4. 接地速度

通常最后进近速度在规定的范围内，则接地速度就会在规定范围内。接地速度的大小取决于航空器的着陆重量、空气密度和接地时的升力系数。着陆重量增加，航空器接地时所需的升力增加，接地速度相应增大。空气密度减小，为保持不变的升力，需相应增大接地速度。故在高温高原机场着陆时，接地速度都要增大。接地升力系数的大小，取决于接地迎角和襟翼位置。接地迎角大，升力系数大，接地速度就小。

（三）限制最大运行着陆重量的因素

限制最大运行着陆重量的因素主要包括结构强度、着陆场地长度、复飞爬升梯度、最大

刹车能量和轮胎速度限制。

1. 结构强度限制

航空器结构强度对最大着陆重量的限制主要是考虑到航空器起落架和机体所能承受的着陆冲击载荷，具体数据由各机型手册给出。

2. 着陆场地长度限制

所谓场地长度限制的最大着陆重量就是指使着陆过程能够在可用跑道长度内完成的最大着陆重量。实际中要求着陆需用距离小于或等于着陆可用距离，即实际着陆重量小于或等于场地长度限制的最大着陆重量。

3. 复飞爬升梯度限制

在高温高原机场，复飞爬升梯度往往会成为限制最大着陆重量的主要因素。复飞爬升梯度分为进近复飞爬升梯度和着陆复飞爬升梯度两种情况。

CCAR25.121 条对进近复飞爬升梯度进行了规定。进近复飞爬升前提是假设一台发动机不工作。"进近爬升"一词的由来是因为复飞性能依据的是进近形态，而不是着陆形态。

进近复飞的航空器形态：在一台发动机不工作，TOGA（起飞或复飞）推力，起落架收上，缝翼和襟翼处于进近形态，复飞爬升速度$\leqslant 1.5 V_S$的条件下，进近爬升最小梯度要求如表 2.3 所示。

表 2.3　进近爬升最小梯度

航空器类型	二发航空器	三发航空器	四发航空器
要求的爬升梯度	2.1%	2.4%	2.7%

CCAR25.119 条对着陆复飞爬升梯度进行了规定。着陆复飞爬升梯度限制是为了在所有发动机都工作的情况下中断进近时，确保航空器的爬升能力。"着陆爬升"一词的由来是因为复飞性能依据的是着陆形态。

着陆复飞航空器的形态：在发动机均正常工作，推力控制从最小飞行慢车运动到 TOGA 推力 8 s 后，推力可用，起落架放下，缝翼和襟翼处于着陆形态，且爬升速度$\leqslant 1.3 V_S$的条件下，对于所有机型，验证的最小爬升梯度要求为 3.2%。

一般情况下，进近爬升因为考虑了一发失效的影响，故进近爬升梯度限制的最大着陆重量往往要低于着陆爬升限制的最大着陆重量，所以，实际在计算爬升梯度对最大着陆重量的限制时，一般仅考虑进近爬升情况。

4. 刹车热能的限制和快速过站最大重量

快速过站最大重量是指使用刹车达到足以使机轮的热熔断塞融化的温度相对应的航空器着陆重量。快速过站飞行是指相邻两次飞行间有短时间停留的连续短程飞行，但快速过站时间不能低于航空器保障最小安全间隔时间。快速过站飞行的特点是刹车使用频繁，且冷却不足，易导致过热。

刹车的热能来源于制动时刹车片相互摩擦而吸收的航空器动能。使刹车吸收动能并转化为热能的情况有以下几种：正常着陆、中断起飞和滑行。其中，中断起飞吸收的热能最多。

在实际运行中，由于着陆重量越大，接地速度就越高，刹车温度也就越高，因此，通常用快速过站最大重量的限制来控制刹车过热。

当实际着陆重量低于快速过站最大重量时,则对航空器的地面过站停留时间没有特殊要求。

实际着陆重量大于快速过站最大重量时,必须先按照最低地面停留冷却时间标准对刹车进行冷却,然后检查机轮热熔断塞的完好性以及刹车温度。

第五节 机场运行限制

一、低能见度对运行的影响

能见度与机场运行密切相关,尤其是在起飞和着陆的过程中,航空器必须保证当时的能见度符合起飞和着陆机场的最低运行标准。当机场出现如雾、烟幕、风沙、低云、雨雪天气时,能见度将显著降低,机场运行标准会随着天气变坏逐渐提高,机场容量降低,严重时可能导致机场关闭,甚至带来灾难性的后果。据统计,由气象原因引起的飞行事故中,有49%是由低能见度造成的。

(一)能见度与跑道视程

能见度(Visibility,VIS)是指当在明亮的背景下观测时,能够看到和辨认出位于近地面的一定范围内的黑色目标物的最大距离;在无光的背景下观测时,能够看到和辨认出光强为1 000 cd 灯光的最大距离。

跑道视程(Runway Visual Range,RVR)表示在跑道中心线上,航空器上的驾驶员能看到跑道面上的标志或跑道边灯或中线灯的距离。

能见度和跑道视程均可作为驾驶员在决断高度/高以下为取得要求的目视参考的最低气象条件,但两者从概念上讲却有很大区别。

首先,观测的方向不同。主导能见度是指观察到的,达到或超过观测点四周一半或地面一半的范围所具有的能见度值,这些范围可以是连续的或不连续的扇区。跑道视程不是直接测量的气象元素,它是经大气透射仪测量后考虑大气消光系数、视觉阈值和跑道灯光强度而计算的数值,也可经前向散射仪测量后计算得到。RVR 测量设备为视程测量仪,该装置安装在跑道一侧的两端以及中间,提供实时的 RVR 测量信号。

其次,观测的目标物不同。主导能见度的目标物的形状、大小和颜色各不相同,夜间利用周围不同距离已有灯光,颜色各异且光强不可调;跑道视程的目标物是跑道上的标志,其形状、颜色和大小都固定的,跑道中线灯光强度可调。

再次,测量的范围不同。跑道视程限于气象能见度小于 2 000 m 内才测定,而主导能见度为观测者所及的所有距离。

最后，跑道视程的大小与跑道灯光强度有关，跑道灯光强度不同，所测出的跑道视程不同，跑道视程在夜间可比地面能见度大 5~6 倍，在白天大 2~3 倍；而主导能见度主要取决于大气透明度的变化。

当能见度和跑道视程同时存在时，机场运行最低标准应以跑道视程作为航空器起降时能见距离的标准。

（二）低能见度运行

运输机场低能见度运行主要包括：Ⅱ类、Ⅲ类以及起始端跑道视程小于 400 m 的航空器的起飞。

通过图 2.11 可以看出，当跑道视程降低时，机场通过实施Ⅱ类或Ⅲ类运行可以提高机场的运行正常率，减少由于天气影响造成的航班延误情况。然而，机场是否有必要采用较高等级的运行类别，与机场常年天气情况以及低能见度天气出现的时间有密切关系。如果机场在一年之中很少遭遇低能见度天气，或者低能见度天气仅发生在航班量很少航班低峰时间，采用高等级运行类别并不会对机场运行效率提高起到积极作用，同时还会增加机场投入成本，造成不必要的浪费。反之，对于另外一些长期处于

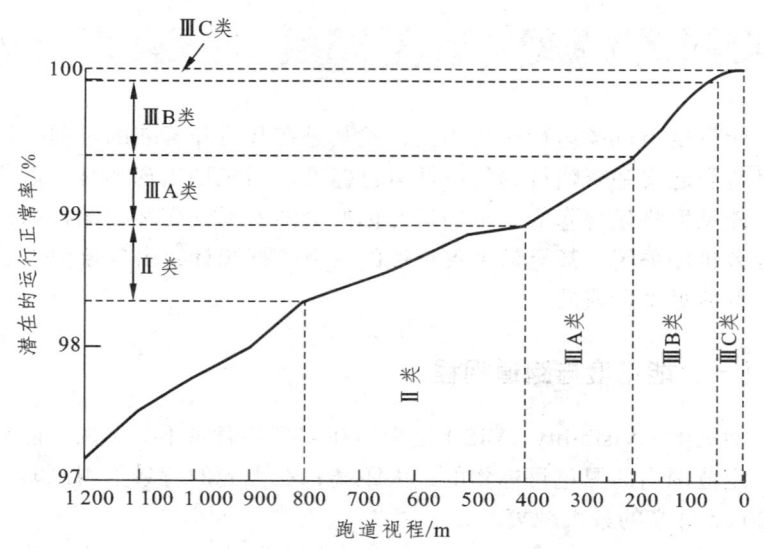

图 2.11　能见度变化对希思罗机场跑道运行的影响

低能见度天气的机场，或者低能见度天气经常出现在机场运行的高峰时间，如果机场不采用高等级的运行类别，机场容量可能会因为天气原因减少。

为克服低能见度对机场带来的影响，机场实施低能见度运行程序能有效提高机场的潜在运行正常率。在实施低能见度运行时，为了保障航班的运行能力和效率，会对机场飞行区、仪表着陆系统（ILS）设备和信号保护、高级场面活动引导与控制系统、机场塔台管制设备和气象等设施和设备，以及机场服务、空中交通服务、航空情报服务、气象服务等提出更高的要求。

二、风对运行的影响

利用率是指一条或一组跑道的使用不受侧风分量限制的时间百分比，也就是在侧风的影

响下，机场跑道能够保证航空器起飞着陆的可能性。对于运输机场，跑道方位和数量应使跑道的利用率不小于 95%，当一条跑道不能满足要求时，宜提供另外一条（或多条）次要跑道，使得跑道利用率不小于 95%。对于通用机场，可根据其功能和性质，跑道方位使得跑道利用率不小于 90%。

当侧风分量过大时，出于安全考虑，航空器将不能在跑道上着陆或起飞，航空器最大容许侧风分量限制取决于机型大小、机翼构型和道面表面状况。

（1）对基准飞行场地长度为 1 500 m 或以上的航空器，侧风分量为 37 km/h（20 kn），除了当由于纵向摩擦系数有时出现不足致使跑道刹车作用不良时，其侧风分量应不超过 24 km/h（13 kn）。

（2）对基准飞行场地长度为大于等于 1 200 m 小于 1 500 m 的航空器，侧风分量为 24 km/h（13 kn）。

（3）对基准飞行场地长度小于 1 200 m 的航空器，侧风分量为 19 km/h（10 kn）。

航空器通常应逆风起飞和着陆，但是当跑道长度、坡度和净空条件允许，航空器也可以在顺风分量风速不大于 3 m/s 时起飞和着陆。如果航空器驾驶员根据飞行手册或者航空公司运行手册请求在顺风分量风速大于 3 m/s 的情况下顺风起飞和着陆，在空中交通情况允许的情况下，塔台管制员可予以同意。当跑道侧风与航空器侧风标准接近时，可以由航空器驾驶员根据机型性能自行决定是否起飞或着陆，塔台管制员负责提供当时的风向、风速。

一条或一组跑道的利用率可通过风玫瑰图（也称风徽图或风力负荷图）来确定。风玫瑰图是根据气象站搜集的风向和风速资料，按各方向、各强度的风的发生频率绘制，搜集的资料如表 2.4 所示。为计算利用率，所选用的数据应来自尽可能长期和可靠的风分布统计资料，时间长度最好不少于 5 年。所采集的风观测数据应每天至少观测 8 次，且观测时间间隔应一致。

表 2.4 风的分布：风向及发生频率

风速/kn	不同风向的风发生频率/%															
	北	北北东	东北	东北东	东	东南东	东南	南南东	南	南南西	西南	西南西	西	西北西	西北	北北西
0~4	3.4															
>4~7	1.1	0.7	0.3	0.4	0.5	0.7	0.9	1.3	1.2	0.7	0.5	0.1	—	—	0.3	0.8
>7~12	2.9	2.0	0.2	0.3	0.4	2.0	0.5	8.0	5.0	2.1	0.2	—	—	0.1	—	2.0
>12~18	3.2	2.0	0.2	0.2	—	9.0	0.5	9.8	6.0	3.2	0.1	—	—	—	—	2.2
>18~24	1.5	0.5	0.2	0.1	—	6.0	0.2	2.1	2.7	1.9	—	—	—	—	—	1.6
>24~31	0.6	0.2	0.1	0.1	—	2.1	—	0.4	1.8	0.9	—	—	—	—	—	0.7
>31~38	0.2	0.1	—	—	—	0.1	—	0.1	0.2	—	—	—	—	—	—	0.2
>38	—	—	—	—	—	—	—	0.1	—	—	—	—	—	—	—	0.1

例：某机场有 18/36 号，14/32 号两条交叉跑道，试通过绘制风玫瑰图的方法，检验该机场跑道是否符合利用率的要求。

首先，在图纸上确定各同心圆半径，半径大小按照风速比例绘制同心圆，风速分别为 4 kn、7 kn、12 kn、18 kn、24 kn、31 kn 和 38 kn；然后将不同方向和速度的风出现的频率，填入扇形分格内；接着，按跑道方位绘制两条直线（注意磁北和真北之间的修正），并在两条直线两侧绘制平行线，两条平行线到中线的距离为侧风分量限制 13 kn；最后计算落在两条平行线内的风出现的频率。如图 2.12 所示。

图 2.12 中可以看到，跑道 18/36 侧风分量超过 13 kn 的时间百分比为 12.22%，若该机场只有一条 18/36 号跑道，则无法满足利用率 95% 的要求。

只有在主要跑道 18/36 号之外再增加一条次要跑道 14/32，两条跑道侧风分量超过 13 kn 的时间百分比才能降至 0.5%，满足标准要求的 95%。通过次要跑道修建，该机场才能处理来自东南方向的强侧风，如表 2.5 和表 2.6 所示。

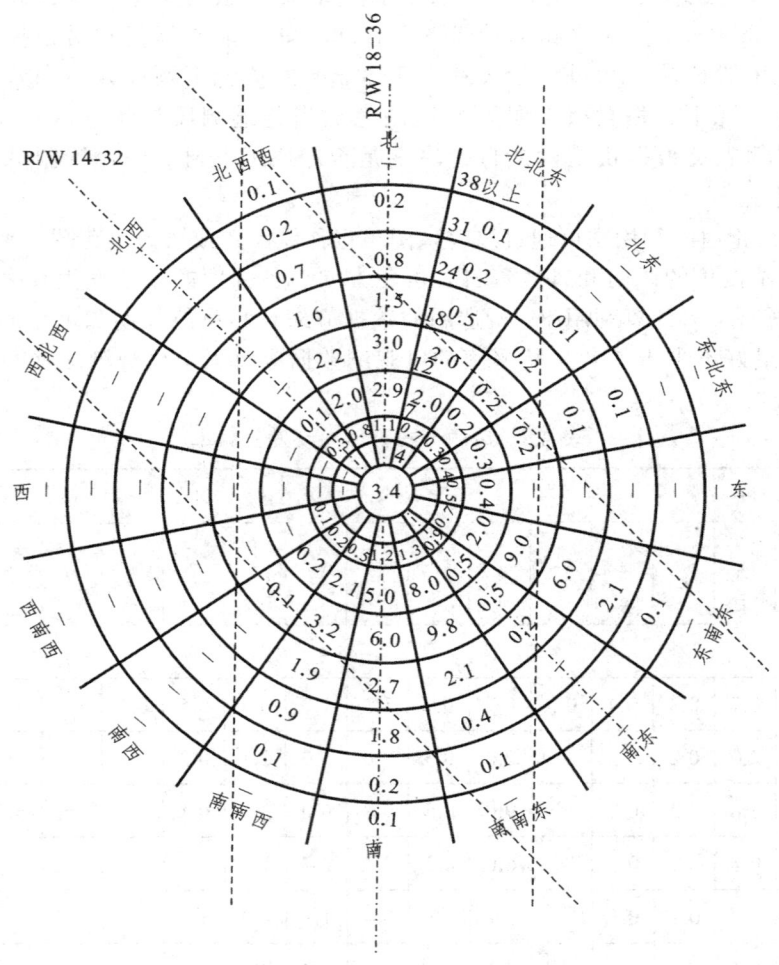

图 2.12 风玫瑰图

表 2.5 跑道 18/36 侧风分量超过 15 kn 的时间百分比

风速/kn	北	北北东	东北	东北东	东	东南东	东南	南南东	南	南南西	西南	西	西北西	西北	北北西	总计
0~4	—	—	—	—	—	—	—	—	—	—	—	—	—	—	—	—
>4~7	—	—	—	—	—	—	—	—	—	—	—	—	—	—	—	—
>7~15	—	—	—	—	—	—	—	—	—	—	—	—	—	—	—	—
>15~18	—	—	—	0.07	—	3.0	—	—	—	—	—	—	—	—	—	—
>18~24	—	—	0.1	0.1	—	6.0	0.1	—	—	—	—	—	—	—	—	—
>24~31	—	0.05	0.1	0.1	—	2.1	—	—	—	0.15	—	—	—	—	—	—
>31~38	—	0.1	—	—	—	0.1	—	0.05	—	0.05	—	—	—	—	—	—
>38	—	—	—	—	—	—	—	—	—	—	—	—	—	—	—	—
总计	—	0.15	0.2	0.27	—	11.2	0.1	0.05	—	0.20	—	—	—	—	0.05	12.22

表 2.6 同时使用跑道 18/36 和跑道 14/32 时侧风分量超过 15 kn 的时间百分比

风速/kn	北	北北东	东北	东北东	东	东南东	东南	南南东	南	南南西	西南	西	西北西	西北	北北西	总计
0~4	—	—	—	—	—	—	—	—	—	—	—	—	—	—	—	—
>4~7	—	—	—	—	—	—	—	—	—	—	—	—	—	—	—	—
>7~15	—	—	—	—	—	—	—	—	—	—	—	—	—	—	—	—
>15~18	—	—	—	—	—	—	—	—	—	—	—	—	—	—	—	—
>18~24	—	—	0.1	0.1	—	—	—	—	—	—	—	—	—	—	—	—
>24~31	—	—	0.1	0.1	—	—	—	—	—	—	—	—	—	—	—	—
>31~38	—	0.05	—	—	—	0.05	—	—	—	—	—	—	—	—	—	—
>38	—	—	—	—	—	—	—	—	—	—	—	—	—	—	—	—
总计	—	0.05	0.2	0.2	—	0.05	—	—	—	—	—	—	—	—	—	0.5

三、雨雪天气对运行的影响

雨雪、低温等天气对航空器和机场的运行会造成较大影响，尤其是在冬季，当环境温度降至冰点以下，遇有潮湿水汽或冰以降水或凝结的形式出现时，会产生结冰的条件。当细雨落在温度略低于 0 ℃的机翼上，可在机翼上表面形成一层透明冰层。在绝大多数情况下，机翼下表面同时出现结霜、结冰的情况。

机场运行

1. 雨雪天气对航空器的影响

一般的降雨会将能见度降低到 3 km 以下，如果航空器在高速飞行时遭遇暴雨，能见度将会低于 10 m，从而对航空器的起飞、降落造成极大的影响。其次，在强降水条件下起降，雨水会破坏飞机的气动力结构，飞机极易发生翻转，导致飞机失事。同时发动机中容易积水，若不及时点火，尤其是在低速飞行的情况下，就会导致引擎失灵。

若是降雨过程中，航空器在 0 ℃ 以下飞行时，遇到过冷水滴与航空器的机体发生接触而结冰。结冰条件下，冰、雪、霜会降低飞行性能，改变飞行特性，增加航空器的重量，限制航空器操纵面的活动范围，导致误差，造成发动机外来物损伤、喘振甚至失效。当冰脱离结冰部位后，随气流吹向航空器尾翼，造成尾翼前缘损坏。对后置发动机的航空器来说更容易受到外来物的损坏。霜虽然不会改变机翼的基本空气动力形状，但其粗糙的升力表面会降低空气流速，使气流在机翼表面过早地分离，造成升力的下降。螺旋桨结冰一般在桨叶根部，结冰使螺旋桨效率降低，为了维持拉力，即使加大油门也很困难。更危险的是桨叶不均匀结冰，可造成螺旋桨不规则振动，这种振动不仅限于螺旋桨本身，还可能使发动机固定架因振动而变形损坏。较大动能和质量的冰层从螺旋桨表面脱落后，可能损坏航空器的蒙皮座舱玻璃或其他结构部件。

2. 对飞行区场道的影响

当跑道覆盖有冰、雪或相当深度的积水时，跑道摩擦系数会剧烈下降，从而增加飞机起降的风险。道面湿滑可能导致车辆、人员运行效率下降或暂停运行。积雪覆盖机场地面标志，给机组造成误导。暴雪甚至可能造成飞行区场地地貌变化，导致盲降等导航设施信号发生波动。

如果状况恶化到一定程度，会造成大面积航班延误或取消，甚至临时关闭机场，大量旅客滞留候机楼，给机场的服务和保障工作带来很大压力。

民航局制定发布的《运输机场运行安全管理规定》《运输机场机坪运行管理规则》等规章及规范性文件中，对如何防范雨雪天气带来的不利影响提出了明确要求和具体举措，如发布气象预警信息、实施道面除冰雪、开展飞机除防冰等，指导运行机场做好雨雪天气应对和风险防范。

第六节　偏离和豁免

偏离是指当机场某项运行安全的保障条件不完全符合规章、行政规范性文件或者标准时，经安全评估能达到同等安全水平或者基于国家和公共利益的需要，由民航管理部门按照

规定予以批准的行为。

豁免是指机场某项运行安全的保障条件不符合运行安全规章、行政规范性文件或者标准时，经安全评估能达到同等安全水平或者基于国家和公共利益的需要，由民航管理部门按照规定予以批准的行为。

偏离可以有期限，也可以长期有效；豁免应当有期限，且一般不超过3年。

一、申请程序

机场管理机构负责偏离和豁免的申请，并严格执行批准的偏离和豁免，相关驻场单位应当配合机场做好涉及偏离和豁免的安全评估以及实施工作。

民航局机场司负责对全国机场运行安全偏离和豁免实施统一监督管理；民航地区管理局负责对辖区内机场运行安全偏离和豁免实施监督管理。

在运行安全规章、行政规范性文件或者标准中有明确允许偏离相关描述的，方可申请偏离。

对于运行安全规章、行政规范性文件或者标准没有明确允许偏离相关描述的，机场管理机构提出恰当的理由、采取相应的安全风险缓解措施（包括替代措施、运行程序和运行限制等），并经安全评估认为相关安全风险缓解措施能够保证同等安全水平或者基于国家和公共利益需要的情况下，方可申请豁免。对于运行安全规章、行政规范性文件或者标准允许偏离的条款不得申请豁免。

申请偏离或者豁免的，机场管理机构应当提交下列材料：①申请文件；②拟偏离或者豁免的规章、行政规范性文件或者标准的条款、理由、受影响等情况；③危险源识别和分析结果，风险评估情况；④为保障同等安全水平拟采取的安全风险缓解措施，安全评估结论，其他需要说明的情况；⑤拟生效的日期及持续时限等一览表；⑥安全评估报告（含受偏离或者豁免影响的单位的专项安全评估报告）等证据性材料。

二、审查和批准

民航地区管理局收到符合要求的偏离或者豁免申请材料后，应当根据申请的事项选定机场等有关专业的监察员负责审查，必要时可以邀请空管、航空公司和其他机场等单位的专家参加审查。

民航地区管理局应当按照以下要求开展审查：

（1）相关规定对同等安全水平有明确界定的，偏离或者豁免未超出该界定的，负责审查的人员可以直接通过审查；超出界定的，负责审查的人员可以直接不通过审查；

（2）相关规定对于同等安全水平没有明确界定、事项相对简单，且已达到同等安全水平的，负责审查的人员可以直接通过审查；事项相对复杂的，负责审查的人员应当听取机场管

理机构以及航空公司、空管等利益相关方的意见，集体研究安全评估报告以及其他补充论证性材料，确定是否达到同等安全水平，并裁定是否通过审查。

三、管理要求

偏离或者豁免批准后，机场管理机构应当将需要采取的等效安全风险防控措施纳入机场使用手册，并按程序报机场所在地民航地区管理局审查。

民航地区管理局应当在机场使用许可证中注明机场偏离或者豁免的情况。机场管理机构应当向航空情报服务机构提供机场管理机构和相关单位在实施偏离或者豁免时所采取的安全风险防控措施方面的航空情报原始资料，由航空情报服务机构在航空资料中予以公布。

民航地区管理局应当加强对机场偏离或者豁免的监督检查，对安全风险缓解措施执行不到位的，应当立即暂停或者中止偏离或者豁免。民航地区管理局可以基于机场运行安全、国家和公共利益的需要，随时撤销偏离或者豁免。

四、可申请偏离和豁免的情形及示例

1. 偏　离

当规章、行政规范性文件和标准有关条款中有"原则上""一般""可适当减少""除非经……特别许可""除非经航行研究认为"等词汇或类似的短语时，表明这些条款的执行具有一定的灵活性，机场管理机构可以申请偏离。

例1：《运输机场外来物防范管理办法》第十六条，配备能对跑道道面状况进行持续监测的外来物自动探测设备（应当为通过试验验证或者相关目录、公告中的设备）的机场，在探测设备持续有效运行1年（含）以上，经评估后，在探测设备正常运行期间，被监测区域的中间动态巡视检查次数可以适当减少，减少的次数由机场管理机构根据探测设备功能、性能稳定性和人机协同能力等因素研究确定。

例2：《民用机场飞行区技术标准》6.8.3，无线电高度表操作场地的宽度宜自跑道中线延长线向每侧横向延伸60 m。在特殊环境下，经航行研究表明不会影响飞机运行安全时，每侧横向延伸可减小至不小于30 m。

例3：《民用机场飞行区技术标准》7.2.8，在机场障碍物限制范围内超过起飞爬升面、进近面、过渡面、锥形面以及内水平面的现有物体应予拆除或搬迁，除非该物体被另一现有不能搬迁的障碍物所遮蔽，或经过航行研究后确定该物体不致有害地影响飞行安全或严重地影响飞机正常的运行，该物体应按规定设置障碍灯和（或）标志。

例4：《民用机场飞行区技术标准》9.3.3，PAPI（精密进近航道指示器）和APAPI（简化精密进近航道指示器）系统应符合下列要求。现有高出PAPI的障碍物保护面以上的物体应移除或降低高度，不允许新建物体或加高物体突出于障碍物保护面以上，除非经航行研究认为该物体不致对航空器安全造成不利影响时，才可免予移除。

2. 豁　　免

对于运行安全规章、行政规范性文件或者标准允许偏离的条款不得豁免。

《运输机场运行安全管理规定》第一百七十条，机场净空保护区范围内的巡视检查，每周应当不少于1次；机场内无障碍区的巡视检查，每日应当不少于1次。如某机场属于岛礁机场或者某机场地势较高，周边城市远低于机场标高，同时周边建筑活动少，障碍物超高情况极少发生，机场管理机构经安全评估之后，可以向民航地区管理局申请豁免，不按照《运输机场运行安全管理规定》有关规定开展净空巡视检查。

复习与思考

1. 简述我国民用机场使用许可管理的基本作用和意义，其实施的关键环节有哪些？
2. 简述运输机场使用手册的基本作用和意义，基本内容和格式要求是什么？
3. 机场安全管理体系（SMS）的基本框架是什么？在机场安全管理中如何应用？
4. 机场运行安全业务管理的重点内容由哪几部分组成？
5. 机型与机场适配性检查过程中需要考虑哪些关键因素？
6. 偏离和豁免的定义是什么？分别举例说明。

第三章 机场收费标准

机场行业是为国民经济活动提供运输服务的基础性行业，具有一定的战略性和公益性，其建设及收费政策均受到民航局等政府部门的严格管理。机场的收入与支出密不可分，成本结构比较固定，主要由折旧摊销、人工成本、机场维护费用、航空安全费用等构成，相对稳定的成本构成以及较高的固定成本比例使得机场行业对经济环境波动具有较强的韧性。机场收入与业务量呈高度正相关性，因而大机场盈利能力相对较强。

第三章　机场收费标准

第一节　机场收入的构成

机场收入主要分为航空性业务收入和非航空性业务收入。其中航空性业务收入包括起降费、停场费、客桥费、旅客服务费、安检费等与航空器运行、旅客和货物进离港服务直接相关的活动收入。非航空性业务收入是指机场除航空性收入以外的其他经营性收入，即为航空运输活动基本需求衍生出的其他需求提供服务所产生的收入，如商业零售、广告、酒店、航空食品、客货代理、停车场、土地、房产及其他设施的租赁等。

一、航空性收入

1. 起降费

起降费指为保障航空器安全起降，为航空器提供跑道、滑行道、助航灯光、飞行区安全保障（围栏、保安、应急救援、消防和防汛）、驱鸟及除草，航空器活动区道面维护及保障（含跑道、机坪的清扫及除胶等）等设施及服务所收取的费用。

2. 停场费

停场费指为航空器提供停放机位及安全警卫、监护、守护、泊位引导系统等设施及服务所收取的费用。

3. 客桥费

客桥费指为航空公司提供旅客登机桥及服务所收取的费用。

4. 旅客服务费

旅客服务费指为旅客提供航站楼内综合设施及服务、航站楼前道路保障等相关设施及服务所收取的费用。其中包括航班信息显示系统、电视监控系统、航站楼内道路交通（轨道、公共汽车）、电梯和楼内保洁绿化、问讯、失物招领、行李处理、航班进离港动态信息显示、电视显示、广播、照明、空调、冷暖气、供水系统；电子钟及其控制、自动门、自动步道、消防设施、紧急出口等设备设施；饮水、手推车等设施及服务。

5. 安检费

安检费指为旅客与行李安全检查提供的设备及服务以及机场管理机构或航空公司为货物

和邮件安全检查提供的设备及服务所收取的费用。

6. 其他航空性业务收费

其他航空性业务收费主要包括机场噪声费等。

二、非航空性收入

非航空性收入相比航空性收入来源更为丰富，能给机场提供更多元的收入渠道，利润率也更高，可以在机场业务量波动时起到稳定收入的作用。非航空性收入有时并不以自营的方式来体现，而是通过出让特许经营权获得相应的收入。从非航收入结构来看，机场零售特许经营、候机楼场地出租收入占据了较大份额。

非航空性收入更多地取决于机场的经营规模、战略、手段、技巧等经营要素，与航空性收入之间的界限不是特别清晰。在某些机场，航空器、旅客、货物的地面保障服务是由航空公司或地面代理提供的，机场收取代理商的特许经营费，列为非航空性收入；反之，如果该项服务是由机场管理机构提供，由此获得的收入则被看作航空性收入。在我国机场收费标准中，地面服务费被列入到非航空性收费项目。

航空性与非航空性收入的比例已成为评价一个机场的商业化程度及经营水平的重要指标之一。在成长初期的中小机场，其盈利主要是依靠客流同步增长，在容量达到饱和后将进一步扩建；在成长中期的大型机场，由客流、商业共同推动盈利增长；在成长后期的枢纽机场，客流增速趋缓，主要由非航业务推动盈利增长。具体到客流量指标上，1 000万人次/年的吞吐量是一个节点，机场的航空业务在此流量下开始发挥规模效应；3 000万人次/年的吞吐量是另外一个节点，是实现非航收入占据主导盈利的关键。国外1 000万以上吞吐量的机场，非航空性收入占机场总收入一般为70%左右，而国内一般为40%~50%；国外1 000万以下吞吐量的机场非航收入占机场收入总额一般为60%左右，而国内为30%~40%甚至更低。由此可见，国内机场收入仍倚重航空业务，非航空性业务与国外发达国家机场相比，仍有较大差距。

第二节 我国机场收费标准

ICAO 为了实现国家机场航空收费的标准化，曾在《ICAO 机场和航行服务收费政策》（Doc 9082）文件中制定了机场航空收费的五大原则，分别为：成本相关（即机场收取的航空费用必须与机场提供服务和设施的总成本存在确定的关系)、单一预算(即机场的航空性收入和非航空性收入应被视为一个整体,设置航空收费时必须考虑非航空性收入,来自高盈利性的非航收入要用来弥补机场的航空服务成本)、非歧视(即机场向所有使用其设施的航空公司设置收费的基础应相同)、磋商(即机场应就收费结构、收费水平以及可能影响这些收费的任何新进展与航空公司及其他重要消费者磋商)和规制(即机场和航空公司之间任何有关收费结构水平的争端应由一个独立的规制机构仲裁)原则。根据这些原则,各国从不同的机场体制定位出发制定了相应的收费管理办法。

我国机场收费标准主要沿用民航局 2007 年发布的 159 号文《民用机场收费改革实施方案》,该方案中,同样是国际航班,国内航空公司与国外航空公司的收费标准并不相同。总体而言,国内公司相当于在国外公司基础上打了六折。直到 2013 年,国家发改委会同民航局提出了机场对国内航空公司国际航班收费的并轨方案,并发布了《关于调整内地航空公司国际及港澳航班民用机场收费标准的通知》,至此,内地航空公司不再享受机场收费的六折优惠,收费标准向外航看齐,机场收费标准也结束了"内外有别"的历史。2017 年,民航局发布了《民用机场收费标准调整方案》,进一步调整机场分类和管理方式、理顺收费结构、合理确定收费标准、扩大实行市场调节价的非航空性业务收费项目范围。

一、我国机场收费分类

我国机场收费实施分类管理,机场按照业务量大小,将机场划分为三类四级,即一类 1 级机场、一类 2 级机场、二类机场、三类机场。按照规定,规模越大的机场收费标准越低,规模较小的机场收费越高。我国机场收费类别目录如表 3.1 所示。

表 3.1 机场收费分类目录

机场类别	机场
一类 1 级	北京首都、上海浦东、广州等 3 个机场。
一类 2 级	上海虹桥、深圳、成都等 3 个机场。
二类	昆明、重庆、西安、杭州、南京、郑州、武汉、青岛、乌鲁木齐、长沙、海口、三亚、天津、大连、哈尔滨、贵阳、沈阳、福州、南宁等 20 个机场
三类	除上述一、二类机场以外的民用机场。

二、航空性收费标准

我国航空性收费以航空器出厂时的最大起飞全重作为收费基准,收费项目主要包括起降费、停场费、客桥费、旅客服务费、安检费等。2017 年发布的《民用机场收费标准调整方案》调整了内地航空公司内地航班航空性业务收费项目的收费标准基准价及浮动幅度。起降费收费标准可在规定的基准价基础上上浮不超过 10%,具体由机场管理机构与航空公司协商确

机场运行

定,并通过航空价格信息系统备案。航空公司在签署备降协议的机场起降,备降航班的起降费可在规定的基准价基础上上浮不超过10%；规定如未签署备降协议,起降费可上浮30%,以鼓励各航空公司与机场提前签署备降协议,做好备降航班保障工作。我国航空性业务收费项目的收费标准基准价如表3.2和3.3所示。

三、非航空性收费标准

我国非航空性收费项目主要包括头等舱、公务舱休息室出租、售补票柜台出租收费、值机柜台出租收费和地面服务收费。

2017年发布的《民用机场收费标准调整方案》调整了非航空性业务重要收费项目的收费标准基准价及浮动幅度。头等舱、公务舱休息室出租、办公室出租、售补票柜台出租、值机柜台出租以及一类机场的地面服务收费标准实行市场调节价,具体由机场管理机构根据其提供设施和服务水平与用户协商确定,并通过航空价格信息系统备案。二、三类机场内地航空公司内地航班地面服务基本项目的收费标准仍实行政府指导价,民航局依据机场管理机构提供设施及服务的合理成本、用户的承受能力等因素核定基准价。特种车辆、桥载设备等额外项目的收费标准实行市场调节价。

运输机场年旅客吞吐量和货邮吞吐量是营业收入的基本决定因素,而高峰流量在很大程度上决定了运转设备的实际成本和运行费用。我国机场收费并未考虑由延误产生的成本,因此,高峰较为明显的机场相对于流量分布较为均匀的机场要承担更大的成本支出。

复习与思考

1. 简述航空行收入的基本构成。
2. 简述我国机场收费标准制定的依据。
3. 简述我国非航空性收费的主要内容。
4. 简述机场高峰流量对机场收入和成本造成的影响。

表 3.2 国际及港澳航班航空性业务收费项目的收费标准基准价

机场类别	起降费/(元/架次) 飞机最大起飞全重 T					停场费/(元/架次)	客桥费/(元/小时)	旅客服务费/(元/人)	安检费 旅客行李/(元/人)	货物邮件/(元/t)
	25 t 以下	26~50 t	51~100 t	101~200 t	201 t 以上					
一类1级	2 000	2 200	2 200+40×(T-50)	4 200+44×(T-100)	8 600+56×(T-200)	2 h 以内免收;超过 2 h,每停场 24 h 按照起降费的 15% 计收。不足 24 h 按 24 h 计收	单桥:1 h 以内 200 元;超过 1 h 每半小时 100 元。不足半小时按半小时计收。多桥:按单桥标准的倍数计收	70	12	70
一类2级										
二类										
三类										

表 3.3 内地航空公司内地航班航空性业务收费项目的收费标准基准价

机场类别	起降费/(元/架次) 飞机最大起飞全重 T					停场费/(元/架次)	客桥费/(元/h)	旅客服务费/(元/人)	安检费 旅客行李/(元/人)	货物邮件/(元/t)
	25 t 以下	26~50 t	51~100 t	101~200 t	201 t 以上					
一类1级	240	650	1 200+24×(T-50)	2 400+25×(T-100)	5 000+32×(T-200)	2 h 以内免收;2~6(含) h 按照起降费的 20% 计收;6~24(含) h 按照起降费的 25% 计收;24 h 以上,每停场 24 h 按照起降费的 25% 计收。不足 24 h 按 24 h 计收	单桥:1 h 以内 200 元。超过 1 h 每半小时 100 元。不足半小时按半小时计收。多桥:按单桥标准的倍数计收。	34	8	53
一类2级	250	700	1 250+25×(T-50)	2 500+25×(T-100)	5 100+32×(T-200)			40	9	60
二类	250	700	1 300+26×(T-50)	2 600+26×(T-100)	5 200+33×(T-200)			42	10	62
三类	270	800	1 400+26×(T-50)	2 700+26×(T-100)	5 300+33×(T-200)			42	10	63

注:1. 起降费:飞机每起飞和降落 1 次为 1 个起降架次。以飞机出厂时技术手册载明的飞机最大起飞全重为准;最大起飞全重不足 1 t 按 1 t 计算,超过 1 t 则四舍五入计算吨数。

2. 停场费:飞机停场时间按空管部门提供的飞机降落到起飞时间计算。

3. 客桥费:客桥的使用时间是指客桥与飞机舱门对接至撤离的时间。客桥不包括桥载设备。

4. 旅客服务费、旅客行李安检费:机场管理机构以《飞机载重表和载重电报》为数据源,对于从离港系统中提取的数据,机场管理机构必须与《飞机载重表和载重电报》进行核对。

5. 货物邮件安检费:按出港航班《飞机载重表和载重电报》中重量计收。

第四章 机场容量与航班安排

　　机场容量是指单位时间内机场系统能够处理的交通量，通常以高峰小时架次表示，即反映机场高峰小时内可以容纳通过的飞机最大运行架次。机场容量反映了机场驻场各单位保障能力和国家空域系统保障能力，是确定航班时刻协调参数的直接依据。为促进航班时刻资源配置的公平、高效、竞争和廉政，须严格按照公布的容量标准，做好航班时刻协调分配工作，确保航班运行安全和正常。

第一节 机场容量与时刻容量评估

一、机场容量的分类

（一）最大容量

最大容量也称极限容量，是在指定机场或空域范围内，单位时间能够服务的最大航空器数量，即在延误趋于无穷大时的运行容量，反映了极限服务水平。

（二）运行容量

运行容量也称实际容量，是在指定机场或空域范围内，在可接受的航班延误水平下，给定时间段内能够服务的最大航空器数量。

其中，可接受延误水平是指在一定的服务标准和运行规则下，单位时间内某一航班量水平上航班的可接受平均延误时长。考虑我国机场的实际运行情况，可接受延误水平阈值为，航班的全天平均延误不超过 8 min，且航班的每小时平均延误不超过 15 min。

运行容量与最大容量的关系如图 4.1 所示。

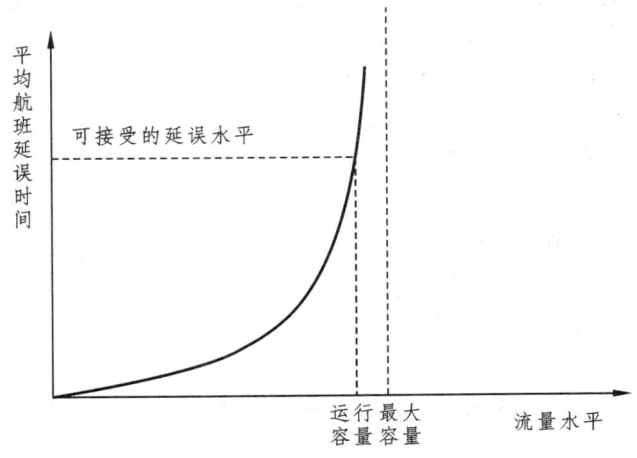

图 4.1　运行容量与最大容量的关系

（三）机场时刻容量

机场时刻容量是指根据航空器性能、机场和空管运行规则、限制因素、可接受延误水平、可接受放行正常率水平、可接受管制员工作负荷水平，确定的机场单位时间计划起降架次。

在机场时刻容量评估中，细化了运行规则、可接受放行正常率和管制员工作负荷水平等限制因素对容量的影响。在一定的服务标准和运行规则下，管制员小时平均工作负荷应当小于其满负荷的70%，且达到满负荷90%以上的累积工作时间不超过总时间的2.5%。2023年全国部分机场高峰小时时刻容量见表4.1所示。

表4.1　全国部分机场高峰小时时刻容量（2023年）

机场名	在用跑道数量	跑道运行模式	高峰小时时刻容量/h
北京首都国际机场	3	相互隔离运行	70
上海浦东国际机场	4	东、西侧跑道隔离运行；每组近距跑道混合运行（一起一降）	92
上海虹桥国际机场	2	近距跑道混合运行（一起一降）	50
广州白云国际机场	3	远距跑道隔离运行；近距跑道混合运行（一起一降）	83
北京大兴国际机场	4	远距跑道隔离运行；近距跑道混合运行（一起一降）	62
湖南长沙国际机场	2	近距跑道混合运行（一起一降）	45
西安咸阳国际机场	2	隔离运行	57

二、影响机场容量的因素

一个机场的容量符合"木桶效应"规律，即取决于航空器运行、旅客、行李及货物保障流程中的"瓶颈"环节。影响机场容量的因素很多，包括空域容量、跑道容量、滑行道容量、机位容量、航站楼容量、货运能力以及陆侧交通限制等，涉及内容主要包括：

（1）跑道数量、几何构型、间距、方位和等级；
（2）跑滑构型、数目及位置；
（3）进近程序和管制最小间隔标准；
（4）航空器类别、机型比和起降比；
（5）云高、能见度和风的影响；
（6）进离场程序和管制方式；
（7）机位数量、类型和机坪布局；
（8）值机、安检、旅客及行李服务；
（9）其他限制。

在战略流量管理的决策与优化中，跑道容量常常成为系统的瓶颈。

三、机场时刻容量评估技术方法

机场时刻容量评估以航班时刻管理以及制定机场容量提升计划为目的，评估范围主要包括：终端区/进近管制区和塔台管制区所包含的空域范围，以及机场活动区和航站楼的机场范围。

机场时刻容量评估方法应包含：基于历史统计数据的评估方法、基于数学计算模型的评估方法、基于计算机仿真模型的评估方法和基于管制员工作负荷的评估方法。在进行机场容量评估时，各评估方法的使用应满足以下适用范围、方法及流程。

（一）基于历史统计数据的评估方法

1. 适用范围

基于历史统计数据的评估方法是依据机场单位时间（通常为1h）内起降架次的历史数据评估机场历史运行高峰服务能力的方法。该方法通过反映起飞架次和降落架次相互作用的关系，得到机场历史高峰服务架次。适用于运行环境相对稳定的繁忙机场，且具有三个月（含）以上历史数据的评估对象。

2. 评估方法及流程（见表4.2）

表4.2　基于历史统计数据评估环节和方法

序号	评估环节	评估方法
1	选择样本统计时长	根据容量评估及航班时刻制定需要，通常选取1h作为样本统计时长
2	选择历史高峰服务架次包络线方法	根据所连接的高峰运行数据包络的样本数据占比确定
3	设置历史高峰服务架次生成参数	历史高峰服务架次包络线所包络的数据点在样本数据中占比为95%~98%
4	确定历史高峰服务架次	根据历史高峰服务架次包络线，确定其所包含的最大值样本点，得到历史高峰服务架次

（二）基于数学计算模型的评估方法

1. 适用范围

基于数学计算模型的评估方法是根据跑道运行或航站楼运行等因素，建立反映跑道或航站楼运行特征的数学模型，通过计算得到跑道容量或航站楼理论容量。该评估方法目前主要适用于跑道容量、航站楼理论容量的评估。

2. 评估方法及流程（见表4.3）

表4.3　基于数学计算模型评估环节和方法

序号	评估环节	评估方法
1	数据处理	将采集来的数据分类统计，转换为模型所需的输入参数
2	模型建立	根据评估对象特征，对评估场景进行必要简化和假设，通过排队论、随机服务理论等，建立对象的时间队列模型

续表

序号	评估环节	评估方法
3	模型检验	检验模型的合理性和适用性
4	分析计算	分析计算单位时间内的跑道容量或航站楼理论容量

以跑道容量数学计算模型为例,跑道容量定义为单位时间内跑道能服务的最大航空器架次。跑道容量一般用对所有类型的航空器服务时间的加权平均值表示。而跑道对航空器服务时间的长短受到达、起飞航空器间隔时间的影响,因此需要对起飞、到达航空器时间间隔进行分析。

$$C = \frac{1}{E[h]}$$

$$E[h] = \sum_{i=1}^{n}\sum_{j=1}^{n} p_{ij}T_{ij}$$

式中:C 为跑道容量;$E[h]$ 为跑道平均服务时间,p_{ij} 为 j 型航空器尾随 i 型航空器的概率;T_{ij} 代表当 j 型航空器尾随 i 型航空器时,它们之间的时间间隔。

根据上述模型,单跑道容量计算如下:

(1)单跑道进场容量计算。

根据不同机型的最后进近速度不同,把相邻进场航空器(j 型航空器尾随 i 型航空器)先后进场的情况分为以下两种,分别计算它们的时间间隔:

① $v_i > v_j$,即前机速度大于后机速度;

② $v_i \leq v_j$,即前机速度小于等于后机速度。

当 $v_i > v_j$ 时,两机间的时间间隔为:

$$T_{ij} = ROT_i + \gamma\left(\frac{1}{v_j} - \frac{1}{v_i}\right)$$

式中:T_{ij} 为相邻进场航空器机型 j 与机型 i 的时间间隔;ROT_i 为机型 i 的跑道平均占用时间;γ 为最后进近定位点距跑道入口的距离;v_i 为前机机型 i 的速度;v_j 为后机机型 j 的速度。

考虑到管制员与飞行员的反应时间,需要加入一个缓冲时间 B_{ij},其计算公式为:

$$B_{ij} = \sigma_0 q_v - \delta_{ij}\left(\frac{1}{v_j} - \frac{1}{v_i}\right)$$

或 $B_{ij} = 0$($B_{ij} < 0$)

式中:B_{ij} 为缓冲时间;σ_0 代表连续进场航空器时间间隔视为正态分布的标准差;q_v 为不违反管制规则的概率(落地航空器跑道占用时间小于连续进近航空器间隔时间的概率);δ_{ij} 为两架相邻进场航空器最小距离间隔。

当 $v_i \leq v_j$ 时,两机间的时间间隔:

$$T_{ij} = \frac{\delta_{ij}}{v_j} + ROT_j$$

$$B_{ij} = \sigma_0 q_v$$

之后，对于 p_{ij}，统计机场各机型（轻型机、中型机、重型机）所占比例，设值分别为 $a\%$、$b\%$、$c\%$（满足 $a\%+b\%+c\%=100\%$），p_{ij} 前后机型 i、j 分别对应机型所占比例为 $I\%$、$J\%$，则 $p_{ij}=I\% \times J\%$。

将数值带入下式：

$$E[T_{ij}+B_{ij}] = \sum_{i=1}^{n}\sum_{j=1}^{n} p_{ij}(T_{ij}+B_{ij})$$

式中：p_{ij} 为两架连续到达的航空器，前机为 i，后机为 j 的概率。

由降落航空器时间间隔的加权平均值，可得：

$$C_{\text{arrivals}} = \frac{1}{E[T_{ij}+B_{ij}]}$$

式中：C_{arrivals} 为跑道进场容量。

（2）单跑道混合使用的离场容量计算。

如果进离场航空器使用同一条跑道起降，管制员根据进场航空器接地时间的间隔大小来决定是否允许等待起飞的航空器进入跑道。管制员可利用这段时间间隙，适当地在其中插入 n 架起飞飞机。该时间间隔（两架相邻进场航空器间）必须满足：

$$E[T_{ij}+B_{ij}] \geq \tau_{\min} + (n-1)E(TD_i)$$

式中：TD_i 为机型 i 的起飞跑道占用时间；$\tau_{\min}$ 为到达/起飞航空器最小间隔。该间隔规定为即将到达的航空器与将要放飞航空器提供足够的间隔，以保证他们间的空中间隔不会违反空管最小间隔规定。

即当 j 型航空器尾随 i 型航空器时，两机间时间间隔满足上式，可在其中插入 $n_{i\text{-}j}$ 架起飞航空器。计算各种情况下相邻降落航空器对间可插入起飞航空器数量，可得表4.4。

表4.4　可插入起飞航空器数量

前机	后机	
	轻型机	中型机
轻型机	$n_{1\text{-}1}$	$n_{1\text{-}2}$
中型机	$n_{2\text{-}1}$	$n_{2\text{-}2}$

再分别乘上 j 型航空器尾随 i 型航空器的概率和单位小时内间隙数量，可计算出跑道起飞航空器容量，算式如下：

$$C_{\text{departures}} = TG\sum_{i=1}^{n}\sum_{j=1}^{n} p_{ij}(n_{i\text{-}j})$$

式中：$C_{\text{departures}}$ 为跑道离场容量；$n_{i\text{-}j}$ 代表在相邻降落航空器 i、j 之间可插入的起飞航空器数量；TG 为单位小时内时间间隙数量。

（三）基于计算机仿真模型的评估方法

1. 适用范围

基于计算机仿真模型的评估方法是通过对评估对象的结构和整体运行过程进行计算机仿真模拟来评估容量的方法。该方法反映了影响容量的各种因素之间的相互作用关系，直观且便于校核，适用于绝大多数评估对象的容量评估。

2. 评估方法及流程（见表 4.5）

表 4.5 基于计算机仿真模型评估环节和方法

序号	评估环节	评估方法
1	确定评估场景	依据机场时刻容量评估的基本条件，结合历史运行数据的分析确定机场时刻容量评估的评估场景，评估场景分为基准运行场景和特定运行场景。 基准运行场景为在现有机场活动区和机场空域结构条件下，根据基本运行规则，不同跑道方向的机场空域、活动区和终端区/进近管制区运行场景，基准运行场景的建立可为仿真模型的基准检验提供支撑。特定运行场景为在基准运行场景基础上，根据机场实际运行环境，增加限制约束条件生成的机场终端区/进近管制区运行场景。限制约束条件可包括：其他空域用户活动限制、飞越航班、外围关键点流量限制、除冰除雪、低云低能见度、航站楼可用资源归属化，以及未来半年内机场活动区或机场空域的结构、运行规则变更
2	确定仿真参数	根据采集的数据内容，确定计算机仿真所需参数值，并与机场及空管部门确认
3	建立基准运行场景	根据确定的仿真参数，选取典型繁忙日，建立机场基准运行场景仿真模型
4	仿真模型基准校验	仿真模型必须经过基准合理性校核验证。由空管、机场、评估机构等相关部门对基准模型进行校验，将基准运行场景仿真与实际情况进行对比，检查基准模型是否准确、客观地反映实际情况
5	仿真实施	基于仿真基准模型和特定运行场景，按照现有航班时刻的交通流时空分布，调整（增加或减少）航班量，输出不同运行场景下，每次航班量调整对应的机场流量分布、延误等仿真数据（每次输出数据为该航班量仿真 11 次，按延误航班的平均延误顺序排列的第 6 名仿真结果，即输出序列中位数）
6	仿真结果	通过仿真数据分析，取可接受延误水平等条件下机场高峰时间航班量作为机场的仿真容量

机场终端区仿真评估以被评估机场终端区内航班运行全过程为对象，进行航班流的仿真与分析。航站楼仿真评估以被评估机场航站楼内旅客服务全流程为对象，进行旅客流态的仿真与分析。

（四）基于管制员工作负荷的评估方法

1. 适用范围

基于管制员工作负荷的评估方法应采用模拟机练习管制工作负荷评估或管制录音工作负荷评估的方式。该评估方法应对不同运行场景及开放、合并后的扇区进行管制工作负荷验证工作。该方法适用于描述管制员工作负荷与航空器架次之间的相互作用关系。

2. 评估方法及流程

通过对所选扇区空域结构、交通流特性进行分析，建立基于管制员工作负荷的扇区容量评估模型，并基于该模型进行扇区管制员工作负荷评估，见表 4.6。

表 4.6 基于管制员工作负荷评估环节和方法

序号	评估环节	评估方法
1	分析扇区特性	对扇区的空域结构数据和运行状态基础数据进行分析，空域结构数据如航路结构及扇区进出点等数据，运行状态基础数据如航班流分布、比例等数据
2	采集航班流量数据	依据不同运行场景需要，获取相应场景的航班历史运行数据，对扇区流量进行分时段、分航段统计和分析
3	采集扇区内飞行管制工作负荷	采集与流量数据相匹配时段的飞行管制工作负荷
4	统计分析	对管制员工作负荷与航班流量进行分析，管制员工作负荷应满足可接受管制员工作负荷水平
5	计算容量	根据可接受管制员工作负荷水平，计算出基于该模型的扇区容量值

机场时刻容量评估结果应包括：小时最大起降架次、小时最大起飞架次、小时最大降落架次、15 min 最大起降架次、15 min 最大起飞架次、15 min 最大降落架次。高峰时刻是机场容量的最大区间。

第二节 机场高峰小时

高峰小时流量是确定机场各功能设施规模的依据，也在很大程度上决定了运转设备的实际成本和运行费用。

一、高峰分布特性

即使最繁忙的机场也会在变化范围很大的交通流量下运行，并通过一年中的某月、一周中的某天和一天中的某小时来显示高峰的特点。高峰的形式和时间很大程度上依赖于机场的运输性质和所服务地区的性质。

（一）机场性质与旅客流量分布

将高峰小时旅客流量由高到低排列，得到机场旅客流量分布曲线，反映了机场不同的运输性质。如图 4.2 所示，机场 A 为一个主要以国内短程运输为主的大流量机场，其机场旅客流量分布曲线分布较为平缓；机场 C 为一个中等流量的机场，但旅客流量分布呈现明显的季节性，其机场旅客流量分布曲线较为陡峭；而机场 B 为一个中等流量的机场，国内和国际运输均衡，长途与短途运输业务也较为均衡，其曲线分布则较为折中。

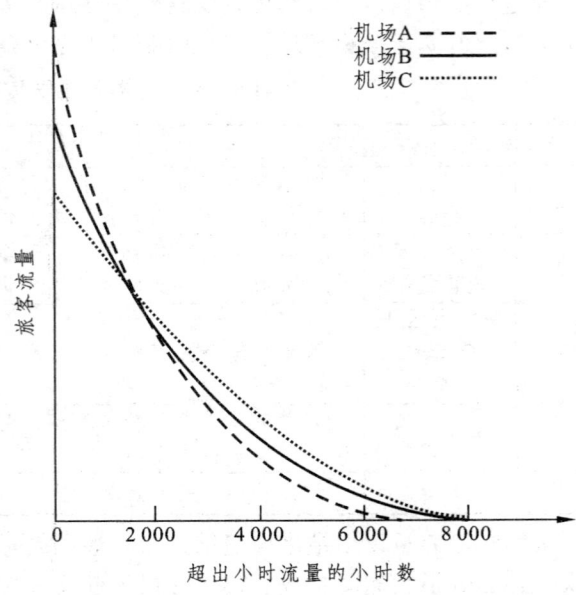

图 4.2　不同性质的机场旅客流量分布曲线

（二）机场旅客流量的时间分布特性

1. 月分布特性

图 4.3 显示了地理位置不同的几个机场交通量的月度变化。机场的地理位置确定了其独有的区域特性，因此，机场地理位置不同，月旅客流量的分布也不尽相同。图示的三个机场均属于北半球，冬季旅客流量偏小，高峰主要集中在夏季（7 至 8 月）。

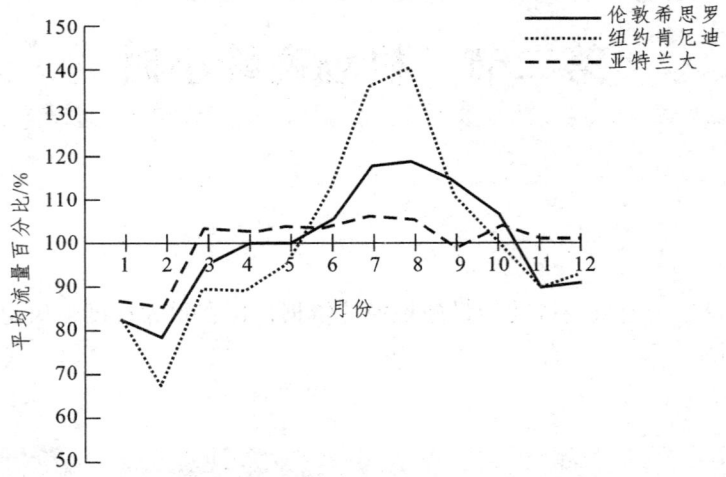

图 4.3　机场交通量的月度分布示意图

2. 周分布特性

高峰周的旅客流量分布如图 4.4 所示。图示中的两个机场普遍存在工作日旅客流量低于周末的特性。

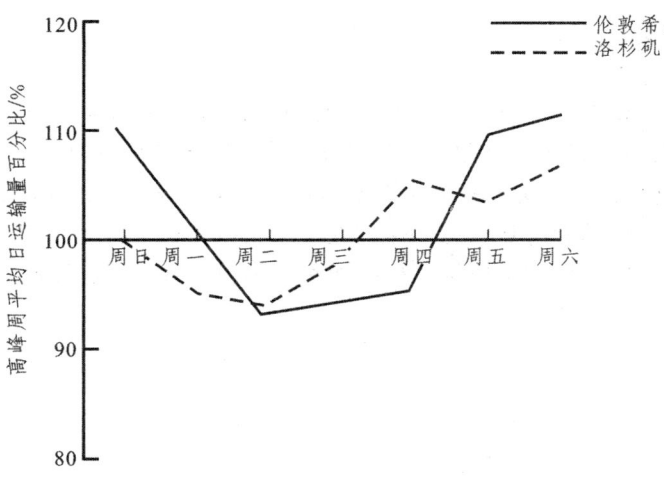

图 4.4　机场交通量的周分布示意图

3. 日分布特性

伦敦希思罗机场高峰季节里某典型日内的小时旅客流量分布如图 4.5 所示。高峰日内的小时旅客流量分布与航班时刻分布紧密相关。对于繁忙机场，高峰小时流量与平时小时流量相差无几。

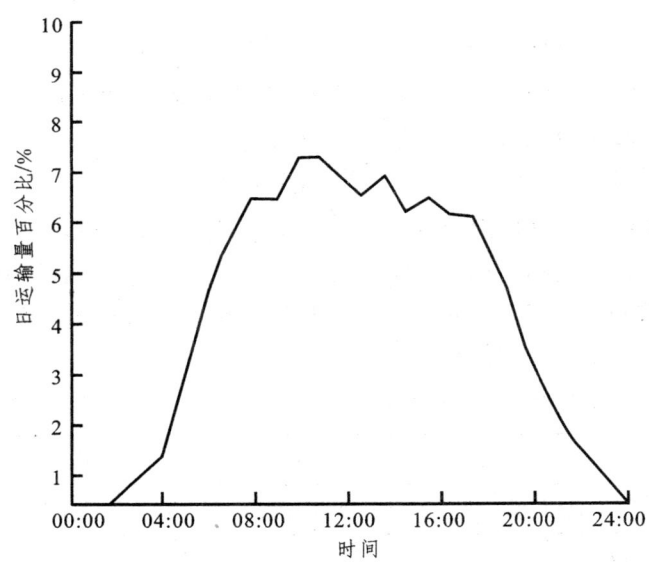

图 4.5　希思罗机场高峰日旅客流量分布示意图

二、描述高峰小时的方法

由于民航运输的参与者广泛，包括机场、空管、航空公司、旅客等，且每个参与群体的最优化目标不同，因此，对机场高峰小时的描述存在以下不同描述方法。

(一)标准繁忙率

标准繁忙率(Standard Busy Rate,SBR)通常被界定为第 30 个高峰客流量小时法,即运行中只有 29 个小时的流量高于这个单位小时流量。该方法源于公路交通设计,应用于英国和其他欧洲国家的设计标准。用 SBR 确定的机场容量,保证了设计目标年内,每年超负荷运转的时间少于 30 h,并且这部分超负荷运行时间在生产实践中被认为是可接受的,在英国和其他欧洲国家被作为设计标准而广泛应用。标准繁忙率的位置如图 4.6 所示。

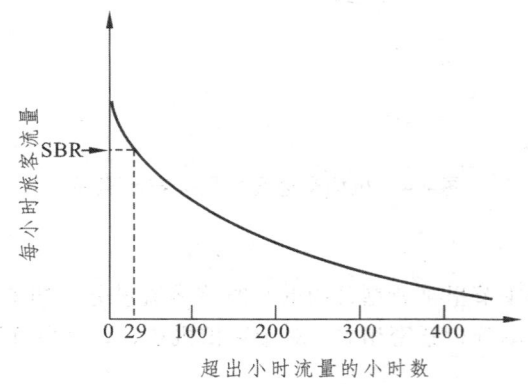

图 4.6 标准繁忙率在旅客流量分布曲线中的位置

标准繁忙率与实际观察的年高峰流量的关系很难用精确的量化关系描述,可以用下面公式来简单描述绝对高峰小时流量与标准繁忙率的关系:

$$绝对高峰小时流量 = 1.2 \times 标准繁忙率$$

实践表明,随着机场起降架次的增多,SBR 和绝对高峰小时流量的比率逐渐增加,即随着机场交通量的增加,极端的高峰小时流量趋于消失,高峰小时、标准繁忙率和高峰日航空器起降架次之间的关系见表 4.7 所示。但是,在低流量的机场运用 SBR 方法确定机场容量时,会导致每年有几个小时的过度拥挤。

表 4.7 高峰小时、标准繁忙率和高峰日航空器起降架次之间的关系

年旅客总量	高峰日		高峰小时		SBR	
	与平均日之比	起降架次	与高峰日之比	起降架次	与高峰小时之比	起降架次
10 000	2.666	73	0.1125	8	0.688	6
50 000	1.807	248	0.0961	24	0.794	19
100 000	1.529	419	0.0898	38	0.845	32
150 000	1.386	570	0.0863	49	0.876	43
200 000	1.293	708	0.0840	59	0.899	53
250 000	1.225	839	0.0821	69	0.917	63
300 000	1.172	964	0.0807	78	0.932	72

续表

年旅客总量	高峰日		高峰小时		SBR	
	与平均日之比	起降架次	与高峰日之比	起降架次	与高峰小时之比	起降架次
350 000	1.130	1083	0.0795	86	0.945	81
400 000	1.094	1199	0.0785	94	0.957	90
450 000	1.063	1311	0.0776	102	0.967	98
500 000	1.036	1420	0.0768	109	0.976	106

（二）繁忙小时率

繁忙小时率（Busy Hour Rate，BHR）是通过将高峰小时旅客流量由高到低排列，查找并计算占年旅客流量的 5% 的累计值，紧接着的下一个数值即为 BHR。该数值的获取需要收集和分析大量数据，所以不适用于小型机场。BHR 的表征方式如图 4.7 所示。

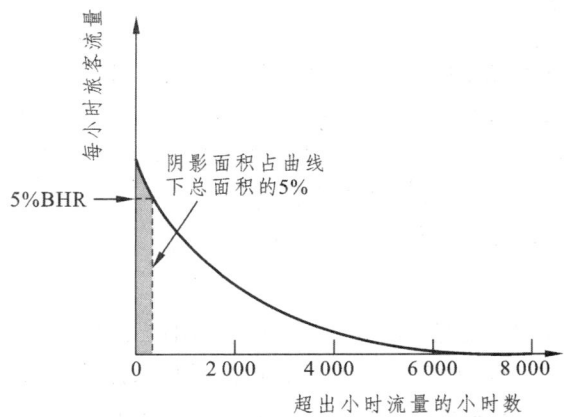

图 4.7　繁忙小时率在旅客流量分布曲线中的位置

（三）典型高峰小时旅客

典型高峰小时旅客（Typical Peak Hour Passengers，TPHP）是 FAA 使用的一种确定高峰小时旅客数量的数学方法。TPHP 定义为在高峰月内平均高峰日里的高峰小时旅客数量。从绝对值来讲这一数值与 SBR 非常接近。FAA 推荐了一个年旅客总量与 TPHP 之间的数值关系，如表 4.8 所示。随着机场年旅客总量的增加，该值逐渐变小，即对于繁忙机场而言，高峰小时分布的峰值变化趋于平缓。

表 4.8　FAA 推荐的由年旅客总量计算 TPHP 的数值关系

年旅客总量	TPHP 在年流量所占百分比
30 000 000 及以上	0.035
20 000 000 ~ 29 999 999	0.040
10 000 000 ~ 19 999 999	0.045

续表

年旅客总量	TPHP 在年流量所占百分比
1 000 000 ~ 9 999 999	0.050
500 000 ~ 999 999	0.080
100 000 ~ 499 999	0.130
100 000 以下	0.200

（四）最繁忙时刻表小时

该方法适用于拥有优先数据的小机场，利用平均载运率和现有的或计划中的时刻表，计算出最繁忙时刻表小时（Busiest Timetable Hour，BTH）。此方法会受到航空公司的预测失误、重拍航班表、平均载运率偏差等因素的影响。

（五）高峰轮廓小时

高峰轮廓小时（Peak Profile Hour，PPH）又称平均日高峰。此方法颇为直观，易于理解。通过选择高峰月，以该月的实际天数（如 28 d、30 d 或 31 d）计算每个小时的平均流量，即平均高峰日的平均小时流量。在平均高峰日中高峰轮廓小时是最大小时的流量值。很多机场的经验显示，高峰轮廓小时接近标准的繁忙率。

（六）其他方法

其他用于确定机场高峰的方法不尽相同。德国采用第 30 高峰小时。在引入 BHR 之前，英国机场管理局采用第 20 高峰小时，另有一些英国机场采用第 30 高峰小时。法国巴黎机场是按照可以超负荷 3% 运行的标准设计，荷兰机场使用第 6 最繁忙小时等。

第三节 容量与延误

机场高峰小时流量直接影响了机场基础设施规模，即机场容量的确定。当流量超过容量时，必然会产生延误；而当流量接近但没有超过容量时，也会产生延误，且此时延误的大小随流量的变化呈非线性的变化趋势。

一、机场航班延误特性分析

航班延误问题一直以来都是困扰世界各航空公司和旅客的一大难题。航空运输因其特殊性，受航空公司计划安排、空中交通管制、天气、机场等制约因素的影响较大，只要其中一个环节出现问题都可能会导致航班的不正常，所以航班延误问题在世界航空运输业中是经常发生的。本书中讨论的延误由机场原因造成，主要源于空侧流量与容量的不平衡。一般来说，机场原因造成的延误存在以下特性：

（1）当需求低于容量时，也可能会出现延误；

（2）延误会以非线性的方式，随着需求量和（或）容量的变化而变化，当需求量接近或大于容量时，延误就会变得异常敏感；

（3）当跑道系统在超负荷下使用时，在任何时间内，延误都将表现出一种复杂的动态行为。

二、容量和延误的关系

（一）需求与容量

需求与容量的变化会导致延误随之变化。图 4.8 是波士顿洛根机场典型的周日需求轮廓，并把它在高、中、低三种不同等级容量水平下进行比较，三种不同的容量对应不同的天气条件。

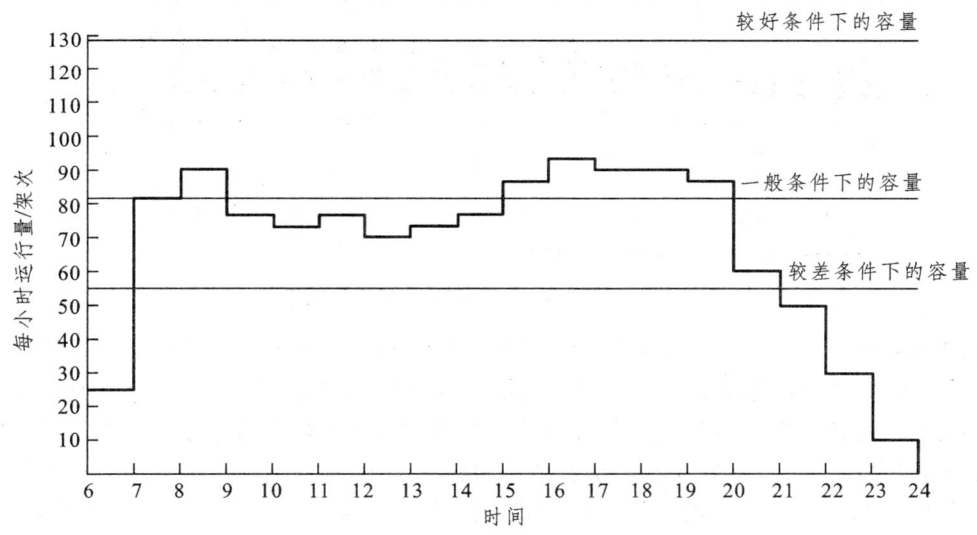

图 4.8　机场典型的周日需求轮廓

如图 4.8 所示，三种容量对应三种不同的延误等级。对于较差条件下的容量，每小时约 55 架次，需求在 07:00—21:00 中的任何时候都超过容量。对于中等级容量，每小时 82 架次，需求在时间段为 08:00—09:00 和 15:00—20:00 的任何时候都超过容量。较好条件下的容量为 128 架次每小时，远远超过高峰小时 92 架次的需求。

（二）容量与延误

假定需求不变，仅在容量发生变化时，延误的变化存在一定的规律性。当需求远远超过容量时，着陆和起飞的航空器定会出现排队的情况，即发生比较严重的延误，且延误在一天内持续增加。但当需求低于但相当接近容量时，也会发生严重的延误。

例：某主要机场，当预定的跑道起降架次为 1 200 架次/天，15:00—16:00 高峰小时的需求量为 94 架次/小时。24 小时需求轮廓如图 4.9 所示。实际上，除了 32 个夜间运行架次外，所有的需求都集中在当地时间 06:00—22:00 之间的 16 个小时内。图 4.9 表示该机场在需求不变的情况下，当机场容量分别为 110 架次/小时、100 架次/小时、90 架次/小时和 80 架次/小时时，对应的平均延误曲线。延误曲线表示在时刻为 T 时，使用该机场起飞或着陆航空器的期望延误时间。该延误时间可由计算机模拟仿真得到，假定机场的跑道为一个动态排队系统，航空器的到达和起飞时刻服从泊松分布。

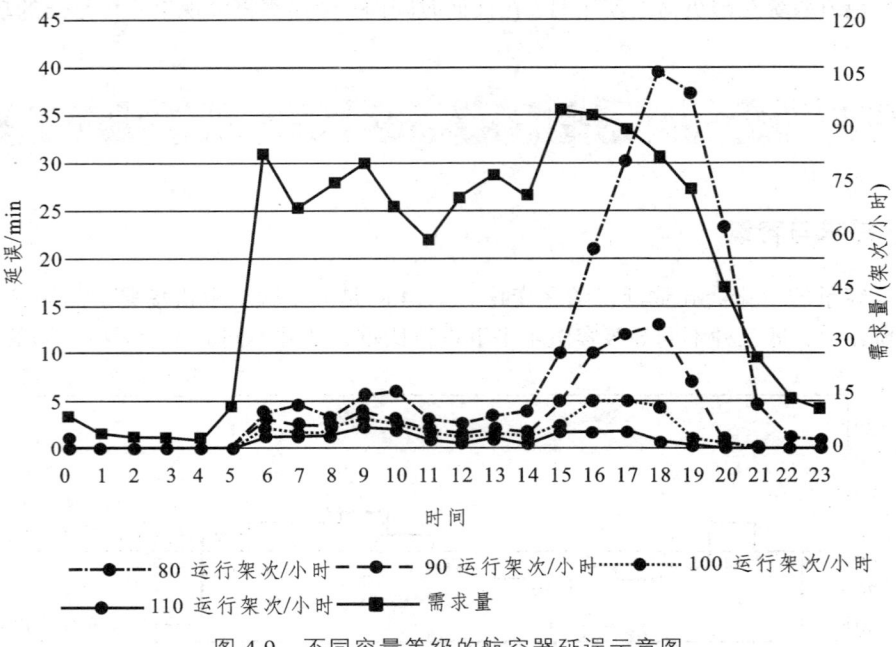

图 4.9　不同容量等级的航空器延误示意图

如图 4.9 所示，延误不仅发生在需求超过容量的时间，也会在需求小于容量的情况下产生。无论对应何种容量等级，延误总是伴随需求的增加而产生，即图中 110、100、90 和 80 架次/小时容量等级对应的延误曲线的峰值和谷值发生的时间段具有相似性，均与需求峰值和谷值的分布有关。另外，当容量由 110 架次/小时骤减至 80 架次/小时，延误的量级以非线性方式显著增加，且需求与容量越接近，延误越敏感。例中每架航空器排队统计值见表 4.9 所示。

表 4.9　示例中排队的统计值

容量/ （运行架次/小时）	期望等待时间/min		利用率	
	最大值	每运行架次	24 h	6:00—21:59
110	2	0.8	0.455	0.664
100	4	1.6	0.500	0.731

续表

| 容量/ | 期望等待时间/min | | 利用率 | |
(运行架次/小时)	最大值	每运行架次	24 h	6:00—21:59
90	13	4.3	0.556	0.812
80	39	12.8	0.625	0.931

表 4.9 中，当容量由 90 架次/小时下降至 80 架次/小时，期望等待时间的最大值为 39 min。当小时容量由 110 降至 100 时（减少 9.1%），每运行架次一般的期望延误加倍（从 0.8 min 到 1.6 min）；当小时容量由 90 降至 80 时（减少 11.1%），每运行架次一般的期望延误增加为原来的三倍，从 4.3 分钟/架次增加至 12.8 分钟/架次。如果机场容量为 80 架次/小时，则使用该机场的航空器一天承受的总延误约为 15 000 min（1 200 架次×12.8 分钟/架次）。直接运行成本以约 2 000 美元每机每分钟计算，每天增加的运行成本约为 500 000 美元。

此外，由图 4.9 可以看出，需求和延误之间存在一些复杂的动态特征。在早高峰 06:00—07:00 的延误比较小，且持续的时间较短；而下午的高峰出现在 15:00—16:00，而延误的峰值则出现在 18:00—19:00，存在一定的滞后性，且延误的高峰持续时间较长。这是因为在任何特定的时间间隔期间，航空器的延误（和排队长度）主要取决于在前一个时段的等待时间和排队长度。

（三）延误的敏感性

为准确表述延误的敏感性，引入利用率这一参数。利用率 ρ 表示某一时段的平均需求量与该时段系统平均容量的比值。例如，高峰时段的需求量为 1 200 架次，而系统的平均容量为 80 架次，每天运作 24 h，则 ρ 为 1 200/(80×24) = 0.625，如表 4.9 所示。随着 ρ 的增加，延误呈现非线性增长。当 ρ 接近 1 时，延误急剧增加，系统将面临显著的延误问题，如图 4.10 所示。因此，保持合适的利用率至关重要，既要避免 ρ 接近 1 带来的严重延误，也要防止 ρ 过低导致的资源浪费。

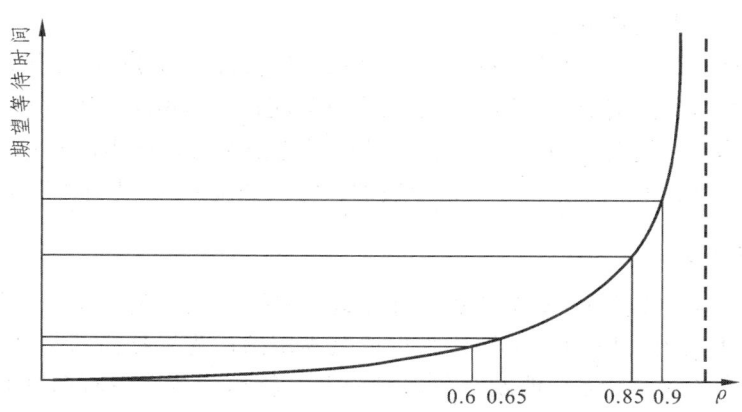

图 4.10 容量一定时，延误对需求的非线性反应

机场运行

第四节 机场航班时刻安排

作为民航业重要的生产要素,航班时刻资源一直备受关注。近年来,不断增长的航空运输需求与机场资源供给能力不足的矛盾不仅导致了严重的机场拥堵问题,还对经济和环境造成了恶劣影响。有效管理和配置航班时刻,有助于充分利用机场和空域的有限资源,缓解高峰时段的运行压力,提升系统整体效率。

航班时刻是指航空器在指定日期和时间,为抵离某个机场而使用相关基础设施与服务的权利。航班时刻的时间基于挡轮挡时间和撤轮挡时间。

一、航班时刻资源分配模式

机场航班时刻优化的实质是需求管理,即通过采用相关管制手段以达到以下目标:减少对机场资源供给的总体需求;限制一天中某些高峰时段的需求水平;将某些繁忙时段的需求转移到空闲时间段,由此减少延误。

航班时刻资源分配模式主要有三种:一是行政配置模式,即以IATA(国际航空运输协会)航班时刻分配程序指南为基础,采用行政手段进行分配;二是市场配置模式,即基于拥堵成本定价方法(也称高峰期定价方法),对机场基础设施使用时段作出限制;三是混合配置模式,即在政府行政配给下,结合市场经济手段的"行政分配+市场化分配"方法。

1. 行政配置模式

行政配置模式是欧盟等大多数国家目前普遍采取的航班时刻资源分配模式。在IATA模式下,一个国家的航班时刻协调的核心是按照固定的优先顺序进行行政性分配,"祖父权利"是这一模式的核心特征,即航空公司对于上一航季所持有的时刻享有被优先承认并继续使用的权利。"祖父权利"在航班起降时刻分配中的应用相当普遍,不仅实行行政配置模式的国家,甚至实行市场化配置模式的国家也受其影响。但"祖父权利"一个很明显的缺陷就是不符合经济效率的提升原则,其与时刻资源市场化分配的大趋势从机理上来说是对立的。

IATA一年举办两次航班时刻协调大会，由航司、机场和协调人共同参与，各方依据申报的机场容量及协调参数、利用率等数据，对机场历史时刻延续、优化、新增等时隙分配问题进行磋商。

2. 市场配置模式

航班时刻资源市场配置模式完全以市场竞争机制为主导，允许航班时刻交易和拍卖，而且允许在高密度机场对其进行二级市场交易。机场通过调整起降费及其他收费达到分散高峰流量等目的，或对夜间运营航班收取额外的补偿费用。

黄金时段航班过于集中导致延误，也给航司带来了巨大的成本消耗。为反映延误的时间价值，将拥堵成本分为内部延误成本和外部延误成本。内部延误成本是因出现延误给自身增加的成本。外部延误成本是指给后续使用者造成延误而产生的成本。例如航空器A在高峰期使用机场跑道时会造成后续30架航空器每机2 min的延误，航空器的延误成本约为每分钟每架次40美元，则A的全部外部延误成本 = 30×2×40 = 2 400美元。

3. 混合配置模式

混合配置模式是一种行政配置和市场经济交易并行的航班时刻资源分配方式。先由行政管理当局确定机场所能提供的起降时段的数量，然后运用拥堵成本定价原则对起降时段的价格进行评估，通过起降时段的交易和拍卖，将起降时段分配给不同的使用者。任何一个使用者如果不能保证在两个月的时间所使用的起降时段利用率达到80%，则该起降时段将被收回并进行重新分配。若因机场容量提高而新增起降时段，则将其中的15%新增时段分配给新进入的航空公司。

上述三种航班时刻资源分配模式，可确保机场基础设施得到最高效的利用，为最多机场使用者实现利益最大化。相对而言，后两种模式迫使机场使用者充分考虑进入成本，包括由于自身的延误而给其他使用者造成的成本。

二、我国航班时刻管理

目前我国航班时刻资源分配主要采用的是行政配置与市场配置相结合的混合配置模式，民航局航班时刻管理委员会办公室（空管行业管理办公室）具体负责组织协调航班时刻管理工作。

现行的航班时刻管理分类是按照时刻资源供给与需求的矛盾程度，分为主协调机场、辅协调机场、非协调机场。主协调机场是指在大部分时间段里、航班时刻需求远大于供给的机场。辅协调机场是指特定月份或者特定时段内、航班时刻需求大于供给的机场。非协调机场是指除主协调机场和辅协调机场以外的其他机场。

主协调机场采用24小时全时段航班时刻协调配置管理方式，辅协调机场在特定月份或特定时段采用航班时刻协调配置管理方式。机场之间进港离港航班时刻匹配时，按照主协调机场、辅协调机场、非协调机场的优先顺序原则进行。

机场运行

航班时刻管理的基本规则是：在主协调机场、辅协调机场协调时段运营，应当协调获得航班时刻；航班时刻只配置给航空承运人；航班时刻按照周的特定运营日进行配置和考核；历史优先权规则是航班时刻管理的核心规则；航班时刻协调配置独立于航线航班经营权分配。

航班时刻管理部门应当在主协调机场、辅协调机场建立时刻池和时刻库。所有可供配置的航班时刻应当进入时刻池，所有已配置的航班时刻应当进入时刻库。时刻池和时刻库之外，不得存在不受监督的航班时刻，不得存在一月一批复、一周一批复等形式的长期执行航班。时刻池内的航班时刻，属于初级市场航班时刻，实行行政化配置。时刻库内的航班时刻，属于次级市场航班时刻，实行市场化配置。时刻池内航班时刻协调配置的通用优先顺序为历史航班时刻确认、历史航班时刻调整、新进入航空承运人协调配置、在位航空承运人协调配置。

获得航班时刻历史优先权，应当符合下列要求：上一个同航季至少80%的航班时刻执行率；执行时段不少于整航季的三分之二；航班时刻未被召回或撤销；航班时刻历史优先权适用于主协调机场、辅协调机场特定时段，不适用于非协调机场。

三、影响航班安排策略的因素和限制条件

我国的千万级机场普遍面临容量饱和或者濒临饱和的问题。一方面，机场总是希望将运输需求平均分配以减少高峰流量对设施规模的要求，另一方面，航空公司则希望最大程度提高机队利用率，通过在黄金时间提供服务的方式提高载运率。很多存在高峰—容量问题的机场试图通过各种方式影响航班安排，这就要求对公司策略与运行程序有比较透彻的理解。

影响航空公司航班安排策略的因素和限制条件主要包括：

1. 利用率和载运量

飞机利用率必须与高载运量相配合，才能真正实现盈利。航空公司上座率盈亏平衡点其实是一个动态的量，受各自的管理水平、运营航线、机型、营销能力等多方面因素制约，平均下来大致为70%~75%。其中国际航线由于竞争相对较小，票价更高，因此上座率盈亏点一般在70%左右，有的公司做得好一些，可以降低到65%；而国内航线由于竞争比较激烈，同一条航线同一个时段可能就有多家航空公司同时执飞，那么它的盈亏点往往接近75%。

2. 可靠性

飞机利用率可以最大化，但要受到正点率的制约。这是由于在提高利用率的同时，服务的可靠性可能会受到影响。航班安排是两个随机变量的函数：即设施的服务能力和因途中原因引起的航空器延误（晚到或晚发）。

3. 远程航班的窗口

航班安排必须考虑始发地、途经点和目的地各机场到港和离港时间。图 4.11 给出了到达和离开伦敦的一些航班窗口的例子。在伦敦飞往东京的途中有两个喷气飞机夜间禁飞的时间和地点：香港（GMT 即格林尼治时间 16:00—22:30）和东京（GMT 14:00—21:00）。航班要安排在很窄的时间范围内以保证刚刚过午夜的时间到达迪拜，避开东京和香港的夜间禁飞时间。这种特性使得远程航班的时刻表安排必须考虑出发前和途中的合理延误。塞舌尔至伦敦的例子表明航班要考虑苏黎世的宵禁和到达巴林比较方便的时间。苏黎世的宵禁决定了到达伦敦的时间和从巴林出发的时间。要在当地午夜时间刚过到达巴林这一点决定了离开塞舌尔的时间。

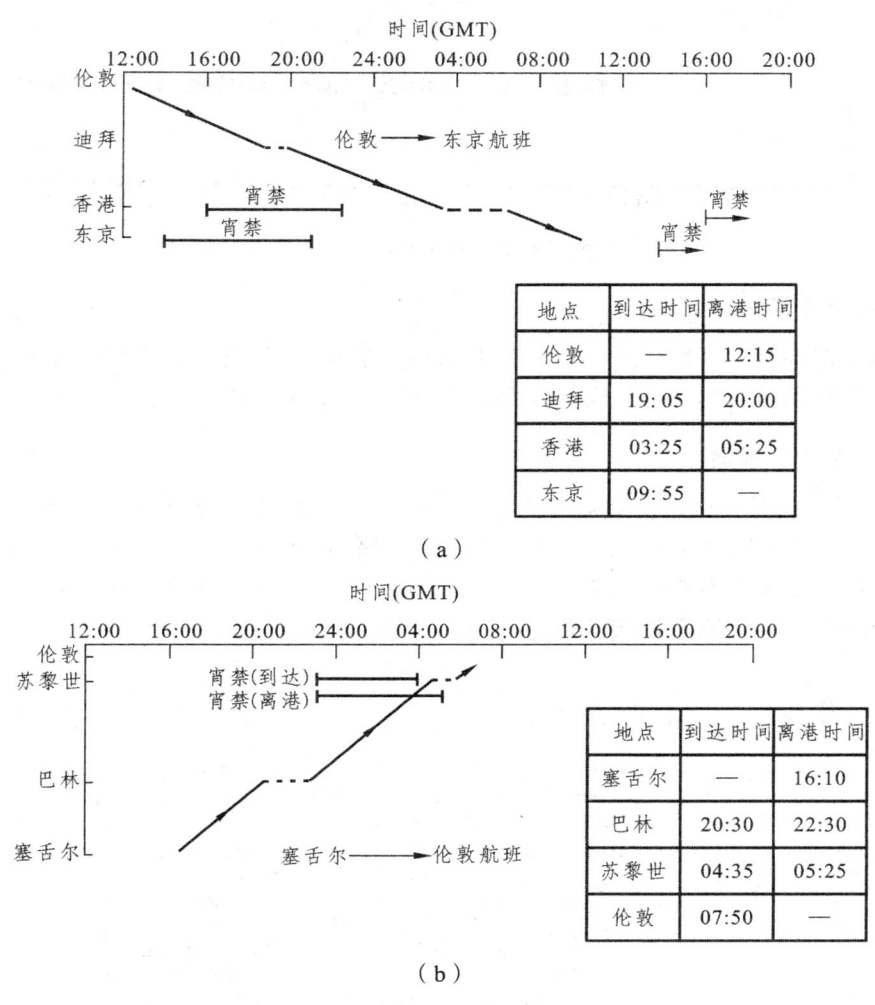

图 4.11 向东和向西航班的窗口示例

4. 繁忙机场（空域）流量管控限制

图 4.12 显示了 1995 年伦敦到悉尼途经香港往返航班的限制条件。为了避开夜间宵禁和机场拥堵时段，航班窗口会变得非常狭窄。

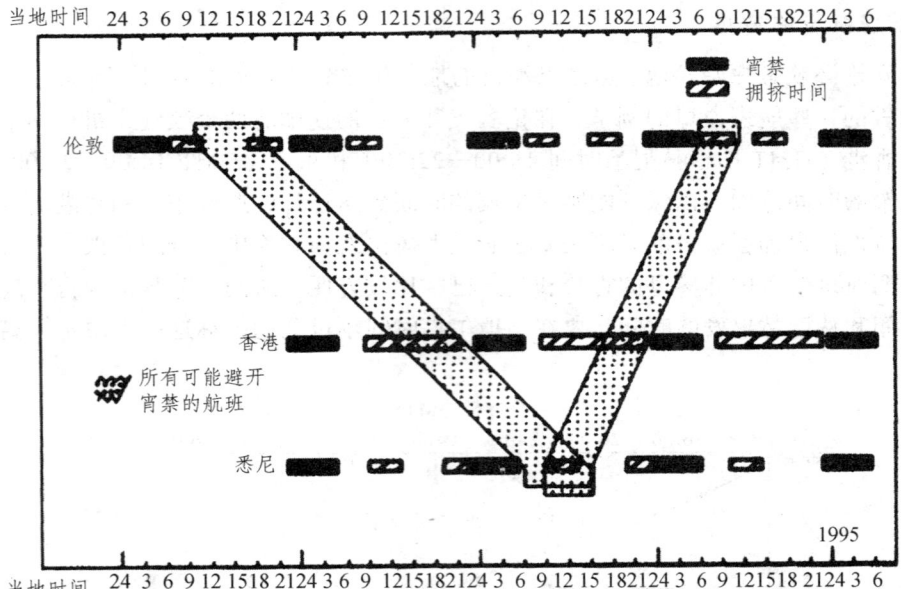

图 4.12　伦敦—香港—悉尼航线航班安排上的限制

5. 机组相关限制

机组执勤期限制、飞行时间限制和休息要求应当符合大型飞机公共航空运输承运人运行合格审定规则相关条款的规定。执飞机组满足相关特殊运行要求。

6. 机队调度的限制

图 4.13 显示的是一个机队的调度计划。不同机型的保养时间会有很大差异。以 B747 为例，机型连续工作时间最多为 120 h，然后进行 8 h 保养，加上机坪停留和牵引时间，需要停飞 12 h。同时，每 3 周须进行一次 24 h 的保养，每 3 个月进行一次大检修，大检所需时间由飞机在 20 000 h 保养周期所处状态而定，2~5 天或一个月不等。

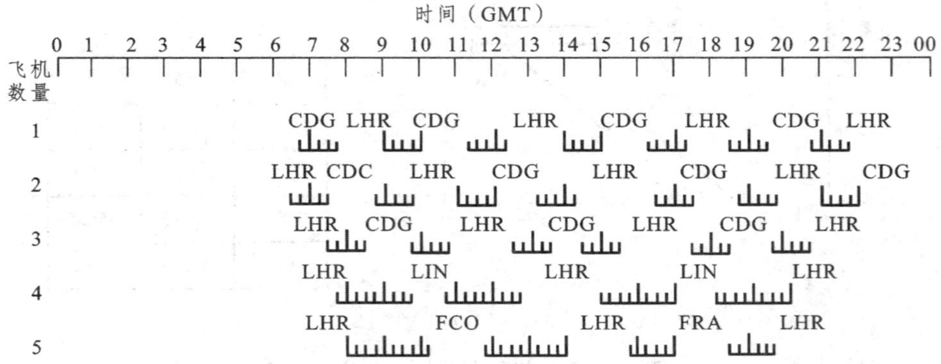

注：CDG 为巴黎戴高乐机场（法国）；LHR 为伦敦/希思罗机场（英国）；LIN 为米兰/利纳特机场（意大利）；FC0 为罗马/菲乌米奇诺机场（意大利）；FRA 为法兰克福机场（德国）。

图 4.13　机队的利用

（资料来源：British Airways）

7. 其他

航班安排还应考虑航班衔接时间、客流量变化、机场收费政策等问题。机场通过对拥堵成本进行定价,可以体现时刻资源的价值,引导航空公司"削峰填谷",减少枢纽机场高峰时刻的"超标准"运行。目前我国机场收费标准未将"时刻"作为定价的考虑因素,起降费的定价策略不作为航空公司排班的影响因素。

四、航班动态调时

各航空公司原则上必须按照批准的航班时刻运行,未经有关部门批准,不得擅自更改时刻。为降低复杂天气、其他空域用户活动等情况对航班计划执行造成的影响,机场(运管委)可组织驻场空管部门、航空公司,通过提前预判、评估分析,对预期延误的航班开展航班计划动态调整,确保航班运行安全、平稳、有序。

(一) 调整范围

航班计划动态调整范围主要为在旅客吞吐量超过1000万人次以上机场运行的国内航空公司执行的国内航班。同一日同一航班调整不得超过2次。

航班调减比例可参照规定的机场小时容量进行确定。对于国际航班占比较高机场,可视情降低比例。

(二) 工作程序

1. 前日航班计划动态调整

(1) 空管部门根据次日大面积航班延误预警信息,综合限制因素,评估影响时段进出港通行能力,将评估结果通报机场运管委;

(2) 机场运管委组织线下或线上会商,综合考虑空中和地面能力下降情况、影响时长及发生概率,确定航班调减比例,共同制定调整方案;

(3) 航空公司综合相关运管委的会商结果,梳理本公司航班计划,积极落实调整方案,并在调时系统发起调时申请;

(4) 机场审核确认并上报民航局,局方审批同意后,由航空公司负责将航班调时信息及时告知旅客。

针对原起飞时刻在次日12时前的航班计划开展动态调整时,运管委应在当日21时前会商形成调整方案报运行监控中心,航空公司应在当日22时前提交调整申请,运管委在当日23时前完成审核确认。

2. 当日航班计划动态调整

机场运管委组织航空公司、空管等驻场单位动态跟踪当天运行态势。如运行情况较前日预判发生较大变化,空管部门应及时修订流量限制方案,将更新评估结果通报运管委,运管

机场运行

委协调开展航班动态调时工作。

机场需要注意审核航班调时后航班的过站时间有无缩短，对于过站时间不符合航班过站保障要求的，应予以驳回或要求航空公司对进出港航班同时调时，以确保航班过站时间满足航班过站保障要求。运管委负责对航空公司动态调整方案的执行情况进行统计和考核。

复习与思考

1. 机场容量分为哪几类？影响机场容量的主要因素有哪些？简述机场时刻容量评估的技术方法。

2. 常见的描述高峰小时的方法有哪些？高峰小时流量如何影响机场设施规模和运营成本？分析不同性质机场旅客流量分布特点。

3. 容量、延误和需求之间有何关系？

4. 航班时刻资源分配有哪三种模式？其特点和适用场景有何不同？简述我国航班时刻管理的现状及面临的挑战。

第五章 机场噪声控制

　　机场是现代化城市的标志，在为城市发展注入澎湃动力的同时，也带来了噪声污染问题。随着我国航空运输业的快速发展，机场周边和进离场航路沿线的噪声污染受到更多社会关注。机场噪声不但限制机场的新建和改扩建，还对机场运行安全和运行效率产生重要影响。因此，机场噪声防治是促进机场可持续发展的关键因素之一。

机场运行

第一节　机场噪声及危害

一、机场噪声特点

机场噪声污染已然成为机场环境影响中最为棘手的问题之一,机场噪声不同于普通交通噪声,其特点主要体现在以下几个方面:

(1)声压级高。喷气式飞机起飞时,其噪声的声功率级可高达 150 dB 以上,相当于数十辆客车产生的噪声总和。

(2)低频(<250 Hz)噪声大。航空低频噪声比车辆交通低频噪声高 5~10 dB,而中高频噪声平均来讲反而比交通噪声低。

(3)噪声影响范围广。航空器在起飞和降落的过程中,其噪声辐射范围可达数十平方千米。

(4)非稳态运动噪声源。航空器在不同运行状态下,如起飞、爬升、进场、着陆、地面滑行时产生的噪声以及噪声随时间的变化特性均具有明显的差异。

(5)噪声影响具有时空的间断性。对于一架航空器而言,只是在起、落点附近造成短时的较大噪声影响,当没有航空器运行时,机场环境可能非常安静。因此机场周边地区每隔一段安静的时间就会出现一次 30~60 s 的航空器噪声,然而这种安静环境中出现的短时噪声会让人感到非常不舒适,产生烦恼度相对于持续的道路交通噪声更高。

(6)噪声影响具有累加性。尽管一架航空器的噪声影响转瞬即逝或持续时间并不长,但繁忙机场的多架次航空器同时或不间断或小间隔运行,均会造成噪声影响的累积或叠加。

二、机场噪声危害

随着航空需求的增长,机场航空器起降架次不断增加,航空噪声更加频繁地干扰机场周围居民日常生活,由此引发的社会矛盾不断增多,噪声对人体健康影响的问题备受广大群众的关心。

噪声污染与人体健康之间存在相关性,影响程度依噪声强度的大小和个人的身体状况而异。世界卫生组织认为,噪声污染不但能够影响人的听力,而且能够导致高血压、心脏病、记忆力衰退、注意力不集中及其他精神病综合征。研究表明，当室内的持续噪声强度超过 30 dB 时，人的正常睡眠就会受到干扰，而持续生活在 70 dB 以上的噪声环境中，人的听力及身体健康将会受到影响。

第二节 机场噪声评价

噪声是人们不需要的声音，人们对噪声的判断，往往与人们所处的环境和主观感觉有关。因此噪声的评价量不但要反映机场噪声的特点，同时需要反映人们的主观感受。为了对不同情况下的噪声进行更好的描述，产生了众多噪声评价量。

一、噪声评价量相关概念

（一）响　度

响度描述的是声音的响亮程度，以响度级作为评价量，单位是方（phon）。响度级是以频率为 1 000 Hz 的纯音作为基准音，其他频率的声音听起来与基准音一样响时，那么该声音的响度级就是基准音的声压级。例如，某噪声的频率为 3 000 Hz、声压级为 90 dB，它听起来与频率为 1 000 Hz、声压级为 100 dB 的基准声音一样响，那么这个噪声的响度就是 100 方。用响度级表示声音的大小，可以把声压级与人的主观感觉联系并统一起来，既能反映出声音客观上的大小，又能反映出声音主观感觉上的强弱。

（二）等响曲线

等响曲线就是在消声室内，让大量听力正常的青年对若干频率和声压级的声音进行多次试验，将听者的测听结果进行统计平均，得到一簇曲线，称为纯音等响曲线，每一条曲线表示不同的频率，不同声压级的纯音具有相同的响度级。

（三）频率计权

人耳对声音的频率响应随频率的不同而不同，在声音测量中声学仪器为保持测量的声音

不失真,整个放大系统都是线性的,测量结果都是客观的声压级值,为了使声音的客观物理量与人耳听觉的主观近似取得一致,在测量仪器中对不同频率的客观声压级人为地给予适当的增减,这种修正方法称为频率计权。实现这种频率计权的网络称计权网络。目前有A、B、C、D四种计权网络,经过计权网络得到的声级称为计权声级,是衡量噪声强弱的主观评价量。

(四) A声级

A计权网络的曲线近似于响度级为40方的等响曲线的倒置曲线,经过A网络测量出的dB数称为A计权声级,简称A声级,单位是dB(A)。A声级测量的结果与人耳对声音的响度感觉近似,它能较好地反映人们对各种噪声的主观评价,而且它与人耳的损伤程度也能够很好地对应,即A声级dB数越高,人们主观上感觉越响,对人耳的损伤也越严重。因此,A声级是目前评价噪声的主要指标,已被广泛使用。A声级容易直接测量,并且A计权网络的衰减特性是完全稳定的,用A声级评价易于不同的测量结果间进行比较。

(五) 等效声级

A声级很好地反映了噪声影响与频率的关系,实际上噪声是非稳态变化的,呈现出起伏或不连续的变化,等效声级就是以A声级为基础建立起来的非稳态噪声的噪声评价量,它以A声级稳态噪声代替变动噪声,在相同的暴露时间内能够给人以等能量的声能,那么这个声级就是该变动噪声的等效声级,又称等效连续A声级,或简称等效声级,用L_{eq}或$L_{eq(A)}$或L_{Aeq}表示,单位为dB(A)。

(六) 噪 度

感觉噪声是人对噪声烦扰感觉的反应程度,或者说是人们主观判断噪声的"吵闹"程度成比例的数值量,单位是呐(noy),中心频率为1 000 Hz的倍频带在声压级为40 dB的噪声感觉噪度为1呐,等感觉噪度曲线也是经过类似等响曲线的反复主观调查得出的,每一条曲线表示不同频率,不同声压级的纯音的吵闹程度。

(七) 感觉噪声级 L_{PN}

如果将噪度转换到dB的指标,则该dB指标称为感觉噪声级,用L_{PN}表示,转换关系为:

$$L_{PN}=33.3 \lg N + 40$$

式中　L_{PN}——感觉噪声级,dB;
　　　N——感觉噪度,noy。

感觉噪声级的应用比较普遍,但从感觉噪度计算感觉噪声级比较复杂,尤其是实际测量中不方便,通常可近似用现有的D计权声级加上7 dB或A计权声级加上13 dB计算。

(八) 有效感觉噪声级 L_{EPN}

有效感觉噪声级是在感觉噪声级L_{PN}上加上对持续时间和在噪声信号中存在可闻纯音或离散频率修正过的声级,其数学表达式如下:

$$L_{\text{EPN}} = 10\lg\left[\sum_{i=1}^{N} 100.1^{L_{\text{PNT}_i}}\right] - 13$$

式中　L_{PNT_i}——第 i 个时间间隔的 L_{PN}；

　　　N——0.5 s 间隔的个数为 $t/0.5$；

　　　13——将 L_{EPN} 归一化 20 s 时得出的。

L_{EPN} 适用于单架飞机起飞时的噪声值评价。

（九）计权有效连续感觉噪声级 L_{WECPN}

计权有效连续感觉噪声级是对多架飞机 L_{EPN} 能量加权平均而得到的，由于人们对傍晚、夜间的声音比较敏感，因而晚上飞机架次的权重为 3、夜间飞机架次的权重为 10，即傍晚测得的所有声级都加上 3 dB、在夜间测得的所有声级都加上 10 dB 作为补偿。我国目前以此作为飞机噪声评价量。

$$L_{\text{WECPN}} = \overline{L}_{\text{EPN}} 10\lg[N_1 + 3N_2 + 10N_3] - 39.4$$

式中　$\overline{L}_{\text{EPN}}$——$N$ 次飞行的有效感觉噪声级能量平均值；

　　　N_1——白天（07:00—19:00）对某预测点声环境产生噪声的飞机架次；

　　　N_2——傍晚（19:00—22:00）对某预测点声环境产生噪声的飞机架次；

　　　N_3——夜间（22:00—07:00）对某预测点声环境产生噪声的飞机架次。

（十）昼夜等效声级 L_{dn}

昼夜等效声级是对昼夜的噪声能量加权平均而得到的，由于人们对夜间的声音比较敏感，因而在夜间测得的所有声级都加上 10 dB（A 计权）作为补偿。

$$L_{\text{dn}} = 10\lg\left[\frac{5}{8}10^{0.1\overline{L}_d} + \frac{3}{8}10^{0.1(\overline{L}_n + 10)}\right]$$

式中　$\overline{L}_d$——昼间噪声能量平均 A 声级

　　　$\overline{L}_n$——夜间噪声能量平均 A 声级

二、环境噪声评价量

与其他环境噪声（工业、道路、铁路等）相比，机场航空器噪声的评价量最为多样，表 5.1 统计了典型的 13 个国家及地区正在使用或使用过的评价量。航空器噪声评价指标的多元化反映了航空器噪声的复杂性，这与各个国家的历史背景、人文环境、经济状况、开放程度以及各国航空工业发展有关。这些评价量共同点在于，一般都考虑到作为航空器噪声影响的三项最基本内容，即航空器噪声级，飞行次数，昼、夜间人们对航空器噪声不同的主观反应。各种评价量标准均来源于大量调查研究，并最终是以居民主观反应作为制订标准的基础。

评价量的差异主要体现在以下几个方面：

（1）单个噪声事件声级度量选择的不同。单个噪声事件即单架航空器一次飞过对地面产生的噪声影响，单个噪声事件的基本声级度量指标主要有 L_{EPN}（有效感觉噪声级）、L_{PNmax}（最

大感觉噪声级）、L_{Aeq}（等效 A 声级）、L_{Amax}（最大 A 声级）4 种。其中前两种基于噪度，后两种基于响度。

（2）航空器运行次数选用的不同。对于每天的航空器运行次数，有的评价方法采用了最繁忙的一天，有的是年平均值或其他的中间值。

（3）不同时段的噪声计权不同。有的分昼夜 2 段计权，有的分昼、晚、夜 3 段计权或 4 段计权。分段计权越精细，越贴近人对噪声的实际感受，但计算变得更为复杂。

（4）多噪声事件的累加规则不同。

（5）为了相互区别，各评价指标采用不同的规范化常数。

（6）评价指标考虑因素（如纯音修正等）存在差异。

表 5.1　常见机场噪声评价量比较

评价量	适用国家或地区	单一噪声事件评价指标	纯音修正	持续时间修正	噪声事件数	时段差异
L_d、L_n	英国、德国	L_{Aeq}	无	有	$10\lg N$	昼夜分别提出要求
L_{dn}	美国	L_{Aeq}	无	有	$10\lg N$	分 2 段，昼夜加 10 dB
L_{den}	法国、日本	L_{Aeq}	无	有	$10\lg N$	分 3 段，傍晚加 5 dB，夜间加 10 dB
CNEL（社区噪声等效水平）	美国加州	L_{Aeq}	无	有	$10\lg N$	分 3 段，傍晚加 5 dB，夜间加 10 dB
NEF（噪声暴露预报数）	加拿大	L_{EPN}	有	有	$10\lg N$	分 2 段，昼夜加 12.2 dB
ANEF（澳大利亚噪声暴露预报数目）	澳大利亚	L_{EPN}	有	有	$10\lg N$	分 2 段，昼夜加 6 dB
L_{WECPN}	中国	L_{EPN}	有	有	$10\lg N$	分 3 段，傍晚加 5 dB，夜间加 10 dB
简易法 L_{WECPN}	中国	L_{Amax}	无	有	$10\lg N$	分 3 段，傍晚加 5 dB，夜间加 10 dB

第三节　航空器噪声适航认证

与航空器噪声审定相关的适航条款、修正案、咨询通告、工业标准和技术手册等资料文件主要包括：ICAO 附件 16 第 I 卷《航空器噪声》、美国的适航规章 FAR 36 及相关修正案 30

个、FAA 颁布的相关咨询通告等。

噪声合格审定试验是航空器表明噪声符合性最直接的手段，航空器噪声合格审定试验就是在规定的测试点上，用符合规定的设备测量按照规定航迹飞行的航空器所发出的噪声值。噪声合格审定试验方法如图 5.1 所示。

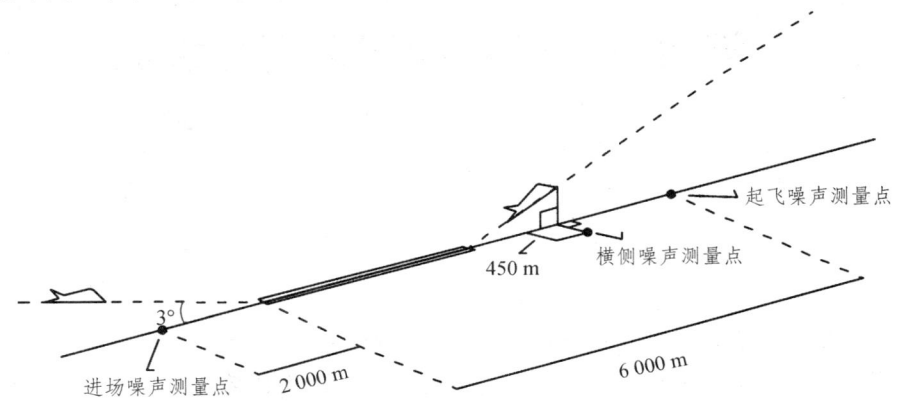

图 5.1　喷气式飞机噪声合格审定试验方法

适航噪声要求用有效感觉噪声级表征人们对航空器噪声总的主观反映情况，必须经过计算和修正得到。由于通常噪声合格审定试验都是在非基准条件进行的。在这些试验中，航空器可能处于不同的高度或相对原定航迹有横向偏差。发动机的推力（功率）、大气条件和航空器的总重也很可能与基准条件不同。因此，所测量的噪声数据必须修正至基准条件，以确定是否符合噪声限制要求。

ICAO 附件 16 第 I 卷规定航空器的噪声标准如图 5.2 和图 5.3 所示，它们分别对应第二和第三阶段飞机，第二阶段飞机将逐步被更安静的第三阶段飞机取代。当航空器噪声特性曲线位于图 5.2 和图 5.3 左上方时，航空器符合适航标准，而位于曲线右下方的航空器时，则不符合适航标准。

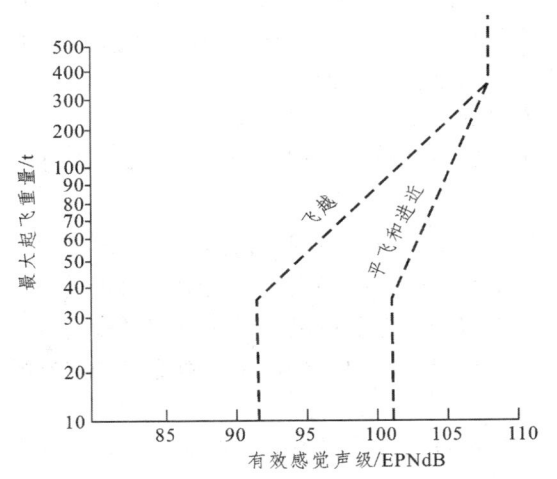

图 5.2　第二阶段飞机适航标准

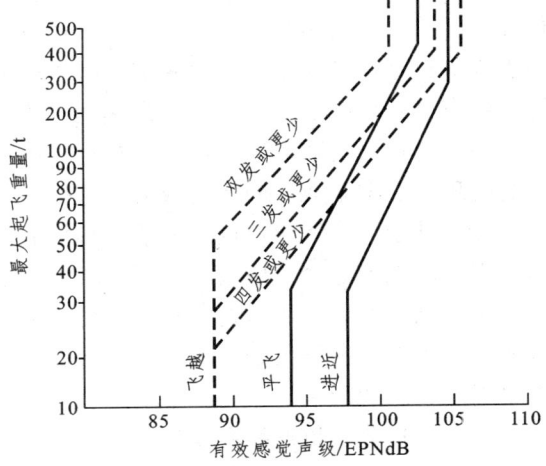

图 5.3　第三阶段飞机适航标准

机场运行

第四节 机场噪声监测与控制

航空器是一个巨大的噪声源,运行产生的噪声对机场周围有较大影响,其影响程度取决于航空器起降次数、时刻、强度、谱分布、持续时间、距离和传播途径等。因此,机场噪声是一个复杂的问题,需制定有效的机场噪声监测计划,同时需要航空器制造商、机场、航空公司和政府的相互配合,采取综合降噪手段,才能对机场噪声进行控制,消减噪声影响。

一、机场噪声监测

监测机场周围区域的航空噪声是掌握机场周围区域航空噪声影响的有效方法,有利于提出精准的航空噪声控制措施,解决机场周围区域航空噪声问题。

机场噪声监控系统通常包括输入系统、数据处理系统和输出系统。输入系统输入的数据包括噪声监测终端(NMT)测量的航空噪声数据、航班信息、空管雷达航迹数据、机场地理信息数据及居民投诉信息等;数据处理系统将综合分析和处理系统输入数据,对航空噪声进行计算评估,分析引起航空噪声的航班信息、航迹及相关居民投诉信息;输出系统可定期自动生成航空噪声监控报告、绘制航空噪声等值线图及实现公众查询等。

噪声监控系统在噪声管理上的作用主要体现在以下四个方面:

(1)通过机场噪声监控获取航空噪声影响显著的航班信息及机型,对于超出噪声限值要求的航班及机型采取限制运行或处罚等措施。

(2)基于机场噪声监控数据绘制机场周围区域航空噪声等值线图,根据噪声值水平对机场周围区域进行分区,以指导每个区域的土地使用限制,强化机场周围的土地使用规划。

(3)结合机场噪声监控数据、机场周围社区的人口分布以及居民投诉信息,调整航班飞行航线、优先跑道等以避开噪声敏感区域,优化进、离港航班的飞行程序,降低机场航空噪声对周围社区的影响。

(4)合理公布机场噪声监测数据及降噪措施,让机场周围居民充分了解航空噪声的影响及相应降噪措施,通过改善沟通取得机场周围居民的谅解。

大多数发达国家都已建成机场噪声自动监控系统,并以此指导机场进行噪声管理。如在

第五章　机场噪声控制

芝加哥奥黑尔机场，芝加哥航空局采用机场噪声管理系统（ANMS）监视机场运营的飞机在奥黑尔周围社区产生的噪声。该系统共分布 36 个噪声监测终端（NMT）连续测量机场周围环境噪声。ANMS 还收集美国联邦的空中交通管制雷达数据、天气数据和周围社区噪声投诉数据。ANMS 每月为芝加哥航空局记录超过 15 万次飞行和 40 万次噪音事件。芝加哥市及奥黑尔机场噪声管理委员会通过 ANMS 收集的各项数据以敦促机场处理机场噪声投诉，制定机场噪声降低方案等，以降低机场噪声对周围社区的影响。

在我国，北京首都机场是我国民航首个采用机场噪声监控系统的机场。该机场采用丹麦B&K公司开发的机场噪声监测系统，该系统分布 23 个固定监测站和 1 部车载移动监测站连续测量机场周围的噪声。首都机场噪声监控系统可结合航空噪声监控数据、航班信息、空管雷达航迹数据、机场地理信息数据、气象数据等进行分析处理，评价航空噪声对首都机场周围环境的影响，并指导机场开展噪声管理工作。

二、机场噪声控制

（一）使用低噪音航空器

1. 限制或淘汰高噪声航空器

国际民航组织（ICAO）根据航空器噪声水平进行了分类。一般将 20 世纪 70 年代末至 2010 年以前制造的噪声相对较低的航空器定义为第三阶段航空器，高于第三阶段航空器噪声基准线的航空器为第二阶段航空器，属于被淘汰的航空器机型，低于第三阶段航空器噪声基准线的航空器属于第四阶段航空器。世界各个主要航空器制造公司都在积极开发第四阶段的低噪声航空器。根据这种发展趋势，我国也制定了不同阶段的航空器噪声的要求，按照要求新机场禁止不符合国际民航组织第三阶段航空器要求的航空器起降，这将有利于减轻航空器噪声对机场周围环境的影响。

2. 开发低噪声航空器

对机场周围环境造成严重污染的噪声源来自航空器，而航空器噪声源于发动机运行产生的推进系统噪声和机体与空气摩擦产生的机体噪声，其二者合一后形成强烈的航空器噪声。因此，解决航空器噪声污染问题最有效的手段是从污染的源头治理，开发各种航空器低噪声技术和研制低噪声航空器。研制和开发低噪声航空器涉及航空器发动机的工作原理、形态设计、材料、加工工艺、航空器的气动外形等。就航空器发动机而言，功率相同的发动机，由于其类型不同，其产生的噪声强度有很大差异，例如，涡轮螺旋桨发动机噪声比涡轮风扇发动机的噪声大，而涡轮喷气式发动机噪声比涡轮风扇发动机噪声大。

（二）航空器运行限制和优化

为了减少航空器噪声和发动机其他排放，越来越多的机场开始对航空器运行进行限制和优化。

1. 地面运行措施

（1）航空器在机位或机库之间转移时，尽量使用牵引车，避免发动机使用产生的噪声影响。

（2）航空器发动机启动、运转、试车的限制措施。航空器试车时，应在机场管理当局指定的地点和限定的时间内进行。当发动机需要启动时，机场管理机构仍可鼓励使用电源车和气源车，从而减少APU（辅助动力装置）的使用。

（3）限制航空器在跑道上使用反推能非常明显地消减噪声。尽管反推产生的噪声要比航空器起飞时的噪声通常低10 dB左右，但是更加突然，没有预兆。

2. 飞行措施

1）起飞

为了减少起飞噪声对航路下方社区的影响，当航空器达到一定的安全高度后，可以适当减少发动机推力，当飞行到人口稀少的地区上空时，再以满推力向上爬升，减小推力后，噪声强度可以下降5 PNdB。恰当利用上述起飞减噪措施，会使起飞噪声对社区的影响显著减少。

图5.4显示了经简单计算得到的减小推力后对航路下测量点最大噪声的消减效果。实际上，分段起飞在世界上许多机场都被用为消减航空器噪声影响的措施。

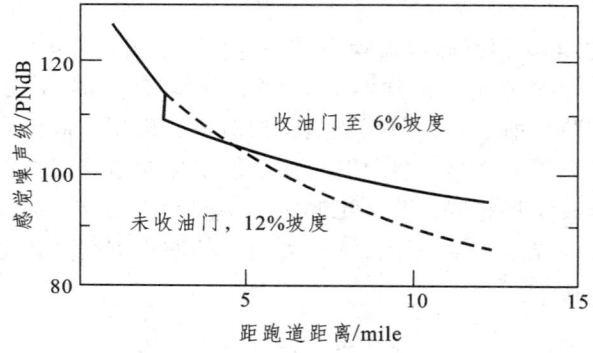

图5.4 减小油门对减小航空器地面噪声的影响

2）进近

航空器在进近阶段的噪声可通过采用低噪影响运行方式，即维持较大的高度来予以消减。如果一架大型涡轮喷气式飞机在离地面3 000 ft（914 m）上空飞行，那么它的噪声强度要比在1 500 ft（457 m）上空飞行时减少8 PNdB左右；若在5 000 ft（1 524 m）上空飞行，则能减少16 PNdB左右。提高进近的飞行高度可采用以下飞行程序：

（1）如果切入下滑道的角度比下滑角低，则应从较高处切入下滑道。

（2）采用较大的下滑角。例如使用4°，而不是通常的3°。

（3）分两阶段进近，开始时下滑坡度为5°或6°，最后进近和接地时拉平到3°。

（4）采用减小襟翼调整和发动机低动力调整的方法来进行小角度进近，也有助于减小航空器噪声。

（5）利用二次监视雷达提供的航空器高度信息，采用连续下降进近程序，避免了分段下降方式在下降时动力调整所带来的地面噪声影响,可以使距跑道较远处的航空器降落噪声降低 6 dB。例如,阿姆斯特丹机场以及史基浦机场的实验表明,连续进近程序可以有效地减小航空器降落时地面受航空器噪声影响的范围,使地面受航空器噪声的影响范围减小了 37%,如图 5.5 所示。

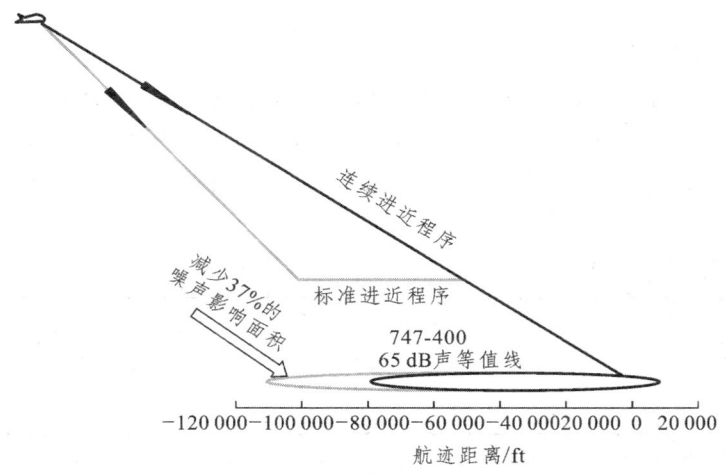

图 5.5　连续进近程序与标准进近程序影响范围比较

3) 使用低噪声跑道

在空中交通和天气条件允许情况下,某些跑道优先使用是减少噪声的重要措施之一。空管部门可通过合理分配进出港航空器的起落跑道,尽量缩短航空器占用跑道时间,进出港航路尽量选择在无人区或水面上空。同时,均衡使用跑道分配噪声影响,不致使某一区域噪声影响过大。

3. 机场宵禁或夜间限制

航空器在夜间活动会对人们生活产生极大干扰,因此机场宵禁对缓解机场噪声影响成效显著,也是机场周边社区的普遍要求。例如,洛杉矶约翰·维尼机场禁止航空器在当地时间 22:00—07:00(周日为 08:00)起飞,禁止航空器在当地时间 23:00—07:00(周日为 08:00)着陆;香港、伦敦、东京和巴黎机场在夜间宵禁时间,仅允许延误的航班进入机场;伦敦的希思罗机场,在噪声大大消减的前提下,给予一定的夜间噪声"限额";在阿姆斯特丹、伦敦、法兰克福和香港等机场,根据机场运行时间情况,给噪声适航航空器以宵禁豁免权;还有一些机场允许噪声较小的螺旋桨航空器在夜间活动,这些航空器经常在夜间从事货运。

采用何种程度的宵禁,在很大程度上取决于机场所在城市的政治情况、地理位置和自然条件以及机场的业务量和业务性质。宵禁能有效地限制噪声在夜间对人们的干扰。然而,在实施宵禁之前,机场管理机构必须审慎地考虑这种限制会对航空公司造成的影响。宵禁可能会加剧机场的高峰繁忙问题,同时,某些实施严格宵禁的机场不允许任何延误航空器进入,对远程航行航空器可能造成不利影响。

(三)机场噪声环境相容性控制

政府通过对机场周围土地实行规划控制,使不相容的土地利用(例如住宅和学校)远离机场周边地区,并鼓励将相容的土地利用(例如工业和商业)安排在机场周围,努力使机场运营与其周边土地利用之间的不协调减少到最低程度。

1. 国内机场周围环境控制

为保护机场周围环境,减轻飞机噪声影响,各国都制定了机场周围航空器噪声环境标准。噪声限值通常与周边土地利用紧密联系,对住宅、学校、医院等敏感建筑物的建设提出要求。目前,我国采用的机场周围环境噪声标准为《机场周围飞机噪声环境标准》,标准值和适用区域如表 5.2 所示。

表 5.2 机场周围区域噪声标准值和适用区域(GB 9660—1988)

适用区域	噪声标准值/dB	备注
一类	≤70	特殊住宅区,居住、文教区
二类	≤75	除一类区域外的生活区

从声环境标准执行情况看,目前国内机场周围农村居民点声环境标准限值一般按 75 dB 执行,学校和医院按 70 dB 执行,城市集中居住区按 70 dB 执行。凡超过上述声环境标准的需采取措施,予以控制。新建居住区、学校、医院要求位于 70 dB 等值线以外。

国内对枢纽机场、干线机场,一般要求 85 dB 等值线以内区域的居民点和 80 dB 等值线以内区域的学校、医院予以搬迁;对于中小型机场,要求 80 dB 等值线以内的村庄、学校、医院予以搬迁。75 dB 等值线以内的居民点和 70 dB 等值线以内的学校、医院采取相应的隔声措施。

国内大多数机场环评批复的搬迁范围为噪声大于 85 dB 区域内的噪声敏感建筑物,实际情况是噪声大于 75 dB 区域内的居民纷纷提出噪声扰民投诉之后,被迫采取搬迁或置换的措施,如上海机场。

2. 美国机场周围环境控制

美国联邦航空局已制定了机场建设周边土地利用相容性规划标准。机场周围地区的噪声影响分为 4 类,即很小、中等、较大和严重,如表 5.3 所示。图 5.6 描述了一个机场的典型噪声分布情况。每类区域用下列 4 种噪声暴露等级中的一种表示出来,即昼夜等效声级(L_{dn})、噪声暴露预报数(NEF)、综合噪声级(CNR)或社区噪声等效水平(CNEL)。如表 5.4,A 区受到噪声的影响最小,因此不需要对该区域内的土地利用规划进行特殊考虑。而 D 区噪声非常严重,所以要么使该区域位于机场内部,要么采取相应措施加以控制。

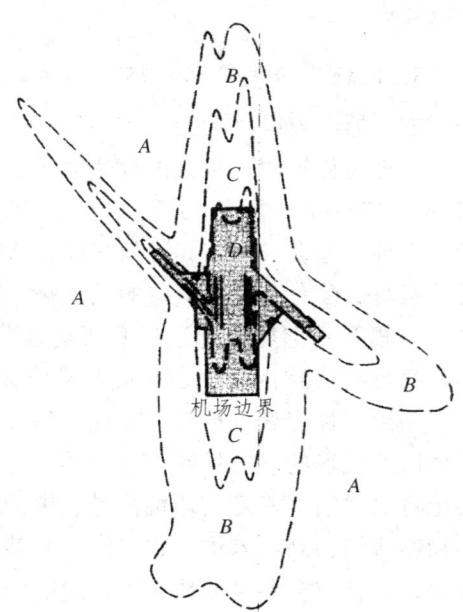

图 5.6 典型的机场噪声影响分布

表 5.3　机场周围不同噪声暴露区域建议控制措施

区域	噪声暴露	噪声状况及建议控制措施
A	很小	完全可以接受，一般无需特殊考虑
B	中等	一般可以接受，宜考虑周围土地的合理利用
C	较大	一般难以接受，建议考虑减噪和土地利用控制
D	严重	完全不能接受，建议限制在机场区域内或采取有效的控制措施

表 5.4　相容性土地利用方案

土地使用区域（LUG）	噪声暴露等级	噪声评价指标/dB				HUD 噪声评估导则	建议采取的噪声控制措施
		L_{dn}	NEF	CNR	CNEL		
A	最低	0～<55	0～<20	0～<90	0～<55	完全可以接受	一般不考虑
B	中等	55～<65	20～<30	90～<100	55～<60	一般可接受	考虑采取土地使用控制措施
C	严重	65～<75	30～<40	100～<115	65～<75	一般不可接受	建议采取降噪、土地使用控制和其他相容性控制措施
D	强烈	≥75	≥40	≥115	≥75	完全不可接受	建议对机场周边地区采取土地使用限制和积极的相容性控制措施

资料来源：AC 150/5050-6

（四）机场围护降噪措施

根据机场建筑物的敏感类型，对影响区内的住宅、医院、学校等各类建筑，组织实施围护降噪工程，围护降噪的标准应该严格按照国家有关法律规定执行。

如表 5.5 所示，由于不同功能区对声环境的要求不同，美国联邦航空局采用 L_{dn} 指标对土地利用做了相关规定。

表 5.5　美国不同声级 L_{dn} 下的土地利用规定

	土地用途	<65 dB	65～70 dB	>70～75 dB	>75～80 dB	>80～85 dB	>85 dB
居住用	家庭单元、公寓、团体住处、居住性旅馆、其他居住	Y	N[1]	N[1]	N	N	N
	短暂旅馆	Y	N[1]	N[1]	N[1]	N	N
公用	学校、医院、幼儿园	Y	25	30	N	N	N
	教学、演讲、演奏厅	Y	25	30	N	N	N
	政府机关	Y	Y	25	30	N	N
	运输	Y	Y	Y[2]	Y[3]	Y[4]	Y[4]

续表

土地用途		< 65 dB	65～70 dB	>70～75 dB	>75～80 dB	>80～85 dB	> 85 dB
商业用途	办公室	Y	Y	25	30	N	N
	杂项服务、批发零售如五金、农业设备等	Y	Y	Y^2	Y^3	Y^4	Y^4
	贸易如食堂、服务、饮食店等	Y	Y	25	30	N	N
公用设施		Y	Y	Y^2	Y^3	Y^4	Y^4
通信		Y	Y	25	30	N	N
制造及生产	制造：普通如纺织品纸印刷等	Y	Y	Y^2	Y^3	Y^4	Y^4
	摄影及光学制造	Y	Y	25	30	N	N
	农业及林业	Y	Y	Y^7	Y^8	Y^8	Y^8
	畜牧养殖及繁殖	Y	Y^6	Y^7	N	N	N
	矿业、渔业、资源生产及采矿	Y	Y	Y	Y	Y	N
娱乐	室内运动场	Y	Y	Y^5	N	N	N
	室外音乐场所	Y	Y^5	N	N	N	N
	自然展览的动物园	Y	Y	Y	N	N	N
	娱乐活动、公园胜地、野营	Y	Y	Y	N	N	N

注：1. Y（是）为土地用途和有关建筑物共容，无限制。

2. N（否）为土地用途和有关建筑物不共容，应予限制。

3. 25、30 或 35 为土地用途和有关建筑物通常共容，但必须在建筑物的设计和施工中使用达到 25 dB、30 dB 或 35 dB 噪声级降低（NLR）的措施。

4. N^1 如社团决定必须作为居住用途，应采取措施使室内到室外至少有 25 dB 或 30 dB 的噪声级降低。

5. Y^2 如果在接待公众，办公室区，噪声敏感区或噪声级平常较低的部分建筑物的设计和施工中采取了 25 dB 防护措施，共容。

6. Y^3 和 Y^2 相同，如采取了 30 dB 防护措施，共容。

7. Y^4 和 Y^2、Y^3 相同，如采取了 35 dB 防护措施，共容。

8. Y^5 如采取了特殊的声加强系统，土地用途共容。

9. Y^6 只限主要用途，任何居住建筑物要求隔声为 25 dB 才共容。

10. Y^7 和 Y^6 相同，隔声为 30 dB 才共容。

11. Y^8 只限主要用途，居住建筑通常不可行，这种用途应予禁止。

L_{dn}在美国已实施多年,2000年美国联邦航空局再次肯定了L_{dn}作为机场飞机噪声评价量的科学性,说明美国仍将采用该评价量。有关研究表明,我国现行机场噪声评价量L_{WECPN}与L_{dn}之间的近似换算关系为$L_{WECPN} = L_{dn} + 13$。从我国现行机场噪声评价量L_{WECPN}与L_{dn}之间的换算关系可知,在L_{WECPN}大于78 dB的区域美国是限制兴建住宅的。

复习与思考

1. 常见的噪声评价指标有哪些?
2. 机场噪声评价量中为什么要将昼夜时间段的噪声进行不同计权?
3. 机场噪声监测系统主要由哪几部分组成?主要功能有哪些?查找相关资料并提供实例,了解如何利用类似系统评估和管理机场周围的噪声水平。
4. 常用的机场噪声控制方法有哪些?其实施中可能存在的潜在挑战和限制是什么?
5. 为什么在非基准条件下进行的航空器噪声合格审定中要将测量的噪声数据修正至基准条件?

第六章 空侧运行 I

在运行过程中，机场空侧环境受诸多因素影响发生改变，如道面出现污染物或者病害、助航和供电等设施出现故障、机场净空环境遭到破坏、鸟类活动等。机场空侧环境不仅关系到飞行性能的发挥，更直接决定飞行安全。因此，机场管理机构必须做好定期或不定期安全巡检与隐患排查，保证机场持续处于安全状态。

第一节　飞行区场地管理

飞行区场地是指机场围界范围以内的所有基础设施，包括道面、土面区、围界内的排水设施、服务车道与巡场道路等。飞行区是航空器活动的重要场所，飞行区场地是否符合航空器运行要求直接关乎飞行安全。国际民航组织和各国民航主管部门都对飞行区场地日常维护与管理提出了相关要求，各机场结合实际情况将各项技术要求纳入机场场务管理的规章制度，进行日常巡视检查和定期维护工作。

一、飞行区场地巡视检查

飞行区场地巡视检查是发现场地运行安全缺陷和潜在风险的重要手段，机场场务人员需要根据相关规章制度进行日常巡视检查工作。

（一）道面巡视检查

道面巡视检查是通过定期对跑道、滑行道和停机坪的所有道面（含道肩）进行目视检查，以发现、记录道面出现的各种损坏现象，包括每日全面巡视检查和定期步行全面检查两种方式。每日全面巡视检查又分为首次巡视检查和中间动态巡视检查。

道面每日巡视检查的频率不能低于表 6.1 要求。道面每季度徒步检查的频率应不少于 1 次/季度，当道面破损处较多或者破损加剧时，应适当增加步行检查的次数。

表 6.1　道面每日巡视检查的频率与要求

道面区域		每日检查频率	检查要求
跑道	着陆架次＞15	首次巡视检查 1 次中间动态巡视≥3 次	跑道首次巡视检查应当对跑道全宽度表面状况进行详细检查。跑道中间动态巡视检查应当至少包括跑道边灯以内的区域
	着陆架次≤15	首次巡视检查 1 次中间动态巡视≥1 次	

续表

道面区域	每日检查频率	检查要求
滑行道（包括机坪滑行通道和机位滑行道）	首次巡视检查1次 中间动态巡视≥1次	首次巡视检查时间与跑道要求一致
机坪	≥2次	据机坪规模和运行实际分时段开展

注：1. 跑道首次巡视检查时间：对于全天开放的机场，应当在早高峰时段前完成；对于按航班时间、飞行需求或者申请开放的机场应当至少在首个航班计划时刻前 30 min 完成。

2. 机场配备的外来物和道面损坏探测设备能对跑道道面状况进行持续监测的，在探测设备持续有效运行 1 年（含）以上，被监测区域的中间检查次数可以适当减少。

3. 当跑道、滑行道、机坪道面损坏加剧或者雨后遇连续高温天气时，应当适当增加中间动态巡视检查的次数。

巡视检查根据需要可采用乘坐巡查车辆或徒步等方式进行。乘车检查时，除驾驶员外车辆上应当至少有一名专业检查人员，并且车速不得大于 45 km/h。对跑道实施检查时，检查方向应当与航空器起飞或着陆的方向相反。

道面全面巡视检查内容一般包括：道面清洁情况，主要包括外来物、油污等；道面损坏情况，主要包括板块破损、拱起、错台等；雨后道面与相邻土面区的高差；井盖完好情况和密合程度等。

道面全面步行检查的内容一般包括：嵌缝料的失效情况；道面损坏位置、数量、类型的调查统计；道面与相邻土面区的高差；跑道接地带橡胶沉积情况；道面清洁情况。

（二）土面区巡视检查

跑道、滑行道和机坪之间有大面积的土面区，主要包括跑道端安全区、升降带、滑行带内土面区（含防吹坪）等，该区域需要每日进行一次全面巡视检查，检查内容应当至少包括：草高情况；是否有危及飞行安全的物体、障碍物等；土面区内各种灯、井基座与土面区的高差；土面区沉陷、冲沟、积水等情况；航空器气流侵蚀情况；跑道端是否有接地过早的痕迹；跑道特性材料拦阻系统（EMAS）完好情况。

（三）围界和巡场路巡视检查

1. 围　界

飞行区围界用于将飞行控制区与公共区域进行有效隔离，是为了防止任何人员从围界进入飞行控制区对空防造成影响而采取的一种物理防范措施。因此，围界必须完好，并具备防钻防攀爬功能。

飞行区围界宜分段编号，每天应至少进行一次巡视，内容包括：围界面是否破损或网孔变大、变形；围界相关配件（如螺栓等）是否锈蚀、损坏；围界地梁是否损坏；无地梁围界网面与地表间距是否过大；围界刺圈是否脱落或间距明显扩大、变形；水中或排水沟中的围界设施是否完好；内外围界间杂草、土堆是否过高或有藤蔓植物遮挡；围界外侧 5 m 范围内是否存在有助于攀爬的土堆或石块等物体。

发现围界破损或失效时，应及时通报相关部门，并立即修复。无法及时修复时应采取有效的临时性防护措施。金属围界应定期涂刷防锈漆，局部生锈时应及时补刷防锈漆。

2. 巡场路巡视检查

巡场路即围场路，是专为飞行区巡视检查车辆、消防救援车辆和场务维修机具修建的通道，原则上设置在围界边缘内侧，检查频率为每天1次。

围场路应能保证地面服务车辆、飞行区运行保障车辆快速、安全通行，路面应完好、平坦、无积水，出现机油污染等情况时应及时处理。

（四）排水设施巡视检查

为了及时排走飞行区的雨、雪水，防止因飞行区排水设施和结构损坏影响航空器和车辆运行安全，必须加强对排水系统的日常检查与维护。

雨季来临前，应当至少对飞行区排水设施进行一次全面巡视检查，重点检查积水、淤塞、漏水、破损等情况。暴雨期间，应当随时巡视检查。雨后应当及时对升降带和跑道端安全区进行检查，对积水、冲沟应当予以标记，并及时处理。

二、飞行区场地维护

飞行区场地日常维护包括道面清扫保洁、灌缝材料更换、跑道除胶、土面区维护、地面标志维护、排水系统日常维护、围界巡视与维护、服务车道和巡场道路养护等内容。

（一）道面清扫保洁

道面清扫保洁的范围包括飞行区道面（含道肩）、升降带和滑行带。

清扫对象主要包括各类杂物和污染物。常见的杂物包括生活垃圾、道面松散物、道面修复遗落材料或工具、杂草、掉落的零配件等。道面污染物可能会降低道面抗滑性能，侵蚀道面，或形成明火隐患，同时也影响场地美观，主要包括航空器清洗液和除冰液等工业污水、航空器泄漏的航空煤油等危险废品、航空器或服务车辆渗漏的润滑油等非危险废品。

各类杂物一般采用清扫车进行保洁，污染物根据污染种类和污染程度采用不同的清除方式，主要包括：工业污水可用高压水冲洗、稀释；危险废品（航空煤油除外）可在喷洒去污剂、溶解剂后，用高压水冲洗；航空煤油、润滑油等污染物可用黄砂、麻布等吸油性材料吸附清扫干净后再用清水冲洗；难以去除的污染物可用钢丝刷、钢丝轮打磨，再用清水冲洗。

为保持道面清洁，道面需要定期和在特殊情况下进行清扫。对跑道、滑行道、机坪应当定期清扫。对跑道、滑行道的清扫每月不应少于一次。应当建立机坪每日动态巡查制度，及时清除外来物，对机坪每周至少全面清扫一次。清扫频率如表6.2所示。

表 6.2 飞行区道面清扫频率

道面区域	清扫频率
跑道、滑行道	≥1 次/月
停机坪	≥1 次/周

如遇以下特殊情况应立即清扫：装卸的货物大面积散落；遇强风、暴雨或沙尘暴等天气，在道面上发现外来物；发生坠机、航空器碰撞、航空器迫降、火灾等事故；执行特殊保障任务前。

（二）跑道除胶

由于航空器轮胎在高速着陆时接触跑道表面摩擦产生高温，使轮胎橡胶瞬间熔化附着在道面纹理中。随着道面胶层的不断加厚，道面摩擦系数明显降低，影响航空器的制动性能，因此需要定期对跑道进行除胶。当接地带跑道中线两侧被橡胶覆盖 80% 左右，并且橡胶呈现光泽时，应当及时除胶。

除胶重点区域为跑道接地带范围内跑道中线两侧 15 m 范围，沿跑道纵向方向，从中线向两侧进行作业，不得损害道面。跑道常用除胶方法如表 6.3 所示。

表 6.3 跑道常用除胶方法

除胶方法	优点	缺点	适用条件
高压/超高压水冲法	无污染；速度快；除胶作业后可立即开放跑道	水压力过大易损伤道面；水泥混凝土道面刻槽内的胶泥不易清除；用水量大；设备较昂贵	气温低于 5 ℃时不宜使用
抛丸冲击法	无污染；速度快；不受温度影响；丸料可循环使用；除胶作业后可立即开放跑道	实际应用较少，现场经验不足；丸料回收率在实际操作中有时不高；控制不当易损伤道面；设备较昂贵	潮湿情况下不宜使用
化学除胶法	对道面无物理损伤；操作工艺简单；无需专业设备	一般对环境有污染；短期内可能影响跑道摩擦系数；需与其他方法结合使用；速度较慢	气温低于 5 ℃或者潮湿情况下不宜使用
机械打磨法	设备简单；成本低	对道面损伤大；速度慢；除净率低；较多依赖操作人员实际经验	适用于小型机场

（三）土面区维护

飞行区土面区应定期维护，主要包括场地平整、碾压、除草、密实度测试等。

1. 土面区维护范围

飞行区土面区都应进行平整和碾压，坡度应符合《民用机场飞行区技术标准》的相关规定，并不得存在积水现象。

滑行带中心部分应平整，除滑行道桥外，平整范围自滑行道中线向每侧延伸应不小于表 6.4 中的规定。

表 6.4 滑行带平整范围的最小宽度　　　　　　　　　　单位：m

飞行区指标Ⅱ	滑行带平整范围的最小宽度（自滑行道中线向两侧延伸）
A	11
B	12.5
C	18
D	26
E	32.5
F	40

跑道端安全区应进行平整，其强度应确保航空器过早接地或冲出跑道时对航空器的危害最小，并能承受救援和消防车辆在其上通行。升降带每侧最小平整范围应符合表 6.5 中的规定。

表 6.5 升降带平整的最小范围（自跑道中线及其延长线向每侧延伸）　　单位：m

跑道运行类型	飞行区指标Ⅰ		
	3 或 4	2	1
仪表跑道	75	40	40
非仪表跑道	75	40	30

飞行区指标Ⅰ为 3 或 4 的精密进近跑道的升降带宜进行较大范围的平整，建议的平整范围如图 6.1 所示，并应考虑设置在升降带内的导航设施对场地平整的要求。

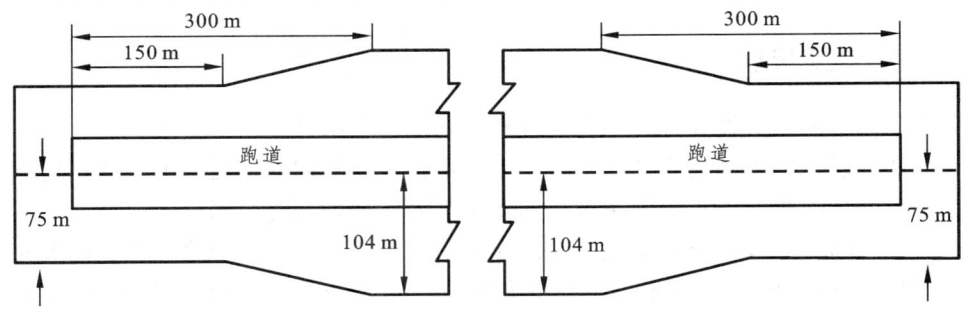

图 6.1　飞行区指标Ⅰ为 3 或 4 的精密进近跑道升降带平整范围

2．土面区维护一般要求

（1）与道面边缘相接的土面，不得高于道面边缘，并且不得低于道面边缘 3 cm。

（2）在升降带平整区内，用三米直尺测量，高差不得大于 5 cm，不应有积水和反坡。

（3）在升降带平整区和跑道端安全地区内，除航行所需的助航设备或装置外，不得有突出于土面、对偏出跑道的航空器造成损害的物体和障碍物。

（4）升降带平整区和跑道端安全地区的土质密实度不得低于 87%（重型击实法）。对升降带平整区和跑道端安全地区的碾压和密实度测试，每年不得少于两次。

（5）土质地带密实度应分区域测试：两端跑道端应分别作为一个测试区域，跑道两侧的跑道线升降带平整区可沿跑道方向每 300～800 m 作为一个测试区域，同一测试区域内的取土点不得少于 3 个，如图 6.2 所示；

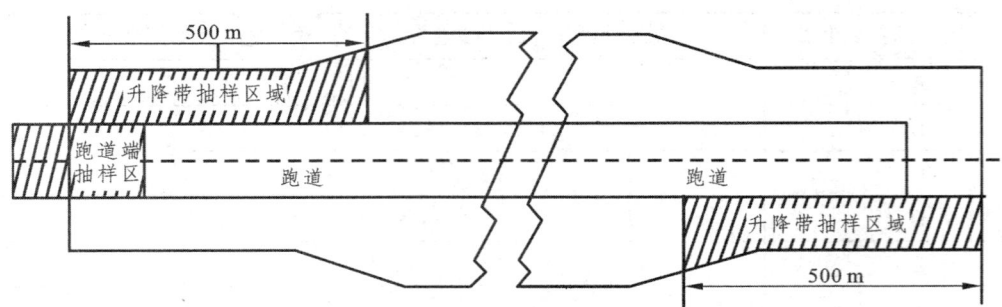

图 6.2　土面区密实度测试抽样区域的划分

（6）草高不得遮挡助航灯光和标记牌。植草应当选择不易吸引鸟类和其他野生动物的种类。割下的草应当尽快清除出飞行区，临时存放在飞行区的草，不得存放在跑道、滑行道的道肩外 15 m 范围内。

（四）围界和围场道维护

发现围界破损或失效时，应及时通报相关部门，并立即修复。无法及时修复时应采取有效的临时性防护措施。金属围界应定期涂刷防锈漆，局部生锈时应及时补刷防锈漆。

围场路应能保证地面服务车辆、飞行区运行保障车辆快速、安全通行，路面应完好、平坦、无积水，出现机油污染等情况时应及时处理。围场路养护可参照《公路水泥混凝土路面养护技术规范》和《公路沥青路面养护技术规范》等执行。

（五）排水系统维护

排水系统应采取经常性巡查、专项检查和定期疏通相结合的维护方式。

（1）在暴雨或汛期来临前应进行专项检查，修整道肩外侧高出道面的土体和植被，疏通道肩排水设施，清除主要集水口和明沟内的砖块、泥沙、垃圾等杂物；

（2）雨天应随时检查道面积水状况，出现积水应及时疏导，发现堵塞应立即疏通；

（3）以 5 年一遇为标准，日最大降雨量大于 50 mm 的机场应每两年实施一次排水系统全面疏通，其他机场应视实际情况定期全面疏通排水系统；

（4）排水沟出口宜编号，应采取有效措施防止人员或动物入侵；

（5）冰冻地区机场在冰冻期间排水沟内不得有大量积水；

（6）由于施工导致原有排水系统不能正常运行时，应设置临时排水措施，防止道面积水。

三、跑道表面状况评估与通报

航空器在跑道上的安全运行是航空安全的重要组成部分，而冲（偏）出跑道是跑道安全中最严重的问题之一，主要原因是跑道受到污染导致飞机制动效应差，以及跑道表面状况评估不准确和报告不及时。因此，机场管理机构需要评估跑道每道每 1/3 段跑道表面状况并通过统一的跑道状况报告（Runway Conditon Report，RCR）进行报告。空中交通管制部门在接到机场上报的跑道状况报告原始资料后，向终端用户发出雪情通告（SNOWTAM），并采用无线电口播或自动终端情报服务（ATIS）向飞行员发布信息。飞行员利用这些信息结合航空器制造商提供的性能数据确定着落或起飞操作是否安全，并提供跑道制动报告。机场在收到飞行员的制动报告后，需要考虑是否调整跑道状况代码。

（一）跑道表面状况全球报告格式基本要素

为使飞行机组以一致且标准化的格式接收所有机场的跑道表面状况报告，国际民航组织（ICAO）建议机场管理机构采用跑道表面状况全球报告格式（Runway Condition Report-Global Reporting Format，RCR-GRF）。该报告将跑道表面状况与航空器制造商提供的受污染跑道性能数据相关联，使飞行机组人员获得更详细的信息，用于制定运行决策。

1. 跑道表面状况的标准化定义

1）干跑道

干跑道是指跑道正在或计划使用的长度和宽度范围的表面区域内，其表面无可见湿气且未被压实的雪、干雪、湿雪、雪浆、霜、冰和积水等污染物污染。

2）湿跑道

湿跑道是指跑道正在或计划使用的长度和宽度范围的表面区域内，覆盖有任何明显的湿气或不超过 3 mm 深的水。其中，湿滑跑道为有很大一部分的表面摩阻特性被判定为下降的湿跑道。

3）污染跑道

污染跑道是指跑道正在或计划使用的长度和宽度范围内的表面区域，有很大一部分（不管是否为孤立区域）都覆盖有压实的雪、干雪、湿雪、雪浆、霜、冰和积水等一种或多种污染物。

2. 跑道表面状况说明的标准化定义

霜（FROST）：霜由温度低于冰点的物体表面上的空中潮气形成的冰晶构成。霜与冰的不同点在于，霜晶单独增长，因此粒状构造特征更为明显。

干雪（DRY SNOW）：不容易形成雪球的雪。

湿雪（WET SNOW）：所含水分足以滚出一个压得很实的实心雪球但却挤不出水分的雪。

雪浆（SLUSH）：水分饱和度非常高，用手捧起时，水将从中流出，或者用力踩踏时会溅开的雪。

压实的雪（COMPACTED SNOW）：已被压成固态状的雪，航空器轮胎碾压后不会进一步大幅压实表面或在表面形成凹痕。

冰（ICE）：已结成冰的水或在寒冷且干燥条件下已转变成冰的压实的雪。

湿冰（WET ICE）：表面有水的冰或者正在融化的冰。

润湿（DAMP）：表面由于湿气而颜色有所改变。

潮湿（WET）：表面已湿透但并无积水。

积水（STANDING WATER）：深度超过 3 mm 的水。

3. 跑道状况评估矩阵

跑道状况评估矩阵（Runway Condition Assessment Matrix，RCAM）是用于评估跑道状况代码（Runway Condition Code，RWYCC）的工具。RWYCC 基于跑道上的污染物类型、厚度和温度等条件确定，表示道面状况对航空器性能的影响，如表 6.6 所示。

表 6.6　跑道状况评估矩阵

评估准则		降级评估准则	
跑道状况代码	跑道表面状况说明	对飞机减速或方向控制的观察	驾驶员跑道制动报告
6	● 干	……	……
5	● 霜 ● 湿：跑道表面覆盖有任何明显的湿气或多至 3 mm（含）深的水 多至 3 mm（含）深： ● 雪浆 ● 干雪 ● 湿雪	对施加的轮胎制动效果取得的制动减速正常和方向控制能力正常	好
4	外面气温为-15 ℃或更低 ● 压实的雪	制动减速或方向控制能力在好与中等之间	中上
3	● 湿（"湿滑"跑道） ● 压实的雪面上有干雪或湿雪（任何深度） 深度 3 mm 以上： ● 干雪 ● 湿雪 外面气温高于-15 ℃ ● 压实的雪	对施加的轮胎制动效果取得的制动减速明显降低或方向控制能力明显降低	中
2	水或雪浆深度 3 mm 以上： ● 积水 ● 雪浆	制动减速或方向控制能力在中等与差之间	中下
1	● 冰	对施加的轮胎制动效果取得的制动减速大幅降低或方向控制能力明显降低	差
0	● 湿冰 ● 在压实的雪面上有水 ● 冰上有干雪或湿雪	对施加的轮胎制动效果取得的制动减速微不足道或方向控制能力不确定	低于差

1）评估准则

跑道状况代码（RWYCC）：用数字 0 至 6 表示。数字从 6 到 0，分别表示从最不滑到最滑。每 1/3 跑道都有一个评估后的 RWYCC，排列方向从较小的跑道号码看起。

跑道表面状况说明：描述与航空器起飞和着陆性能直接相关的跑道污染物。

2）降级准则

当实际情况比评估准则所描述的条件更差时，可根据以下两项降级准则对 RWYCC 进行

降级:

(1) 对航空器减速或方向控制的观察: 机场人员根据航空器的运行情况, 观察减速性能和方向控制能力。

(2) 飞行员提供的跑道制动报告: 飞行员根据实际感受, 报告跑道的制动效应。

(二) 湿和污染跑道表面状况评估和通报

当跑道表面有冰雪等污染物时, 机场应持续监测、评估和通报, 直至跑道表面不再受污染。

1. 跑道表面状况评估

机场管理机构需要使用跑道状况评估矩阵 (RCAM), 评估并搜集以下数据。

1) 污染物覆盖率

机场管理机构应确定每 1/3 跑道的污染物覆盖率, 如图 6.3 所示, 污染物覆盖范围的评估和通报百分比如表 6.7 所示。

如果跑道每 1/3 段覆盖率均小于 10%, 则不需要对跑道进行通报, 跑道状况代码为 6; 当覆盖率为 10% ~ 25%, 跑道状况代码为 6, 并按实际情况通报污染物类型; 当覆盖率大于 25%, 需要进一步利用污染物类型和厚度确定 RWYCC。

图 6.3 跑道每 1/3 段覆盖范围评估示意图

表 6.7 污染物覆盖范围

评估的百分比	通报的百分比
< 10	无
10 ~ 25	25
26 ~ 50	50
51 ~ 75	75
76 ~ 100	100

2) 跑道表面状况和污染物类型

识别跑道表面状况对于准确报告跑道状况代码至关重要。湿道面、污染道面需确定跑道表面状况和污染物类型。

根据表 6.6, 湿跑道 RWYCC 为 5, 但如需确定跑道或其一部分是否湿滑, 还应单独或结合其他方法进行判定。这些方法包括跑道摩擦系数值 (使用连续摩阻力测量装置)、机场场务人员观测、飞行机组的报告以及多次跑道刹车效应报告等。当跑道摩阻特性并未及时改善, 多处跑道摩擦系数 (累计长度大于 100 m) 存在低于最小摩阻值, 该跑道应当视为 "湿滑" 跑道, RWYCC 为 3。

污染道面在 RCAM 中有 8 种表面状况说明, 包括霜、干雪、湿雪、雪浆、压实的雪、冰、湿冰和积水。但污染物可能由两种重叠的污染物组成，即层状污染物，RCAM 中有 5 种层状污染物包括压实的雪上有干雪、压实的雪面上有湿雪、压实的雪面上有水、冰面上有干雪、冰面上有湿雪。

此外，泥、灰、沙和油也会影响飞机性能。但是这些污染物如何影响航空器性能目前还没有充足的数据。但这些污染物仍应该尽快彻底清理，否则应在情景意识或明语说明中报告它们的存在。

3）污染物厚度

若跑道表面污染物为松散污染物，应报告其在跑道全维护部分（每 1/3 段）的平均厚度，厚度报告为两位数或三位数，评估厚度以毫米表示（mm）。若没有报告污染物厚度（以上污染物外的其他污染物），应报告"无（NR）"。松散污染物通报最低值及重大变化阈值如表 6.8 所示。

表 6.8 松散污染物通报最低值及重大变化阈值   单位：mm

污染物	通报的最低数值	重大变化阈值
积水	4	3
雪浆	3	3
湿雪	3	5
干雪	3	20

4）跑道状况代码

根据 RCAM 最终确定并报告每 1/3 段的 RWYCC。评估和通报流程如图 6.4 所示。

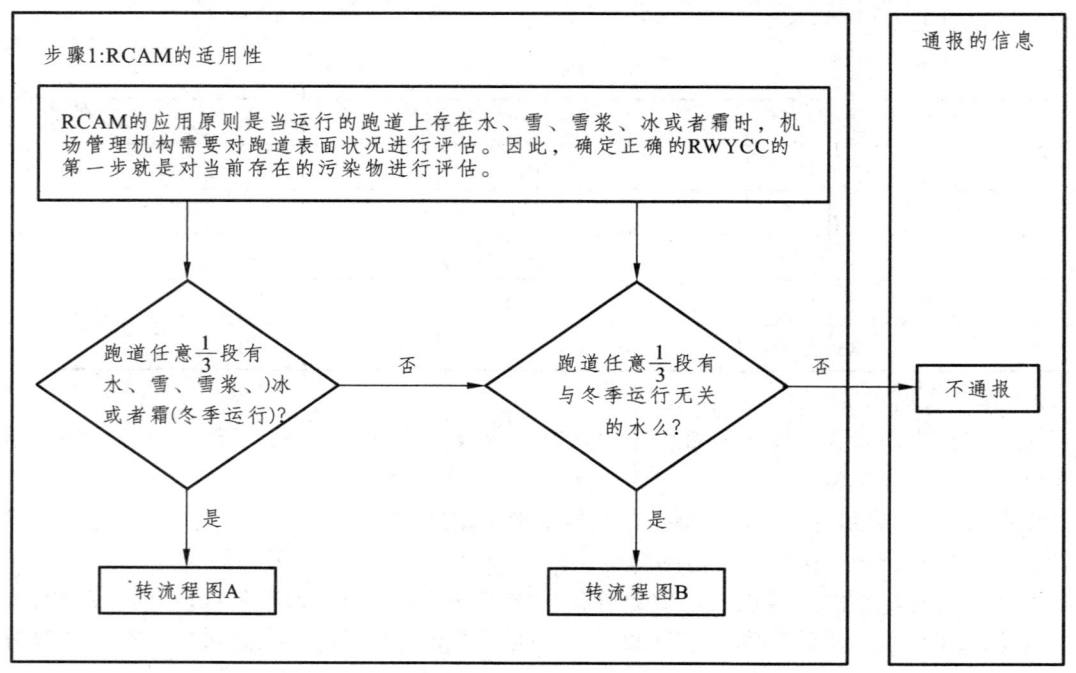

（a）跑道状况评估矩阵流程图基本过程

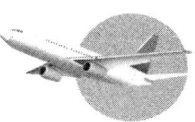

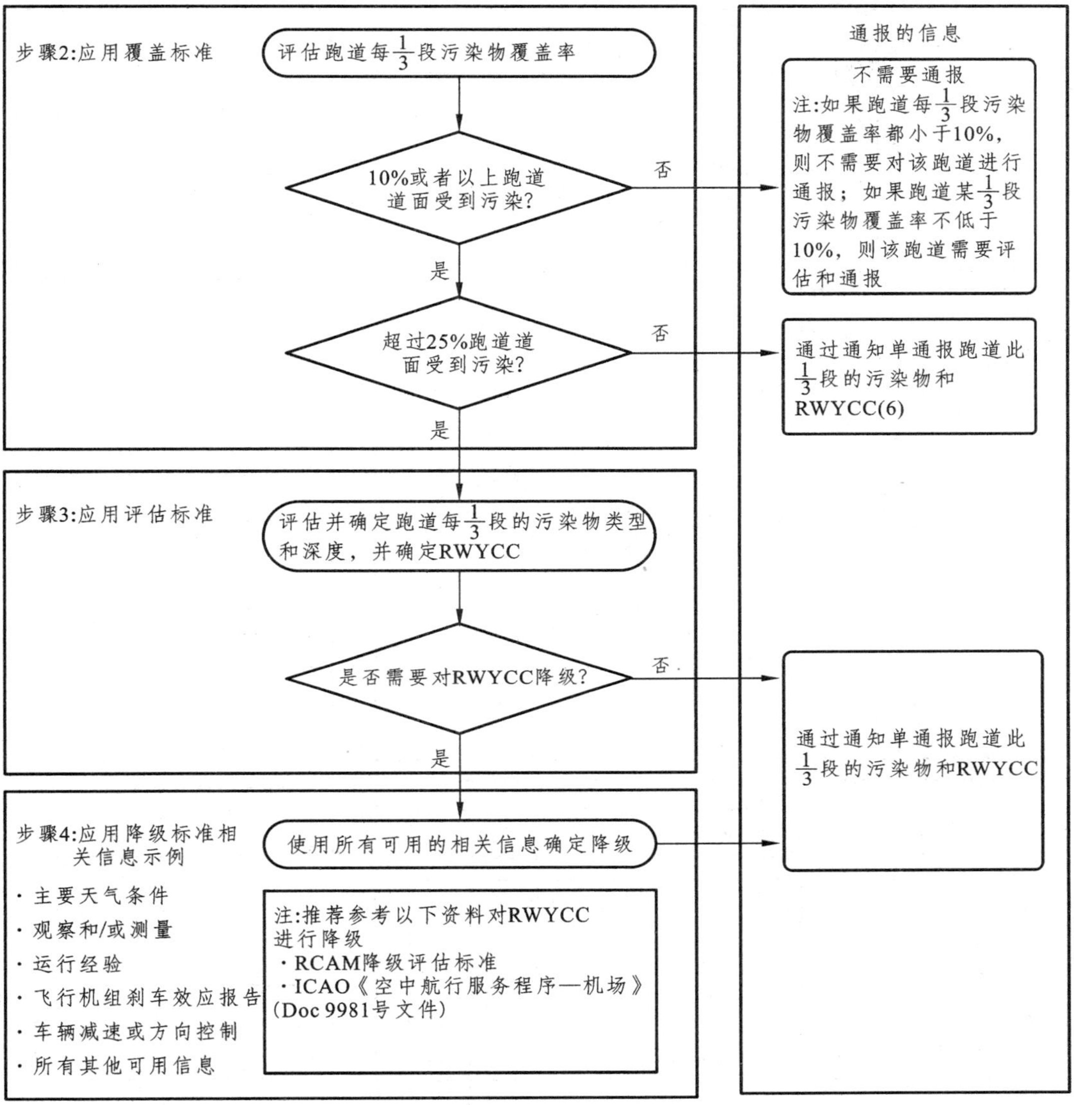
步骤2:应用覆盖标准
评估跑道每$\frac{1}{3}$段污染物覆盖率
10%或者以上跑道道面受到污染?
否
是
超过25%跑道道面受到污染?
否
是
步骤3:应用评估标准
评估并确定跑道每$\frac{1}{3}$段的污染物类型和深度，并确定RWYCC
是否需要对RWYCC降级?
否
是
步骤4:应用降级标准相关信息示例
· 主要天气条件
· 观察和/或测量
· 运行经验
· 飞行机组刹车效应报告
· 车辆减速或方向控制
· 所有其他可用信息
使用所有可用的相关信息确定降级
注:推荐参考以下资料对RWYCC进行降级
· RCAM降级评估标准
· ICAO《空中航行服务程序—机场》(Doc 9981号文件)
通报的信息
不需要通报
注:如果跑道每$\frac{1}{3}$段污染物覆盖率都小于10%，则不需要对该跑道进行通报；如果跑道某$\frac{1}{3}$段污染物覆盖率不低于10%，则该跑道需要评估和通报
通过通知单通报跑道此$\frac{1}{3}$段的污染物和RWYCC(6)
通过通知单通报跑道此$\frac{1}{3}$段的污染物和RWYCC

（b）流程图 A

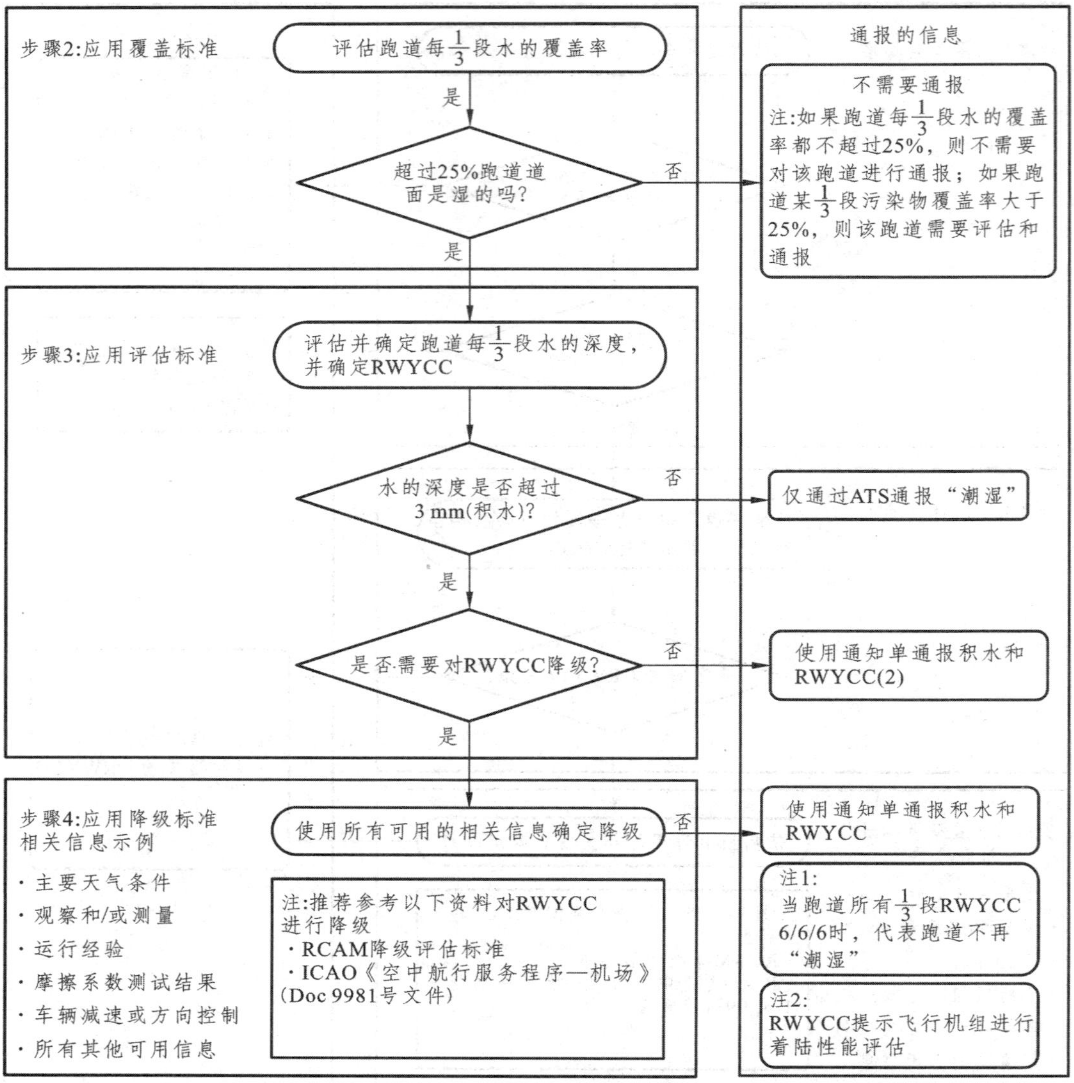

（c）流程图 B

图 6.4　跑道表面状况评估和通报流程图

2. 跑道表面状况报告

跑道状况报告（Runway Condition Report，RWR）是一套与跑道表面状况及其对航空器着陆和起飞性能所产生影响相关的综合标准化报告，主要包含飞机性能计算部分和情景意识部分。机场负责上报的工作人员需填写湿和污染跑道通报的原始通知单。本节主要介绍飞机性能计算部分，主要包括机场地名代码，评估日期和时间，较小的跑道编号，跑道状况代码，跑道表面污染物的种类、深度和覆盖范围等。

1）机场地名代码

机场地名代码（机场四字代码）依照《地名代码》（Doc 7910）标定的四字国际民航组织地名代码。

格式：nnnn。

示例：ZBAD。

含义：北京大兴国际机场。

2）评估的日期和时间

受过培训的人员进行评估的日期和时间，我国采用北京时间（BJT）。

格式：MMDDhhmm（月月日日时时分分）。

示例：09111357。

该示例表示，评估时间为北京时间9月11日13时57分。

3）跑道代号

跑道代号为评估跑道较小的跑道识别号码，由两个或三个字母组成的编号，标明已经进行报告评估的跑道。

格式：nn[L]或 nn[C]或 nn[R]。

示例：01L。

含义：跑道为01L/19R号跑道。

4）跑道状况代码

该代码标明了每1/3段跑道评估结果的跑道状况，用0、1、2、3、4、5或6表示，以"/"分开，数字由表6.6确定。排列1/3段跑道的方向应从较小识别号码的方向看起。

格式：n/n/n。

示例：5/5/2。

含义：跑道每1/3段跑道状况代码分别是5、5和2。

5）污染物覆盖范围

污染物覆盖范围为每1/3段污染覆盖百分比，以数字25、50、75或100表示，并以"/"分开，通报百分比由表6.7确定。

格式：[n]nn/[n]nn/[n]nn。

示例：25/50/无。

含义：跑道每1/3段污染物覆盖百分比分别是25%、50%和跑道道面干燥或覆盖的污染物少于10%。

6）松散污染物的深度

该项目只在跑道污染物为雪、湿雪、雪浆或积水时提供，跑道每1/3段的松散污染物深度用毫米表示，以"/"分开。

格式：[n]nn/[n]nn/[n]nn。

示例：03/04/09。

含义：跑道每1/3段的污染物深度分别是3 mm、4 mm和9 mm。

7）每1/3段的跑道状况说明

跑道状况说明，以每1/3段跑道状况的术语进行报告，并以"/"斜线分开。术语包括压实的雪、干、干雪、压实的雪面上有干雪、冰面上有干雪、霜、冰、雪浆、积水、压实的雪面上有水、湿、湿冰、湿雪、压实的雪面上有湿雪、冰面上有湿雪。

如果跑道某1/3段道面干燥（无任何污染物），跑道1/3段填入"干"；如果跑道某1/3段覆盖的污染物少于10%，跑道1/3段填入"无"，"无"只表示不通报污染物，不表示无污染物。

格式：nnnn/nnnn/nnnn。

示例：压实的雪面上有干雪/压实的雪面上有湿雪/压实的雪面上有水。

含义：跑道每 1/3 段的污染物压实的雪面上有干雪、压实的雪面上有湿雪、压实的雪面上有水。

8）跑道状况代码所指的宽度

当跑对应的跑道宽度小于公布的跑道宽度时，用两位数字（单位为 m）表示已清理的跑道的宽度。当已清理的跑道宽度沿中线不对称时，需要在情景意识部分说明。

格式：nn。

示例：30。

含义：已清理的跑道宽度为 30 m。

3. 污染物深度有重大改变的报告

跑道状态可能随天气和时间的变化发生改变，当跑道污染物深度的变化达到重大变化阈值时（如表 6.8 所示），机场管理机构应当持续对跑道状态进行评估和报告，并向空管部门通报。

重大改变时报告污染物深度的范例：

（1）降雪后，机场管理机构对跑道状况进行初次评估后，发出了第一份跑道表面状况通报。初次通报：

2/5/5 100/100/100 04/03/无 雪浆/雪浆/雪浆

含义：整条跑道的污染物都为雪浆，污染物覆盖率为 100%，第一个 1/3 段污染物深度为 4 mm，跑道状况代码为 2；第二个 1/3 段污染物深度为 3 mm，跑道状况代码为 5；第三个 1/3 段污染物深度为 2 mm（小于雪浆的深度通报有效值 3 mm），跑道状况代码为 5。

（2）随着持续降雪，在随之进行的评估显示跑道状况代码改变时，需要发出新的跑道表面状况通报。因此第二份跑道表面状况通报内容如下：

2/2/2 100/100/100 05/05/05 雪浆/雪浆/雪浆

含义：跑道每 1/3 段跑道状况代码为 2，污染物覆盖率为 100%，污染物深度 5 mm，污染物为雪浆。

（3）随着更多降雪，进一步评估显示全部跑道的积雪深度已从 5 mm 上升到 7 mm。因深度的改变小于重大改变阈值 3 mm，跑道状况代码并未改变，此时并不需要发出新的跑道表面状况通报。

（4）评估表明深度已经增加到 9 mm。由于从上次发布跑道表面状况通报（第二份跑道状况代码）以来深度的改变，即从 5 mm 增加到 9 mm，已经大于重大改变阈值 3 mm，需要发出新的跑道表面状况通报。第三份跑道表面状况通报内容如下：

2/2/2 100/100/100 09/09/09 雪浆/雪浆/雪浆

含义：跑道每 1/3 段跑道状况代码为 2，污染物覆盖率为 100%，污染物深度 9 mm，污染物为雪浆。

4. 跑道的关闭

跑道刹车效应是飞行员用来描述与飞机机轮刹车力和方向可控性有关的减速术语，刹车报告与跑道状况代码对照表如表 6.6 所示。当有飞行机组报告的跑道刹车效应为"差"或"极差"时，管制单位应立即暂停航空器起降，并通知机场管理机构。机场管理机构在接到报告后应立即关闭跑道，必要时对跑道污染物进行清除并重新评估跑道表面状况，评估后若满足运行要求可重新开放跑道使用。

需要关闭跑道的情形包括：

（1）跑道表面有超过 13 mm（含）的积水或其当量厚度的雪浆；

（2）必要的跑道标志或助航灯光被冰雪覆盖，除冰雪后仍不能提供飞行机组所需的目视参考；

（3）跑道状况代码为 1 及以下；

（4）发生航空器偏出、冲出跑道事件后，未证实跑道表面状况符合要求前。

如表 6.9 所示，跑道的污染物水当量为 1，即跑道表面超过 13 mm/1 的水应关闭跑道。若道面污染物为雪浆，雪浆水当量范围为 0.5～0.8，换算后即雪浆深度在 16.25 mm（13 mm/0.8）到 26 mm（13 mm/0.5）区间的某一值时应当关闭跑道。如果机场管理机构可以通过测量或评估，获取跑道道面雪浆的实际水当量值，可按实际的雪浆水当量进行换算，当达到 13 mm 雪浆水当量时，机场管理机构应当关闭跑道。若不能确定雪浆的实际水当量值时，机场管理机构应当采取较为保守的选择，在雪浆深度达到 16 mm 时就应关闭跑道。

表 6.9　各种污染物水当量

污染物种类	污染物的水当量
水	1.0
干雪	0.35 以下，但不含 0.35
湿雪	0.35～0.5，但不含 0.5
雪浆	0.5～0.8
压实的雪	0.5 及以上

注：污染物的水当量厚度 = 以水表示的厚度值/污染物的水当量。

（三）干跑道表面摩阻特性评估

在正常使用状态下，跑道表面可能附着轮胎橡胶，纹理也可能受到磨损，需要定期评估对跑道表面摩擦特性的影响。

1. 跑道摩擦系数测试

道面摩擦系数测试的具体要求：跑道摩擦系数测试应当在跑道中心线两侧 3～5 m 范围内进行。跑道表面摩擦系数应当包括跑道每 1/3 段的数值及跑道全长的平均值，并依航空器进近方向依次公布。跑道表面摩擦系数不得低于表 6.10 中规定的维护规划值，以连续 100 m 长道面的摩擦系数为评价指标，在表面摩擦系数低于维护规划值或者测试曲线显示跑道多处存在表面摩擦系数（累计长度大于 100 m）低于最小的摩阻值时，机场管理机构应当立即采取措施改善道面摩阻特性，并立即通报管制单位，同时向航空情报单位提供相关原始资料。

表 6.10 跑道摩擦系数测试设备和摩擦系数要求

测试仪器	测试轮胎		测试速度/（km/h）	测试水深/mm	新表面的设计目标	维护规划值	最小的摩阻值
	类型	压力/kPa					
Mu 仪拖车	A	70	65	1.0	0.72	0.52	0.42
	A	70	95	1.0	0.66	0.38	0.26
滑溜仪拖车	B	210	65	1.0	0.82	0.60	0.50
	B	210	95	1.0	0.74	0.47	0.34
表面摩阻测试车	B	210	65	1.0	0.82	0.60	0.50
	B	210	95	1.0	0.74	0.47	0.34
跑道摩阻测试车	B	210	65	1.0	0.82	0.60	0.50
	B	210	95	1.0	0.74	0.54	0.41
TATRA 摩阻测试车	B	210	65	1.0	0.76	0.57	0.48
	B	210	95	1.0	0.67	0.52	0.42
抗滑测试仪拖车	C	140	65	1.0	0.74	0.53	0.43
	C	140	95	1.0	0.64	0.36	0.24

2. 目视评估橡胶沉积

按照表 6.11 的方法，对接地带区域道面表面橡胶沉积情况进行评估。若橡胶覆盖率达到 80% 左右且呈光泽，应及时进行除胶。

表 6.11 干跑道表面橡胶沉积目视评估方法

橡胶沉积等级	橡胶沉积百分比/%	跑道接地带橡胶沉积情况	接地带 150 m 区段表面摩擦系数估计范围
非常轻微	<5	间断的积胶层，无积胶区域占 95% 及以上	>0.65
轻微	6~20	个别区域积胶层连片出现，无积胶区域占 80%~94%	0.55~0.64
轻微至中等	21~40	中心线两侧 6 m 范围内积胶覆盖，无积胶区域占 60%~79%	0.50~0.54
中等	41~60	中心线两侧 12 m 范围内积胶覆盖，无积胶区域占 40%~59%	0.40~0.49
中等至密集	61~80	中心线两侧 15 m 范围内积胶覆盖，30%~69% 区域道面表面橡胶硫化且粘结在道面上，无积胶区域占 20%~39%	0.30~0.39
密集	81~95	70%~95% 区域道面表面橡胶硫化且粘结在道面上，难以清除，橡胶呈光泽，无积胶区域占 5%~19%	0.20~0.29
非常密	96~100	接地带道面表面橡胶完全硫化且粘结在道面上，很难清除，橡胶呈光泽，无积胶区域占 0%~4%	<0.19

注：表中摩擦系数估计范围仅供没有配备跑道摩擦系数测试设备的机场参考使用。

第二节 外来物防范管理

在我们的日常生活当中，一些看似平常的物品，如路边的金属螺钉或者石块，可能并不会带来什么特别的影响。但对于航空器而言，一个小螺钉或金属片，甚至尖锐石子，都有可能造成轮胎爆破，产生的轮胎碎片可能打伤航空器机体或重要部件，造成灾难性的后果。据保守估计，每年全球航空界由外来物带来的直接经济损失在30亿~40亿美元，如果再考虑航班取消及运输能力下降所带来的间接经济损失，这可能是一个巨大的天文数字。

一、外来物的定义

机场外来物是指活动区内无运行或者航空功能，可能会损伤航空器、设备或威胁机场工作人员和乘客生命安全的无生命物体，以下简称"FOD"。FOD一般有两种解释，其一是外来物（Foreign Object Debris）；其二是外来物损伤（Foreign Object Damage），是指由于外来物导致航空器（含轮胎）需要修复或者修理的系统安全性或者物理完整性缺陷的情况，不包括腐蚀、风蚀、磨损等渐变式损伤。

二、FOD来源、类型和危险等级

（一）FOD的来源

FOD来源种类繁杂，主要包括人员、机场基础设施（如道面、助航灯光和标志、标记牌）、机场环境（如动物尸体、雪、冰）和飞行区内的设备（如航空器、机场地面保障车辆、维修设备、施工设备等）。

FOD的产生主要与航空器运行、机场勤务保障、恶劣天气、不停航施工、冬季运行等因素相关，如发动机尾流吹袭、航空器维修、场道维护、割草、助航灯光维护、大风、冰雪天气等。

（二）FOD 的类型

FOD 的类型多样，材质以金属、合成橡胶为主；颜色以深色居多；尺寸多为 3 cm×3 cm 或更小。典型的 FOD 主要包括：

（1）客货运输保障工作中的遗落物，如钉子、车辆零部件、包装袋、打包带、行李零部件及标签、个人物品、饮料瓶、塑料、报纸杂志、纸屑等；

（2）航空器掉落的零部件，如螺帽、螺栓、垫圈、金属片、轮胎碎片、保险丝、油箱盖、气门芯、灯罩等，以及轮胎碎片；

（3）维修工具，如机务维修工具、助航灯光维修工具等；

（4）跑道、滑行道和机坪的道面材料，如道面碎块、嵌缝料等；

（5）损坏的目视助航设施，如破损的灯具、标记牌和油漆碎片等；

（6）餐饮食品及其废弃物；

（7）不停航施工过程中遗撒的材料及建筑废弃物，如木块、石子、扣件、混杂的金属物体等；

（8）冬季污染物，如冰、雪等；

（9）其他，如草、野生动物、漂浮物等。

（三）FOD 危险等级

根据 FOD 对航空器的危害程度，按照其材质和尺寸可将 FOD 分为三类：高危、中危和低危外来物，见表 6.12。

表 6.12 外来物危险等级

分类	材质	尺寸/cm	危险等级
A	金属/玻璃/混凝土/砂石	—	高
B	轮胎碎片/硬质塑料/	$L \geq 5$	高
	涂料碎片/复合材料	$L < 5$	中
C	塑料薄膜等软质物体	$L \geq 50$	中
		$L < 50$	低

注：1. L 为物体的长度，单位为厘米（一般为物体最长的边长或者类球形或者类方形的最大直径）。
2. 外来物举例：
A 类：车辆零件、金属工具、油箱盖、开口销、灯具零件、水泥碎块、螺栓；
B 类：捆扎带、玻璃纤维板；
C 类：标签纸、道面填缝料、塑料饮料瓶。

高危外来物主要指金属、玻璃、混凝土、砂石等，其质地极为坚硬，外缘锋利，如图 6.5 所示。轮胎一旦碾压上此类外来物极易被扎伤，进而引起轮胎甩胎或爆胎，甚至可能导致与"协和空难"类似的严重后果。此类高危外来物除了给轮胎带来极大损伤外，还可能被发动机吸入，引起发动机严重损坏，导致发生发动机地面停车或发动机空中停车，给航空安全带来较大的风险。

中危外来物是指玻璃纤维板、报纸、包装箱、捆扎带等对飞行安全有一定影响的外来物，如图 6.6 所示，危害程度比高危外来物稍低，轮胎压过可能造成轻微损伤，吸入发动机也可能会造成一定的损伤。

低危外来物是指非金属垃圾、纸屑、树叶等对飞行安全威胁较小的外来物，如图 6.7 所示。

图 6.5　协和号空难事件中的外来物

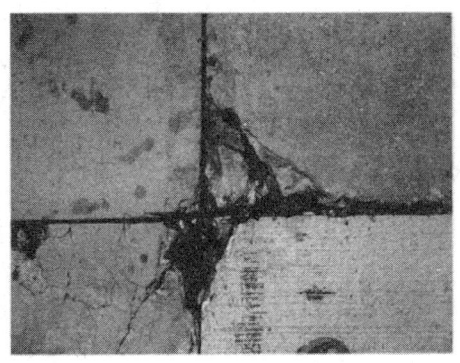

图 6.6　水泥道面破损产生的掉块

图 6.7　非金属外来物

三、外来物防范管理要求

为了确保外来物防范管理工作的有效实施，机场管理机构应当组织成立外来物防范管理委员会，负责机场外来物防范管理工作。外来物防范管理委员会由机场管理机构、驻场航空运输企业或者其代理人、航空器维修单位、空中交通管理部门、航油供应企业以及其他与外来物防范有关的单位组成。外来物日常管理工作由机场管理机构下的外来物防范管理办公室负责。

外来物防范管理工作主要包括 FOD 的防范、FOD 的巡查和发现、FOD 的移除、FOD 的信息管理和 FOD 防范评估与持续改进等五个方面，如图 6.8 所示。

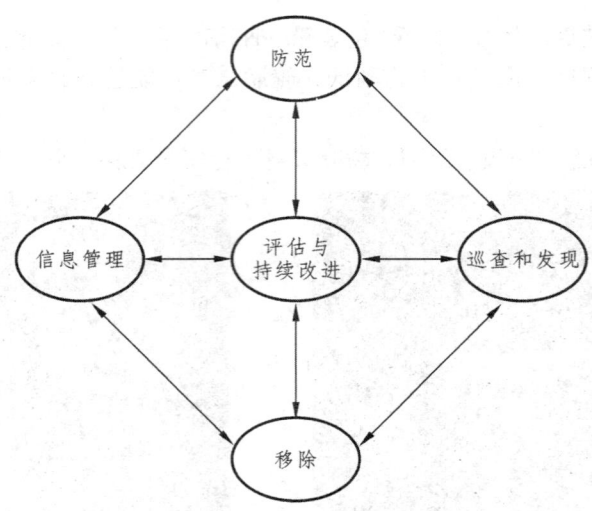

图 6.8　FOD 防范管理工作

（一）FOD 的预防

1. 宣传教育与培训

机场管理机构应鼓励 FOD 防范人人参与，倡导 FOD 防范人人有责，在所有飞行区作业人员中建立起"主动拾起""随手清洁"的 FOD 防范意识。

机场 FOD 管理应实现 FOD 防范"以事后处置、清除为主"向"从源头上预防为主"的转变，将 FOD 防范工作的着力点放在减少 FOD 形成的各个环节上，不断提升机场 FOD 防范管理水平。

良好的 FOD 防范意识主要通过教育和培训来完成，机场员工 FOD 初训练和复训是最有效的方式，不定期召开机场范围内的 FOD 研讨会、交流会或事件调查通报来不断强化防范意识。此外，开展 FOD 防范宣传活动，将使员工参与到 FOD 防范中来。另外在重要及关键区域设置 FOD 警示标志，在公共区域张贴 FOD 宣传语，对 FOD 意识的养成也具有重要的作用。

2. 保障作业要求

机场管理机构及各相关单位应当系统识别本单位各保障环节可能产生外来物的危险源，并按照预防控制要求制定具体的风险防控措施（见表 6.13），从源头将外来物风险降低并控制在可接受水平。保障环节应当至少包括：飞行区维护作业；机坪环境卫生管理；航空器保障作业；航空器维修；不停航施工；航空货运保障；其他可能产生外来物的保障环节。

在飞行区内实施保障作业，应当至少遵守以下基本要求：任何人不得随地丢弃垃圾或者废弃物；运输或者临时存放垃圾或者废弃物时，应当加以遮盖，不得泄漏；各类油料、污水、有毒有害物及其他废弃物不得直接排放在机坪道面上；在机坪内不得进行垃圾分拣。

机场管理机构统一负责飞行区道面定期清扫、日常保洁和卫生监督工作，航空运输企业或者相关驻场单位自行使用的机坪，由机场管理机构和航空运输企业或者相关驻场单位在运行安全协议中，明确日常保洁和卫生监督等责任，并严格落实。各相关单位应当定期全面清

扫跑道、滑行道和机坪，保持道面清洁，清扫频率见表 6.2。

表 6.13 外来物的来源及预防控制要求

运行保障环节	可能产生外来物的危险源	预防控制要求
对人员的基本要求	在施工、维护和保障作业中，作业人员遗落废弃物、作业工具和个人物品等	作业人员应当妥善管理个人物品及工具，禁止随地丢弃废弃物
对车辆和设备的基本要求	保障车辆和设备的零部件或者装载的物品掉落	建立相关预防和检查机制，防止保障车辆和设备在运行过程中掉落零部件或者物品产生外来物。 非保障作业需要、存在故障或者已报废的车辆和设备应当及时清除出机坪
	在活动区行驶的车辆通过未铺设路面后，轮胎可能将外来物带入活动区	在活动区行驶的车辆应当尽可能在干净的铺设路面上行驶，如确需经过未铺设路面的，驾驶员在车辆回到铺设路面后，应当立即检查车辆轮胎是否带有异物
飞行区维护作业	跑道、滑行道和机坪等道面、道面标志破损	加强对跑道、滑行道和机坪等道面的巡视检查和维护保养工作，防止道面、道面标志破损或者处置不及时产生外来物
	道肩周边土面区可能存在松散砂石，被风或者航空器尾流吹进跑道、滑行道	定期稳固压实道肩周边的土面区。 加强对临近跑道、滑行道土面区的巡视检查，及时清理松散砂石等
	日常维护作业产生的草堆或者土壤碎块	及时移除日常维护作业产生的草堆或者土壤碎块
机坪环境卫生管理	道面污染导致道面或者道面标志破损，如：燃油、润滑油等液态残留物泄漏在道面上，未及时清理可能导致道面被腐蚀；细小硬物可能嵌入道面接缝处，导致道面边缘互相挤压而破损	各类油料、污水、有毒有害物及其他废弃物不得直接排放在道面上。保持道面清洁，道面上出现泥浆、砂子、松散粒、垃圾、燃油、润滑油及其他污物时，应当采取合适方式立即清除
	清洁道面时可能导致道面或者道面标志材料脱落	用化学物清洁道面时，应当符合国家环境保护的有关规定，不得采用损伤道面或者道面标志的方法清洁道面
	运输、临时存放或者分拣时掉落垃圾或者废弃物	运输或者临时存放垃圾或者废弃物时，应当加以遮盖，不得泄漏或者逸出。机坪内禁止垃圾分拣
航空器保障作业	车辆、设备和人员在机坪为航空器保障作业时可能掉落外来物	接机人员应当至少在航空器入位前 5 min，对机位适用性进行检查，检查内容应当包括机位的清洁情况。 各相关保障单位应当在航油加注、餐食配送、客舱清洁和行李货物装卸等保障作业时，采取措施防止掉落物品，并在保障作业后及时对保障区域及周边区域进行检查，防止产生外来物。 各类保障车辆撤离后、航空器滑出或者推出前，送机人员应当在撤轮挡、反光锥形标志物的同时，再次检查机位清洁情况。 负有外来物监督检查职责的单位，应当加大对航空器保障作业过程中外来物预防措施执行情况的监督力度

续表

运行保障环节	可能产生外来物的危险源	预防控制要求
航空器保障作业	行李货物等运输过程中可能产生外来物，如：捆扎货物的绳索和塑料包装、货物舱单等轻质物品可能在货物运输过程中掉落；从行李上脱落的标签和拖轮可能掉落到机坪；行李传送带可能积聚外来物	建立相关预防和检查机制，对运输过程中的行李货物等进行有效固定和遮盖，防止产生外来物
航空器维修	航空器维修过程中所使用的各种工具和物品以及产生的垃圾或者废弃物，如铆钉、螺栓等遗落产生外来物	机场管理机构在指定的位置和范围内进行维修。作业结束后，对维修作业区域进行检查和清扫。 做好零部件及维修工具、设备的管理，作业过程使用的工具、设备和零部件应当尽可能设置识别标志，妥善放置，作业结束后以清单的方式进行清点核实，并将所有工具和零件放入密闭的手提袋或者工具箱内。 当发现工具、设备或者零部件有遗失时，有关部门及人员应当第一时间通知其所属单位或者机构，相关单位或者机构应当尽快将有关情况通报机场管理机构和外来物防范管理办公室
不停航施工	不停航施工过程可能产生外来物，如：施工人员遗落作业工具和个人物品；施工车辆可能将施工材料掉落到跑道、滑行道、机坪等区域；施工材料可能受风或者航空器尾流影响，散落产生外来物等	机场管理机构应当将外来物防范工作纳入不停航施工组织管理方案中，确保每个施工项目均制定和实施具体的外来物防范程序，包括减少外来物的产生、定期开展场地清扫工作、及时移除发现的外来物等。 机场管理机构应当将外来物防范有关要求和罚则纳入和施工单位的合同中，施工单位应当掌握机场对外来物防范的要求并严格落实。 机场管理机构应当评估不停航施工车辆、人员在飞行区内的行驶或者行进路线，避免或者减少穿越航空器运行的重要区域。如果确需穿越以上区域，应当提高外来物巡查频次及力度，并在穿越前对车辆进行自查。在恶劣天气条件下，加大外来物的巡查次及力度。 机场管理机构应当加强活动区内施工作业中废弃物、零备件的管理，施工完成后应当彻底清理施工现场及施工路线，并对涉及区域进行检查。 施工区域与活动区应当有明确而清晰的分隔，易飘浮的物体、堆放的施工材料应当加以遮盖，防止被风或者航空器尾流吹散
航空货运保障	货运区域产生的外来物，可能跟随车辆进入机坪等区域	货运区域应当保持清洁。 建立对货运车辆的检查机制，避免货运车辆夹带外来物
	清洁状况较差的航空器货舱内存在大量垃圾、碎片，在装卸货物时可能掉落到机坪	航空运输企业或者其代理人应当加强对货舱地板的保洁和清扫工作

续表

运行保障环节	可能产生外来物的危险源	预防控制要求
其他可能产生外来物的环节	动物尸体、驱鸟枪弹的弹壳、驱鸟设施破损掉落的碎片形成外来物	将动物尸体纳入外来物防范管理,加强驱鸟设施管理,及时回收弹壳,实现鸟击防范管理与机场外来物防范管理工作有机结合
	草地和沟渠聚集纸张、木条、塑料和饮料包装等轻质垃圾	及时处理草地和沟渠聚集的外来物
	外来物防护网积累的外来物,大风天气容易脱落	及时清理防护网上的外来物,特别是在风力增加或者风向改变前,以免脱落后进入活动区

(二) FOD 的巡查与发现

建立良好的 FOD 防范意识是 FOD 管理工作的前提和基础,明确各 FOD 控制区的巡查职责、程序要求,采取科学合理的 FOD 巡查与发现的方法,才能使 FOD 管理工作取得实效。

FOD 是跑道、滑行道和机坪铺筑面每日全面巡视检查中道面清洁的内容之一,具体检查频次和方式见本章第一节。

FOD 管控区域包括跑道、滑行道、机坪、航空器维修区和其他日常防范工作中易被忽视的潜在 FOD 区域。

1. 跑道和滑行道区域

(1) 跑道区域,尤其是跑道的起飞和着陆区域,起飞航空器更容易受到 FOD 损伤。此区航空器轮胎的负荷最大,在跑道两端区域道面上留下明显的黑色的胎面橡胶痕迹,如果跑道上存在 FOD,航空器在起降过程中更易受到 FOD 损伤,而且一旦跑道上发生 FOD 损伤其后果往往比较严重。

(2) 穿越跑道的滑行道。起飞的航空器易将途经土面区的碎石等异物吹入滑行道;航空器牵引过程中性能不佳的保障车辆易将损坏的零部件掉落在道面上。

(3) 穿越滑行道的服务车道。保障车辆易将 FOD 带至滑行道,特别是施工车辆或行李装卸车辆。

(4) 临近机坪的滑行道。因风力或航空器发动机尾流作用,易将机坪产生的 FOD 吹进该区域。

(5) 跑道、滑行道的施工区域。施工车辆掉落的施工材料或检修人员遗落的维修工具、个人物品等。

(6) 老旧或废弃的道面。如混凝土块易产生剥落或裂纹,道面标志易产生碎块等。

(7) 道肩。跑道、滑行道的道肩应保持道面清洁,无道面病害,防止 FOD 的产生。道面周边的非铺筑区域应加以稳固压实,以防止 FOD 的产生。

(8) 道面接缝。道面上的细小 FOD 容易嵌入道面接缝处,因此,应密切关注道面接缝处的边角破损、嵌缝料老化和是否嵌入细小的 FOD。

(9) 土面区。土面区草地和沟渠容易聚集聚大量的轻质垃圾,如纸张、木条、塑料、饮

料包装等。这些轻质垃圾常常源自机坪、仓储区以及机库，应及时处理以免被吹入航空器活动区。

（10）垃圾防护网或防护栏。防护网或防护栏在大风天气容易积累轻质垃圾，应在风力增加或者风向改变前及时处理这些FOD，以免被吹入航空器活动区。

2. 机坪区域

机坪运行环境极为复杂，航空器在此进行各种地面保障活动，作业中产生FOD的可能性极高。

（1）机位安全线附近。航空器入位后，为航空器加油、配餐、客货舱清洁、货物装卸等各类地面保障车辆和人员在机位安全线内集中保障作业，易产生FOD；性能不佳的保障车辆易将损坏的零部件掉落在此区域；行李标签和拖轮会从行李上脱落掉入机坪或夹在舱门，夹在航空器舱门的杂物会从舱门落入下一机场的机坪，形成FOD；航空器滑出或推出前、各保障车辆撤离后，此时的机位是处于FOD最多、风险最大的时候，航空器在滑出或推出时轮胎扎到FOD的可能性最大。

（2）机坪滑行通道。因风力或航空器发动机尾流作用，易将机坪产生的FOD吹进该区域。此外，机坪滑行通道上的助航灯具易被保障车辆损伤形成潜在的FOD。

（3）机坪的施工区域。施工车辆掉落的施工材料或检修人员遗落的维修工具、个人物品等。

（4）机坪服务车道。此区域的水泥混凝土或沥青路面易产生破损，途经的保障车辆易掉落零配件或装卸物品等。

（5）车辆设备停放区和机位作业等待区。航空器入位前，为航空器保障作业需要的车辆、设备、集装箱、行李和拖车拖盘、人员在此区域聚集，易产生FOD。

3. 行李和货物装卸区

（1）行李装卸设备。行李装卸传送带易积聚FOD，行李托盘和拖车易掉落零配件零部件。

（2）货物包装。捆扎货物的绳索和塑料包装、货物舱单等轻质物品。

（3）FOD防护栏。应定期清理用于阻拦杂物的防护栏。

4. 航空器货舱

清洁状况较差的航空器货舱内易存在大量垃圾、碎片，这些垃圾和碎片在装卸货物时会掉落到机坪上形成FOD。航空运输企业应定期对货舱地板进行保洁清扫。

5. 航空器维修区

航空器维修过程中所使用的各种工具和物品以及产生的垃圾，如铆钉、螺栓等，一旦被无意被留下，即会成为FOD。

（三）FOD的移除

FOD移除是FOD管理中的重要环节之一，它是指将机场飞行区内检测到的FOD排除的过程。

在飞行内工作的人员应当主动移除活动区内出现或者潜在的外来物。当活动物道面发现金属零部件、砂石等影响飞行安全的外来物时，应当立即移除。在跑道运行期间，外来物自动探测设备探测到外来物后，机场管理机构应当根据外来物的材质、尺寸、位置及航空器运行方向等因素，采取适宜的方式处置，确保飞行区内的 FOD 始终处于可控状态和可接受的范围之内。

所有在飞行区内的作业人员发现活动区有疑似航空器零部件（含轮胎碎片、灯具碎片）的外来物时，应当立即报告机场管理机构；机场管理机构应当立即识别或者判断零部件的可能来源，若初步判断为航空器零部件时，应当立即将信息通报空中交通管理部门和航空器维修单位。

移除 FOD 最有效的方法之一是使用 FOD 移除设备，特别是在 FOD 容易出现的区域，例如在施工现场附近。FOD 移除设备主要分为三类：①机械式设备，主要包括清扫车、油污清洗车、吹雪车等。②非机械式设备，主要包括保洁毯和磁吸条。③FOD 收集容器，主要包括机坪保洁人员随身携带的封闭式收集桶、机坪上设置的有盖外来物收集容器(应当有效固定、清晰标识）等。

（四）FOD 信息管理

1. 信息的收集

外来物防范管理办公室应当组织有关部门将外来物移除设备和收集容器所收集的外来物在指定地点进行分拣，并将相关信息纳入外来物数据库。数据库内容主要包括：外来物名称或者种类、危险等级，发现的日期、时间、位置、人员、方式（如巡查发现、设备探测、外部信息通报等）、气象条件，外来物的物理状态描述（材质、尺寸、颜色、形状）和可能来源等。

2. 信息的分析及利用

外来物防范管理办公室应当至少每季度对外来物信息进行分析，编制外来物信息分析报告。报告内容应当至少包括：外来物损伤航空器事件分析；日常收集的外来物相关信息统计分析；当前外来物防范工作存在的问题及改进要求；下一步外来物防范工作重点。

为提升外来物管理水平，机场管理机构应根据外来物信息统计分析、外来物防范管理工作评估等情况，及时完善机场外来物防范管理方案，保证其有效性。

各单位也应根据外来物防范管理办公室提出的改进要求，制定改进措施，不断提升本单位外来物防范工作，及时反馈改进情况，并由外来物防范管理办公室对改进情况进行复查。

3. 外来物损伤航空器事件确认和报告

航空公司在发现航空器受外来物损伤超标时，应立即向当地机场管理机构进行通报。

机场管理机构与有关航空运输企业或者航空器维修单位应当就外来物损伤航空器确认和报告工作签订协议，并严格按照协议开展工作。协议中应当明确机场运行指挥部门的联系方式、现场确认部门、人员的职责、到达现场与确认工作的完成时限等要求。外来物损伤航空器处置流程如图 6.9 所示。

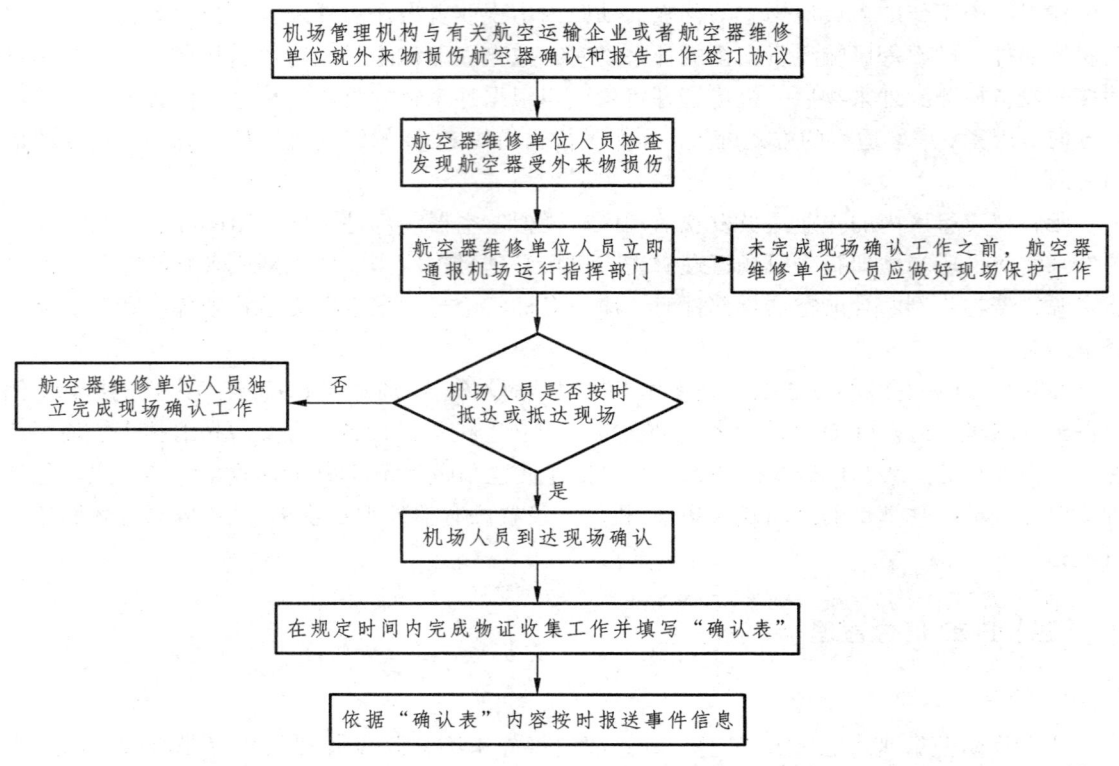

图 6.9 外来物损失航空器处置流程

（五）FOD 防范评估与持续改进

1. FOD 防范评估

年旅客吞吐量超过 1 000 万（含）人次的机场，应每半年对外来物防范管理工作进行一次评估，其他机场应当每年至少对外来物防范管理工作进行一次评估。评估内容应当包括：

（1）外来物防范管理方案的执行情况及其有效性；

（2）外来物防范管理工作的绩效指标及其目标值的完成情况；

（3）外来物防范管理委员会各成员单位的协调配合情况；

（4）外来物防范意识培育与文化建设、培训与考核等情况。当发生外来物损伤航空器征候或者外来物风险显著增加时，机场应当立即对外来物防范管理工作进行评估。

2. 机场 FOD 管理工作的持续改进

根据评估结果，外来物防范管理办公室应当适时修订 FOD 管理工作目标、政策、管理程序、现场作业程序和培训内容等，不断改进和完善 FOD 管理措施，确保 FOD 管理工作的有效性。

第三节 目视助航设施及供电管理

机场目视助航设施用以向起飞、着陆和滑行的航空器驾驶员以及保障车辆工作人员提供目视引导,从而保障航空器在场内的运行安全和高效,主要包括风向标、活动区道面标志、标志物、标记牌、助航灯光、机坪助航设备(含机坪泛光照明、目视停靠引导系统)、助航灯光配电系统(10 kV 以下受电变配电系统和自备应急电源系统)、助航灯光监视及控制系统等。

一、目视助航设施的运行要求

机场管理机构应当明确目视助航设施的运行维护单位,并配备足够数量的助航灯光机务员,以满足助航灯光的运行值守、巡视检查与维护的需要,确保目视助航设施始终处于适用状态。

机场管理机构应当提供符合在航行资料中公布的并与实际天气情况相适应的目视助航设施服务。机场开放运行期间,目视助航设施应当符合以下要求:各类标志、标志物应当清晰有效,涂刷或者安装位置正确;助航灯光的完好率、允许失效时间等应当符合相关标准要求,且不应存在遮挡飞行员观察助航灯光的物体;各类标记牌应当清晰可辨,引导指示正确,对飞行员的引导不能产生歧义或者混淆,且不应存在遮挡飞行员观察标记牌的物体;风向标、机坪助航设备、助航灯光监视及控制系统等应当安全、可靠运行;备用电源转换时间应当符合在用跑道运行类别对应的要求。

机场管理机构应当按照有关规定对道面标志、助航灯光、标记牌、机坪泛光照明等的主要光学性能指标(包括:光强、亮度、照度、色度、亮度因数等)进行定期检测,以确保其持续符合《民用机场飞行区技术标准》《民用机场机坪泛光照明技术要求》等的要求。

机场实施低能见度运行时,机场管理机构应当停止对地面保护区或者机动区目视助航设施的巡视检查(应急检查除外)与维护。同时,机场管理机构应当加强对助航灯光配电系统

运行状态的监控，停止供配电设施附近的所有施工或者维护活动，并通知上级供电单位停止影响机场供电系统的施工或者维护活动。

对于飞行区外目视助航设施，机场管理机构应通过张挂警示牌、设置围界、巡视检查、视频监控等有效措施加以保护，并协调地方人民政府相关部门，保证进近灯光系统场地保护范围内，除仪表着陆系统或者微波着陆系统的天线系统外，进近灯光系统灯具光中心形成的平面内没有突出的物体，同时对可能危及航空器安全的非航空地面灯应当予以熄灭、遮蔽或者改装。

为避免因滑行引导灯光、标志、标志物、标记牌等指示不清，设置位置及构型不当，灯光光强有效范围不符合相关要求等，而产生混淆或者错误指引，造成航空器误滑或者刮碰，人员、车辆误入跑道、滑行道等事件，机场管理机构应当至少每三年对目视助航设施进行一次综合评估。当出现以下情形时应当及时进行评估：

（1）新开航机场，或者机场启用新跑道、滑行道、机坪和机位前以及运行三个月内；

（2）发生航空器误滑或者刮碰，人员、车辆误入跑道、滑行道等事件时；

（3）机场交通密度等级、跑道运行类别、可使用最大机型发生变化时；

（4）机场管理机构接到本场运行飞行员、管制员、有关勤务保障作业人员反映目视助航设施指示不清、容易产生混淆或者影响运行效果时。

评估工作由本场运行飞行员、管制员、有关勤务保障作业人员参加。机场管理机构应当针对评估中发现的问题，制定整改措施并持续改进。

二、助航灯光系统运行流程和标准

（一）助航灯光系统运行流程

为保障航班正常运行和助航灯光设施的正常和经济运行，机场塔台、机场运行指挥中心和助航灯光管理部门需要进行有效协调。某机场助航灯光运行流程如图6.10所示。

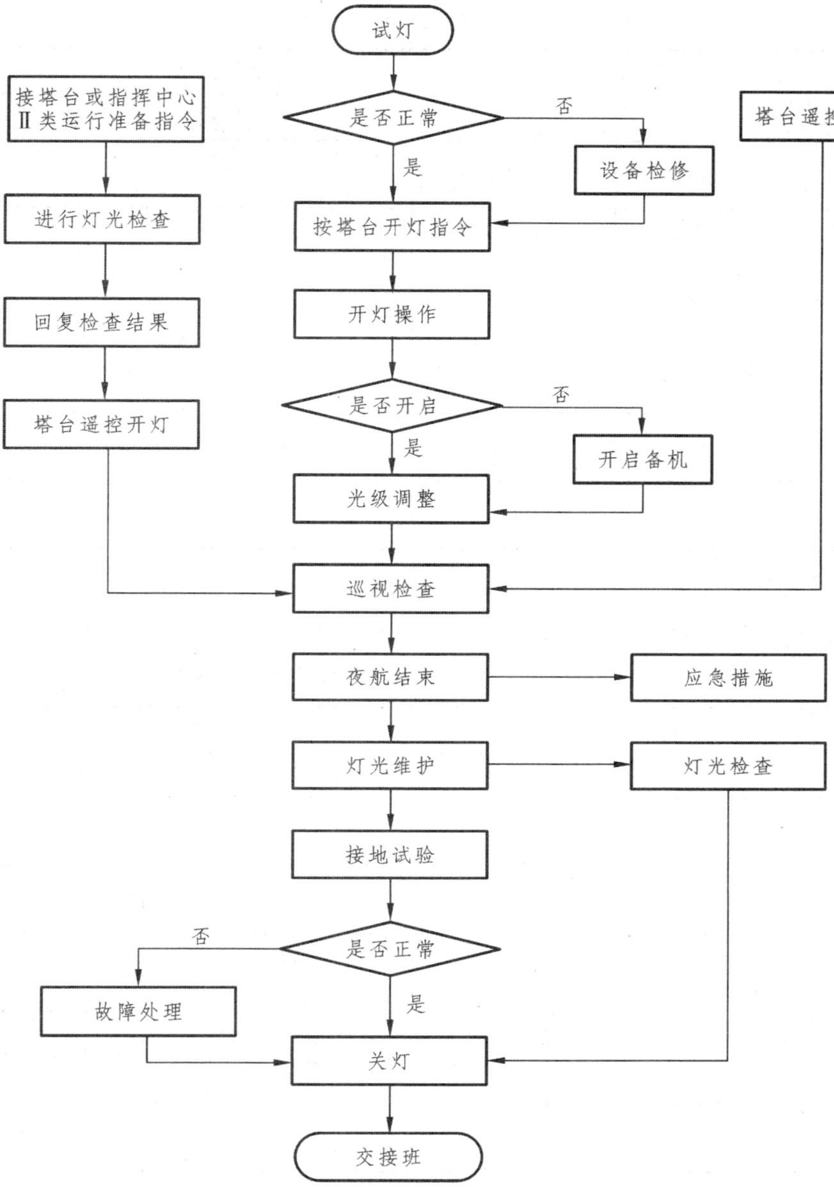

图 6.10　某机场灯光系统运行流程

（二）助航灯光系统运行标准

目视助航灯光需具备一定的完好性和可靠性，才能满足目视助航灯光助航系统的 4 个 C 特性要求，即构型（Configuration）、颜色（Colour）、光强（Candelas）和有效范围（Converage）。因此，目视助航灯光系统运行时需满足相关技术标准。

1. 进近灯光系统

进近灯光系统运行标准和允许误差应满足表 6.14 的规定。

表 6.14 进近灯光系统运行标准和允许误差

进行项目	标准	允许的最低误差	
		首次投入运行时	投入运行后
进近灯、进近侧边灯亮灯率	100%	100%	95%（除短排灯或横排灯外，不得允许两个相邻灯都不可用）
闪光灯亮灯率	100%	100%	1个灯具不亮
闪光灯闪光频率	120次/min	±2次/min	±2次/min
闪光灯漏闪率	1%	1%	1%
灯具垂直方向安装角度	按设计要求	±1/2°	±1/2°
灯具水平方向安装角度	与跑道中线延长线平行	±1/2°	±1/2°
灯具前遮挡光束的障碍物	无	无	无

2. 目视进近坡度指示系统

目视进近坡度指示系统运行标准和允许误差应满足表 6.15 的规定。

表 6.15 目视进近坡度指示系统运行标准和允许误差

运行项目	标准	允许的最低误差	
		首次投入运行时	投入运行后
灯具的亮灯率	100%	100%	每台灯具不多于一个灯泡失效
灯具的仰角	按设计规定（或通过校飞确定）	±1′	±1′
灯具的水平方向角度	与跑道中线平行	±1/2°	±1/2°
倾斜开关的角度保护范围	垂直安装角度降低0.25°至0.5°，升高0.5°至1°范围内	垂直安装角度降低0.25°至0.5°，升高0.5°至1°范围内	垂直安装角度降低0.25°至0.5°，升高0.5°至1°范围内
光束中心红白过渡区的宽度	3′	3′	3′
灯具前遮挡光束的障碍物	无	无	无

3. 跑道和滑行道灯光系统

跑道和滑行道灯光系统运行标准和允许误差应满足表 6.16 的规定。

表 6.16 跑道和滑行道灯光系统运行标准和允许误差

运行项目	标准	允许的最低误差	
		首次投入运行时	投入运行后
跑道入口灯具亮灯率	100%	100%	允许1个灯不亮
跑道末端灯亮灯率	100%	100%	允许1个灯不亮

续表

运行项目	标准	允许的最低误差	
		首次投入运行时	投入运行后
跑道边灯亮灯率	100%	100%	90%（不允许有2个相邻的灯具不亮）
中线灯亮灯率	100%	100%	90%（不允许有2个相邻的灯具不亮）
接地带灯亮灯率	100%	100%	90%（不允许有2个相邻的灯具不亮）
滑行道边灯亮灯率	100%	100%	90%（不允许有2个相邻的灯具不亮）
滑行道中线灯亮灯率	100%	100%	95%（不允许有2个相邻的灯具不亮）
停止排灯亮灯率	100%	100%	90%（不允许有2个相邻的灯具不亮）
跑道警戒灯亮灯率	100%	100%	100%
跑道警戒灯两个灯交替频率	40～60次	40～60次	40～60次

注：1. 跑道入口灯是指：跑道入口灯、跑道入口翼排灯和跑道入口识别灯；
2. 跑道掉头坪灯、除/防冰坪出口灯、航空器机位操作引导灯的亮度率同滑行道中线灯；
3. 快速出口滑行道指示灯、中间等待位置灯、道路等待位置灯、不适用地区灯的亮灯率为100%。

4. 机场灯标

机场灯标运行标准和允许误差应满足表6.17的规定。

表6.17 机场灯标运行标准和允许误差

运行参数	标准	允许的最低误差	
		首次投入运行时	投入运行后
白/绿光交替变换频率	24～30次/min	24～30次/min	24～30次/min
光束中心的垂直角度	5°	5°±0.5°	5°±0.5°

5. 助航灯光系统备用电源

助航灯光系统备用电源的最大转换时间满足表6.18的规定。

表6.18 助航灯光系统备用电源的最大转换时间　　　单位：s

助航灯光种类＼跑道运行类型	非仪表跑道	非精密进近跑道	Ⅰ类精密进近跑道	Ⅱ/Ⅲ类精密进近跑道	跑道视程小于800 m条件下供起飞用跑道
进近灯光系统	—	15	15	1（近端300 m部分）；15（其余部分）	—
目视进近坡度指示系统	900①	15①③	15①③	—	—
跑道边灯	900	15③	15③	15	15②
跑道入口灯	900	15③	15③	1	1
跑道末端灯	900	15	15	1	1
跑道中线灯	—	—	—	1	1
接地带灯	—	—	—	1	1

续表

助航灯光种类 跑道运行类型	非仪表跑道	非精密进近跑道	Ⅰ类精密进近跑道	Ⅱ/Ⅲ类精密进近跑道	跑道视程小于800 m条件下供起飞用跑道
全部停止排灯	—	—	—	1	1
必要的滑行道灯	—	—	15①	15	15①
障碍灯	900①	15①	15①	15①	15①

注：① 当此类灯光对于安全飞行至关紧要时向此类灯光提供备用电源；② 当缺乏跑道中线灯时应为 1 s；③ 如进近飞越危险或陡峭的地形，则应为 1 s。

三、巡视检查和维护

助航灯具安装完成投入使用后，由于受到人为原因、现场运行条件、天气等影响，如车辆碰断立式灯具，航空器轮胎反复碾压嵌入式灯具，发动机尾流吹袭，高温或低温天气等，都可能引起灯光适航性发生改变，影响飞行人员的判断。因此，需对目视助航设施进行巡视检查，及时发现故障和潜在风险，并采取措施修复或者改进。

（一）巡视检查

1. 制定巡视检查方案

机场管理机构应制定目视助航设施巡视检查方案，内容包括：巡视检查的类型、标准、方式（含标准检查路线）和方法；跑道、滑行道巡视检查的通报程序；巡视检查人员与塔台管制员联系的标准用语和通信频率；巡视检查过程中发生紧急情况的应急处置程序等。

2. 巡视检查要求

目视助航设施的巡视检查分为每日全面巡视检查和定期全面步行巡视检查，每日全面巡视检查分为首次巡视检查、中间动态巡视检查和夜航前巡视检查。

1）全面巡视检查的要求

全天开放的机场，应当在早高峰时段前完成首次巡视检查；按航班时间、飞行需求或者申请开放的机场，应当在本场首个航班计划时刻 30 min 前完成首次巡视检查；日着陆架次大于 15（含）的精密进近跑道，应当进行不少于 1 次的中间动态巡视检查；夜航运行前应当完成夜航前巡视检查；当出现大雨、大风、降雪、持续高温等天气时，应当根据机场实际运行情况，适当增加中间巡视检查的次数；每日应当对全场所有助航灯光和标记牌的供电回路进行一次检查，检查时应当逐级开启全场所有回路，记录调光器各光级输出的电流值，记录完成后应当关闭运行不需要的供电回路。对于全天开放的机场，可根据机场实际运行情况实施上述检查。对于按航班时间、飞行需求或者申请开放的机场，应当在每日首次巡视检查时实施上述检查；每日应当对全场标记牌的照明情况进行一次检查。各机场应根据航班运行时间，在夜间标记牌照明可辨的情况下实施检查。

（1）每日首次巡视检查内容。

每日首次巡视检查，应当按照当日预计所需光级，开启全场所有当日拟使用的助航灯光回路，巡视检查的内容应当包括：跑道、滑行道灯光的完好性、发光情况和故障情况；跑道、滑行道标记牌的完好性；跑道、滑行道立式灯具的灯罩、立柱紧固件完好性；PAPI 灯的发光情况、仰角和灯具完好性；风向标的完好性；跑道、滑行道标志的磨损和清晰情况；立式灯具和标记牌杂草遮挡和识别情况。

（2）每日中间动态巡视检查内容。

目视助航设施每日中间动态巡视检查，应当在不改变当前助航灯光和标记牌的运行状态下进行。巡视检查内容应当包括：所有运行中的跑道、滑行道灯光的完好性、发光情况和故障情况。

（3）每日夜航前巡视检查的内容。

目视助航设施每日夜航前巡视检查，应当按照当日夜航预计所需光级，开启全场所有当日夜航拟使用的助航灯光、机坪泛光照明和风向标照明的回路。巡视检查内容应当包括：进近灯光系统的发光情况和故障情况；跑道、滑行道、机坪灯光以及风向标的完好性、发光照明情况和故障情况；PAPI 灯的发光情况和故障情况；机坪泛光照明的发光情况和故障情况；机坪标志的磨损和清晰情况；进近灯光系统场地保护范围内，除仪表着陆系统或者微波着陆系统的天线系统外，进近灯光系统灯具光中心形成的平面内没有突出的物体。

2）定期全面步行检查要求

目视助航设施定期全面步行巡视检查，应当每季度至少开展一次，且最大间隔不得超过四个月。定期全面步行巡视检查应当结合本场运行情况，合理规划检查区域和检查时间段。

目视助航设施定期全面步行巡视检查，除每日首次巡视检查内容外应当至少重点检查以下内容：接地带标志的磨损和清晰情况；跑道、滑行道嵌入式灯具紧固情况和表面磨损情况；标记牌灯罩、立柱紧固件完好性和航空器尾流侵蚀情况；进近灯光系统立柱紧固件完好性和相关电气性能正常情况；PAPI 灯的安装基础、支撑杆及调节部件、滤色片安装、故障断电及报警功能等；助航灯光电缆的敷设情况和隔离变压箱的完好性；助航灯光监视及控制系统中停止排灯，滑行道中线灯的开关功能和连锁功能；目视停靠引导系统的功能性。

3）应急检查

机场管理机构每周应当至少对飞行区临近地区进行一次巡视检查，发现可能危及航空器安全的非航空地面灯光后，应当及时进行处置。

当出现以下情形时，机场管理机构应当立即对全场或者涉及区域的目视助航设施进行应急检查：飞行员、管制员、有关勤务保障作业人员通报事件或者异常情况后；机场突发事件应急救援紧急出动响应结束后或者残损航空器搬移结束后；地震、雷电、台风等自然灾害发生后。

4）人员配备要求

目视助航设施每日全面巡视检查、定期全面步行检查，尽可能与飞行区场地巡视检查联合实施。巡视检查应当至少由两人共同实施，并且至少包含一名助航灯光机务员。巡视检查应当符合地面车辆和人员跑道侵入防范管理的有关要求。

机场运行

（二）目视助航设施维护

机场管理机构应充分考虑机场运量、目视助航设施数量及复杂程度等因素，制定目视助航设施维护方案，并根据实际需要和情况变化，对方案适时修订，每年至少组织一次应急演练。

机场管理机构应对目视助航设施实施全生命周期管理，根据目视助航设施故障对机场运行安全的影响程度实施差异化维护（包括预防性维护和紧急抢修），尽可能减少对机场运行安全的影响。

机场管理机构应按照有关标准、规范和运行维护规程的要求，对风向标、标记牌、助航灯光、机坪助航设备、助航灯光配电系统、助航灯光监视及控制系统、调光器、助航灯光回路等进行预防性检测和维护。

活动区道面标志（含地面信息标志）和标志物，因胶泥污染、交通磨损、油料腐蚀或者涂料老化等原因而出现模糊、褪色、脱落等现象时，机场管理机构应当按照有关运行维护规程的要求及时进行维护。

机场管理机构应按照有关运行维护规程的要求，为目视助航设施运行和维护管理部门配备助航灯光维护修理间、测光室、库房、档案室等基础设施，巡视检查车辆、足够数量且合格的维护工器具和备品备件。

第四节 机场净空管理

机场净空是为保障航空器起降安全而规定的障碍物限制面以上的空间，用以限制机场及其周围地区障碍物的高度。机场净空条件的破坏通常是超高障碍物造成的。当然，漂浮物或烟雾、粉尘等也会破坏净空条件，因此，广义的净空管理既包括对实体障碍物的管理，也包括对漂浮物或烟雾、粉尘以及电磁环境等的管理。

一、运输机场净空保护区范围

运输机场净空保护区域是指以机场基准点为圆心，水平半径 55 km 的空间区域，分为净空巡视检查区域和净空关注区域。净空巡视检查区域为机场障碍物限制面区域加上适当的面外区域，一般为机场跑道中心线两侧各 10 km、跑道端外 20 km 以内的区域。净空关注区域为净空巡视检查区域之外的机场净空保护区域。障碍物限制面是指为保障飞机起降安全和机场运行安全，防止由于机场周围障碍物增多而使机场无法使用规定了几种空间限制面，用以限制机场及其周围地区障碍物的高度。机场障碍物限制面区域的设置要求参见《民用机场飞行区技术标准》，其对障碍物限制面的设定要求如图 6.11 所示。

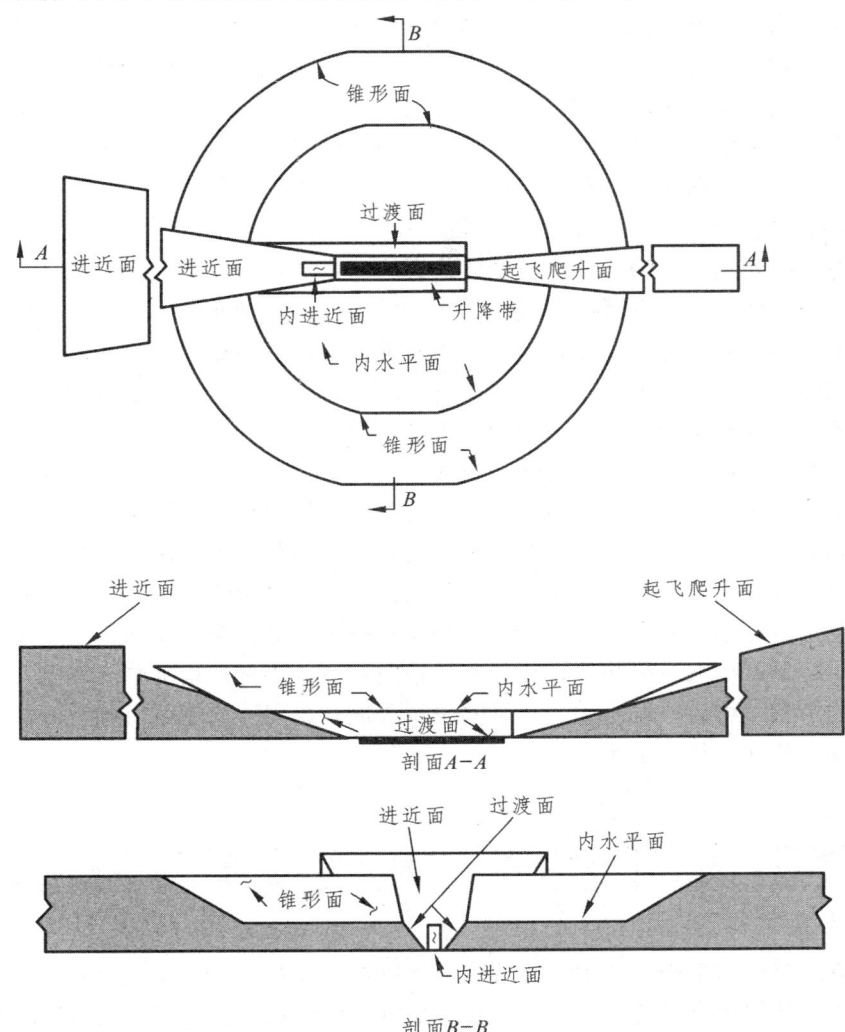

图 6.11　机场障碍物限制面示意图

二、障碍物的限制要求

在机场净空保护区域内，机场管理机构应当采取措施，协助相关地方人民政府防止下列影响飞行安全的行为发生：

（1）修建可能在空中排放大量烟雾、粉尘、火焰、废气而影响飞行安全的建筑物、构筑

物或者设施；

（2）修建靶场、强烈爆炸物仓库等影响飞行安全的建筑物、构筑物或者设施；

（3）修建不符合机场净空要求的建筑物、构筑物或者设施；

（4）设置影响机场目视助航设施使用或者民用航空器驾驶员视线的灯光、激光、标志、物体；

（5）种植影响飞行安全或者影响机场助航设施使用的植物；

（6）放飞影响飞行安全的鸟类动物以及升放无人驾驶的自由气球、系留气球和其他物体；

（7）修建影响机场电磁环境的建筑物、构筑物或者设施；

（8）设置易吸引鸟类及其他动物的露天垃圾场、屠宰场、养殖场等场所；

（9）焚烧产生大量烟雾的农作物秸秆、垃圾等物质，或者燃放烟花、焰火；

（10）其他可能影响飞行安全的情形或者活动。

在机场障碍物限制面区域内的新增物体或者原有物体的扩展，应当符合《民用机场飞行区技术标准》《民用机场净空障碍物遮蔽原则应用指南》等标准的要求。在机场障碍物限制面区域外的新增物体或者原有物体的扩展，不得对航空器运行造成限制或者影响。在机场净空保护区域内的障碍物，应当按照《民用机场飞行区技术标准》的规定设置障碍灯和标志。

此外，机场管理机构应当协调相关地方人民政府有关部门，建立机场邻近区域内施工机械类的临时障碍物管控机制。临时的施工机械不得高出过渡面、起飞爬升面和进近面。在内水平面或者锥形面区域内，因建设需要拟设置时，机场管理机构可以根据其对飞行安全和机场运行安全影响的评估结果，采取设置障碍灯或者临时调整飞行程序及运行最低标准等有关安全管控措施后方可设置，在安全管控措施生效前通报空中交通管制单位并向航空情报服务机构提供航空情报原始资料。施工结束后应当及时拆除并通报空中交通管制单位。如果对飞行程序或者运行最低标准有影响的，须经所在地民航地区管理局批准临时调整。对于施工时间较为短暂的情形，可以协调空中交通管制单位采取航班间隙或者航后施工等措施，最大限度减小对机场运行和飞行安全的影响。

三、净空巡查的一般要求

机场净空巡视检查工作主要由机场管理机构负责，巡视检查中发现影响飞行安全的障碍物、升空物体及其他活动或者行为时应当及时处置。机场管理机构制定的机场净空巡视检查方案应当包括检查路线、检查周期、检查内容、巡查方式、情况处置和通报程序以及检查记录（至少包括时间、人员、区域和处置情况）要求等。

1）净空巡视检查的频率

净空巡视检查区域的巡视检查每月应当不少于1次（全覆盖），其中重点巡视检查区域的巡视检查每周应当不少于1次；无障碍区域及距跑道端1.5 km进近面以内区域的巡视检查，每日应当不少于1次。此外，机场管理机构应当根据季节、机场周边净空环境等因素，在净空巡视检查区域研究确定重点巡视检查区域。而净空关注区域一般无须开展巡视检查，但机场管理机构应当按照有关规定并结合运行实际，定期收集该区域内高大建(构)筑物的信息，并复核其对飞行安全的影响。

2）净空巡视检查的方式

净空巡视检查可以采用人工巡视检查或者自动监视（卫星遥感、无人机航摄等新技术）等方式开展。人工巡视检查设备一般包括：巡视车辆、净空相关测量设备（含高度、位置等数据测量设备）、通信工具、望远镜等。采用无人机开展净空巡视检查的，机场管理机构应当按照无人机运行的有关规定等进行安全风险评估，经评估并采取相应安全管控措施后方可应用。无人机飞行应当符合飞行管理有关要求。

3）净空巡视检查内容

净空巡视检查内容应当至少包括：

（1）检查有无新增的、超高的建（构）筑物或者自然生长的植物，并对疑似超高的物体进行测量；

（2）检查在建项目的高度及位置数据与净空审核意见的符合性；

（3）检查有无影响净空环境的情形或者行为；

（4）检查障碍物标志、标志物或者障碍灯的有效性。

四、疑似障碍物的处置

净空巡视检查发现疑似障碍物时，机场管理机构应当立即组织测量和评估。经测量和评估后，确属于障碍物的，按照以下程序处置：

（1）应当立即制止，消除影响；

（2）不能立即消除影响的，如果对飞行程序或者运行最低标准有影响，应当采取临时调整飞行程序或者运行最低标准等安全管控措施，将相关措施及时通报空中交通管制单位并向航空情报服务机构提供航空情报原始资料，并报告相关县级以上地方人民政府或者其有关部门处置。某地障碍物（屋顶天线）拆除前后对比如图6.12所示。

（a）拆除前　　　　　　　　　　　（b）拆除后

图6.12　某地障碍物拆除前后对比

 机场运行

五、升空物的处置

净空巡视检查发现影响飞行安全的升空物体等其他情形时，应当立即制止消除影响。不能立即消除影响的，应当立即报告相关县级以上地方人民政府或者有关部门处置。发现升空物体等严重影响飞行安全的情形时，还应当通报空中交通管制单位。

第五节 鸟害及动物侵入防范管理

鸟击的危害主要来自对航空器发动机的破坏，飞鸟一旦被吸入发动机，就可能造成发动机气流变形、阻塞，打坏发动机机轮片等致命破坏而引发重大事故。近年来，由鸟击而造成重大飞行事故的情况时有报道，因此国际民航组织、各国民航管理机构和机场管理机构都非常重视鸟害的防治工作，并投入大量人力和资金研究对策。鸟击对航空器的危害如图6.13～图6.15所示。

图6.13 机场鸟害

图6.14 被飞鸟撞击的机翼

图 6.15 被飞鸟撞击的航空器发动机

就目前而言，综合治理无疑是鸟类防治最有效的途径之一，以生态学、鸟类学为指导，通过改善机场和机场周围环境，配置适当的驱鸟设施、设备，结合鸟害宣传统筹安排，全面治理，自上而下形成一个系统性防治措施。根据民航局《运输机场运行安全管理规定》的要求，民用机场需要对机场周边地区飞行安全的鸟类和这些鸟类动态密切相关的环境、其他生物类群等影响因素开展调研，分析研究有效的鸟击防范措施。

一、机场生态调研和治理

（一）机场生态环境调研

进行机场周围环境生态调研和治理，对鸟害及其他动物防治至关重要。机场管理机构通过对机场场内及其附近地区生态环境的调查和分析，及时、全面地掌握机场及周边区域鸟类种类、数量、位置分布、活动规律及影响因素，分析鸟击及动物侵入风险状况并提出防范措施，为机场鸟害及其他动物防治工作提供基础依据。

进行生态调研主要应开展下述工作：

（1）全面掌握机场场内及其附近地区的生态环境基本情况；

（2）描述机场场内及其附近地区存在鸟类的种类和数量；

（3）认真分析各类鸟对飞行安全的潜在威胁，应重点研究大鸟、群鸟、候鸟，以便确定本机场重点防范的对象；

（4）认真分析重点防范对象的分布及其活动规律，有针对性地提出防治措施，并对现有措施进行有效性评估提出改进建议；

（5）绘制鸟类活动平面图（比例尺不小于1∶2 000），该图应至少包括机场净空障碍物限制面的锥形面外边界所包含的范围，并应反映以下内容：垃圾场、饲养场、屠宰场、农作物、灌木林、沟塘及其他吸引鸟类活动的设施或者场地的位置，大鸟和群鸟（含候鸟）的筑巢地、觅食地、飞行路线、飞行高度、出没时间等；

（6）绘制驱鸟设备分布图。

（二）机场生态治理措施

机场生态治理措施主要是为了加强及时对飞行区、航站区及工作区的环境管理，通过对吸引鸟类和其他动物的水源、觅食地、栖息地进行有效治理，减少其对鸟类和其他动物的吸引。

机场飞行区内生态环境治理措施见图6.16～图6.19，包括：

（1）机场飞行区、围界、通道口和排水沟的出口等能防止影响飞行安全的动物侵入飞行区；

（2）及时对草地、树木进行灭虫处理；

（3）及时驱赶、捕捉或者清除老鼠、兔子等哺乳动物；

（4）及时清除影响飞行安全的鸟巢；

（5）尽可能减少地表水，及时排除水坑、洼地内的积水，定期清理排水沟，避免昆虫和水生物滋生；

（6）禁止种植农作物和吸引鸟类和其他动物的植物、进行各类养殖活动、设置露天垃圾场和垃圾分拣场。

图 6.16 机场工作人员清扫附近区域垃圾

图 6.17 机场定期割草作业

图 6.18 喷洒农药

图 6.19 排水沟安装地网

二、巡视和驱逐

（一）鸟类及其他动物活动情况巡视

在机场有飞行活动期间，机场管理机构应当根据生态环境调研结果，合理配置鸟类和其他动物活动情况巡视人员及监测设备，有效掌握机场及附近区域鸟类和其他动物活动情况，及时进行鸟类和其他动物活动情况巡视，驱赶危险鸟种和危害动物。

巡视人员应重点关注跑道端区域，记录观察到的鸟类和其他动物活动情况。巡视记录应当至少包括：鸟的种类、数量、飞行路线、飞行高度、活动目的及原因分析、采取的措施和效果等。机场鸟击及动物侵入防范人员还应当定期观察记录与鸟情密切相关的昆虫、植物、哺乳动物及其他危险野生动物等情况。

（二）鸟类及其他动物驱赶

1. 鸟类驱赶方法

在环境生态治理的基础上，机场管理机构应根据鸟类和其他活动特点，采取驱赶、拦阻、清除等综合手段实施防范工作。机场常用驱鸟装置如图6.20～图6.22所示。

（1）驱逐方法包括听觉驱逐和视觉驱逐，方式有气体炮、光和声、旗帜和飘带、各类仿真模型等。值得注意的是，长时间采用某种固定的驱鸟方法易使鸟类形成适应习惯，因此驱鸟方法应用时间和地点应做经常性变动。

（2）拦阻方法主要通过在鸟的筑巢地、水域或食物上设置障碍，防止鸟类筑巢、降落、觅食，从而减少对鸟类的吸引。这些障碍物可以采用塑料、金属表面材料及网格等。

（3）使用化学制剂消除鸟类的食物源（如各类昆虫、蚯蚓、蜗牛、老鼠、兔子等），但使用这种方法时要确保人身安全，同时应遵守有关规定。

除上述方法外，还可根据不同情况，采用其他办法，如天敌驱鸟、人工草皮等。随着对鸟害研究的不断深入，驱鸟方法也在不断发展。

（a）煤气炮　　　　　（b）发声驱鸟设备　　　　　（c）驱鸟车

图6.20　声音驱逐措施

（a）彩色风轮

（b）恐怖眼1

（c）恐怖眼2

（d）死鸟标本

（e）猛禽模型

（f）激光驱鸟器

图 6.21　视觉驱逐措施

图 6.22　拦鸟网

机场管理机构应当在环境治理的基础上,根据鸟类和其他动物活动特点,采取驱赶、拦阻、清除等综合手段实施防范工作,并根据实施效果持续改进。所采取的驱除手段应当符合国家和民航有关野生动物保护、环境保护、安保和危险品管理等法律法规和规章要求,并确保人身安全,避免污染环境。对于在机场内捕获的活体鸟类或者其他珍稀野生动物,机场理机构应当妥善处置或者运送至远离机场的地点放生。

2. 动物侵入处置

货物运输部门应当采取必要的防范措施防止货运区逃逸动物进入飞行区。当货物运输部门所载运的动物在飞行区内逃逸,或者控制区道口监护人员发现动物通过道口进入飞行区时,应当立即组织抓捕并及时通报机场管理机构。

3. 设备管理

机场管理机构应当指定专人管理鸟击及其他动物侵入防范设施设备,制定设施设备使用、维护、保管的制度,确保设施设备完好并得到安全、正确的使用和维护。驱鸟枪支的使用和保管应当符合国家和民航局有关枪支管理规定。

三、鸟击及其他动物信息报告

鸟击及其他动物信息报告流程主要分为信息通报、信息确认和信息报送三个步骤。

(一)信息通报

(1)飞行机组在飞行过程中发现或者怀疑遭鸟击或者其他动物撞击后,应当及时报告空中交通管理机构,并于航空器着陆后立即报告航空器维修单位人员。飞行机组未按照要求及时通报空中交通管理机构的鸟击或者其他动物撞击事件,一般不判定为机场责任鸟击或者其他动物撞击事件。

(2)塔台管制员接报发生于起飞、初始爬升阶段的鸟击信息,应当及时通报起飞机场管理机构;接报发生于航路飞行、进近、着陆阶段的鸟击信息,应当及时通报着陆机场管理机构。

(3)航空器维修部门人员检查发现航空器上存在鸟击残留物后,应当立即报告机场管理机构,机场管理机构安排人员到达现场确认。在未完成现场确认工作之前,航空器维修部门人员应当做好现场保护工作。

实时通报的信息内容应当尽可能详细,包括相关航空器注册号、型号、航班号、时间、地点、飞行阶段、高度、速度、撞击物种及数量、天气、航空器损伤情况、鸟击残留物情况、对飞行的影响及应对操作等。

机场运行

（二）信息确认

为核实和记录鸟击和其他动物撞击信息，机场管理机构与有关航空运输企业、航空器维修部门应当就鸟击和其他动物撞击信息的确认和报告工作达成协议，并严格按照协议开展工作。协议中应当明确各单位的现场确认部门及联系方式、人员职责及其到达现场的时限、确认工作的内容及完成时限等。

机场管理机构人员未按照协议规定时限到达现场或者未到达现场的，由航空器维修单位人员独立完成现场确认工作，并将有关信息通报机场管理机构，该确认结果作为双方确认结果。

在不影响航班正常运行的前提下，现场确认人员在航空器停放现场按照协议规定时间收集鸟击或者其他动物撞击信息和物证材料，任何人员不得拖延、影响现场确认工作。现场确认人员应当拍摄撞击部位的特写和全景照片，必要时收集残留物并封存后，由机场管理机构保存。对于鸟击事件应当填写《鸟击航空器信息确认表》，对于其他动物撞击航空器事件无须填写"确认表"。按照《事件样例》需要报送的鸟击事件信息，在现场无法直接确定鸟击物种的，机场管理机构应当开展鸟击残留物鉴定，并规范进行鸟击残留物收集、保存和提交等工作。

（三）信息报送

鸟击或者其他动物撞击事件信息确认后，机场管理机构、航空运输企业和航空器维修部门应当依据《事件样例》中相关标准和要求，通过"中国民用航空安全信息系统"报送鸟击或者其他动物撞击事件信息，主要包括事件基本信息、现场照片等，并由机场管理机构上传签字的"确认表"。机场管理机构在取得鸟击残留物鉴定结果后应当及时补充报送相关信息。

对于起飞、初始爬升阶段发生的鸟击事件信息，着陆机场应当报送鸟击事件信息并上传签字的"确认表"；若起飞机场接到空中交通管理机构通报且采取措施后，也应当作为事发相关单位报送相关信息。

（四）鸟类和其他动物活动信息分析和利用

机场管理机构应当根据鸟类和其他动物活动巡视信息、鸟击及动物侵入报告信息、生态环境调研结果等基础资料建立鸟击及动物侵入防范信息库，并至少每季度对防范信息进行分析，编制鸟击及动物侵入防范信息分析报告。报告内容应当包括：危险鸟种以及出现的主要区域、时段、原因及相应的有效防范手段；已采取的防范措施及效果；鸟击及动物侵入风险变化以及产生变化的原因；生态环境的重大变化和可能带来的影响防治措施和相关工作建议。

机场管理机构应当定期将鸟击及动物侵入防范信息分析报告和鸟击及动物侵入防范工作评估报告提供给在本场运行的航空运输企业。危险鸟种、迁徙路线等情况以及机场鸟击及动物侵入防范的主要措施应在航行资料上公布。

复习与思考

1. 为什么需要保持飞行区的清洁?
2. 跑道表面状况评估对确保航空器安全运行有何意义?如何通过跑道状况评估矩阵实现上述目标?
3. 跑道表面状况评估和通报流程有哪些?
4. FOD 防范管理的关键措施有哪些?如何有效减小 FOD 对安全运行的威胁?
5. 为什么机场管理机构需要至少每三年对目视助航设施进行一次综合评估?举例说明哪些情况下需要立即进行评估?
6. 机场管理机构在净空巡视检查中发现疑似障碍物后的标准处置流程有哪些?
7. 机场鸟害及动物侵入的生态治理措施有哪些?

第七章 空侧运行 II

航空安全主要包括飞行安全、航空地面安全和空防安全。空侧区域是航空器活动区以及与其相毗连的地带、建筑物或其一部分,直接关系航空器起降滑行的安全,因此该区域一直是民航安全重点管制区域。

第一节 跑道侵入防范管理

跑道侵入（Runway Incursion，RI）是指在机场发生的任何航空器、车辆或人员错误出现或存在于航空器着陆和起飞的地面保护区的情况。其中地面保护区包括：跑道、滑行道位于适用的跑道等待位置和实际跑道之间的部分、跑道中线两侧各 75 m 范围内的土面区、ILS 敏感区和临界区、跑道端安全区，如图 7.1 所示。

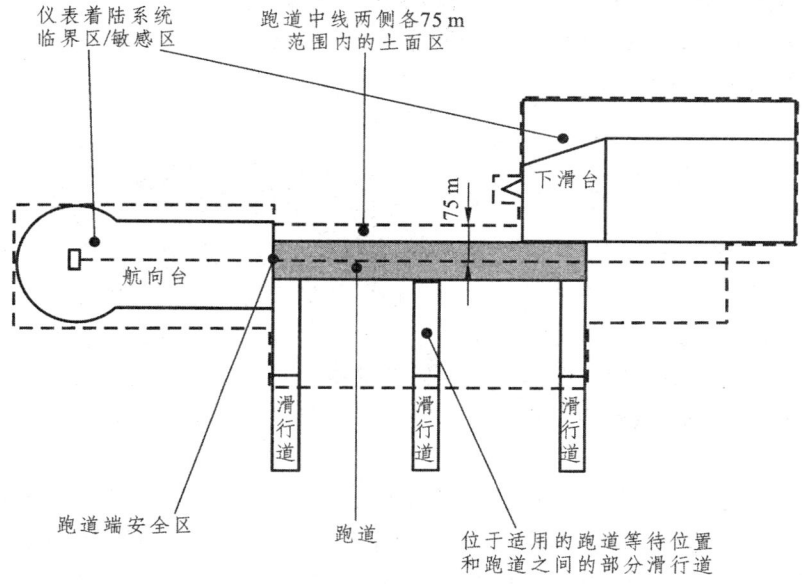

图 7.1 地面保护区示意图

一、跑道侵入事件严重程度等级划分

跑道侵入风险的严重程度和发生的可能性密切相关，因此，划分跑道侵入事件的严重程度等级是评估跑道侵入风险的重要组成部分。划分跑道侵入事件等级需要考虑航空器之间或航空器与车辆之间最小距离、冲突双方的几何关系、飞行员避让或修正的动作和反应时间等因素。

机场运行

根据跑道侵入事件后果的严重程度可将其划分为 A、B、C、D 和 E 5 个等级，见表 7.1。

表 7.1　跑道侵入事件严重程度等级

严重等级	说明
A	勉强避免发生碰撞的严重事故征候
B	间隔缩小至存在显著的碰撞可能，只有在关键时刻采取纠正/避让措施才能避免发生碰撞的事故征候
C	有充足的时间距离采取措施避免发生碰撞的事故征候
D	符合跑道侵入的定义但不会立即产生安全后果的事故征候，比如单一车辆/人员/航空器误入指定用于航空器起飞或着陆的保护区内
E	信息不足无法做出结论，或证据矛盾无法进行评估的情况

常见的跑道侵入可分为以下几种情况：
（1）航空器或车辆从正在着陆的航空器前方穿越；
（2）航空器或车辆从正在起飞的航空器前方穿越；
（3）航空器或车辆穿越跑道等待位置标志；
（4）航空器或车辆不能确定其所在位置而误入使用跑道；
（5）由于无线电通话失误导致未按照空中交通管制指令操作；
（6）航空器从尚未脱离跑道的航空器或车辆后方通过。

二、跑道侵入原因分析

调查数据显示，飞行员、管制员和地面车辆驾驶员最有可能造成跑道侵入和碰撞发生，是机场运行最主要的风险。跑道侵入通常是由许多不同因素引起的，包括场面交通复杂性、穿越跑道次数、跑道繁忙程度、车辆误入跑道、管制员与飞行员沟通不畅、情景意识丧失导致的管制员/飞行员判断或操作失误等。"人、机、环、管"安全综合管理四要素常用于分析和评估跑道侵入事件。

"人"指管制员、飞行员、车辆驾驶员由于人为原因导致的跑道侵入，包括丧失情景意识、未按规定的标准运行、理解偏差、配合不畅等。根据 FAA 统计，跑道侵入事件的频率为 5.45 次/百万次起降，其中飞行员偏差引起的占 55%，运行失误占 29%，车辆/行人偏差占 16%。

"机"指机器、设备硬件因素导致的跑道侵入，包括通信、导航、监视和航空器出现故障等。

"环"指外界环境对实际运行产生不良影响所导致的跑道侵入，包括复杂的跑滑结构、窄距跑道、地面目视助航设施指示不清或设置不当、无线电通话被干扰、气象条件恶劣、相似航班号等。

"管"指规章、标准不合理或管理不到位引起的跑道侵入，包括程序不科学、培训欠缺、对危险源识别和管理不合理等。

以 1999 年 4 月 1 日夜间发生在芝加哥奥黑尔机场的一起严重跑道侵入事件为例，当时

第七章　空侧运行Ⅱ

国航波音747货机于14R跑道着陆并脱离跑道，机组正确复诵了滑行许可"在T10滑行道上右转，在K滑行道上左转，穿越27L跑道到货机坪"。随后，管制员允许大韩航空747客机从14R跑道起飞。此时，在T10滑行道上的国航货机左转进入了通向跑道的M滑行道而不是K滑行道。当大韩航空飞机滑跑后，国航飞机再次进入14R跑道。大韩航空747立即抬轮，带坡度从国航747顶部25~50 ft处飞越。奥黑尔机场跑道构型如图7.2所示。

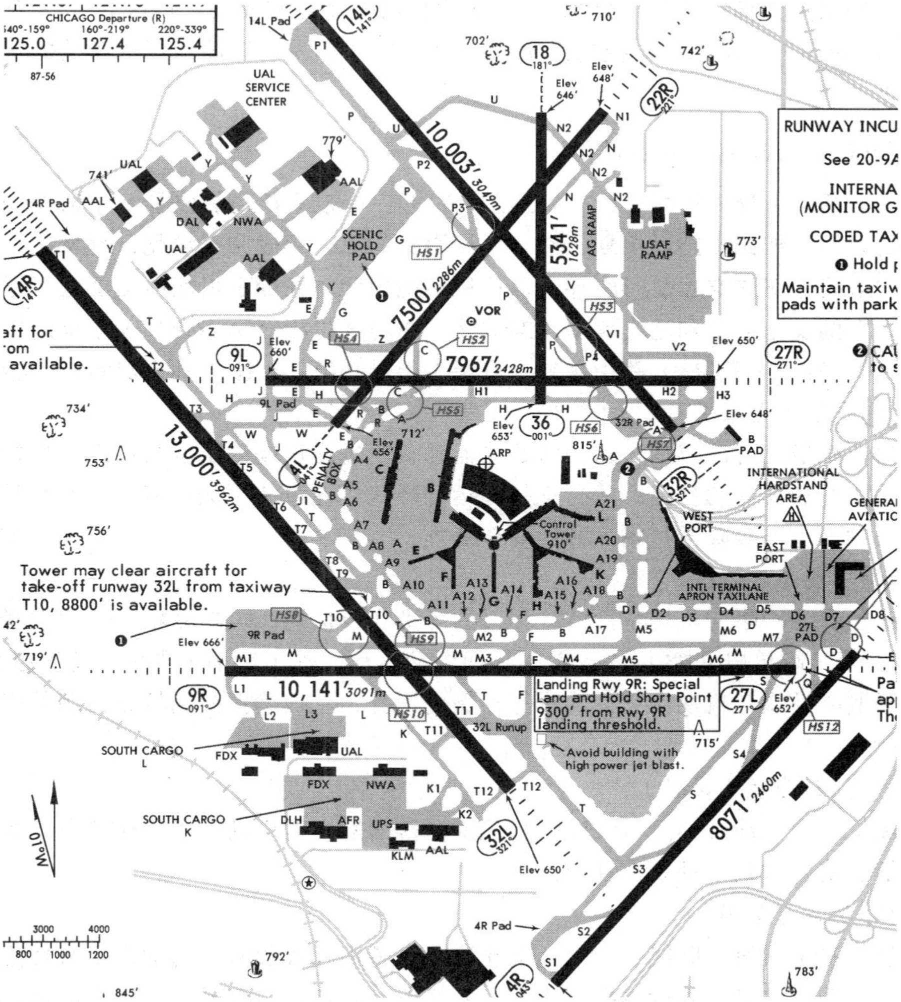

图7.2　芝加哥奥黑尔机场跑道构型

三、跑道侵入的预防

跑道侵入已成为影响飞行安全的重要因素。为及时发现跑道侵入行为，机场应建立有效的监控体系，完善和增强目视助航设施，并通过使用现代化的设备和技术来防止跑道侵入。

机场运行

(一) 跑道侵入预防技术

场面监视雷达是各大机场广泛使用的一种预防跑道侵入的技术手段。在此基础上,航空业界又探索出一系列防跑道侵入新技术,主要包括 X 型机场场面交通探测设备(ASDE-X)、机场活动区安全系统(AMASS)、低成本地面监视系统(LCGS)、最后进近跑道占用信号(FAROS)、跑道侵入预防系统(RIPS)、广播式自动相关监视系统(ADS-B)、多点定位系统(MLAT)、高级场面活动引导与控制系统(A-SMGCS)以及与防跑道侵入相关的增强型目视助航设施等。

1. 高级场面活动引导和控制系统

高级场面活动引导和控制系统(A-SMGCS)是一个能为机场航空器和车辆等运动目标提供自动化的监视、控制、路径规划及滑行引导服务的综合集成和自动化管理系统,该系统利用滑行道中心线灯对航空器滑行引导,保证机场地面活动在处于机场能见度运行标准内的任何天气条件下的安全水平和运行效率。2004 年,ICAO 提出对 A-SMGCS 分级的概念,包括监视(Ⅰ级)、告警(Ⅱ级)、路由规划(Ⅲ级)引导功能(Ⅳ级)和态势感知功能(Ⅴ级)。

1)监视功能(Ⅰ级)

系统对在机场飞行区范围内运动的航空器和车辆进行连续的定位与标识,在管制员席位界面上显示机场场面运动目标的运行态势和运行环境,通过使用该功能,即使在低能见度等恶劣天气条件下也不会降低机场运行的安全标准。

2)告警功能(Ⅱ级)

系统通过自动产生与机场场面活动相关的各类告警信息,如路由冲突/交叉告警、偏离跑道/滑行道告警、跑道/限制区侵入告警、场面活动目标间隔(过小)告警、速度过快/过慢告警等,为管制员提供对机场场面活动进行控制的信息,从而确保机场场面活动的安全、顺畅和高效运行。

3)路由规划功能(Ⅲ级)

系统依据空中与地面的运行情况为起飞或降落的航空器自动提供最优的滑行路径建议,并能自动解决滑行过程中的潜在冲突。

4)引导功能(Ⅳ级)

系统根据航空器滑行路线、场面运动航迹、跑道视程等数据,自动产生滑行路径上助航灯光的点亮、熄灭、灯光强度等控制数据,发送给助航灯光监控系统,实现助航灯的灯光段控制,形成与航空器同步运行的"引导灯光段",自动引导航空器沿规划的路由滑行、停止和穿越交叉口。

5)态势感知功能(Ⅴ级)

管制员、飞行员、车辆驾驶员具备相同的态势感知能力。

目前,部分机场的空管塔台可通过 A-SMGCS 对机场面飞机、车辆等目标提供监视、提示、路由规划及引导服务。A-SMGCS 系统是一个高度自动化的计算机系统,当实现Ⅱ级的监视、告警功能时,该系统能对即将出现的跑道侵入事件进行分析判断,并给塔台管制员们发出警告,以便他们及时采取必要的措施来避免跑道侵入事件的发生。

2. 跑道侵入相关的目视助航设施

由于各个机场实现 A-SMGCS 的级别程度不同，也不能完全避免人为因素造成的安全漏洞，以及应对飞行区内多变的意外情况。此时，机场辅助设备特别是目视助航设备显得尤为重要。

1）跑道等待位置标志

跑道等待位置处应设跑道等待位置标志，该标志分为 A 型和 B 型两种，参见图 7.3。

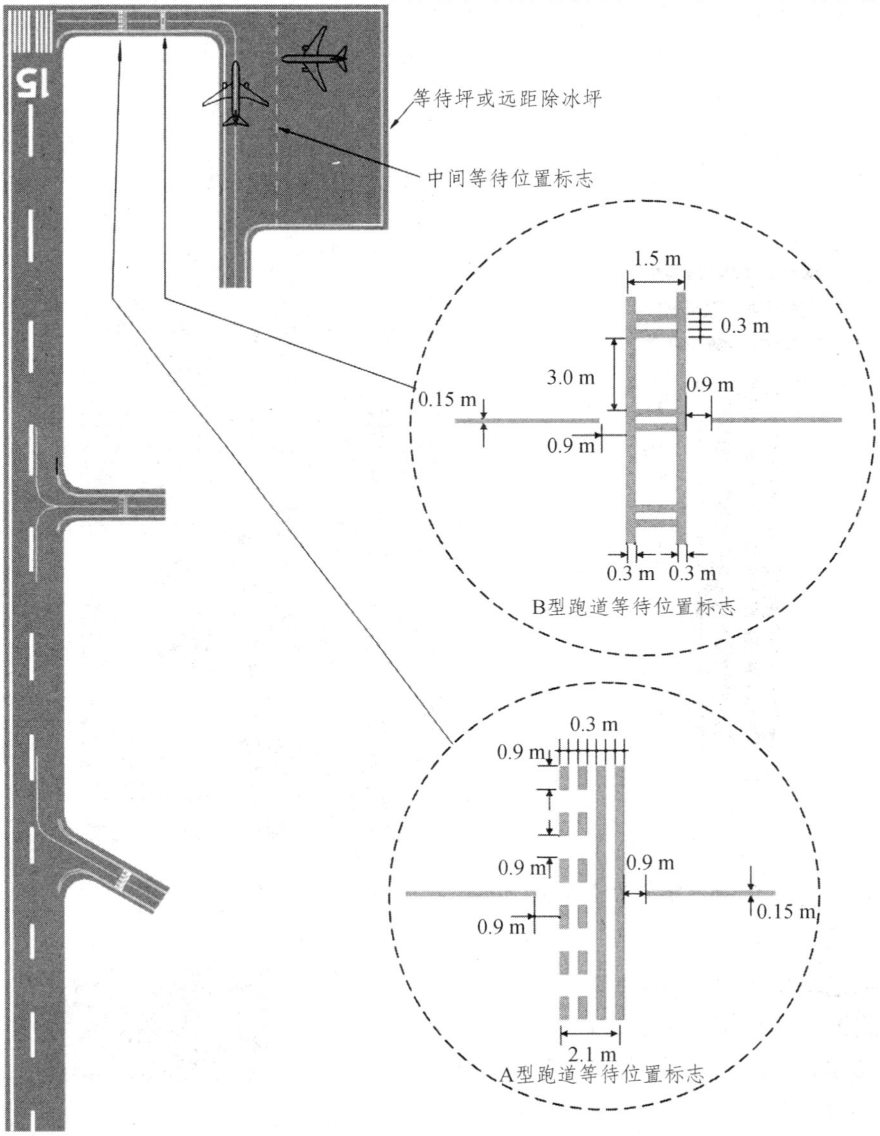

图 7.3　跑道等待位置标志

扫码查看
本章彩图

A 型跑道等待位置标志喷涂于滑行道的道面上，位于滑行道与跑道相交处滑行道一侧，指示出航空器停止等待的位置，实线位于航空器等待一侧，虚线始终朝向跑道一侧。在没有收到塔台许可时，严禁穿越该标志。

在滑行道与非仪表跑道、非精密进近跑道或起飞跑道相交处，跑道等待位置标志应为 A 型。在滑行道与精密进近跑道相交处，如仅设有一个跑道等待位置，则该处的跑道等待位置标志应为 A 型。

B 型跑道等待位置标志喷涂于滑行道的道面上，指示出 ILS/MLS 的临界区/敏感区边界，进入 ILS/MLS 的临界区/敏感区之前，在此停止、等待，没有收到塔台许可时严禁穿越该标志。脱离 ILS/MLS 的临界区/敏感区，要求航空器的所有部分都越过该标志。

在滑行道与精密进近跑道相交处如设有多个跑道等待位置，则最靠近跑道的跑道等待位置标志应为 A 型，而其余离跑道较远的跑道等待位置标志应为 B 型。

2）增强型滑行道中线标志

为防止和减少跑道侵入，当机场密度为中或高时，在与跑道直接相连的滑行道（单向运行的滑行道除外）上的 A 型跑道等待位置，设置增强型的滑行道中线标志，如图 7.4 所示。

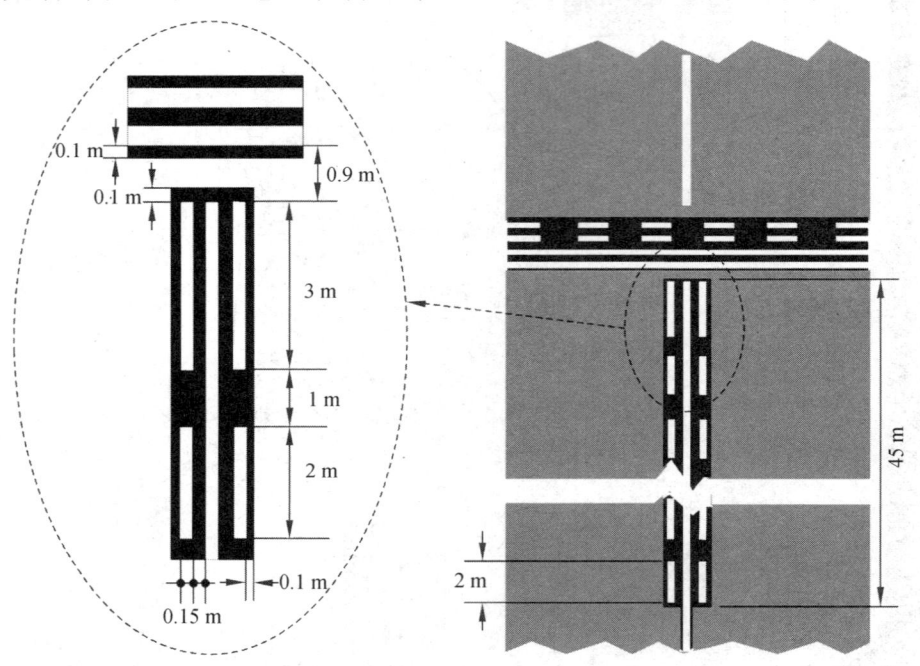

图 7.4　增强型滑行道中线标志（水泥混凝土道面）

3）跑道号码标记牌

跑道号码标记牌位于 A 型跑道等待位置标志延长线的两端，跑道号码标记牌为红底白字，如图 7.5 所示。设置在连接跑道端头滑行道上的跑道号码标记牌仅展示该跑道端的跑道号码。跑道号码标记牌需要与位置标记牌合设。

图 7.5　位置/跑道号码（左侧）标记牌

4）跑道等待位置标记牌

如果滑行道的位置或方向使得滑行的航空器或车辆会侵犯障碍物限制面或干扰无线电助航设备的运行，在该滑行道上需要设置跑道等待位置标记牌。该标记牌应位于障碍物限制面或无线电助航设备的临界/敏感区边界处的跑道等待位置上，朝向趋近的航空器，并在跑道等待位置的两侧各设一块，如图 7.6 所示。

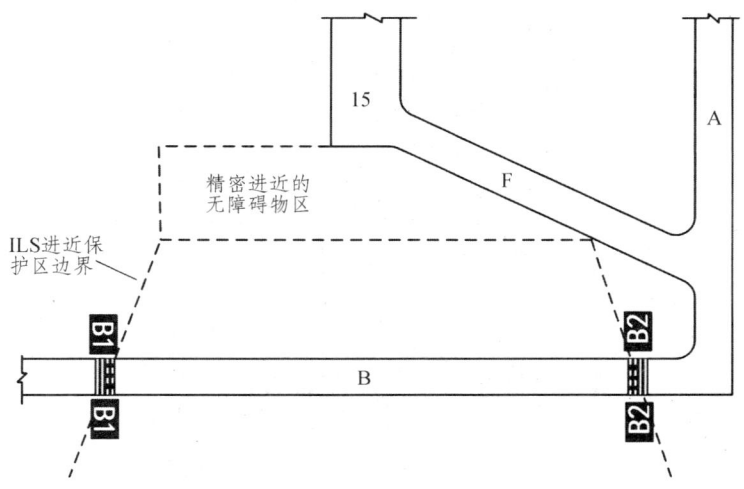

图 7.6 跑道等待位置标记牌

5）Ⅰ类、Ⅱ类或Ⅲ类跑道等待位置标记牌

Ⅰ类、Ⅱ类或Ⅲ类等待位置标记牌设置在 B 型跑道等待位置标志的两端。

在Ⅰ类、Ⅱ类、Ⅲ类或Ⅱ类、Ⅲ类合用的跑道等待位置标记牌上的文字符号应为相应的跑道号码后加"CAT Ⅰ""CAT Ⅱ""CAT Ⅲ"或"CAT Ⅱ/Ⅲ"，如图 7.7 所示。

图 7.7 Ⅱ类跑道类别标记牌

如果滑行道上 A 型和 B 型跑道等待位置标志相距不大于 15 m，则应将跑道号码标记牌移至 B 型跑道等待位置标志处，并将原应在该处设置的Ⅰ类、Ⅱ类或Ⅲ类等待位置标记牌取消。

6）禁止进入标记牌

当需要禁止航空器进入一个地区时应设置禁止进入标记牌，如图 7.8 所示。禁止进入标记牌设置在禁止进入地区的起始处的滑行道两侧，标记牌面向飞行员。

图 7.8 禁止进入标记牌

7）强制性指令标志

强制性指令标志为红底白字。运行中的航空器、车辆和人员遇到强制性指令标志时，必须取得塔台的许可，才能进行下一步动作。除禁止进入标志外，白色字符必须提供与相关的标记牌相同的信息，如图 7.9 所示。

机场运行

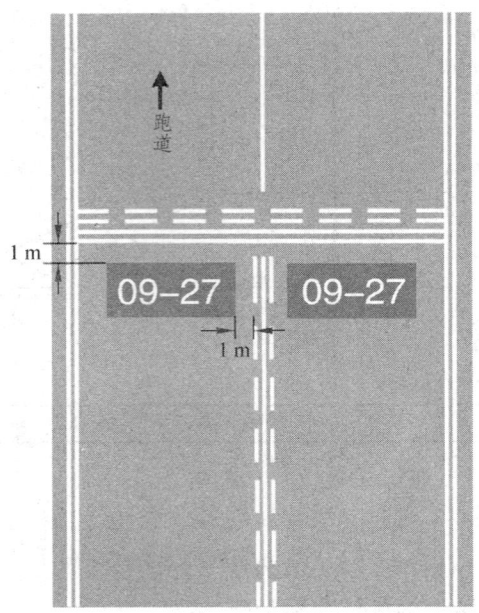

图 7.9　飞行区指标Ⅱ为 E 或 F 滑行道上的强制性指令标志

禁止进入标志应为白色的"NO ENTRY"字样，设在红色的背景上，文字方向均应朝向趋近跑道的方向，如图 7.10 所示。

图 7.10　禁止进入标志

禁止进入标志和禁止进入标记牌的设置如图 7.11 所示。

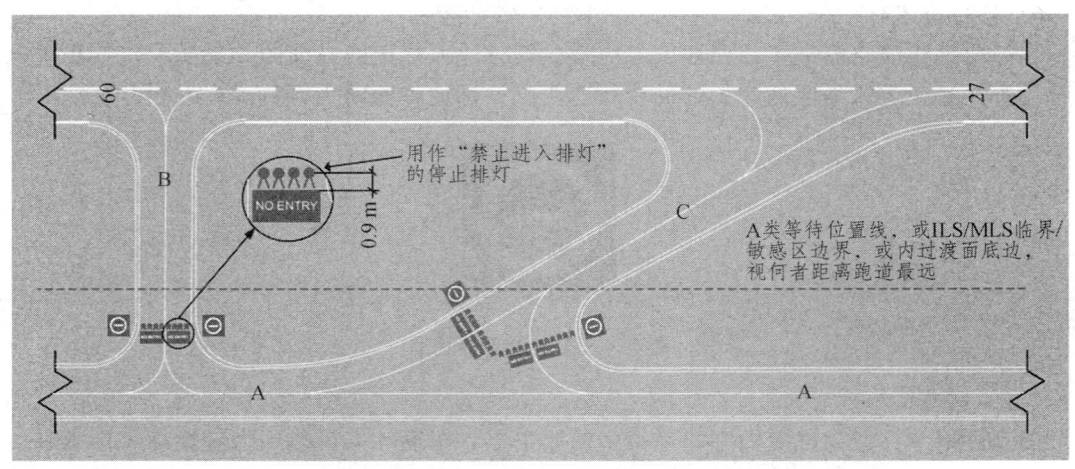

图 7.11　禁止进入标志和禁止进入标记牌

8）跑道警戒灯

跑道警戒灯用以提醒飞行员或车辆驾驶员即将进入正在使用的跑道的灯光系统，分为 A 型跑道警戒灯和 B 型跑道警戒灯，如图 7.12 所示。

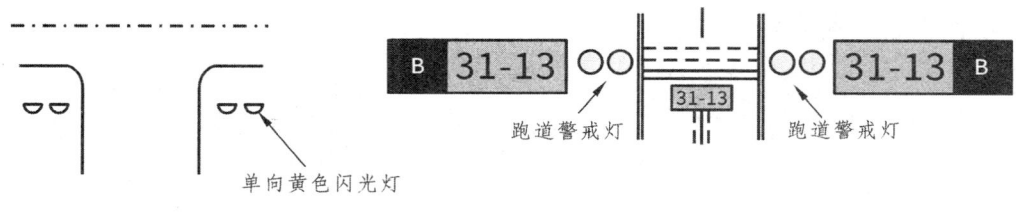

A 型

B 型

图 7.12　跑道警戒灯

9）停止排灯

停止排灯设在滑行道上要求航空器停住等待放行之处，由若干个间距为 3 m 横贯滑行道、朝着打算向相交点或跑道等待位置趋近的航空器的方向发红色光的嵌入式灯组成。在任何能见度或气象条件下均可能发生闯入跑道的事件，在跑道等待位置设置停止排灯并在夜间和跑道视程大于 550 m 的能见度条件下使用，将是防止闯入跑道的有效措施的一部分。当要求用灯光来补充标志并用目视方法实施交通管制时，应在中间等待位置上设置停止排灯。

在常规的停止排灯可能由于雨雪等因素使得驾驶员看不清楚，或由于要求驾驶员停住航空器的位置距离该灯太近以致灯光被航空器机身挡住的情况下，应在停止排灯的两端各增设一对立式灯具。该立式灯具应设置在两端滑行道边以外至少 3 m 处，与横贯滑行道的停止排灯具有相同的光学特性，并使其对趋近的航空器驾驶员保持可见，直到停止排灯位置。停止排灯、增设的立式停止排灯灯具和跑道警戒灯布局见图 7.13 所示。

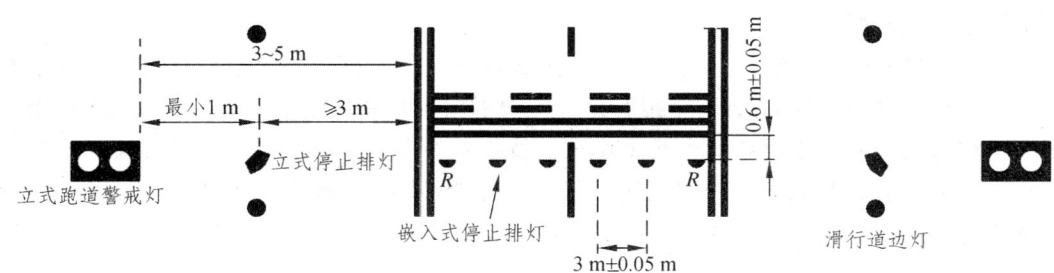

图 7.13　停止排灯和 A 型跑道警戒灯

通常停止排灯开亮表示禁止通行，关灭表示许可通行。如果在与跑道相关联的一个滑行道口，有一组以上的停止排灯，在任何时刻只可开亮一组。有选择地进行开关控制的停止排灯的电路设计，应使停止排灯开亮时其前方至少 90 m 以内的滑行道中线灯灭，反之亦然。停止排灯设置如图 7.14 所示。

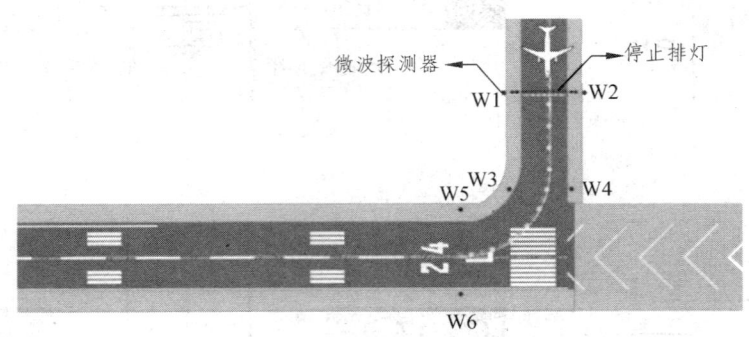

图 7.14　停止排灯设置示意图

停止排灯可由空中交通服务部门进行人工控制，也可以根据电子进程单采用自动控制。

10）跑道状态灯

为了有效预防跑道侵入，降低人为因素的影响，FAA 从 2005 年开始主导并研发了跑道状态灯技术。2016 年 ICAO 发布附件 14 第 7 版时，增加了跑道状态灯的内容，这意味着机场地面安全检测高新技术的使用已得到 ICAO 的重视。

跑道状态灯通过灯光直接向飞行员和车辆驾驶员传递信息，准确及时地告知跑道占用情况，以增强其情景意识，从而降低跑道侵入的频率和严重程度，防止跑道侵入事故发生。跑道状态灯不干扰机场运行，与现有的运行程序和灯光系统兼容，它只是提示跑道状态，是放行或穿越指令的目视补充。因此，在保证交通流量、适应各个机场的运行情况的同时，为安全增加了一道防线。

跑道状态灯是由跑道进入灯（RELs）、起飞等待灯（THLs）及相关控制子系统组成。它的工作原理是通过整合机场内多种数据来源，包括多点相关定位系统、场面监视雷达系统、广播式自动相关监视系统和进近雷达系统等，以定位飞机或车辆的位置并辨识它们，根据跑道状态灯处理器的动作逻辑输出动作命令，对跑道状态灯进行开关控制，达到警示机组人员或者车辆司机的作用，提示此时穿越跑道或起飞并不安全。

（1）跑道进入灯。

跑道进入灯是由一组红色单向发光的嵌入式灯具组成，位于与跑道相交叉的滑行道道口处。须偏离滑行道中线 0.6 m，位于滑行道中线灯的对侧，并从跑道等待位置 0.6 m 开始，一直延伸到跑道边线外，距离跑道中线 0.6 m 的位置额外安装一个灯具。跑道进入灯应至少包括 5 个灯具，并且需要根据所涉滑行道的长度，保持最小 3.8 m 及最大 15.2 m 的纵向间隔，安装在跑道中线附近的那个灯除外。跑道进入灯如图 7.15 所示。

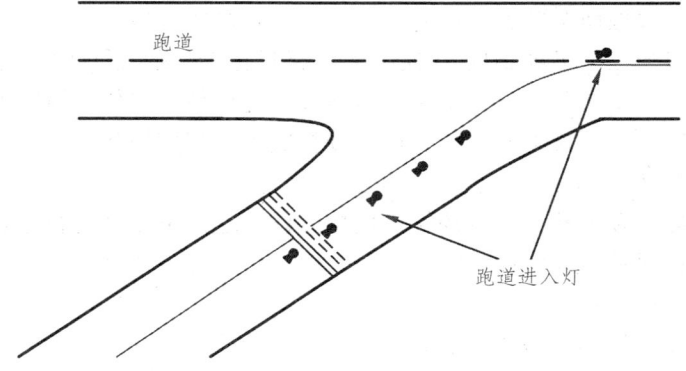

图 7.15　跑道进入灯

当跑道进入灯激活亮起时（红色），表示跑道正在被其他飞机或者车辆占用，此时进入或穿越跑道并不安全。跑道进入灯应在该系统确定需要发出警告后 2 s 内开亮。

（2）起飞等待灯。

起飞等待灯是由若干组红色单向发光的嵌入式灯具组成，每组 2 盏，分别设置在跑道中线灯两侧 1.8 m 处，从距离跑道端约 115 m 处开始，向起飞方向成对延伸，每 30 m 一组，至少延伸 450 m，朝向准备起飞的飞机发光。起飞等待灯应具有延续性，当一条跑道具有多个起飞入口或短距起飞入口时，应当顺延布置，使其满足无论飞机从哪个入口进入跑道准备起飞，飞机前方的起飞等待灯长度始终满足 450 m。起飞等待灯如图 7.16 所示。

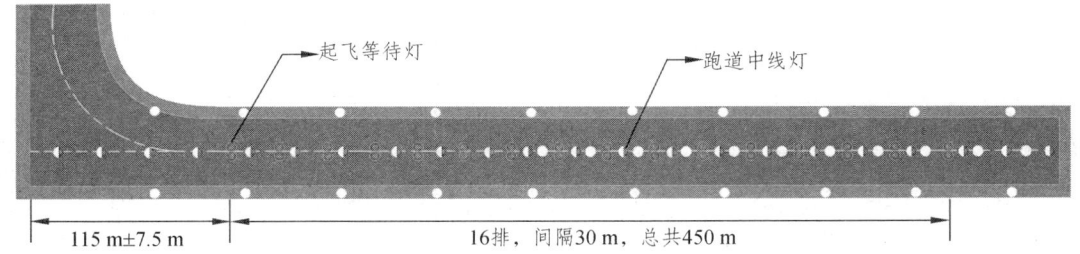

图 7.16　起飞等待灯

当起飞等待灯激活亮起时（红色），向准备起飞的飞机警示：跑道马上或者正在被占用，此时起飞不安全，必须终止起飞任务。起飞等待灯应在该系统确定需要发出警告后 2 s 内开亮。

跑道进入灯和起飞等待灯熄灭时，没有塔台管制许可不能前进。跑道状态灯可以用来核实塔台管制的许可，但不能代替塔台管制许可。任何穿越、滑行、起飞和降落必须要得到塔台管制许可。

3. 多发冲突地带

多发冲突地带（Hot Spots）指机场活动区内发生跑道侵入事件风险大，需要地面车辆和人员高度注意的区域。

冲突多发地带一般包括以下几类：

（1）曾发生过跑道侵入事件的区域；

（2）复杂的交叉点或者穿越跑道区域；

（3）塔台无法看到的跑道区域以及与跑道相连的滑行道；

（4）其他可能导致地面车辆和人员跑道侵入风险增加的区域。

机场管理机构应当根据机场布局、交通流量、机场标志、标线和灯光、态势感知等情况，结合本机场跑道侵入历史事件，分析机场各区域发生跑道侵入事件的风险及原因，识别冲突多发地带。地面车辆和人员发生跑道侵入风险较高的冲突多发地带，应当在车辆配备的机场平面图中标明，如图 7.17 所示。

对于已存在的冲突多发地带，机场管理机构可以通过以下方法进行消除：

（1）增加新的目视助航设施设备；

（2）使用替代路线；

（3）增强车辆和人员的态势感知能力。

如果需要较长的时间才能消除，或者根本无法消除的冲突多发地带，机场管理机构应当制定相应的管控措施，将此区域跑道侵入风险降低到可接受水平。

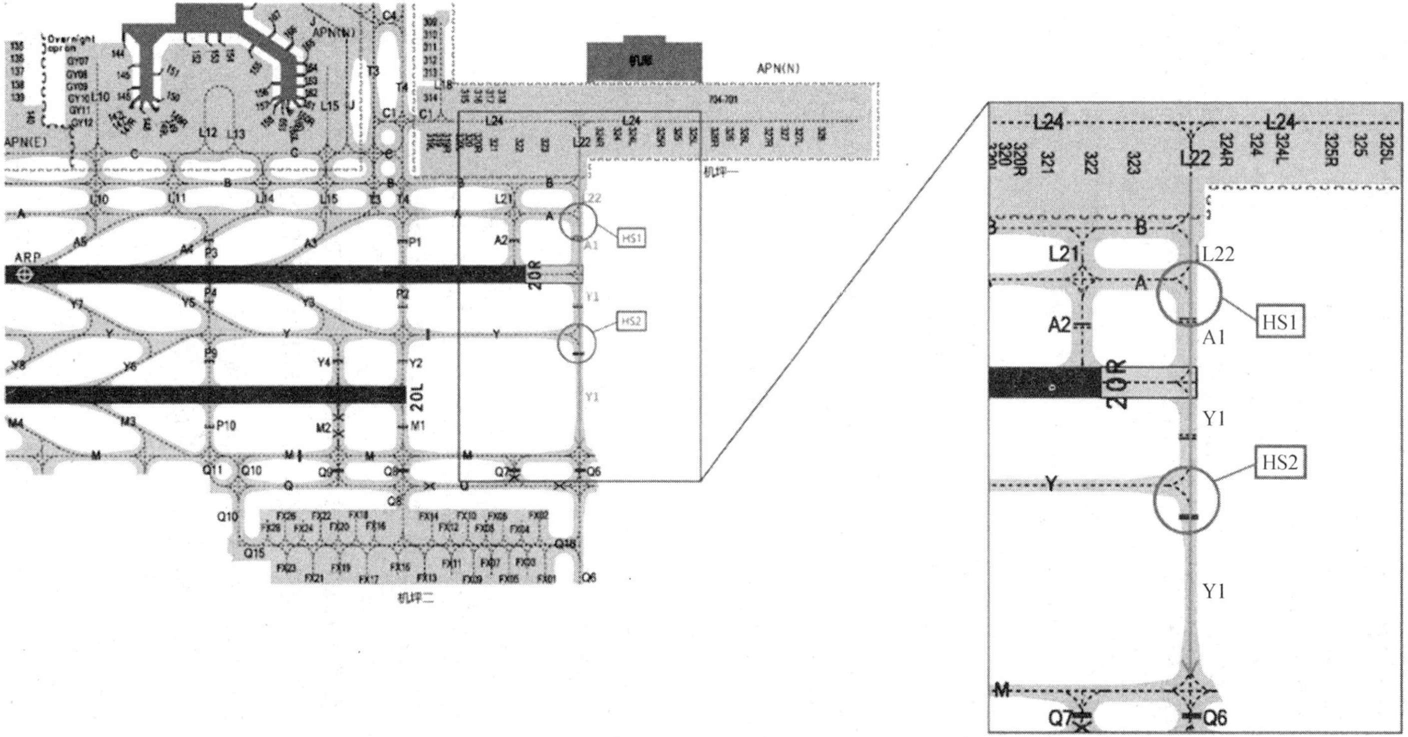

注：HS1 和 HS2 表示当机务人员将航空器由机库或机坪一拖至机坪二时，一般需要沿 L22、A1、Y1 滑行。拖行过程中必须听从管制员指令，需要在 A1、Y1 跑道等待位置处等待，经管制员许可后方可继续前进。

图 7.17 多发冲突地带

（二）车辆和人员防止跑道侵入措施

随着空中交通流量的增长，跑道侵入成为目前各大机场普遍存在的问题。加拿大运输部一项研究表明，机场交通量每增加20%，跑道侵入的可能性会增加140%。2006年，ICAO发布了《防止跑道侵入手册》（Doc 9870），对各国监管方、航空公司、飞行机组、管制员、机场运营人和车辆驾驶员、相关事故征候调查措施等都提出了相关建议；2020年，ICAO发布《空中航行服务程序——机场（第3版）》（Doc 9981），进一步强调了跑道安全小组的作用，分别针对跑道侵入、跑道偏离和跑道混淆提出了风险缓解措施。为了响应以上政策，民航局发布和修订了《中国民航跑道安全规划》《民航监视技术应用政策》《民航空管防止跑道侵入指导材料》《航空器驾驶员指南——地面运行》以及《运输机场地面车辆和人员跑道侵入防范管理办法》等规范性文件，分别在跑道监视设施、管制员、飞行员、机场层面做出响应。本节主要介绍车辆和人员的跑道侵入防范措施。

机场管理机构作为地面车辆和人员管理的第一责任人，负责地面车辆和人员跑道侵入的统一协调管理，对进入地面保护区或者机动区的车辆和人员实施严格管控。机场管理机构还应组建跑道安全领导小组，制定地面车辆和人员跑道侵入防范方案，定期评估地面车辆和人员跑道侵入防范工作，并组织跑道安全小组成员单位开展地面车辆和人员跑道侵入防范培训，建立车辆和人员地面保护区工作机制。

1. 车辆和人员进入地面保护区或机动区要求

（1）车辆车身喷涂单位名称和标识，在顶端安装符合标准的灯光标志，并在工作期间始终开启；

（2）车辆具有明确的呼号，呼号要与该车执行的主要任务相关，如执行场道、助航灯光、驱鸟、应急和消防相关任务的车辆呼号可分别为"场务""灯光""驱鸟""应急""消防"和"救护"等；

（3）车辆和人员配备无线电通信设备，进入跑道、滑行道作业的车辆应当配备车载无线电通信设备，如有必要，还应当配备甚高频无线电通信监听设备；

（4）作业人员携带便携式无线电通信设备和手机，与塔台管制员联系时使用规范的标准用语；

（5）对跑道、滑行道进行日常巡视检查的车辆应当配备机场平面图，图中标明作业路线、进出跑道或者滑行道的位置、冲突多发地带、主要注意事项和应急处置程序。

2. 车辆和人员进入地面保护区或机动区申请程序

跑道开放运行期间，进入地面保护区或者机动区的车辆和人员应当按照以下程序进行申请：

（1）到达等待位置；

（2）对车辆状况、通信工具和其他应急设备进行检查，确保其完好适用；

（3）塔台管制员进行申请，报告车辆呼号、当前等待位置、预计行驶路线、作业地点或者区域、预计滞留时间等信息，确认跑道运行方向；

（4）在等待位置等待，由塔台管制员根据实际运行情况安排进入时机；

（5）塔台管制员发布进入许可后，复诵其指令，确保驾驶员与塔台管制员通话闭环；

（6）按照塔台管制员指令进入作业地点或者区域。

3．车辆和人员地面保护区作业要求

跑道开放运行期间，在地面保护区或者机动区实施作业的车辆和人员应当遵守以下要求：

（1）作业人员下车作业时，随身携带便携式无线电通信设备与塔台保持联络；

（2）采用驾车方式检查跑道、滑行道时，除驾驶员外至少配备一名专业检查人员，确保对跑道运行情况进行持续有效的观察；

（3）跑道巡视检查方向与航空器起降方向相反；

（4）在跑道、滑行道实施作业时，始终开启车辆大灯和顶部的灯光标志；

（5）通信联系中断时，立即撤离；

（6）车辆故障无法撤离时，立即向塔台管制员报告，并尽快组织力量将故障车辆拖离至地面保护区或者机动区外；

（7）作业过程中发现影响跑道安全的情况，需要处理时，及时报告塔台管制员，塔台管制员应当予以配合，掌握有关情况并及时处置；

（8）根据塔台管制员要求，及时报告工作动态；

（9）机场低能见度运行期间，以上区域内的所有车辆和人员应当及时撤离，除非得到塔台管制员的许可。

4．车辆和人员退出地面保护区要求

进入地面保护区或者机动区实施作业的车辆和人员应当在塔台管制员限定的时间内，或者塔台管制员要求撤离时，迅速检查携带的工具和材料并清理后，立即退出地面保护区或者机动区。塔台管制员指定撤离位置时，车辆和人员应当按规定的撤离路线撤离至指定位置。车辆和人员退出或者撤离后，应当立即向塔台管制员报告退出或者撤离情况以及飞行区场地状况，并将工作开始时间、结束时间、作业人员姓名、携带的工具和材料、飞行区场地状况等记录在相关工作日志中。

第二节　机坪管理

机坪是航空器保障作业的主要场所，直接影响航空器在地面运行和停放期间的安全和地

机场运行

面保障作业的效率。机坪内航空器、活动车辆、设备、人员相对集中，机坪运行点多面广，涉及单位众多，保障环节错综复杂，安全管理难度较大。据统计，国际上机坪事故万架次率为 3.27，机场不安全事件案例中有相当一部分与机坪管理有关。机坪运行管理的主要内容包括航空器地面运行管理、机坪设备与设施管理、人员管理、机坪环境管理和监督检查等。

一、机坪运行规则

（一）一般运行规则

在机坪范围内的任何运行保障单位和个人应当严格遵守机坪运行管理规则，按照各自的职责共同维护机坪的运行安全，并承担相应责任。机场管理机构负责机坪的统一管理，并应当设立或者指定部门负责机坪统一运行管理。为了协调解决机坪运行中安全和效率的有关问题，机场管理机构联合有关驻场单位成立机坪运行管理委员会，并指定机坪统一运行管理部门承担机坪运行管理委员会办公室职责，负责开展机坪运行管理的日常工作。机场管理机构负责组织编制适用本场的机坪运行管理手册，并督促各成员单位严格落实。

未经机场管理机构同意，任何单位和个人不得在机坪内从事与保障作业无关的活动。航空器型别、注册号或者航班计划变更时，航空运输企业或者其代理人应当立即向空中交通管理机构和机场管理机构通报。航空器长时间停放、过夜停放应当取得机场管理机构同意。

在航空器活动区道路通行的车辆一般遵循右侧通行的原则，按规定路线通行，应当主动避让处于滑行、推出或者牵引状态时的航空器，主动避让遇有执行任务的警车、消防车、工程抢险车、救护车、其他应急救援车辆以及护卫车队，主动避让在机坪上实施保障作业的工作人员，并应遵守下列规定：

（1）按指定的通行道口进入机坪，接受值勤人员的查验；

（2）按照路面指示标示的限速行驶，最高速度不得超过 50 km/h；

（3）行驶到客机坪、停机坪、滑行道交叉路口时，停车观察航空器动态，在确认安全后，方可通行；

（4）遇有航空器滑行或被拖行时，在航空器一侧安全距离外避让，不得在滑行的航空器前 200 m 内穿行或后 50 m 内尾随、穿行；

（5）行李车拖挂托盘行驶时，挂长 3.4 m、宽 2.5 m 的大托盘不得超过 4 个，长 1.9 m、宽 1.8 m 的小托盘不得超过 6 个，拖挂的货物重量不得超过拖车的最高载量，行李车在拖挂托盘行驶时不得倒车；

（6）机动车辆穿行跑道、滑行道、联络道或在跑道、滑行道、联络道作业时，应当事先征得空中管制部门或机场管理机构同意，按指定的时间、区域、路线穿行或作业；

（7）驶入跑道、滑行道、联络道作业的机动车辆应当配备能与塔台保持不间断通信联络的双向有效的通信设备，作业人员应当按规定穿戴反光服饰；

（8）装卸平台车、行李传送带车在行驶中不得载运任何货物、行李或其他物品，具有液压作业装置的保障车辆在行驶过程中均应当使液压作业装置处于收回状态；

（9）保障车辆在机坪行驶路线、固定停放点之外倒车应当有人指挥，指挥信号和意图应当明确，确保安全。

机场管理机构、航空运输企业或者其代理人应当制定完善旅客远机位保障流程，旅客步行通过机坪上下航空器、摆渡车和进出候机楼时，应当安排专人引导与监护，防止旅客误入其他区域影响运行安全。有条件的机场可划设旅客步行通道。旅客通行路线不得穿越航空器滑行路线，任何车辆不得横穿旅客队伍。禁止在航空器发动机运转时组织旅客上、下航空器。

航空器滑行、牵引应当遵守下列规定：

（1）航空器应当按照管制员指定路线滑行或者牵引，管制员在安排滑行路线时，通常不准航空器对头滑行；航空器对头相遇，应当各自靠右侧滑行，并保持必要的安全间隔；航空器交叉相遇，航空器驾驶员自座舱的左侧看到另一架航空器时应当停止滑行，主动避让；

（2）航空器滑行速度应当按照相应航空器的飞行手册或者驾驶员驾驶守则执行，在障碍物附近滑行，速度不得超过 15 km/h，保证随时能使航空器停住；翼尖距离障碍物小于安全净距时，应当有专人引导或者停止滑行；

（3）两架以上航空器跟进滑行，后航空器不得超越前航空器，后航空器与前航空器的距离，不得小于 50 m；

（4）具有倒滑性能的航空器进行倒滑时，应当有地面人员引导；

（5）需要通过着陆地带时，航空器驾驶员在滑进着陆地带前，应当经过塔台管制员许可并判明无起飞、降落的航空器；

（6）滑行时，航空器驾驶员应当注意观察，发现障碍物应当及时报告管制员，并采取有效措施。

（二）机位管理要求

机坪机位应当由机场管理机构统一管理。机场管理机构应当合理调配机位，最大限度地利用旅客登机桥和机位资源，方便旅客，方便地勤保障，尽可能减少因机位的临时调整给旅客及生产保障单位带来的影响，公平地为各航空运输企业提供服务。大型机场为各航空运输企业提供的机位一般应当相对固定，可为航空公司设置专用航站楼或者专用候机区域。

当机场发生突发事件应急救援、航班大面积延误、航班长时间延误、恶劣气象条件、专机保障以及航空器故障等情况时，机场管理机构有权指示航空运输企业或者其代理人将航空器移动到指定位置。

机场管理机构应当针对特殊机位制定运行程序，并督促机坪保障作业单位严格落实。特殊机位应当至少包括：

（1）机位安全线延长线重叠的；

（2）相邻机位滑行中线有交叉或者收敛的；

（3）机位安全线与翼尖净距线存在交叉的；

（4）其他采取限制措施的。

机场管理机构应当制定特殊机位和机坪特殊位置使用图形手册，一般包括飞机地面滑行及入离位规则示意图、翼展限制图、冲突多发地带位置图等。航空器在有红色斜线区域的机位进出时，应当配备专门翼尖观察人员，机务人员应当确保红色斜线区域内无任何人员、车辆、设备，以免造成机坪剐碰。因机坪设施设备的维护等导致机位临时处于不适用状态时，应当设置不适用地区标志物或者不适用地区灯光标志，防止航空器、车辆误入该区域。

（三）航空器运行保障管理要求

1. 航空器安全靠泊

航空器入位前，该机位应当保持以下状态：除负责航空器入位协调的人员外，人员、车辆、设备、货物和行李均应当位于划定的机位安全线区域外或者机位作业等待区内；车辆及设备应当驻车制动或者使用轮挡有效固定，且液压装置（除液压支脚外）处于回缩状态；保障作业车辆在等待时，驾驶员应当随车等候；旅客登机桥轮应当处于回位点。

接机人员在航空器进入机位前 5 min 需要对机位进行适用性检查，检查内容包括：机位是否清洁；人员、车辆、设备是否处于机位安全线区域外；旅客登机桥轮是否处于回位点；是否有其他影响航空器停靠的障碍物。如发现问题，应当及时通知相关部门进行处理，需要紧急停用机位时，应立即向塔台和机场运控部门说明情况，由机场运控部门决定是否停止使用该机位，并通知塔台。

在航空器进入机位过程中，任何人员、车辆一般不得从航空器和接机人员（或者目视泊位引导系统）之间穿行。接机人员引导航空器入位时，应当使用指挥棒（夜间或者低能见度运行时应当使用可发光的指挥棒）。在航空器入位时，接机人员应当观察大翼两侧的情况，确保航空器入位安全。

航空器泊位引导方式有以下三种。

（1）航空器自滑至机位滑行道，接机人员通过标准手势引导入位。

航空器进入时，信号员面向航空器，双手持指挥棒，站在左座驾驶员能看到的明显位置（见图 7.18），监护员负责监视观察在机位滑行道和停机位上障碍物的变化，确定是否有足够的空间供航空器滑行，并告示信号员。

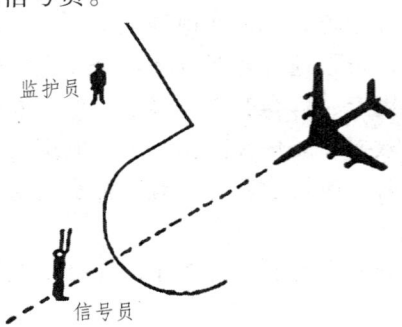

图 7.18 信号员、监护员的位置

（2）航空器自滑至机位滑行道，借助目视泊位引导系统的指示信号入位。

目视泊位引导系统使用激光跟踪飞机位置，并把结果显示在屏幕上，主要信息包括：航空器机型、偏离中心滑行线信息、剩余距离和接近速度等，引导飞机准确入位。使用目视泊位引导系统时，接机人员应当在目视泊位引导系统紧急停止装置前值守，遇特殊情况应当使用停止按钮，并及时转换人工引导。

（3）引导车将航空器引导至机位滑行道，接机人员通过标准手势或机组使用目视泊位引导系统引导入位。

一般只在低能见度运行等特殊情况下对航空器进行车辆引导。机坪运行管理部门应当与塔台建立必要的协调程序，提前确定引导等待点和脱离位置。提供引导时，引导车驾驶员必须与塔台保持不间断双向语音通信，并注意观察。

在航空器处于安全靠泊状态后，接机人员应当向旅客登机桥或者登机梯操作人员发出可以对接航空器的指令。操作人员在接到可以对接航空器的指令后，方可对接航空器。航空器安全靠泊状态应当满足下列条件：

（1）发动机关闭；
（2）防撞灯关闭；
（3）轮挡按规范放置；
（4）航空器刹车松开。

2. 航空器地面保障作业

在确认航空器处于安全靠泊状态后，接机人员应当在距航空器发动机前端合适位置（一般为 1.5 m 处）、机尾和翼尖水平投影处地面设置醒目的反光锥形标志物。航空器自行滑出的机位，在机头正前方位置（一般为 1 m 处）也应当设置反光锥形标志物。标志物高度不小于 50 cm，重量能防止 5 级风吹移。在预计机场风力超过 5 级时，机场应当通知相关部门不再摆放反光锥形标志物。

旅客登机桥操作人员进行靠桥、撤桥作业时，其他人员、车辆、设备禁止进入旅客登机桥活动区。在非工作状态时，旅客登机桥轮须停留在回位点。旅客登机桥或登机梯与航空器对接完成前，除飞机地面电源机组、飞机静变电源机组外，其他人员、车辆、设备不得越过机位安全线，实施保障作业。保障期间，车辆和设备不得妨碍旅客登机桥的保障作业，不得阻挡加油设备应急撤离通道，不得拖曳、碾压管线。

保障车辆对接航空器前，应当在距航空器 15 m 的距离先试刹车，确认刹车良好后方可实施对接。对接时速度不得超过 5 km/h，保障车辆或者设备应当与航空器发动机、舱门保持适当的安全距离。对接完成后，应当处在驻车制动状态，并设置轮挡（集装货物装载机除外）。液压升降车辆或者设备应当在液压升降筒或者脚架升降到工作位置后，方可开始作业。车辆在机位（实施慢车除冰的除冰机位除外）内对接航空器时应当有人指挥，确保安全。

3. 航空器离位保障

航空器推出监护应当至少满足下列要求：

（1）在航空器与牵引设备对接前，应当至少保证有 2 个轮挡位于航空器前轮或者一个主轮的前后两侧，在航空器与牵引设备对接完成且航空器处于刹车状态后，方可撤除航空器的全部轮挡；

（2）在航空器滑出或者推出前，负责离位监护的机务人员应当确认其他人员、车辆、设备（除飞机牵引设备外）均已撤离至机位安全区域外，旅客登机桥已撤离至回位点，机位保持清洁，无影响航空器推出的障碍物；

（3）航空器牵引时需要按照规定路线推出，推出路线有服务车道的机位，机务人员应当

提前在航空器大翼后方的服务车道进行安全监护；

（4）负责航空器离位的机务指挥员应当打开与机组通话的耳机并确认航空器防撞灯开启后，方可指挥航空器推出或者自滑离位；

（5）航空器推出过程中，应当至少 2 名作业人员对航空器周围及牵引路线进行安全监护，复杂区域至少 2 名机务人员在航空器大翼两侧进行安全监护；负责监护的机务人员应当全面观察航空器、人员、车辆、设备的动向，时刻与机务指挥员保持信息畅通，确保航空器行进区域内无影响其安全运行的情况，直到航空器推出或者安全滑至预定地点后方可离开；

（6）负责监护的机务人员在航空器行进过程中若发现特殊情况，应当立即通过有效的联络方式告知机务指挥员，机务指挥员接收到负责监护的机务人员的警示信息后，应当立即通知牵引设备操作人员和飞行机组停车等待，并向该名机务人员询问情况，在确认航空器安全后通知牵引设备操作人员和飞行机组继续推出，并通报机场管理机构。

航空器准备自滑离位时，机务人员应当观察机位周边情况，确认航空器滑行路径上没有对航空器安全构成威胁的障碍物，方可指挥飞行员自滑离位。

飞机牵引设备在对接、推出或者拖曳航空器过程中，应当至少满足以下安全要求：

（1）除航空器 APU 故障出港时，允许在飞机地面电源机组、飞机静变电源机组和飞机地面气源机组对接的情况下实施牵引设备对接以外，在其他情况下牵引设备操作人员在对接前应当确保其他车辆、设备已撤离；

（2）飞机牵引设备完成航空器对接，直至开始推出或者拖曳前，应当保持车辆处于空挡和驻车制动状态；

（3）飞机牵引设备在推出航空器过程中，禁止任何人员上、下车辆；

（4）当飞机牵引设备位于机身下方时，一般禁止抬升驾驶室；因设备原因必须在机身下抬升驾驶室的，应开展风险评估，并制定完善风险管控措施。

4．特殊天气保障

机场管理机构应当会同有关单位结合机场实际情况，组织制定雷雨、大风和降雪等特殊天气下的保障预案，明确特殊天气下有关作业程序和管理要求。当接到特殊天气预警信息后，机场管理机构应当根据保障预案组织有关单位做好应对特殊天气的工作准备，并按照预案做好有关保障工作。机场管理机构及有关单位应当重点关注航空器、旅客登机桥及其他可能发生位移的设施设备系留与加固情况，低洼和易积水区域排水情况等。

5．机坪低能见运行

机场管理机构应当组织制定机坪低能见度运行程序，明确低能见度条件下运行安全管理要求。程序内容应当至少包括：各单位工作职责，实施低能见度运行的工作程序、培训和演练，低能见度运行各要素流程图及检查单等。实施机坪低能见度运行程序时，尽可能停止航空器试车、拖曳和清洗作业、施工维护作业（应急抢修除外）、机坪保洁及其他与航空器保障无关的活动，使机坪上作业的人员和车辆限制在必要的最低限度。

（四）航空器其他作业管理要求

1. 航空器试车

航空器试车分为慢车测试、发动机冷转测试和大功率试车等。机场管理机构应当设立试车坪或者指定试车位置，明确使用管理要求，试车坪或指定试车位置应当根据需要设置防吹屏、消音设施。

航空器试车应该符合以下要求：

（1）一般情况下，航空器不能在机坪试车；

（2）航空器试车应当遵守机场管理机构的规定，并不得影响其他航空器正常运行；

（3）发动机慢车测试和发动机冷转测试等工作应当在得到机场管理机构许可后方可进行；

（4）发动机大功率试车应当在试车坪或机场管理机构指定的位置进行，应当在指定的时间段内进行；

（5）任何类型的航空器试车，应当有专人负责试车现场的安全监控，并且应当根据试车种类设置醒目的"试车危险区"警示标志，无关人员和车辆不得进入试车危险区。

2. 航空器维护

通常航空器累计飞行了一定架次或时间后，按照适航要求需要进行不同等级的机务维护与维修。因此航空器要在机坪或专用机位和专用机库进行维护与维修作业。航空器维修应满足以下相关要求：

（1）除紧急情况外，任何单位一般不得在跑道、滑行道上实施航空器维修；

（2）在机坪内进行航空器维护、添加润滑油和液压油及其他保障工作时，不得影响机位的正常调配和机坪内其他保障工作的正常运行；

（3）机务维修保障部门应当采取有效措施防止对机坪造成污染和腐蚀，对机坪造成污染和腐蚀所产生的治理费用由造成污染的单位承担。维修结束后，维修部门应当及时清理现场。

3. 航空器清洗

机场管理机构需要为航空运输企业、航空器维修单位指定航空器清洗作业区域，并明确相关区域的管理要求。航空器清洗作业应当至少满足以下要求：

（1）一般不得在机坪上开展清洗作业，除非经过机场管理机构同意；

（2）应当按照机场管理机构规定的时间和位置进行航空器清洗作业，并保持作业现场清洁，作业完成后不得在现场遗留或者丢弃任何物品；

（3）预计航空器清洗无法按时完成时，应当与机场管理机构协调延长清洗时间，得到延长清洗时间的许可后方可继续进行清洗作业。

各类油料、污水、有毒有害物及其他废弃物不得直接排放在机坪上。易燃液体应当用专用容器盛装，并不得倒入飞行区排水系统内。

机场管理机构应当组织建立覆盖全区域、全链条、全要素的机坪运行监督检查制度，根

机场运行

据机坪布局、机位使用情况、保障作业单位的作业量等因素，制定日常监督检查计划，对机坪地面交通、航空器保障作业、现场维护作业、设施设备的使用管理、机坪物理特性、标志及标记牌等内容进行动态巡视检查，确保机坪持续处于适用状态。机坪保障作业单位应当建立日常检查制度，针对重点检查项目编制专项检查单，对本单位的作业情况持续开展合规性检查，重点检查项目应当至少包括：航空器保障作业、设施设备管理等。

为加强航空器机坪运行安全、提升机坪运行效率、优化机坪运行秩序、促进机场资源的优化配置，2013年起，民航局开始逐步推进机坪管制移交工作，将航空器机坪运行管理职责由空管部门移交给机场管理机构。机坪管制移交工作是强化机场航班运行组织主体地位的重要举措，有利于发挥机场的主体作用和专业化管理优势，提升航班正点率、靠桥率等服务指标。

二、机坪设施设备管理

机坪设备是指因保障作业需要放置于机坪内的特种车辆、工作梯、尾撑、拖杆、换轮工装车、集装器、行李和集装器托盘等特种设备，因工作需要使用的机动车和非机动车等非特种设备。凡是进入机坪提供保障作业的保障车辆、设备均应符合机动车国家安全技术标准并符合机场管理机构规定的车辆行驶安全标准，悬挂民用机场机坪机动车牌，车身喷涂单位名称和标识，并在顶端安装黄色警示灯，喷涂统一的安全标志，配备有效的灭火器材，制动装置必须保持有效。

1. 设施设备的准入与退出

机坪保障作业单位的作业设备应当处于适用状态，并符合下列条件：

（1）机场及机坪保障作业单位应当使用经民航局通告合格的机场专用设备，未列入民航局机场专用设备目录的设备，应当符合国家规定的标准和技术规范的要求；

（2）在设备的明显位置（如前部或者侧部）应当有公司标识，并配有反光标志；

（3）设备首次进入机坪应当通过机场管理机构组织的设备准入审核。

机场管理机构应当建立机坪设备准入和退出制度，实施牌照发放和登记管理，并督促相关单位严格落实。机场管理机构应当组织有关单位每年至少开展一次全面的设施设备排查，不符合规定的设备应当及时清退出机坪，未及时清退的，机场管理机构可根据退出程序将相关设备清退出机坪。

2. 运输机场航班保障专用设备配置

航班保障专用设备包括航空器地面服务设备、旅客运输服务设备、行李货物运输服务设备、场道除冰雪设备和航空器除冰雪设备等。飞行区内航班保障专用设备配置可参照以下参数和通用配置方法。

$$\text{设备理论配置数量} = f \times \left[\sum_{i=1}^{6} X_i \times Y_i \times (T_o + T_d + T_i + T_s) \right] / 60$$

$$设置配置数量 = 设备理论配置数量 \times 设备维保系数(m)$$

式中 f——保障的高峰小时架次（架次），根据不同设备保障的环节取对应参数；

X_i——表示第 i 种机型占高峰小时保障总架次的比例，$i = 1，2，\cdots，6$ 分别表示 A、B、C、D、E、F 机型，如 X_3 表示 C 类机型占高峰小时保障总架次的比例；

Y_i——表示设备保障第 i 种机型时，1 架次需要的设备数量；

T_0——设备的调度时间（设备从指定停放区或已完成作业机位到待作业机位或机位作业等待区的平均时间，min）；

T_d——设备的提前到位时间（设备提前到达保障机位或临时等待区的时间，min）；

T_i——设备保障第 i 种机型的作业时间（min）；

T_s——单位设备必要调整补充时间（min），例如平均每架次飞机分摊的垃圾车倾倒垃圾时间。

设备维保系数 m 与设备性能、可靠性、使用频率或时间、使用年限、维保周期等因素相关，测算时取 $m = 1 + $ 日均维修保养设备数/设备总数。

3. 车辆设备管理

因保障作业需要放置于机坪内的保障车辆、设备，应当停泊或放置于指定的白色设备停放区和车辆停放区内。操作人员离开后，车辆、设备应当保持制动状态，并将启动钥匙与车辆、设备分离存放。保障作业结束后，保障单位应当及时将所用设备放回原区域，并摆放整齐。车辆设备的停放处应当尽量避开加油井、消防井、电缆井、供水井及其他各类井的井盖，不能影响消防栓井和油料栓井等设施设备的使用，也不能侵入或者占用人行通道、消防通道及应急疏散通道。机坪内设施设备由机坪保障作业单位设专人进行管理。

保障车辆和设备在为航空器提供地面保障作业时，不能影响相邻机位及机位滑行通道的使用，其他车辆、设备也不能进入该机位作业区域。集装货物装载机、散装货物装载机在行驶中不能载运任何货物、行李和其他物品。

机坪范围内的加油井、消防井、电缆井、供水井及其他各类井的井盖周边 20 cm 以内均应当涂刷成红色。机坪区域井盖开启时，应当在井旁设置醒目的反光标志物。任何单位和个人不得损坏、挪用、占用、遮挡机坪消防、供电、供油等基础设施设备。机坪内易被行驶车辆剐碰的建筑物、固定设施等，应当设置防撞警示、限高等标志。重要的建筑物构件、设施设备应当设置防撞保护装置。

鼓励机场管理机构会同机坪保障作业单位建立设备共享机制，对轮挡、反光锥形标志物、工作梯等设备实施共享，提升机坪设备使用效率。机场管理机构应当建立机坪充电基础设施管理制度，并督促相关单位严格落实，确保充电、配电、线缆等设备或者装置运行处于安全可控状态。机坪充电基础设施应当符合国家有关标准规范要求。

在飞行区内设置地面设备加油站应当取得机场管理机构的同意。飞行区内地面设备加油站经营单位应当依法取得危险化学品经营许可证（列入危险化学品目录的油品）、成品油零售经营资格，未依法取得相关许可或者许可失效后，不得提供加油服务。

机场运行

三、人员管理

所有在机坪从事保障作业的人员，均应当接受机场运行安全知识、场内道路交通管理、岗位作业规程等方面的培训，经考试合格后，方可在机坪从事相应的保障工作。民用机场航空器活动区机动车驾驶证有效期为四年。有效期满前到机场管理机构办理换证手续，未办理手续的予以注销。任何出入飞行区的运行保障人员应当佩戴控制区通行证，穿戴配有反光标识的服装，且反光标识不得遮挡，在夜间及黄昏具有明显的警示作用。反光标识前后总面积不少于 1 000 cm^2。

机场管理机构应当建立飞行区作业人员违章记分管理制度，并根据违章行为的严重等级对违反规定者扣除相应分值，扣除达到一定分值后采取接受复训、暂停（或者禁止）进入飞行区作业、暂扣或者吊销证件等方式进行管理。

第三节　除冰雪管理

在冬季的冰、雪和霜气候条件下，航空器表面会结冰、积雪和结霜，从而破坏航空器临界飞行表面清洁良好的空气动力状态，危及飞行安全，因此被冰、雪和霜污染的航空器是不适航的，必须在起飞前对航空器进行除冰和防冰处理。

一、航空器除冰

（一）航空器结冰的气象条件和危害

当环境温度降至冰点以下，遇有潮湿水汽、冰以降水或凝结的形式出现时，会产生结冰的条件。降水可以是雨、雨夹雪或雪，霜可因雾或湿气凝结而形成。

结冰通常仅与天气条件有关。然而，即使是环境温度在冰点以上，如果环境温度低于 5 ℃，并且外界相对湿度较高时，仍可能结冰或结霜。

当航空器在地面上时，如果雨水或细雨落在温度略低于 0 ℃ 的机翼上，可在机翼上表面形成一层透明冰层。在绝大多数情况下，机翼下表面同时出现结霜。以下情况非常容易出现航空器结冰，要特别注意：

（1）环境温度在 5 ℃以下时的降水，冻雨和小雨。雨滴保持在过冷状态，一旦与地面物体接触便会结冰。

（2）冻结的降水，如雪、雨、雨夹雪或冰雹。湿雪出现于温度与露点相互之差通常在 1 ℃以内，环境温度为-4～1 ℃。干雪出现于温度与露点相差 5 ℃以上。

（3）过冷的地面雾和低云。在寒冷天气条件下，带有过冷水滴的云雾会在物体上结冰或霜。

（4）相对湿度很高，在冰点以下的情况，航空器表面会形成霜。航空器停场过夜以及航空器从巡航高度下降着陆后，航空器表面和燃油温度仍保持在冰点以下时，霜的积聚是很常见的。

（5）在降雨条件下，且机翼表面温度达到结冰温度以下时，机翼上表面就容易结冰。在机翼寒冷的角落也可能有积冰。此外，机翼下表面也可能有霜或结冰。这时的机翼外表面上给人的印象可能是有点潮湿而已，结成的冰往往难以查出来，因此必须仔细检查。

航空器在地面遇到大风吹雪时，机身上不受空气动力干扰的地方会受到吹雪的污染。采用一般的除冰和防冰检查技术难以发现，这时建议采用附加的检查方法，例如使用高梯子对机身有关部位进行检查。

结冰条件下，冰、雪、霜对航空器的运行安全会造成直接的影响，会降低飞行性能，改变飞行特性，增加航空器的重量，限制航空器操纵面的活动范围，导致误差，发动机外来物损伤、喘振，甚至失效。航空器在冬季运行中很多部位都会形成积雪和结冰，如图 7.19～图 7.22 所示。当冰脱离结冰部位后，随气流吹向航空器尾翼，造成尾翼前缘损坏。对后置发动机的航空器来说更容易受到外来物的损坏。霜虽然不会改变机翼的基本空气动力形状，但其粗糙的升力表面会降低空气流速，使气流在机翼表面过早分离，造成升力的下降。粗糙的霜如图 7.23 所示。

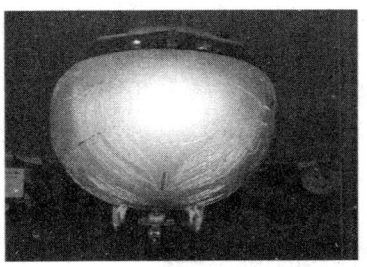

图 7.19 机体表面结冰

图 7.20 由结冰导致机翼前缘粗糙

图 7.21 机翼前缘污染物

 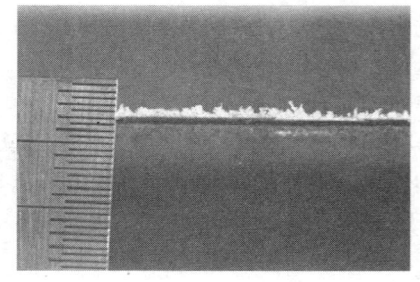

图 7.22 机翼前缘下方污染物　　　　　图 7.23 粗糙的霜

螺旋桨结冰一般在桨叶根部。结冰使螺旋桨效率降低，即使加大油门也很难维持拉力。更危险的是桨叶不均匀结冰，可造成螺旋桨不规则振动，这种振动不仅限于螺旋桨本身，而且还会使发动机固定架因振动而变形损坏。较大动能和质量的冰层从螺旋桨表面脱落后，可能损坏航空器的蒙皮、座舱玻璃及结构或部件。

（二）航空器除冰/防冰方法

在航空器进行飞行前必须除去所有冰、雪、霜，使航空器的外表保持整洁，这种操作称为航空器除冰。已经清除所有冰雪附着物及冻层，为防止航空器因外部气候条件变化而再次结冰的处理操作，称为航空器防冰，可以保证起飞之前冰雪不影响航空器飞行的性能参数。

1. 压缩空气除冰

压缩空气除冰法是一种使用历史较长的操作方法，它可以快速地清除机身外表上的没有冻结的积雪，绿色环保，但是对于航空器的活动部件尤其是连杆、转抽等有外层护板和遮挡的部分效果不好。此方法适合低温下干雪的清除。

2. 红外线加热除冰

红外线加热除冰法是一种新的除冰法，它利用集束式安装的大功率红外发射器发射的红外线照射到航空器上，加热机身融化冰雪来实现除冰作业，如图 7.24 所示。作业过程没有污染物残留在机身上，属于环保型作业法，但是设备投资大，适用于冬季降雪周期长、航班较多的机场。

图 7.24 美国肯尼迪机场红外航空器除冰系统

3. 热水除冰

热水除冰法是过去常使用的方法,特别是当周围环境温度远低于 0 ℃时,热水在低温的机身上会很快冷却,可能在航空器表面上重新冻结,影响活动部件的动作,也会阻塞飞行测控仪器。仅在环境温度高于-3 ℃,且热水除冰后的 3 min 内保证可以完成防冰操作时才能使用。如果环境温度低于-3 ℃则不能单独使用热水进行除冰,应采用除冰剂混合液。

4. 除冰液除冰

除冰液除冰是指用乙二醇除冰液经混合配比后加热喷洒到航空器上需要处理的部位以清除冰冻层的一种方法,如图 7.25 所示。

图 7.25　向航空器喷洒除冰液

(三) 除冰液的分类及使用

1. 除冰液的类型及特点

除冰液的主要成分为乙二醇溶液(乙烯乙二醇或丙烯乙二醇),该化学制剂可以降低航空器表面湿气的冰点,喷洒到航空器表面后可达到除冰/防冰的目的。乙二醇有毒性,会对环境造成污染,从清洗机身的废液中去除乙二醇的成本很高,许多机场采取直接排放的方法。同时,航空器在等待起飞的过程中还有可能再次结冰,乙二醇溶液的使用量增加,会造成对环境的反复污染。

航空器除防冰液的分为Ⅰ型液、Ⅱ型液、Ⅲ型液和Ⅳ型液,性能参数相差很大,在选购时要根据当地的气象气候条件(温度、湿度),以及雪的形式和性质决定。目前,我国机场航空器除冰主要使用Ⅰ型液和Ⅱ型液,因此本书只对这两种类型作介绍。

(1) Ⅰ型液。

Ⅰ型液液通常称为除冰液,可以很好地去除积聚在航空器表面的冰、雪、霜。它的主要成分是乙二醇,不含增稠剂。为了达到低的冰点并且具有良好的流动性,一般都要加一定的水来稀释,使用前先加热,加热温度高于 80 ℃。但是Ⅰ型除冰液的保持时间很有限,不同环境、温度下的保持时间变化很大,在使用时必须按照环境温度测算保持时间参数并且取保持时间的下限值作为时间控制依据。

（2）Ⅱ型液。

Ⅱ型液通常称为防冰液，也是乙二醇和水的混合液，与Ⅰ型液不同的是它含有增稠剂。增剂的加入使这种防冰液能形成厚一些的湿膜。在凝结物（雪、冻雨）融水产生的稀释效应起作用前，湿膜能提供更长的保护时间。这种防冰液有一种特性，即随飞行速度的增加，航空器表面剪力增大，防冰液会流散开来。先进的Ⅱ型防冰液具有更好的流散性，所以不会对航空器的性能带来影响。与Ⅰ型液相比，Ⅱ型防冰液的保持时间要长得多，保护作用也好得多。

时刻关注结冰情况及气象变化，及时采取应变措施。在有可能发生继续结冰的气象条件时必须在防冰液的有效保持时间之内起飞，否则就要考虑再次除冰/防冰。当出现结冰时，机组考虑适当的检查措施来评估结冰的严重程度，在超过保持时间或起飞前，应从航空器内外两方面进行检查，判断关键部件、重要控制面的真实结冰程度，由此作出起飞或二次防冰操作的决定。

2. 除冰/防冰操作程序

航空器起飞之前的除冰操作可分为一步法和两步法两种。

（1）一步法除冰/防冰操作。

一步法，可以使用浓度较高的Ⅰ型除冰液与水的混合液。除冰混合液在加热状态下去除航空器机身冰、雪、霜颗粒、冰雪附着物及冻层等污染物，并且提供有限的防冰保护作用和时间。一步操作实现除冰和防冰两步的作业，达到两步的作业效果，所以称一步法。此法适用于环境温度不是很低（高于-3 ℃）、没有降雪和冻雨的天气、距航空器起飞时间较短（5 min以内）的状态下。

留在机翼上的液体薄膜层是利用除冰液本身的保持时间和热能，只能在很有限的时间内起保护航空器和预防结冰的作用。

（2）两步法除冰/防冰操作。

两步法是使用除冰液水溶液和防冰液两种液体进行的两步操作。

第一步：喷洒热水/除冰液混合液，在加热状态下去除航空器冰、雪、霜颗粒、冰雪附着物及冻层等污染物实现除冰；

第二步：将未稀释的除冰原液或与水的混合液，喷洒在航空器的关键活动部位上，根据环境温度和气候条件选择不同的配比浓度确保足够的防冰持续时间。

除冰和防冰操作依使用部位不同而有所不同。机尾要对其全部表面进行除冰操作，防冰操作只是对水平安定面的上表面。机翼要对其全部表面进行除冰操作，防冰操作只是对机翼上表面和前缘。机身要对其全部表面进行冰雪清除，不进行防冰操作。

除冰剂和防冰剂不能直接喷射的部位包括驾驶舱前挡风玻璃、侧窗、客窗、皮托管和静压管、TAT天线、AQA天线、静压压力管、航空器引擎的进气口和出气口、APU进气口和排气口、空调进气口、机轮和刹车装置（避免热损害）。

高压液体直接喷射会使部件受损害，造成系统故障。橡皮托管和静压管等测量设备受到高压液体的冲击可能失效。高压液体直射到航空器引擎进气口会损坏引擎叶片。高压液体进入空调进气口，会被输送到客舱，造成客舱内空气污染，还有引发火灾的隐患。直射到机轮和刹车装置上会造成热损害或制动失灵。除/防冰液直接喷射到以上部位会影响航空器安全飞行，操作时应避免。

（3）保持作用时间（Hold Over Time，HOT）。

保持作用时间是指防冰液在被保护的（经处理的）航空器表面能够防止冰霜的形成以及雪积聚的估计时间。Ⅰ型除冰液实现的保持时间和Ⅱ型防冰液实现的保持时间可根据四个方面的内容来确定：防冰液种类、防冰液浓度、外界大气温度以及天气条件（雪、冰、雨等）。

在一步除冰/防冰操作中，保持作用时间在除冰/防冰操作开始时算起；在两步除冰/防冰操作中，保持作用时间在除冰操作开始时算起。

表7.2和表7.3为Ⅰ/Ⅱ型除冰液实现的大约保持时间。表7.4和表7.5为Ⅰ/Ⅱ型除冰液使用指南。

表7.2　Ⅰ型除冰液实现的大约保持时间

环境温度/℃	不同天气状态下的大约保持时间/min				
	霜	雾	雪	冰雨	冰冷机翼上的雨水
≥0	18~45	12~30	6~15	2~5	6~15
-7~<0	18~45	6~15	6~15	1~3	—
<-7*	12~30	6~15	6~15	—	—

注：1. Ⅰ型除冰液混合液的冰点应至少低于外界温度10℃。
　　2. 表中的保持时间只是对通常情况而言。在恶劣的气象条件下将缩短保持时间，大风和高速喷射的液体可降低保护膜的保护作用，大大缩短保持时间。当燃油温度大大低于外界大气温度时，同样会发生这种情况，因此表中的时间只供每次起飞前目视检查时使用。

*在规定的温度下，液体应符合空气动力的验收标准。

表7.3　Ⅱ型防冰液实现的大约保持时间

环境温度/℃	Ⅱ型防冰液与水的容积比	不同天气状态下的大约保持时间/min				
		霜*	雾	雪	冻雨	冰冷机翼上的雨水
≥0	100:0	720	75~180	25~60	8~20	24~60
	75:25	360	50~120	20~45	4~10	18~45
	50:50	240	35~90	15~30	2~5	12~30
<0~-7	100:0	480	35~90	20~45	8~20	—
	75:25	300	25~60	15~30	4~10	—
	50:50	180	20~45	5~15	1~3	—
<-7~-14	100:0	480	35~90	20~45	—	—
	75:25	300	25~60	15~30	—	—
<-14~-25	100:0	480	35~90	20~45	—	—
<-25	100:0	当环境温度低于-25℃时，可使用Ⅱ型防冰液，Ⅱ型防冰液的冰点应有7℃的裕度。不能使用Ⅱ型防冰液时，可考虑使用Ⅰ型除冰液，在规定的温度下，液体应符合空气动力的验收标准				

注：表中的保持时间只是对通常情况而言。在恶劣的气象条件下将缩短保持时间，大风和高速喷射的液体可使保护膜的保护作用降低，大大缩短保持时间。当燃油温度大大低于外界大气温度时，同样会发生这种情况，因此表中的时间只供每次起飞前目视检查时使用。

*用于维护的目的。

表 7.4　Ⅰ型除冰液使用指南

环境温度/℃	一步除冰/防冰	两步除冰/防冰	
		第一步：除冰	第二步：防冰
≥-3	除冰液与水的混合液应加热至喷嘴处溶液温度大于60 ℃，混合液的冰点至少应低于环境温度10 ℃	用加热的水或除冰液与水的混合液，喷嘴处溶液温度应大于60 ℃	混合液的冰点至少低于外界实际温度10 ℃
<-3		除冰液与水的混合液的冰点不应高于环境温度3 ℃	

注：1. 机翼蒙皮的温度可以大大低于外界温度，在此情况下应使用更浓的混合液体（即更多的除冰液）。
　　2. 一步除冰/防冰对于清洁的航空器使用冷的防冰液防冰。
　　3. 两步除冰/防冰的防冰液应当在第一步除冰液结冰前使用，典型的应当在3 min之内。

表 7.5　Ⅱ型除冰液使用指南

环境温度/℃	一步除冰/防冰	两步除冰/防冰	
		第一步：除冰	第二步：防冰
≥-3	加热的50∶50Ⅱ型防冰液	用加热的水或加热的Ⅰ型或Ⅱ型除冰液与水的混合液	Ⅱ型防冰液50∶50
<-3～-14	加热的75∶25Ⅱ型防冰液	加热的Ⅰ型或Ⅱ型除冰液与水适当比例的混合液，其冰点不超过环境温度3 ℃	Ⅱ型防冰液75∶25
<-14～-25	加热的100∶0Ⅱ型防冰液		Ⅱ型防冰液100∶0
<-25		所选择的Ⅱ型防冰液的冰点应至少低于环境温度7 ℃	

注：1. 机翼蒙皮的温度可以大大低于外界温度，在此情况下应使用更浓的混合液体（即更多的除冰液）。
　　2. 一步除冰/防冰对于清洁的航空器使用冷的防冰液防冰。
　　3. 两步除冰/防冰的防冰液应当在第一步除冰液结冰以前使用，典型的应当在3 min之内。
　　4. 当油箱区域机翼下部显示有霜或冰时，不应使用50∶50Ⅱ型防冰液对机翼进行防冰。
　　5. 使用100%的Ⅱ型防冰液或者75∶25混合液时，航空器的起飞抬头速度（V_r）应当大于85 n mile/h（158 km/h）。

（四）航空器除防冰保障要求

机场管理机构应当组织建立航空器除防冰统一管理机制，最大限度地提升航空器除防冰作业保障能力。

航空器除冰方式包括机位除冰和集中除冰。机位除冰是指在航空器停放的机位进行除冰作业。但机坪是航空器保障作业的主要场所，人员、车辆和航空器较为集中，且距离起飞跑道较远，除冰作业增加了机坪擦剐的风险，且容易产生航空器二次结冰。航空器机位上除冰时，机场管理机构应当制定除（防）冰液回收措施，防止除（防）冰液对道面的化学腐蚀或者冻融循环的物理损坏。集中除冰是在机场靠近跑道区域专门设立的除冰坪上统一进行除冰作业。机场若位于经常降雪或降雪量较大地区，且年旅客吞吐量在200万（含）以上时，需设置专用或集中除冰坪。除冰坪位置一般距离起飞跑道较近，保证航空器在除冰处理结束后，在除冰液的保持时间内能尽快上跑道起飞。

机场及相关保障单位应根据本机场气候条件，并参照过去五年的冰雪情况，配备与航班量相匹配的除冰雪设备，防止因设备或者设施不足，延误航空器正常出港。同时，保障单位结合机场实际情况，制定航空器除冰预案，配备必要的人员、除冰车辆、设备和物资，并定期组织演练，最大限度地消除冰雪天气对航班正常运行的影响。

当有大量航空器需要除冰时，机场可统一调配除冰资源，与航空公司配合，积极实施航空器慢车除冰，并根据本场情况研究确定高峰小时除冰能力，提高除冰效率。机场运行指挥部门应每 30 min 将未来 60 min 可以完成除冰的航空器数量通知空管部门。各类航空器的除冰作业时间一般不超过表 7.6 的要求。

表 7.6　航空器除冰作业时间　　　　　　　　　　　　单位：min

天气条件	C 类航空器	D 类航空器	E 类航空器	F 类航空器
小雪	12	17	20	30
中雪	17	8（慢车）	22	28	40
大雪	25	30	36	50
粘雪	22	27	33	45

二、飞行区场道除冰雪

（一）除冰雪组织管理

机场管理机构可以组织成立机场除冰除雪委员会，负责制定机场除冰雪工作预案，指导协调预案的实施，因冰雪不能保证航空器安全起降时，就临时关闭跑道作出决定。

（二）除冰雪预案

除冰雪预案的主要内容包括：除冰雪管理委员会的人员组成；除冰雪作业责任单位、责任人及其相应职责；预案的启动程序；除冰雪过程中的信息传递程序和通信方式；根据运行保障模式、繁忙程度、降雪情况和除冰雪能力，明确优先清除的跑道、滑行道、机坪、车辆服务通道等；针对干雪、湿雪、雪浆、冰等不同污染物以及不同气温的除冰雪作业程序、车辆设备和人员的作业组合方式；跑道摩阻特性的评估和通报程序；除冰雪设备故障的应急处置程序；除冰雪车辆、设备及物资储备清单。

机场管理机构应当定期组织机场场道除冰雪预案演练和评估工作，并及时对除冰雪工作进行总结复盘，动态修订机场场道除冰雪预案。

（三）场道除冰雪设备和配备要求

1. 除冰雪设备

根据近几年国内北方机场的运行经验和设备统计情况，现阶段国内机场冬季除冰雪的主要设备分为作业设备和辅助作业设备两大类。按照作业的分工可细分为如下几种：

（1）除雪车（吹雪车、推雪车、抛雪车、扫雪车），清除积雪，清扫残雪，清除积水及垃圾；

（2）化学制剂作业车，包括固体化学制剂的撒布和液体化学制剂的喷洒作业设备；

（3）各种场道除冰车，破碎冰层，清理碎冰；

（4）运雪卡车、运输工具，完成人工清扫积雪的运输，机械化除冰雪时大量积雪的运输，配合抛雪车工作；

（5）电源照明车，装有直流外接电源装置，配合吹雪车、扫雪车工作充电，并可作照明使用。可以是载有交流发电机组的各种供电设备或车辆；

（6）跑道摩擦系数车、表面摩阻系数测试装置，供随时测试、掌握跑道表面摩擦系数情况。

2. 除冰雪设备配备要求

机场管理机构应当根据本机场气候条件并参照过去 5 年的冰雪情况，依据运输机场运行安全管理规定，并参考运输机场航班保障专用设备配置指南的要求，配备除冰雪设备。

年旅客吞吐量 500 万人次以上的机场，除冰雪设备配备应当能够达到编队除雪，并且一次编队至少能够清除跑道上 40 m 宽范围的积雪，具备在下雪时清除跑道积雪的能力，保证机场持续开放运行；年旅客吞吐量在 200 万至 500 万人次的机场，除冰雪设备配备应当能保证雪停后 1 h 内机场可开放运行；年旅客吞吐量 200 万人次以下的机场，除冰雪设备配备应当能保证雪停后 2 h 内机场可开放运行；日航班量少于 2 班的机场，除冰雪设备配备应当能保证雪停后 4 h 内机场可开放运行。偶尔有降雪的机场，应当根据天气预报，在降雪前喷洒除冰液。

（四）除冰雪作业工作标准

1. 入冬前准备

机场入冬前，机场管理机构应当做好相关准备工作，主要包括：召开除冰雪协调会议，为冬季运行作准备；对除冰雪人员进行培训；对除冰雪车辆及设备进行全面维护保养；按照机场场道除冰雪预案，对车辆设备、编队作业、协调指挥、通信程序进行模拟演练。演练应当在航班结束后在跑道、滑行道、机坪上实地进行，一般情况下每年入冬前演练次数不少于三次；对除冰液等物资的有效性和储备情况进行全面检查；确定堆雪场地。

2. 积雪清除要求

机场道面冰/雪作业的基本目标是保证跑道、滑行道、机坪和车辆服务通道在出现雪情或冰冻情况时尽快恢复运行条件，最好能够同步投入使用，不发生因局部原因而影响机场开放使用的情况。位于经常降雪或者降雪量较大地区的机场，机场管理机构应该事先确定堆雪场地，场地堆雪不能影响航空器和车辆的运行，并不得被航空器气流吹起。

在机场运行期间，机场管理机构应当及时清除运行跑道区域目视助航设施及相关滑行道、机坪上的冰雪，确保目视助航设施满足运行的需要。为保证机场尽快或持续开放使用，在滑行道、机坪积雪厚度小于 5 cm 时，可先仅清除标志上的积雪，便于航空器运行，但应当尽快清除全部积雪，同时清除遮挡或者影响标记牌和灯光的冰雪。

3. 设施设备的保护

除冰雪作业过程中，应当注意保护跑道、滑行道边灯和其他助航设备。跑道两侧道肩外堆雪高度不超过 30 cm。滑行道和停机坪道肩外的堆雪高度，自航空器两侧的道面边缘起 10 m 范围内，雪与航空器发动机（螺旋桨）的垂直距离不得小于 40 cm，与机翼的垂直距离不得小于 1 m。

此外，堆雪不得影响助航灯具、滑行引导标记牌的正常显示和指示。在助航灯具和滑行引导标记牌工作方向上的堆雪不能影响飞行员和地面工作人员观察灯具的视线。除冰雪作业时要防止损坏道面的灯具，尤其是使用热吹式设备作业时，不能在车辆停止时近距离对着灯具吹，以防止灯具过热破坏其结构和性能，甚至吹倒灯具。

在航空器周边 5 m 范围内，不得使用大中型除雪设备。

（五）除冰除雪的主要作业方法

在组织除冰雪作业时，应根据雪情（大小、干湿等性质）、气象条件（风向、风速、气温等状况）和机场除冰雪车辆设备状况确定相应的除冰雪作业方法，合理选用人员、设备及其联合作业方式，并在合理的运行模式下进行。确保在出现雪情时执行机场跑道的关闭程序和雪情排除后科学审批跑道开放程序。

机械除雪设备分为冷吹式除雪车和热吹式除雪车。冷吹式除雪车一般用于清除跑道、滑行道等开阔地区的中、大雪和干雪，并适用于在下雪过程中"边下边扫"。除雪时，如无强侧风，可从道面中心或边线开始，呈人字形或梯形编队，如图 7.26 所示；如遇有强侧风，应从上风口开始，呈梯形编队，如图 7.27 所示；除雪过程中应注意控制编队车速及车辆间的配合。热吹式除雪车一般用于清除开阔地区的各类雪，尤其适用于消除湿雪、雪浆及道面化冰，但用于下雪过程中"边下边扫"时易造成道面结冰。当出现道面结冰现象时，应当及时喷洒除冰液，在清扫沥青道面的积雪时，应注意行车速度，防止因除雪车的高温气流对道面造成破坏。此外，可使用多台除雪车呈楔形或"人"字形编队，车辆之间应保持较小间距，防止前车吹过的地区因后车未能跟上而造成二次结冰。同时，应避免单车作业，以提高作业效率。

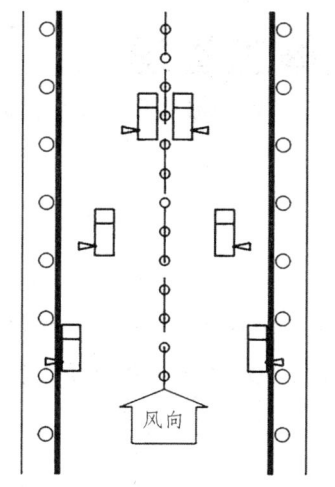

图 7.26 "人"字形编队示意图

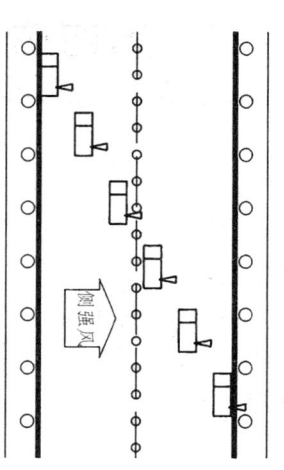

图 7.27 楔形编队示意图

机场运行

　　化学制剂一般用于防止道面结冰或化冰，尤其适用于机坪、勤务车辆通道等不适用于机械除雪的地区。使用时，在临近结冰的情况下，可提前喷洒一些除冰剂以防止结冰，如道面已结冰，可直接在其上喷洒除冰剂。当遇强侧风时，应注意控制喷洒的范围。但化学制剂除冰可能会造成对各种铺筑面及环境的污染。

　　人工除冰除雪一般用于机械、化学制剂除冰除雪方法的补充，特别适合边角地区及机械作业受到较大限制的地区，因此，机场管理机构对机械除雪难以达到的地区，实行人工除雪责任分区是非常重要的。

（六）除雪作业中的注意事项

　　除雪完成后，应尽实际可能对跑道进行摩擦系数的测试，并将结果报告空中交通管制部门。

　　停机坪的除冰除雪应从机坪滑行道和机位滑行通道开始，除雪效果要达到滑行道标志明显和中线灯清洁的目标。机位除雪可用机械除雪、化学制剂和人工清扫配合进行，应在机坪上选择专门地区来处理积雪，或者全部装上卡车运到排水良好的地方。

　　在接近停放航空器的地区，应当使用小型除雪车。在离航空器小于 5 m 的地方，不得使用大型机械除雪设备，以免发生航空器与设备相撞事故。一些特殊地区（如上下旅客、装卸货物等地），应随时采用化学制剂除冰。

　　当使用两辆及以上的车辆除雪时，必须指定一名指挥员伴随扫雪车组，负责指挥并与塔台保持联络，报告工作进程和道面表面状况。

　　当道面结冰时，可以使用机械加热除冰、化学制剂和撒砂等方法处理。

　　防止道面结冰应先于除冰，特别是小的湿雪，气温在 0 ℃左右时，提前喷洒除冰液以防止道面结冰。

第四节　不停航施工管理

　　不停航施工是指在运输机场不关闭或者部分区域、部分时段关闭并按照航班计划接收和放行航空器的情况下，在飞行区内实施工程施工。不停航施工不包括在活动区内进行的日常维护和紧急抢修工作。

一、不停航施工管理的职责分工

中国民用航空局负责全国运输机场不停航施工的统一监督管理。中国民用航空地区管理局负责本辖区运输机场不停航施工的审批和监督管理。机场管理机构负责不停航施工期间的机场运行安全,各参建单位应当服从机场管理机构的统一协调和管理,落实不停航施工管理的有关要求。未经管理局批准,机场不得进行不停航施工。

二、机场管理机构管理主要内容

机场管理机构负责不停航施工期间的机场运行安全,各参建单位需要服从机场管理机构的统一协调和管理。未经管理局批准情况下,机场不得进行不停航施工。机场管理机构对不停航施工管理内容包括:

(1)制定机场不停航施工管理制度,对不停航施工进行监督管理,避免危及机场运行安全,并最大限度地减少对机场正常运行的影响;

(2)在设计阶段提出关于不停航施工管理的意见;

(3)在编制施工招标文件时,提出关于不停航施工安全措施的意见;

(4)与工程建设单位和施工单位(或者工程总承包单位)签订安全责任书;

(5)建立协调工作机制,由各相关单位和部门代表组成协调工作小组,专职负责不停航施工安全协调和管理工作;

(6)负责组织对参建单位人员培训情况和不停航施工安全检查员开展现场安全教育情况进行监督检查;

(7)对参建单位遵守跑道侵入防范、外来物防范和净空保护等要求的情况进行监督检查。

机场管理机构应当会同建设单位、施工单位(或者工程总承包单位)、空中交通管理机构(包括管制单位、航空情报服务机构)及其他相关单位和部门共同编制不停航施工组织管理方案。施工组织管理方案主要内容包括:

(1)工程内容、分阶段和分区域的实施方案、建设工期;

(2)施工平面图和分区详图,包括施工区域、施工区与航空器活动区的分隔位置、围栏设置、临时目视助航设施设置、堆料场位置、大型机具停放位置、施工车辆和人员通行路线和进出道口等;

(3)影响航空器起降、滑行和停放的情况和采取的措施;

(4)影响跑道和滑行道标志和灯光的情况和采取的措施;

(5)需要跑道入口内移的,对道面标志、助航灯光的调整说明和调整图;

(6)对跑道端安全区、无障碍物区和其他净空限制面的保护措施,包括对施工设备高度的限制要求;

(7)影响导航设施正常工作的情况和所采取的措施;

(8)对施工人员和车辆进出飞行区出入口的控制措施和对车辆灯光和标识的要求;

（9）防止无关人员和动物进入飞行区的措施；

（10）防止污染道面的措施；

（11）对沟渠和坑洞的覆盖要求；

（12）对施工中的漂浮物、灰尘、施工噪音和其他污染的控制措施；

（13）对无线电通信的要求；

（14）需要停用供水管线或消防栓，或消防救援通道发生改变或被堵塞时，通知航空器救援和消防人员的程序和补救措施；

（15）开挖施工时对电缆、输油管道、给排水管线和其他地下设施位置的确定和保护措施；

（16）施工安全协调会议制度，所有施工安全相关方的代表姓名和联系电话；

（17）对施工人员和车辆驾驶员的培训要求；

（18）航空情报原始资料的提供程序和要求、航空情报资料的发布计划；

（19）各相关部门的职责和检查的要求。

对于工程规模较大或者管控难度较高且对运行安全影响较大的不停航施工，机场管理机构可以会同建设单位组织对不停航施工组织管理方案进行专项评估。

三、不停航施工的批准程序

在机场内进行的不停航施工，由机场管理机构负责统一向机场所在地民航地区管理局报批。因机场不停航施工，需要调整航空器起降架次、航班运行时刻、机场飞行程序、起飞着陆最低标准的，机场管理机构应当按照中国民航局的有关规定办理报批手续。

机场管理机构向民航地区管理局申请机场不停航施工时，应当提交下列资料：

（1）不停航施工申请书；

（2）初步设计批复或者行业审查意见；

（3）机场管理机构与工程建设单位和施工单位（或者工程总承包单位）签订的安全责任书；

（4）不停航施工组织管理方案；

（5）不停航施工期间的各类相关应急预案（如通信中断，电缆、光缆等线缆损坏，油气管道泄漏，航空器突发事件，火灾，特殊天气运行，车辆故障等）；

（6）调整航空器起降架次、航班运行时刻、机场飞行程序和运行最低标准的有关批准或者决定文件（如有）。

受理不停航施工申请之日起，管理局应当在十五个工作日内作出是否予以许可的决定。十五个工作日内不能作出决定的，经管理局负责人批准，可以延长十个工作日，并应当将延长期限的理由及时告知申请人。作出不予许可的书面决定的，应当说明理由。

不停航施工批准后，机场管理机构应当按照有关规定向相关管制单位提供不停航施工信息，并按照有关规定及时、准确、完整地向航空情报服务机构提供符合要求的航空情报原始资料。以航行通告形式发布的不停航施工相关信息，应当在航行通告生效时间 24 h 以前提供原始资料。航空情报资料或者航行通告生效后，方可开始施工。

四、不停航施工一般规定

在跑道有飞行活动期间，禁止在跑道端之外 300 m 以内、跑道中心线两侧 75 m 以内的区域进行任何施工作业。在跑道端之外 300 m 以内、跑道中心线两侧 75 m 以内的区域进行的任何施工作业，在航空器起飞、着陆前半小时，施工单位应当完成清理施工现场的工作，包括填平、夯实沟坑以及其他等效措施，并将人员、机具、车辆全部撤离施工区域。

在通信、导航、监视、气象等设施附近进行施工的，应当事先评估施工活动的影响。施工期间，应当保护好导航设施保护区的场地。在跑道有飞行活动期间，任何人员、车辆及设备不得进入保护区。不得使用可能对通信导航监视设施或者航空器通信产生电磁干扰的电气设备。

跑道有飞行活动期间，在跑道端 300 m 以外区域进行施工的，施工机具、车辆的高度以及起重机悬臂作业高度不得穿透障碍物限制面。在跑道两侧升降带内进行施工的，施工机具、车辆、堆放物高度以及起重机悬臂作业高度不得穿透内过渡面和复飞面，并尽可能缩小施工区域。

在滑行道、机坪道面以外进行施工的，当有航空器通过时，滑行道中线或者机位滑行道中线至物体的最小安全距离范围内，不得存在影响航空器滑行安全的设备、人员或者其他堆放物，并不得存在可能吸入发动机的松散物和其他可能危及航空器安全的物体。

因不停航施工需要临时关闭跑道、滑行道、机坪的，以及内移跑道入口的，应当按照民用机场飞行区技术标准有关要求，对有关标志（物）或者灯光进行设置、调整；施工区域与其他区域应当有明确而清晰的分隔，如设立施工临时围栏或者其他醒目隔离设施。隔离设施应当能够承受航空器吹袭，并设置不易脱落的警示标志，夜间应当予以照明或者设置红色警示灯等方式予以警示，必要时设置不适用地区灯（红色恒光灯，光强不小于 10 cd）；对于施工区域内的地下电缆和各种管线，应当设置醒目标识。施工作业不得对电缆和管线造成损坏；在施工期间，应当定期实施检查，保持各种临时标志、标志物清晰有效，临时灯光工作正常；航空器活动区附近的临时标志物、标记牌和灯具应当易折，并尽可能接近地面；邻近跑道端安全区、升降带平整区的开挖明沟和施工材料堆放处，应当用不易飘浮的红色或者橘黄色标志物予以警示。在低能见度天气和夜间，还应当加设不适用地区灯。

对于易飘浮的物体、堆放的材料，应当加以遮盖并固定，防止被风或者航空器尾流吹散。在航班间隙或航班结束后进行施工的，在提供航空器使用之前必须对该施工区域进行全面清洁。施工车辆和人员进出路线穿越航空器开放使用区域的，应当对穿越区域进行不间断检查，发现道面污染时，应当及时清洁。

因施工使原有排水系统不能正常运行的，应当采取临时排水措施，防止因排水不畅造成飞行区被淹没；因施工影响机场消防、应急救援通道和集结点正常使用的，应当采取临时措施。

参建单位进场人员，应当经过安全培训。人员和车辆进出飞行区出入口时，应当接受检查。不停航施工临时设置的大门，应当符合安全保卫的有关规定。车辆和人员应当严格按照不停航施工组织管理方案中规定的时间和路线进出施工区域。临时进出施工区域车辆的驾驶员未经过相应培训的，应当由持有场内车驾驶证的人员全程引领。进场到达指定施工区域

机场运行

后，不停航施工安全检查员应当组织所有施工作业人员进行现场安全教育，明确当日施工作业安全要求及其他注意事项等。

进入飞行区的车辆在顶端应当安装符合标准的灯光标示，并在工作期间始终开启。施工车辆、机具的停放区域和堆料场的设置不得阻挡管制员对机动区和机坪的观察视线，也不得遮挡任何使用中的助航灯光、标记牌，并不得超过障碍物限制面。

建设单位、施工单位（或者工程总承包单位）与机场管理机构建立可靠的通信联系，施工期间派不停航施工安全检查员现场值守和检查，并负责守听。安全检查员必须经过无线电通信培训，熟悉通信程序。

复习与思考

1. 进入地面保护区进行作业的车辆和人员应遵守哪些要求？
2. 机坪管理对航空器地面保障作业的要求有哪些？
3. 机坪设施设备管理涉及哪些运行规范和安全要求？
4. 为什么在冰、雪和霜的气候条件下需要进行航空器的除冰和防冰处理？
5. 什么是除冰液的保持作用时间（HOT）？该时间受到哪些因素的影响？

第八章 航班保障与指挥协调

　　机场运输生产组织的中心业务主要围绕航班运行保障进行展开，航班保障节点与资源要素的交互作用与耦合效应不断迭代演化，呈现出高度复杂的局面。为正确处理安全与正常的关系，切实抓好航班运行保障各个环节，确保机场安全运行平稳可控，机场运行系统在流程优化的基础上着力提升组织协同效能，实现科学决策和自适应调节。

机场运行

第一节 航班运行保障管理

一、航班保障流程及相关规定

航班保障工作是一项复杂的系统工程，涉及飞行计划服务、工作准备、机位分配、登机口分配、航班动态信息发布、检查/调整停机位、接收航班动态信息、航班预配、值机、旅客/行李安检、航班到达广播及信息发布、行李转盘分配、航空器引导和停放、航空器监护、登机桥/客梯车靠接、旅客下机服务及引导、货物/行李装卸、货物/行李运送发放、客舱清洁、加清排污、航空器维护、燃油加注、货物/行李送运装舱、机供品餐食供应、截载、机务放行、上客、登机广播、装卸作业完成报告、舱单送达、登机桥/客梯车撤离、航空器推出及指挥开车、送机人员撤离、航空器滑出和起飞等多个环节的复杂工作。航空器地面保障作业见图8.1所示。航班保障对象主要包括航空器、旅客、行李和货物等。

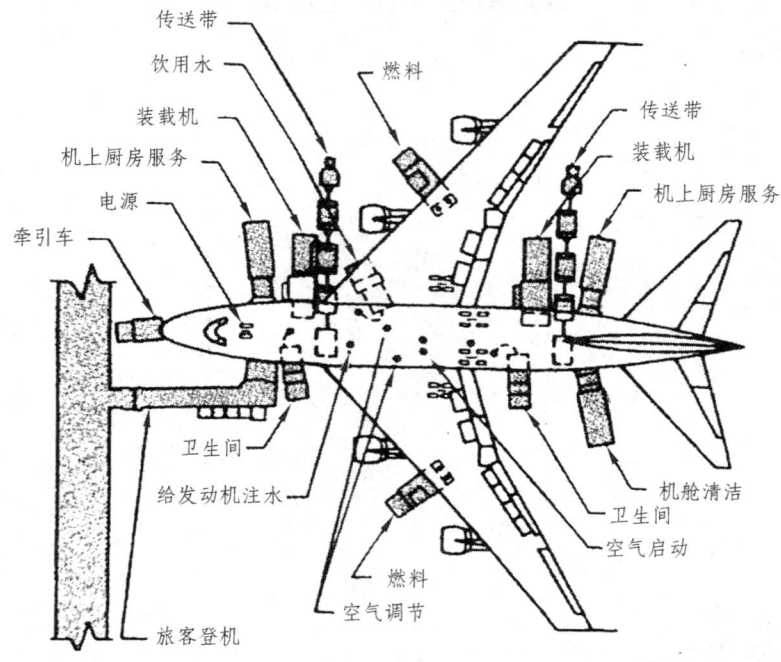

图 8.1 航空器地面保障作业

第八章 航班保障与指挥协调

以航空器地面保障为例，各类专用设备按照一定的步骤开展服务，任务之间存在平行和交叉，呈现典型的复杂网络拓扑结构。如图 8.2 所示。

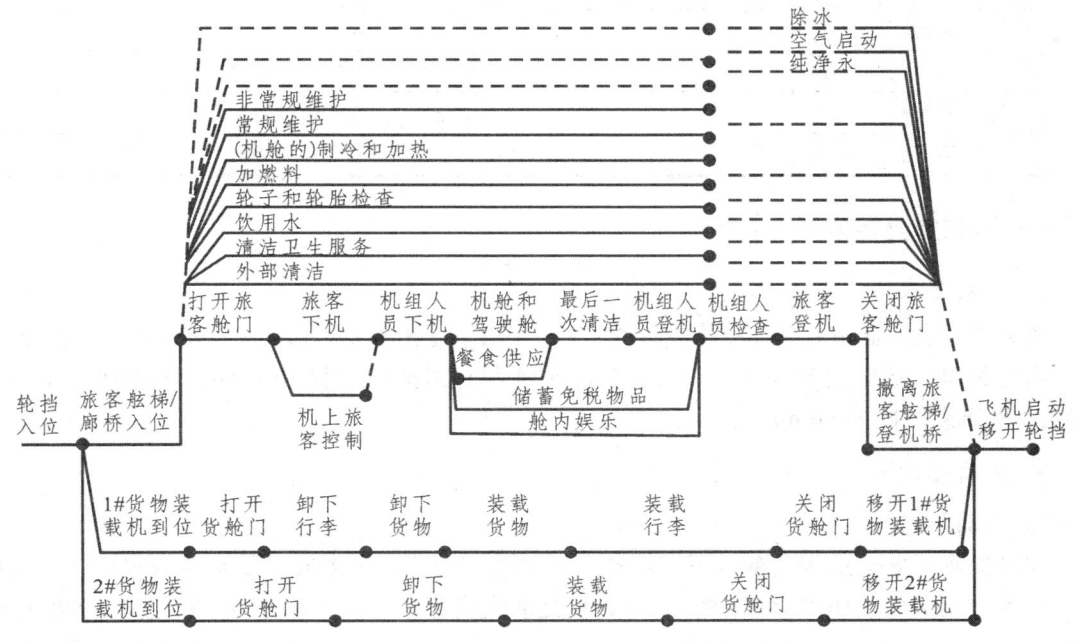

图 8.2 航班地面作业服务流程

机场、航司、空管等单位应建立信息共享机制，及时向旅客和各航班保障单位提供必要的生产运营信息。机场运行指挥部门及时将航班停机位分配信息、航班起飞、落地时间提供给各保障单位，至少在航班到达前 30 min 确定停机位。到港航班预计落地前 30 min，机场运行指挥部门原则上不得变更停机位，如确需变更的，应及时通知各相关航班保障单位。

二、航班安全运行保障标准

为了规范机场航班运行保障工作、提高运行效率、促进航班正常，民航局依据相关法规标准，综合我国机场运行实际，制定了航班安全运行保障标准。鉴于服务保障时间与机型座位数密切相关，标准对机型做了分类，并对航班离港、到港时间的表述进行了统一和规范，如表 8.1 和表 8.2 所示。

表 8.1 机型分类

座位数	机型
60 座及以下	EMB145、CRJ200 等
61~150 座	EMB190、ARJ21、A319、B737（700 型以下）、CRJ900 等
151~250 座	B737（700 型以上）、B757、A310、A320、A321 等
251~500 座	B747、B777、B787、A300、A330、A340、A350 等
500 座以上	A380

机场运行

表 8.2 航班离港、到港时间定义

术语	定义
计划离港时间	指航班时刻管理部门批准的离港时间
目标离港时间	航班收到许可后能够立即推出/开车的时间
计划到港时间	指航班时刻管理部门批准的到港时间
预计到港时间	航班从对方机场起飞后,预计到达目的地的挡轮挡时间

(一)航空器始发

1. 始发拖曳

机务应在航空器拖曳前完成拖曳检查工作。在出港机位提供使用后,500 座以上航空器拖曳至出港机位(挡轮挡)时间应不晚于航班计划/目标离港时间前 120 min,其余机型不晚于计划/目标离港时间前 90 min。

2. 地面保障

(1)廊桥对接。

在确保廊桥安全适用的前提下,航空器拖曳至其他机位出港时,航空器按规范挡好轮挡后,机务应立即给出明确对接指令,10 min 之内完成廊桥对接。原停机位出港时,500 座以上航空器应不晚于航班计划/目标离港时间前 120 min 完成廊桥对接工作,其余机型不晚于航班计划/目标离港时间前 90 min。三桥应先对接 A 桥和 C 桥,之后对接 B 桥。

(2)客梯车对接。

500 座以上航空器应不晚于航班计划/目标离港时间前 120 min 完成客梯车对接工作,251～500 座和 151～250 座航空器为 70 min,61～150 座和 60 座及以下航空器为 60 min。

(3)航空器监护。

航空器监护人员应在廊桥、客梯车对接前到位,已实现区域监护的除外。

(4)电源、空调和气源设备提供。

根据机组需要,应及时提供地面电源、空调和气源设备。

(5)客舱门开启。

客舱门应在廊桥或客梯车对接完成后 1 min 内开启。

(6)出港摆渡车。

按照机型,首辆摆渡车不应晚于以下时间点前到达登机口或指定等待区域:500 座以上航空器在计划/目标离港时间前 60 min;251～500 座航空器为 50 min;其余类型航空器为 45 min。其他摆渡车应在前车驶离后 2 min 内到位。

(7)货舱门开启。

货舱门(含散舱 BULK 舱门)应在开始装舱时开启。

(8)客舱清洁。

客舱清洁程度应符合航空公司的相关标准和要求。客舱清洁操作应在开始登机前完成。

(9)清水操作。

在廊桥或客梯车对接完毕后可以开始清水操作。清水操作完成时间不晚于航班计划/目标离港时间前 15 min。

（10）餐食及机供品配供。

餐食及机供品配供在航空器处于安全靠泊状态且按规范放置好反光锥形标志物后进行，并在开始登机前完成。

（11）航油加注。

航油加注应在廊桥或客梯车对接完毕，由航空公司代表确认后进行。500 座以上航空器应不晚于计划/目标离港时间前 120 min 提前确认并允许加油，251~500 座和 151~250 航空器为计划/目标离港时间前 90 min，61~150 座和 60 座及以下为 60 min。一般情况下，航油加注操作应在开始登机前 5 min 完成。

（12）机组及乘务组保障。

按照机型，机组、乘务组应在以下时间点前到达航空器或机位：500 座以上航空器在计划/目标离港时间前 70 min，其余为 60 min。如果因航油加注、餐食及机供品配供等保障环节需要机组提前到达的，应根据双方协议执行。机组、乘务组完成机组协作时间，500 座以上航空器应不晚于计划/目标离港时间前 60 min，其余机型为 40 min。

（13）货邮、行李装载。

所有机型应在航空器计划/目标离港时间前 5 min 完成货邮、行李的装载。按照机型，应在以下时间点前通知翻找行李：500 座以上航空器在计划/目标离港时间前 25 min；251~500 座航空器为 20 min；其余类型航空器为 15 min。

（14）客舱门关闭。

客舱门关闭操作在旅客登机完毕、单据交接完毕、边防手续交接（适用于国际航线）确认完毕和地面保障人员全部下机后进行，关闭操作时间不应超过 1 min，关闭不晚于航班计划/目标离港时间前 5 min。

（15）货舱门（含散舱 BULK 舱门）关闭。

货舱门（含散舱 BULK 舱门）关闭操作在货物、邮件、行李装卸完毕，且无须翻找和加减行李后执行，关闭操作时间不应超过 2 min，应在航班计划/目标离港时间前 5 min 关闭。

（16）廊桥撤离。

撤离廊桥应在航班关闭客舱门后开始。如使用桥载设备，应在桥载设备撤离后开始撤离廊桥。三桥应先撤 B 桥，之后撤离 A 桥和 C 桥。三桥撤离操作时间不超过 6 min，双桥不超过 4 min，单桥不超过 2 min。

（17）客梯车撤离。

客梯车撤离应在航班关闭客舱门后进行，客梯车撤离操作时间不应超过 4 min。

3. 放行推出

牵引车、机务、拖把到位时间不晚于航班计划/目标离港时间前 10 min。轮挡撤离操作应符合相关规定，主轮挡和其他锥桶撤离操作在牵引车对接操作完成后进行。牵引车对接航空器操作不应超过 3 min。

轮挡、反光锥形标志物撤离操作时间，500 座以上及 251~500 座航空器不超过 4 min，151~250 座及 61~150 座航空器不超过 3 min，60 座及以下航空器不超过 2 min。

机组应在客、货舱门关闭和牵引车、机务、拖把到位后，向塔台或机坪管制申请航空器推出。在机组收到塔台准予推出的指令后进行航空器推出操作。从接到指令到航空器开始推离机位不应超过 3 min。航空器始发保障要求如图 8.3 所示。

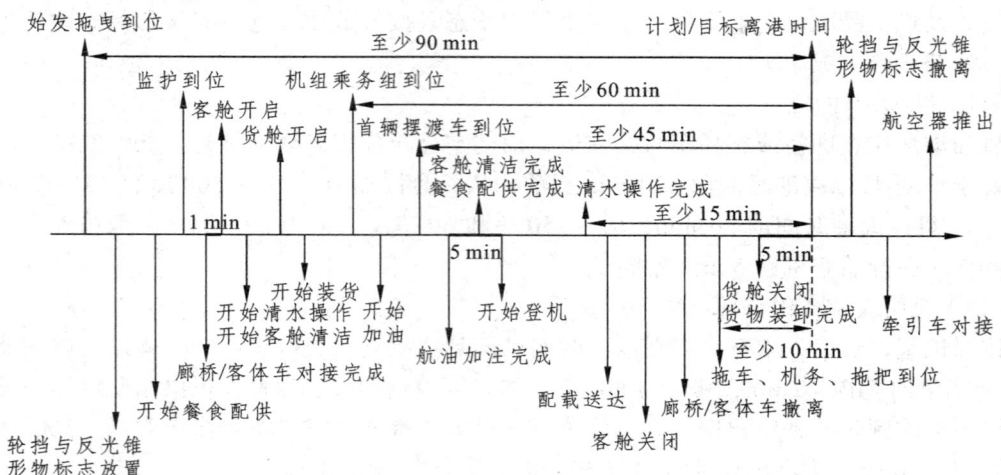

图 8.3　航空器始发保障要求示意图

（二）航空器过站

1. 地面保障

（1）到港航班引导。

因特殊情况航空器需要引导时，塔台管制员应在航班落地前 10 min 向航空器引导车通报引导信息。航空器引导车应在航班落地前到达指定引导位置。

（2）航空器入位。

接机人员应不晚于航班计划/预计到港时间前 5 min 到达机位，并对机位适用性进行检查。

（3）轮挡与反光锥形标志物放置。

500 座以上和 251~500 座航空器轮挡与反光锥形标志物放置的操作时间不应超过 4 min，151~250 座和 61~150 座不应超过 3 min，60 座以下不超过 2 min。

（4）电源、空调和气源设备提供。

根据机组需要，及时提供地面电源、空调和气源设备。

（5）廊桥对接。

使用单桥及双桥时，廊桥操作人员在航班计划/预计到港时间前 10 min 做好廊桥检查及准备工作；使用三桥时，廊桥操作人员在航班计划/预计到港时间前 20 min 做好廊桥检查及准备工作。

廊桥对接操作应在机务给出对接指令后进行。三桥对接操作时间不应超过 8 min；双桥对接操作时间不应超过 5 min；单桥对接操作时间不应超过 2 min。

（6）客梯车对接。

客梯车应在航班计划/预计到港时间前 5 min 到达机位。客梯车对接操作时间不应超过 4 min。

（7）航空器监护。

航空器监护人员应在廊桥、客梯车对接前到位，已实现区域监护的除外。

（8）进港摆渡车。

首辆摆渡车应在航班计划/预计到港时间前 5 min 到达机位或指定等待区域，其他摆渡车应在前车驶离后的 2 min 内到位。

（9）客舱门开启。

地服接机人员在航班计划/预计到港时间前 5 min 到位。客舱门开启操作应在廊桥或客梯车对接完毕确认后进行。舱门开启操作时间不应超过 1 min。

（10）货舱门（含散舱 BULK 舱门）开启。

装卸人员及装卸设备应在航班计划/预计到港时间前 5 min 到位。发动机关闭、防撞灯关闭、航空器刹车松开、轮挡按规范设置、锥筒摆放完毕后，机务应立即给出允许作业的指令，装卸人员开始执行货舱门（含散舱 BULK 舱门）开启操作，并立即开始卸行李、货物、邮件。

（11）客舱清洁。

客舱清洁程度应符合航空公司的相关标准和要求。客舱清洁应在旅客下机完毕后立即进行，并在开始登机前完成。

（12）污水操作。

在廊桥或客梯车对接完毕后可以开始污水操作。污水操作完成时间应不晚于计划/目标离港时间前 15 min。

（13）清水操作。

在廊桥或客梯车对接完毕后可以开始清水操作。清水操作完成时间不晚于航班计划/目标离港时间前 15 min。

（14）餐食及机供品配供。

餐食及机供品配供应在廊桥或客梯车对接完毕后进行，并在开始登机前完成。

（15）航油加注。

航油加注应在廊桥或客梯车对接完毕后，由航空公司代表确认后进行。航司代表应在加油车到达 5 min 内提供所需油量。一般情况下，航油加注操作应在登机前 5 min 完成，载客加油或特殊情况下应在关客舱门前 5 min 完成。载客加油应满足相关规定的安全要求。

（16）机组及乘务组保障。

同航空器始发。

（17）货邮、行李装载。

同航空器始发。

（18）出港摆渡车。

同航空器始发。

（19）客舱门关闭。

同航空器始发。

（20）货舱门（含散舱 BULK 舱门）关闭。

同航空器始发。

（21）廊桥撤离。

同航空器始发。

（22）客梯车撤离。

同航空器始发。

2. 放行推出

同航空器始发。因特殊情况航空器需要引导时，塔台管制员应在航空器推出前 10 min 向航空器引导车通报引导信息。航空器引导车应在接到塔台引导指令后 10 min 到达指定引导位置。航空器过站保障要求如图 8.4 所示。

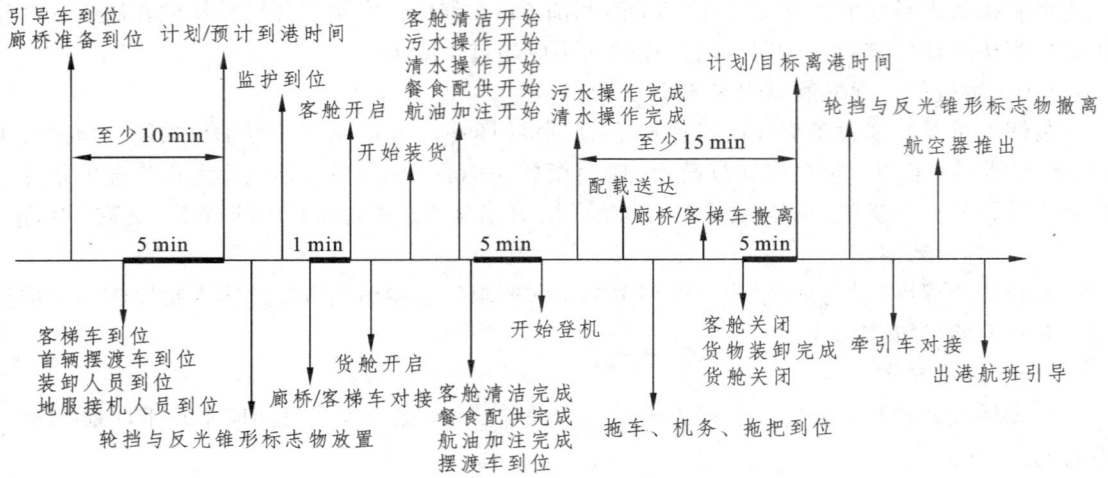

图 8.4 航空器过站保障要求示意图

（三）航空器航后

各相关保障单位应及时做好航后的保障工作，不得因保障原因影响后续航班的正常运行。

（四）不正常航班保障

不正常航班原则上应与正常航班保障标准一致，如因保障资源受限，也应尽最大努力提供各项服务保障。在航班大面积延误期间，各保障单位按照相关要求进行保障。必要时，各保障单位的服务保障资源由大面积航班延误协调处置机构统一调配。

机场对备降航班的接收和保障工作，应严格执行航班备降相关工作规则。当有航班备降时，机场运行指挥部门应向空管部门说明所能提供的正常机位及临时机位数量、可使用机型、地面保障条件、旅客服务保障条件等信息。

三、旅客服务保障

（一）航站楼旅客服务流程

航站楼旅客流程分为国际出发、国际到达、国内出发、国内到达、中转和经停等。国内旅客手续简单，占用航站楼的时间少，但流量较大。国际旅客要办理护照、检疫等手续，行李也较多，在航站楼内停留的时间长。中转换乘航班旅客分为国际转国际、国际转国内、国内转国内和国内转国际，需要安排专门的流动路线。经停航班在机场只作短暂停留，旅客通常被引导到候机区休息，准备再次登机。经停旅客无行李的转运问题。典型的航站楼旅客服务流程如图 8.5 所示。

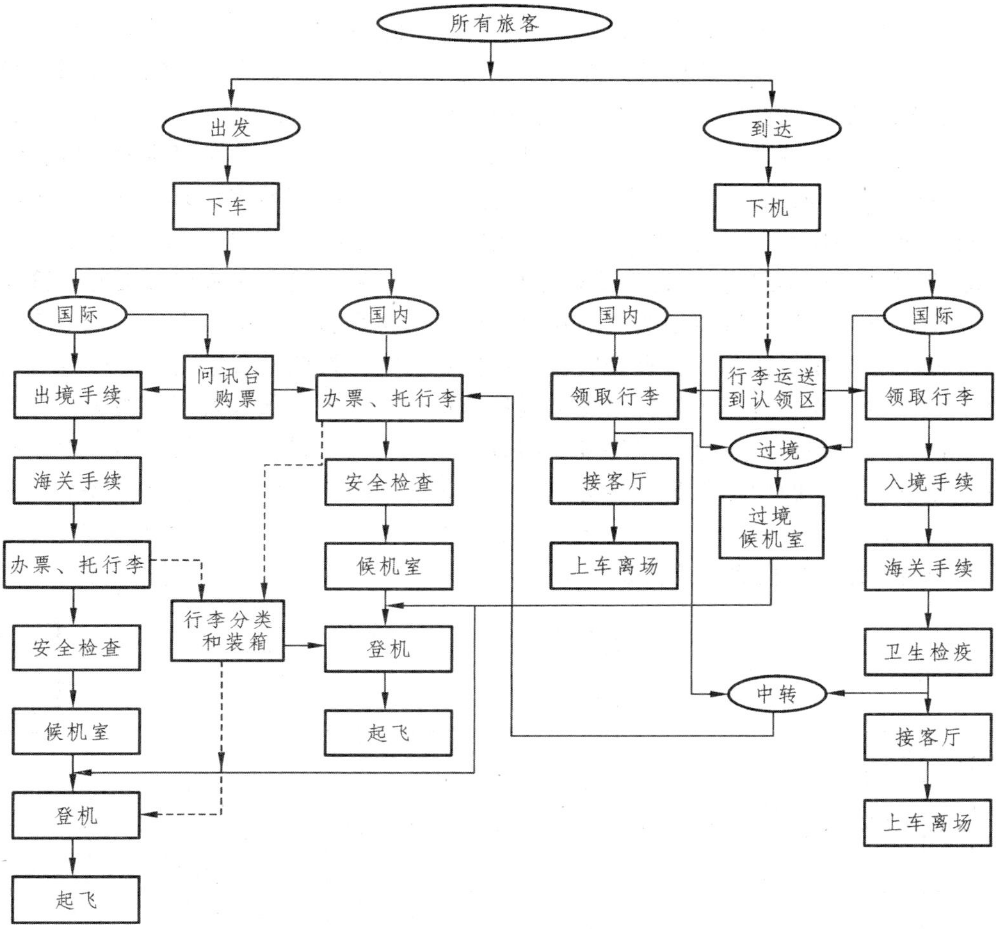

图 8.5 典型的航站楼旅客服务流程

简化后如图 8.6 所示。航站楼旅客服务主要包括值机、安检、海关及检疫、边防检查、候机、登机、下机、中转和行李提取等。

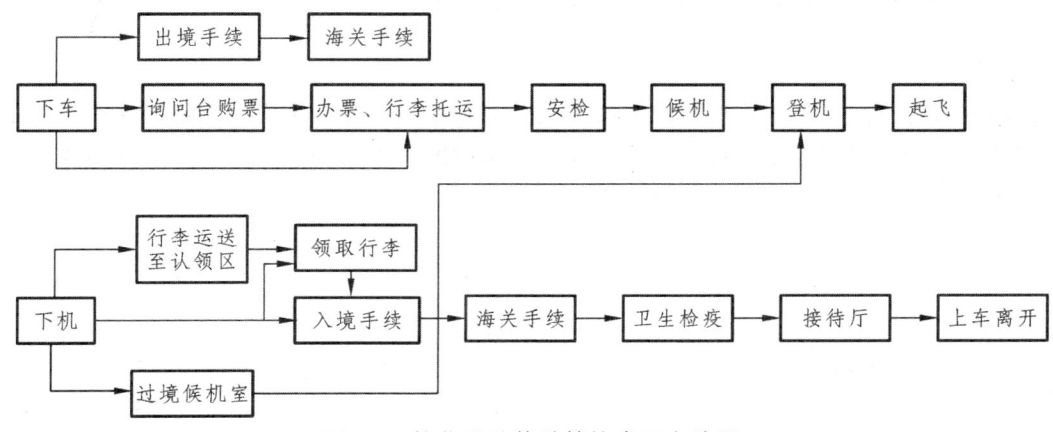

图 8.6 简化后的航站楼旅客服务流程

1. 值　机

值机是为旅客办理乘机手续，如换登机牌、办理托运行李、安排旅客座位。传统柜台值机工作方式在繁忙时段容易造成排队拥堵。为此，针对电子客票旅客，航空公司在候机楼提供自助值机设备，旅客凭电子客票自助打印登机牌，称为自助值机。随着移动互联网技术的发展，网上值机成为了最为便捷的值机方式之一。旅客在一定时间段内可以在线办理值机，可预选座位。如无须托运行李，则可提前预订座位并将登机牌打印出来，就可以直接通过安检登机。近年来，酒店值机、城市候机楼值机等新型值机方式越来越流行。一个现代化、高效、舒适的城市候机楼是城市形象的重要标志，有利于健全完善综合交通运输体系，促进综合交通枢纽发展。城市候机楼的建设能够扩大机场腹地，刺激市场需求，缩短旅途时间，降低旅客机场通达成本，提升民航业总体竞争力。按照上述思路，可以将值机服务延伸到上一个航段或境外，于是就出现了联程值机。凡是乘坐通程航班的旅客，只需在始发机场一次性办理乘机和行李托运手续，即可享受"一次支付、一次值机、一次安检、行李直挂、全程无忧"的便捷服务，能有效提高旅客的中转衔接效率，提升旅客出行满意度和幸福感。

有托运行李旅客值机服务流程如图 8.7 所示。

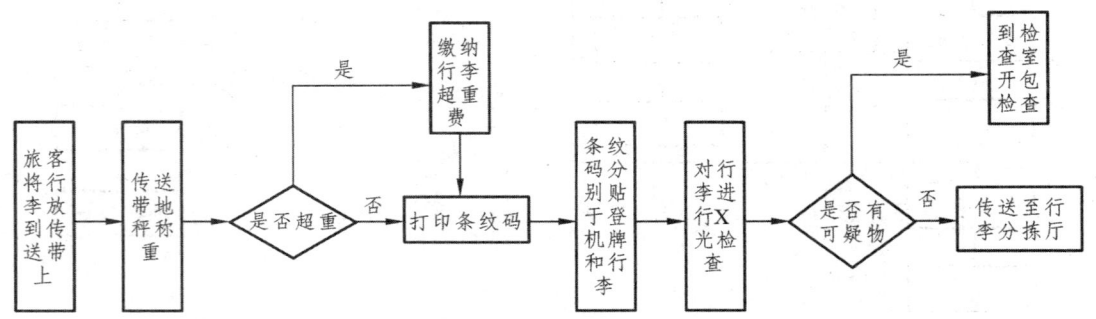

图 8.7　有托运行李旅客值机服务流程

值机旅客排队队列有单柜台单队列和多柜台单队列两种形式，排队论研究表明，后者较前者更有效率，旅客平均排队时间更短，而且更加公平合理。

2. 安　检

机场安检是指乘机的旅客在登机前必须接受的一项人身和行李检查项目，这也是为了保证旅客自身安全和民用航空器在空中飞行安全所采取的一项强制性措施，分为人检和行检。具体要求参见本书第十章。安检流程如图 8.8 所示。

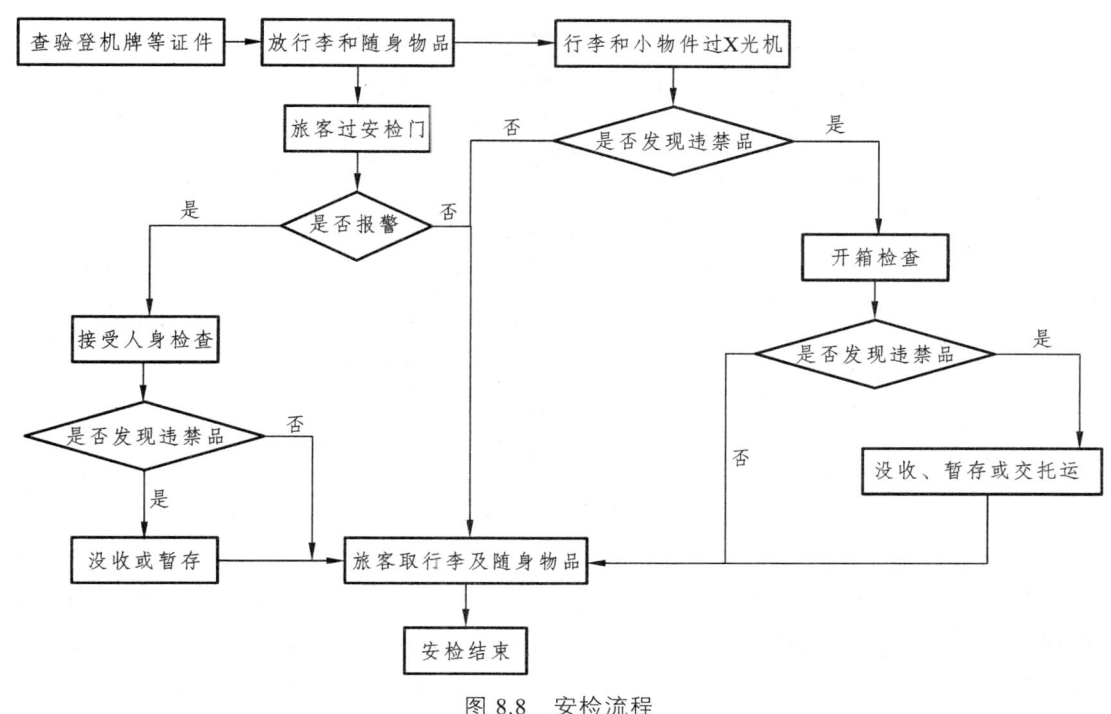

图 8.8 安检流程

3. 海关及检验检疫

海关检验是对出入境货物、行李物品、邮递物品、货币、金银、证券等进行监督检查和征收关税的一项国家行政管理活动。进出境旅客携带有应向海关申报物品的，须填写申报单，选择申报通道通关。多数国家的机场海关检查是以抽检的方式进行。

检验检疫是对卫生检疫、动植物检疫、商品检验的总称，主要针对国际到达旅客及所携带的动植物等，机场检验检疫部门负责对其进行检查、监测和隔离等，以防止疾病传播和入侵性生物的扩散。特殊情况下，入境旅客需要填报健康申报卡。

4. 边防检查

边防检查是指对出入境人员的护照、证件、签证、出入境登记卡、出入境人员携带的行李物品和财物的检查和监护，主要审核国际旅客出入境手续的合法性。由于各国政策和控制力度不同，相关程序存在差异，管理工作也是随国际形势的变化而不断变化。入境旅客通常提前填写入境申请单，查验时提交护照和申请单。

5. 候机和登机

安检后，乘客经廊道或捷运系统进入候机区。国内航班通常在起飞前 30~40 min 开始登机，国际航班以及停靠远机位航班登机时间会提前。地面工作人员在登机口负责核查旅客身份并录入登机信息。一般情况下，登机口于航班计划离港时间前 10 min（或 15 min）关闭。

6. 到港旅客服务

到达旅客经登机桥、通道，进入行李提取大厅，无须提取行李旅客，则直接从到达口离开机场控制区。国际到港旅客服务额外增加了联检流程。旅客到港服务流程如图 8.9 所示。

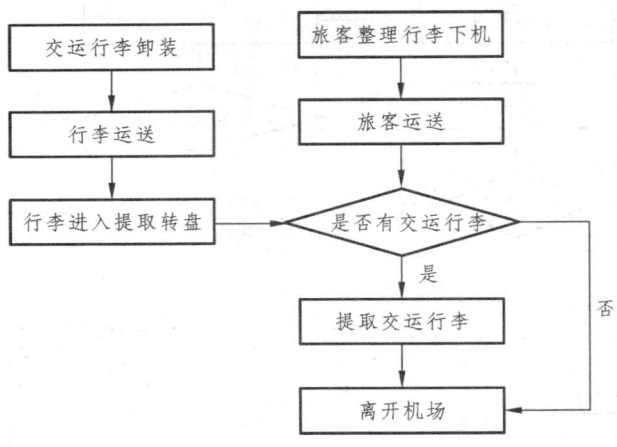

图 8.9 旅客到港服务流程

7. 中转旅客服务

国内转国内航班的旅客需要到达中转旅客值机柜台，换取下个航班的登机牌。如前个航班有交运行李，则需要办理交运行李转机手续，出示前个航班行李条，由地服人员查找行李，并直接将行李转入下个航班。许多航空公司之间签订有行李直挂协议，根据这个协议，乘客可以在购买联程机票时将行李直接托运到目的地。由于各国的检查标准存在差异，中转旅客服务流程自然会有所不同。中转旅客流程如图 8.10 所示。

国际转国内航班的旅客只有在办理入境和入关手续后，且未离开隔离区前，方可不经过安检，重新办理行李交运。国内转国际航班的旅客，通常需要先出隔离区，然后按照国际航班旅客离港流程，经过海关、检验检疫、边防、安检。可以考虑在隔离区

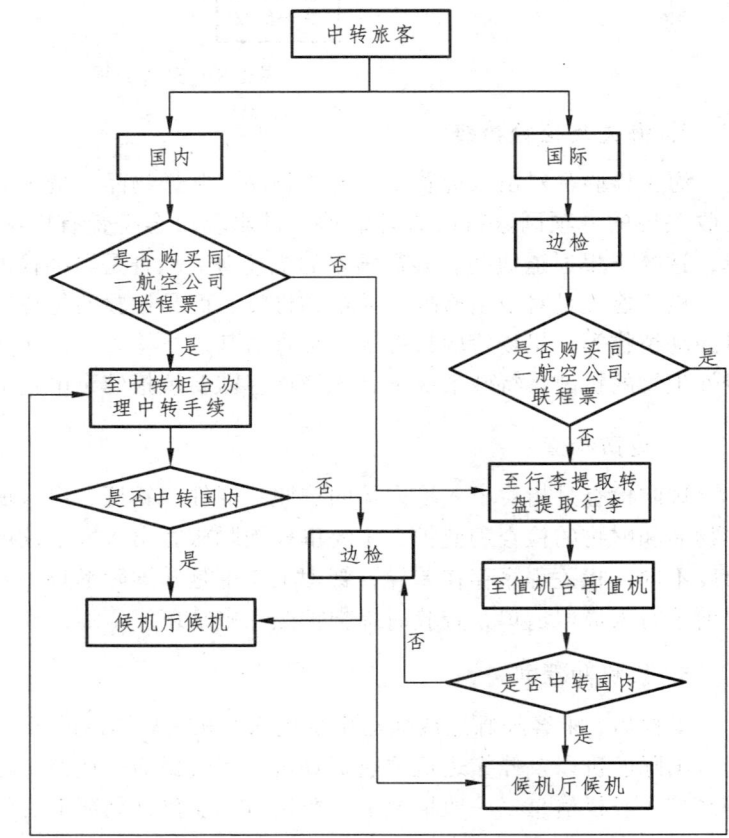

图 8.10 中转旅客流程

内办理出境手续，省去旅客安检和行李的再次交运，但需要得到联检单位的支持才能实现。

(二)旅客服务保障标准

航班安全运行保障标准对非关键保障环节未做硬性要求,预留裕度可根据具体问题确定,或参照机场旅客服务质量团体标准。

1. 值 机

1)值机开放与截载时间

航班值机开放时间与航班性质、停机位位置、候机厅容量以及托运行李处理能力等因素密切相关,不同航空公司、航班和机场有不同的规定。航班值机开放时间有的在起飞前 2.5 h,有的 2 h,国际航班可能提前 4 h,有的大型机场甚至没有时间限制,随到随办。总体而言,航班值机开放时间由机场与航空公司共同协商确定,原则上国内航班不晚于起飞前 90 min。

2)排队等候时间要求

为了安全有序地完成航班地面保障工作,提高航班正常率,我国机场通常以公告形式提醒旅客航班值机截止办理时间,也称航班截载时间,国内航班截载时间通常为航班起飞前 30~45 min。

根据民用机场旅客服务质量标准,国内航班旅客柜台值机排队等候时间为:95%的经济舱旅客排队等候时间应不超过 10 min,95%的头等舱/公务舱旅客排队等候时间应不超过 5 min。

3)值机系统服务能力

值机系统的最大服务能力与旅客到达人数、值机柜台配置及服务效率密切相关。根据排队论模型每个值机柜台可视为独立的 $M/M/1/\infty$ 排队系统,其单位时间内最大服务能力 $C_{值机}$ 计算公式为:

$$C_{值机} = \sum_{c=1}^{2} k_c \left(\mu_i - \frac{1}{W_c} \right)$$

式中　$C_{值机}$——单位时间值机系统的最大容量,即单位时间值机系统服务的最大旅客人数;

　　　k_c——开放值机柜台数,当 $c=1$ 时,表示人工值机柜台数;当 $c=2$ 时,表示自助值机柜台数;

　　　μ_i——表示柜台平均服务率,当 $i=1$ 时,表示人工值机柜台平均服务率;当 $i=2$ 时,表示自助值机柜台平均服务率;

　　　W_c——95%旅客的最大等候值机时间,依据机场服务质量标准;

例如,某机场国内值机系统中包含 133 个普通值机柜台和 23 个高端值机柜台。按照 95% 的旅客最大排队时间标准(经济舱 10 min,公务舱/头等舱 5 min),结合现场采集的服务速率数据,可计算值机柜台系统在低速和高速运行状态下的高峰小时最大保障能力,结果如表 8.3 所示。

表 8.3　高峰小时柜台值机系统最大保障能力计算

类别	服务速率/(人/h)	柜台类别	柜台总数	高峰 1 h 等待 10 min 可服务人数	高峰 1 h 等待 5 min 可服务人数	合计/(人/高峰时)
低速	65.4	普通柜台	133	7 900	—	9 017
	60.6	高端柜台	23	—	1 117	

续表

类别	服务速率/(人/h)	柜台类别	柜台总数	高峰1h等待10 min 可服务人数	高峰1h等待5 min 可服务人数	合计/(人/高峰时)
高速	78	普通柜台	133	9 576	—	11 176
	81.6	高端柜台	23	—	1 600	

根据单位时间值机系统的最大容量 $C_{值机}$、航班平均座位数 s 和航班平均上座率 r 可以得出单位时间最大航班架次数，根据历史数据统计，在高峰小时离场航班占比超过50%但小于等于65%，公式如下所示：

$$N = \frac{C_{值机}}{65\% \times s \times r}$$

2. 安检

1）安检等待时间

安检排队区域入口处应放置手提行李标准筐，安检 X 机前端加装手提行李限制框，避免旅客携带超标准手提行李。95%以上旅客安检最长等待时间要求参见表 8.4。

表 8.4 机场 95%以上旅客安检最长等待时间要求

年旅客吞吐量	国际或地区航班/min	国内航班/min
≥1000 万	10	12
500 万 ~ <1000 万	8	10
100 万 ~ <500 万	6	8
<100 万	5	6

2）安检系统服务能力

安检系统的服务能力受旅客到达率、安检通道配置及服务效率的影响。每个安检通道可视为独立的 $M/M/1/\infty$ 排队系统，其单位时间内的最大服务能力计算公式为：

$$C_{安检} = \sum_{s=1}^{2} k_s \left(\sum_{i=1}^{2} \rho_i \mu_i - \frac{1}{W_s} \right)$$

式中 $C_{安检}$——单位时间安检系统的最大容量，即单位时间安检系统服务的最大旅客人数；

k_s——开放安检通道数，当时 $s=1$ 时，表示普通安检通道数，当 $s=2$ 时，表示 VIP 安检通道数；

ρ_i——表示选择安检通道类型的旅客比例，当 $i=1$ 时，表示选择普通安检通道的旅客比例，当 $i=2$ 时，表示选择 VIP 安检通道的旅客比例；

μ_i——表示安检通道平均服务率，当 $i=1$，表示普通安检通道平均服务率，当 $i=2$，表示 VIP 安检通道平均服务率；

W_s——95%旅客的最大等候安检时间，见表 8.4。

3. 联检

有国际或地区航班的机场应提供联检服务。95%的旅客通过海关、检验检疫和边防流程

第八章 航班保障与指挥协调

的总时间应不超过 30 min。

4. 登 机

登机口需要在旅客开始登机前开放。地服人员应不晚于计划/预计关舱门时间前 40 min 到达登机口，做好登机准备。国内廊桥航班登机口关闭时间一般为离港前 15 min，远机位登机口关闭时间为离港前 20 min，协同登机口智慧寻人服务，实际可能按 5~10 min 操作。当航班停放远机位时，为确保正点关舱门，还应根据远机位距离控制登机口关闭时间以及最后一辆摆渡车旅客数量。

5. 中 转

最短中转衔接时间（MCT）是航空枢纽中转效率的重要评估指标。最短中转衔接时间是指旅客及行李在机场完成上一段航班行程后能够顺利搭乘下一段衔接航班所需要的最短时间间隔。枢纽机场的中转率通常在 30% 以上，MCT 平均时间约为 90 min。

四、行李服务

行李服务一直是旅客航空出行关注的重点和难点。为促进行业服务品质提升和高质量发展，我国以智慧机场建设为契机，打通行李信息壁垒，全面推动行李全流程跟踪及门到门服务，实现旅客出行的便捷、无忧、舒心。

（一）旅客行李处理流程

行李流程主要分为离港行李流程、到港行李流程和中转行李流程。

1. 离港行李流程

离港旅客在值机柜台完成值机办票，将托运行李交付值机办票工作人员进行登记、称重、贴标签（行李码或 RFID 标签）等操作，标签内含有航班号、目的机场等信息。如果行李超过航空公司规定的免费托运额度，需要缴纳额外的行李费用。在登记行李后，工作人员会给旅客一张行李牌，以便在到达后领取行李。然后经过安检、分拣和装运，最后完成行李装载。如图 8.11 所示。航班离港前应当完成行李/乘客匹配，确保只有登机乘客的行李才能被搭载在飞机上。

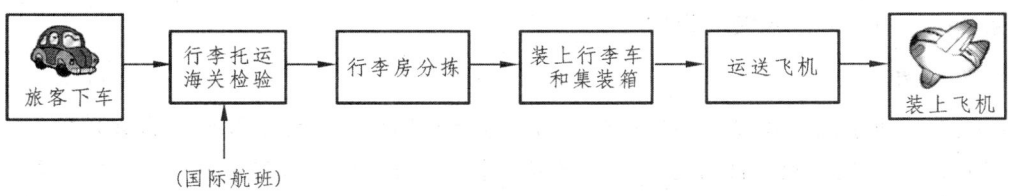

图 8.11 离港行李流程

机场运行

越来越多机场承诺为旅客提供行李直挂服务。旅客在始发机场办理行李托运至终点站，旅客不用在中转机场提取行李，由工作人员将旅客行李转运至第二个航程的航班上，旅客到终点站提取行李。

2. 到港行李流程

航空器进入安全泊位状态后，执行货舱门（含散舱 BULK 舱门）开启操作，立即开始卸载行李，然后用拖车运往分拣区。到港行李直接送至行李转盘供提取。领取行李时，乘客需要出示行李牌或身份证明，如图 8.12 所示。

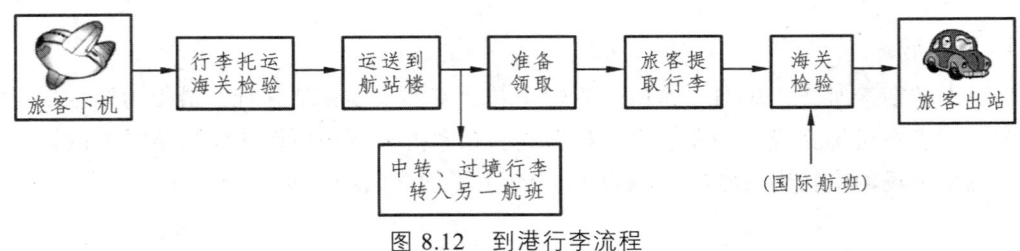

图 8.12　到港行李流程

3. 中转行李流程

到港行李分拣时，如有中转行李（直挂行李），则需要重新送入分拣机。送入分拣的中转行李连同其他离港行李一起进行分拣，如果中转航班已经开始值机，则中转行李直接送至中转航班对应的分拣口；如果中转航班尚未开始值机但已开启早到行李存储系统，则送至早到行李存储系统；如上述情况都不满足，则进行人工处理。中转行李的流程如图 8.13 所示。

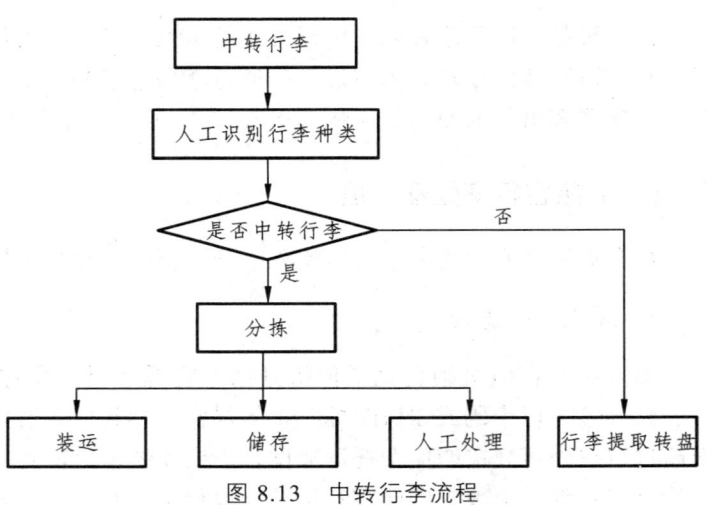

图 8.13　中转行李流程

（二）行李处理系统

行李处理系统主要由值机柜台、行李安检系统、行李分拣系统、行李中转系统、早到行李存储系统、行李到港系统等组成。

1. 值机柜台

传统的值机系统需要设置办票柜台。值机柜台布局形式分为直线型、岛型和穿流型，如图 8.14 所示。直线型柜台背后有一条行李传送带，能够带给旅客良好的视野，但办理完值机的旅客不得不回头穿过排队队列；岛型值机柜台充分利用了行李传送带，传送带的两侧都可放置行李，节约了空间，但办理完值机的旅客与排队等候旅客还是会相互干扰；穿流型柜台布局能够克服上述问题，队列沿一个方向移动，旅客办完值机后继续往前进入安检区，这就需要有足够大的纵深空间，对航站楼设计有特殊要求。

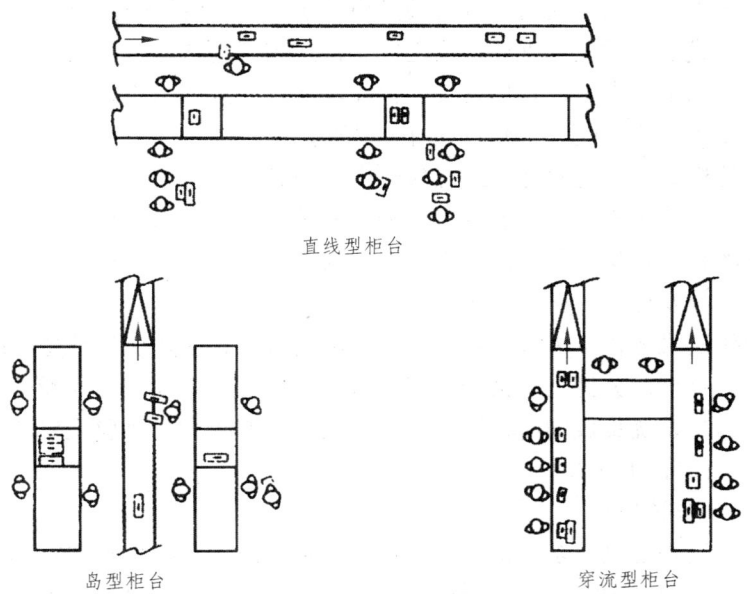

图 8.14　办票柜台的布置

2. 行李安检系统

托运行李安检系统通常采用"三级"或"五级"集中安检模式。三级安检的基本流程为：值机工作人员为旅客完成值机办票、称重、贴标签等操作后，通过输送机控制面板，将交运行李送入 X 光机进行检查。乘客需要在柜台前等待安检结果，检查通过后方可离开。五级安检流程为：交运行李首先经过一级 X 光机自动判读和二级安检人员判断，安检机将检查结果发送给行李系统，行李系统依据安检结果对行李路由进行分配。安全行李直接放行，可疑行李则被传输至三、四级安检（通过复检工作站、CT 机、炸药探测仪、液体检查仪等设备）。只有判为安全的行李才被放行，可疑行李交由安检站人员，寻找旅客作进一步开包处理。

三级安检模式下，旅客办理托运后，需要在柜台前等待安检结果。如发现有可疑行李，可在第一时间得到通知，需开检的行李被送至柜台旁的开包台或开包间接受检查，总体方便旅客查找，缩短开包时间。五级安检模式下，旅客无须原地等待检查结果，可以在安检口（登机口）进行行李安全确认。但是，由于开检行李时旅客可能已过完安检，对检查出的限带物品不便于处置，因此，需要通过拦截工作站、验证工作站、登机口工作站或广播找人的方式对其提前拦截，否则会对正常登机产生不利影响。

因此，选择行李安检系统时应充分考虑机场的安检需求、旅客吞吐量、运行模式及成本等因素。合理、可靠的行李安检系统是重要的飞行安全保障，也为优化旅客流程、提高旅客满意度提供支持。

3. 行李分拣系统

行李分拣系统是行李处理系统的核心部分，可以通过信息控制技术，将行李按航班、时段分拣到各自的转送设备。

1）行李的分拣模式

行李分拣模式分为人工模式（直通转盘模式）、半自动模式和全自动模式。

人工分拣模式下，过检行李通过输送线直接送至离港转盘，由人工分拣到不同航班。该方法简单实用，稳定可靠，设备投资少，但无法实现开放式值机，人工分拣量大，对大量中转行李处理难度大，无法配置早到行李存储系统。

半自动分拣模式下，过检行李通过传送带送至分拣设备，分拣机负责一级分拣，下游对应离港转盘。先由分拣机把多个航班行李分拣到某个离港转盘，再由人工进行二次分拣，最后装载到对应的行李拖车。该方法稳定可靠，效率较高，支持开放式值机。但需要人工进行二次分拣，未充分发挥分拣机的作用。

全自动分拣模式下，分拣机下游采用离港滑槽形式，根据航班信息分配滑槽，每个滑槽对应一个航班，行李由分拣机直接分拣到对应的滑槽，只需要在相应滑槽布置人力装载行李即可。全自动分拣系统集成度高，结构复杂，投资成本较大。目前主要应用于北京首都机场T2航站楼、广州白云机场等。

2）行李自动分拣原理

行李自动分拣是通过行李标识、行李报文、航班滑槽分配规则和行李识别等信息的比较和转换实现的。行李处理系统主要通过与机场运营管理系统和机场离港控制系统相连接，以接收航班信息和行李报文。原理如图8.15所示。

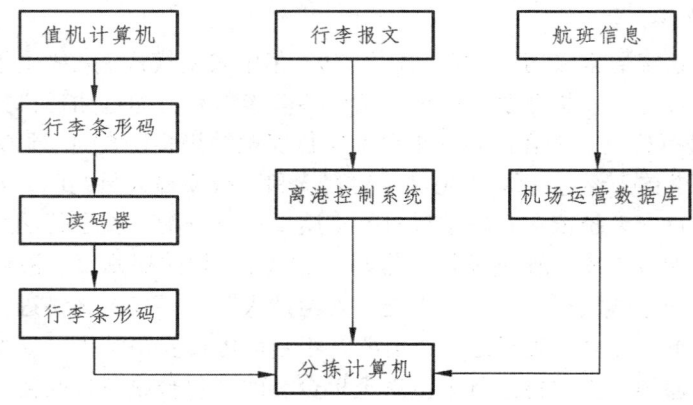

图8.15 行李自动分拣原理

行李条形码是在办理值机手续和行李托运时，由离港系统自动生成，以条码标签的方式附着于行李之上，通常以10位数字代表。行李上的条码信息经自动扫描站扫描后，自动发送给分拣分配计算机，从而确立了行李条码与跟踪行李编码间对应关系。

行李报文主要以航班号信息、行李条码信息、目的地代码和行李件数等信息为主，是由离港系统自动生成，经行李处理系统，最后发送给分拣分配计算机。

行李自动分拣系统信息终端接收到航班信息后，由系统操作员进行航班滑槽分配，建立航班滑槽分配表。

在行李自动分拣过程中,首先对自动读码站读取到的行李条码信息与报文信息进行比较,如果行李报文中有相同的行李条码号,就判定贴有此条码标签的行李属于该航班。然后,将报文信息和航班滑槽分配表中的航班进行逐一比较,如果两者相应的信息段相同(航班号、目的地代码),系统就会将行李分配到相应的分拣滑槽。

3)行李标签及识别

目前行李标签主要以 IATA 标准的 T 形条形码为主,通过激光条码阅读器进行识别。部分机场还在行李标签上嵌入了无线射频电子标签(RFID),或使用了可回收的 RFID 标签作为补充,以提高行李分拣识别率。

(1)IATA 条形码标签及读码。

条码技术的核心是条码符号,条码符号由一组规则排列的条、空以及相应的数字字符组成。当条码符号被一个红外线或可见光源照射,深色的条码吸收光,浅色的空则将光反射回扫描器。扫描器将光的反射信号转换成电子脉冲,模拟出条码的条空格式。译码器使用数字算法将电子脉冲转换成二进制码,然后传送给计算机或控制器。IATA 行李标签为一维条形码,交叉 25 码格式,由 1 位标签类型码、3 位航空公司代码和 6 位航空公司行李序列号组成。

条码识读系统由扫描系统、信号整形、译码三部分组成。扫描系统由光学系统及探测器(光电转换器件)组成,完成对条码符号的光学扫描,并通过光电探测器将光信号转换为电信号。信号整形部分由信号放大、滤波、波形整形组成,可把光电扫描信号处理成标准电位的矩形波信号,其高低电平的宽度和条码符号的条空尺寸相对应。译码部分由计算机方面的软硬件组成,把条码矩形波进行译码,并将结果输出到数据采集终端。如图 8.16 所示。

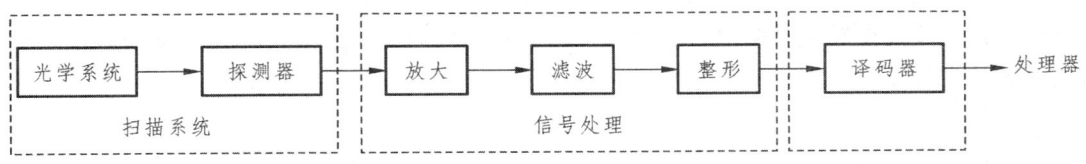

图 8.16 条码读码系统

条码技术的优势在于技术成熟,标签成本低,IATA 标准国际通用,可以为全球机场提供行李免提转机支持,不足在于识别率依赖于标签打印质量和标签的张贴位置,识别率偏低,而且条码能记录的信息有限,难以实现离线处理等应用。

(2)RFID 电子标签。

RFID(无线射频识别)技术能够为系统提供信息增值服务。该项技术具备目标自动搜索、非接触性、批量识别、信息量大等显著优势,识别率高达 99%以上,被认为是取代条码技术的下一代行李信息编解码方案。RFID 标签的信息存储容量较条形码有明显提高,可重复读写,催生了更多创新应用,如把行李报文写入 RFID 标签,实现离线处理行李。基于统一的报文和数据交换接口,生成行李运输全流程跟踪信息的完整数据链,实现行李跟踪查询及门对门服务。

4）早到行李存储系统

早到行李是指在航班计划/目标离港时间 3 小时前到达机场进行托运的行李。早到行李存储系统是存储旅客提前托运行李的一个专用设备区域。如果行李进入系统的时间早于相应装运转盘或分拣机滑槽的开放时间，柜台接收行李后，通过输送线将这些行李输送并存储到早到行李区域。待航班开放后，重新进入分拣系统，分拣至相应航班的转盘或滑槽。

早到行李存储系统不仅为提前到达机场的出港旅客带来便利，也为中转服务提供了支持，早到的中转行李自动进入早到行李存储系统，待航班开放后，重新进入自动分拣系统。

图 8.17　行李分拣装载和早到行李存储

5）行李中转系统

行李中转系统主要负责中转行李的转运和跟踪，是枢纽功能建设的关键环节。在满足传统功能性需求同时，为适应通程航班及多式联运发展的要求，产生了跨航司行李直挂中转服务，精准识别广义中转旅客信息，自动关联旅客行程。行李中转系统的处理能力直接影响了枢纽机场的中转衔接效率和服务水平。

6）到港行李系统

到港行李通过输送机传送至位于到港大厅的行李转盘，供旅客认领和提取。行李提取设施按行李输送装置形状，分为直线形、T 形、U 形、圆形、椭圆形等，根据装置底盘设计，又分为平底盘型和斜底盘型，如图 8.18 所示。不同行李提取设施尺寸参数和行李贮存数如表 8.5 所示。除了直线形以外，其余都循环运转，不断循环传送尚未提取的行李。

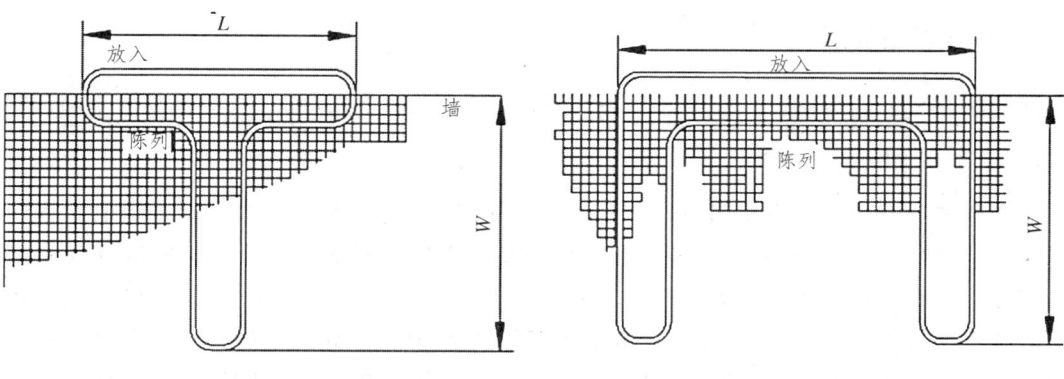

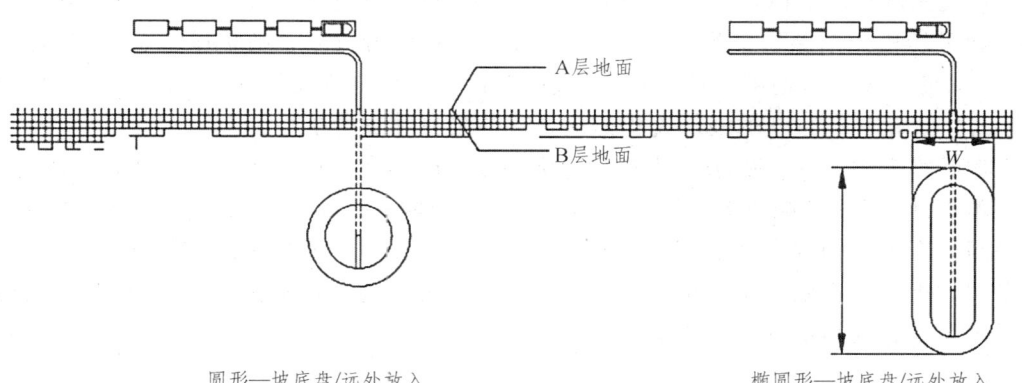

图 8.18 机场常用的机械化行李提取设施

表 8.5 不同类型行李提取设施常见参数

形状	长（L）/m	宽（W）/m	直径/m	提取位长度/m	行李存储数
直线形	20	1.5	—	20	78
T 形	26	13.7	—	55	216
	26	20	—	67	264
U 形	15	13.7	—	58	228
圆形	—	—	6	19	94
	—	—	7.5	24	132
	—	—	9	29	169
椭圆形	11	6	—	29	170
	16	6	—	39	247
	21	5.5	—	48	318

行李提取区域旅客聚集，易对机场运行造成阻碍。机场地服等部门应充分研究到港旅客行李到达规律，优化行李转盘分配规则，实现高效流程协同。

（三）行李服务质量

行李服务质量是机场运行效率和旅客满意度的关键，涵盖完好性、效率和差错率的控制。

1. 行李差错率

行李差错率是衡量机场行李处理质量的重要指标，反映了行李在托运至提取过程中是否能准确、及时、完好地送达旅客手中。行李差错率指每千名旅客中未能按时送达目的地的行李数量。直挂行李因运输路径简单，行李差错率通常较低，约为1‰；而转机行李由于多次分拣、装卸等衔接环节复杂，行李差错率可高达5‰至50‰。导致行李差错率高的因素包括航班延误导致的转机时间不足、行李分拣优先级设置不当、搬运人员操作失误、标签质量不佳以及进港航班信息不足等。

在转机比例较高的枢纽机场，行李差错率的控制尤为关键。以转机比例为50%的机场为例，如果转机行李差错率为40‰，直挂行李差错率为1‰，则整体行李差错率将达到20.5‰，即便直挂行李差错率降至0，对整体差错率的影响也极其有限。这表明，对于枢纽机场而言，优化转机行李的处理流程是提高行李服务质量的核心。

为降低行李差错率，机场需从流程优化和技术应用两方面入手。通过改进行李分拣和优先处理机制，可显著减少关键行李错运或延误的风险；引入RFID标签和自动分拣设备，能够提高行李处理的效率和准确性。此外，加强航空公司与机场之间的数据共享，确保行李信息实时更新，有助于优化全流程管理。这些改进措施不仅降低了行李差错率，也显著提升了旅客满意度和机场运行效率。

2. 中转行李衔接率

中转行李衔接率是衡量枢纽机场运行效率的重要指标，反映了中转行李在规定时间内完成分拣、装载并成功衔接后续航班的比例。由于中转流程复杂，最低中转衔接时间、行李处理系统设计以及进港航班的准点率是影响衔接率的关键因素。例如，在最低中转衔接时间较短的机场，快速准确地处理中转行李对于维持服务质量至关重要。通过对进港航班的优先行李进行分拣、引入先进的行李处理系统以及实时追踪技术，可以显著提升中转行李的衔接率。这些措施在转机比例较高的枢纽机场尤为重要，因为中转行李处理不当会严重影响整体运行效率和旅客体验。

3. 行李装卸运送服务质量

行李装卸和运输的质量直接影响行李的完好性，是旅客满意度的重要影响因素。使用专用集装箱装载和运输行李能够有效提升行李完好率，因为集装箱能够固定行李，防止其在运输过程中受到外力损伤。若使用传统的行李车运输，行李可能因未正确摆放而发生坠落、挤压等问题，导致损坏。此外，雨雪天气条件也会对行李运输构成威胁，例如未及时加盖防水篷布可能导致行李受潮。

4. 到达行李服务效率

行李提取等待时间是影响旅客在到达后体验的重要因素。理想情况下，托运行李应与旅客同步到达行李提取大厅，而这一目标的实现依赖于航站楼布局、空侧交通密度、行李处理设备性能以及人员的管理效率。在实际运行中，不同机场的行李服务效率可能存在较大差异。例如，一些机场尽管行李运送时间较长，但由于旅客需经历较长的入境检查过程，行李服务效率问题被掩盖。根据民用机场旅客服务质量标准，进港航班的第一件行李应在旅客到达行李转盘后 10 min 内送达，最后一件行李应在 40 min 内送达。除了时间要求外，衡量行李服务效率的另一关键指标是规定时间内到达行李提取大厅的行李百分比。这些指标为优化行李配送流程提供了明确方向。

五、航空货运保障

航空货物运输承运方式主要有班机运输、包机运输、集中托运和航空快递等，承运人一般为航空公司，货运代理可为航空公司、托运人与收货人提供必要的专业化的中间服务。机场提供航空货运所需要的先进设备，还拥有大型的货运区、冷藏库、保税区等设施，为手续办理和货运作业提供了便利，如图 8.19 所示。

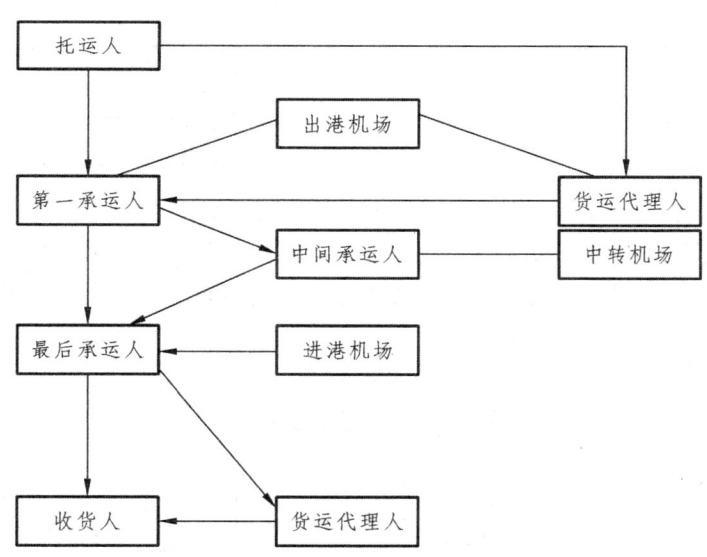

图 8.19　航空货运参与者间的关系

进港、出港货物处理以及货物的集散应当遵循一定的流程，如图 8.20 所示。出港货物经过检查、清点、称重、测量尺寸、贴标签之后，可以进一步分类整理，按指定航班配载集中货物，或暂存货仓，再转送到待运区集中、定舱位，最后运至机位完成货舱装载。进港操作与之相反，国内货物经过分类清点后直接送至货运站待发送；国际货物还需经过海关查验，待清关后转送货运站待发区。

中转货物很多不用在货运站存储。货物中转量较大的机场，主要采用机坪直接中转的方式，并配套充足的货物转运设备。

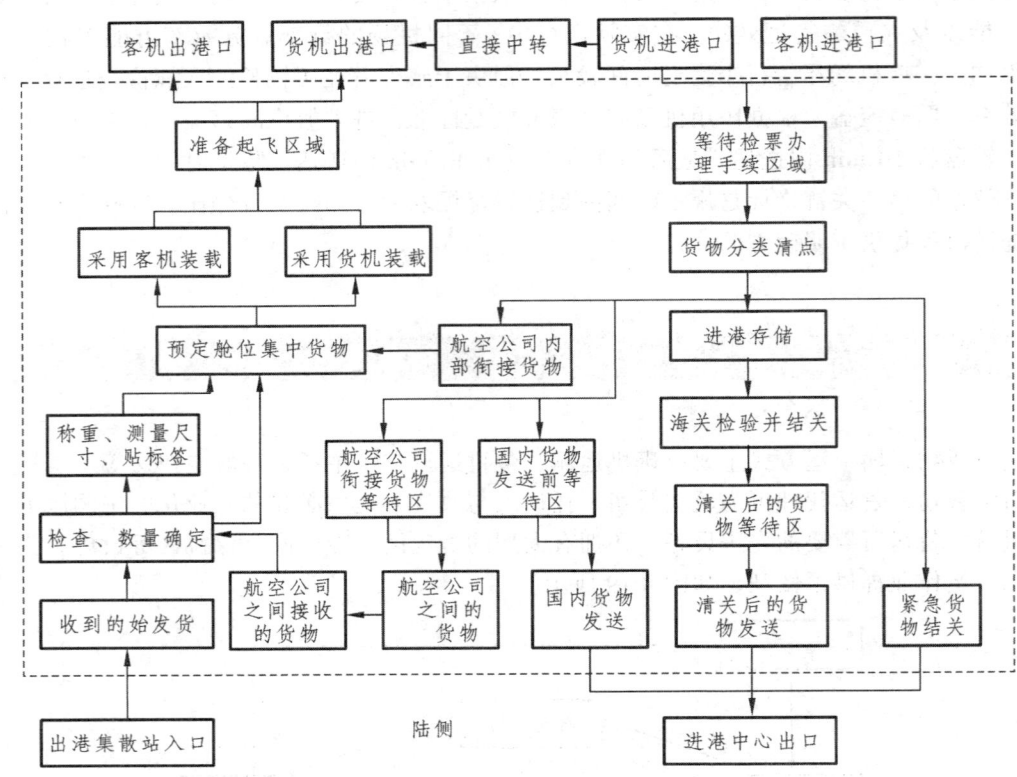

图 8.20 货物的集散流程

航空货运涉及大量的文件和文档，包括合同、订单、货物清单等，有助于全流程跟踪服务、协同、监控和管理。如图 8.21 和图 8.22 所示。只有确保货运文件与货物处理同步，才能保证航空货运的安全、有序、顺畅。

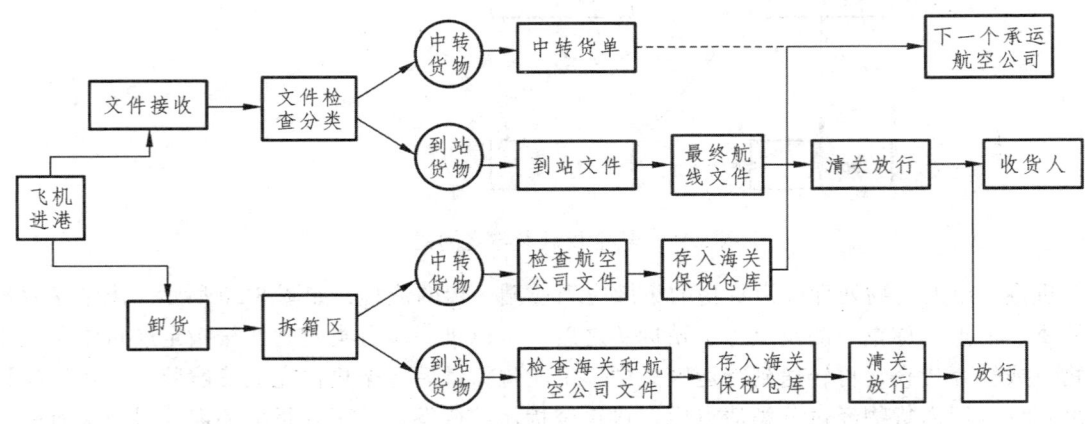

图 8.21 进港货物和文件处理

第八章 航班保障与指挥协调

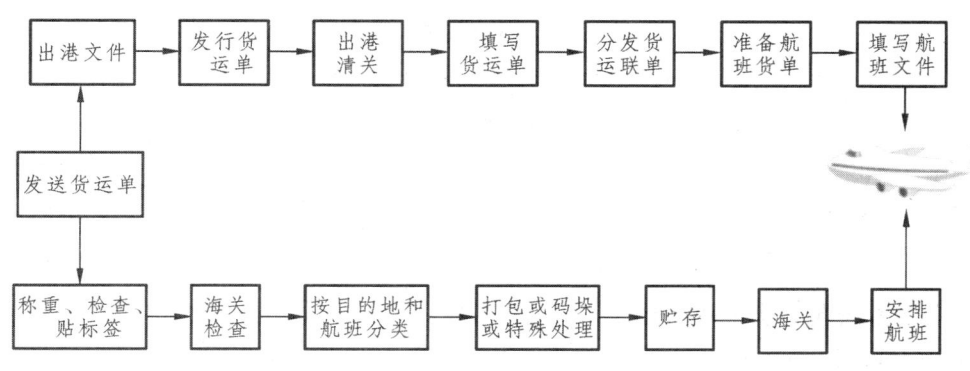

图 8.22 出港货物和文件处理

智慧物流先进技术在航空物流体系中得到应用，智慧化升级实现了机场货站的流程再造和提质增效；立体化仓储能够增加容量；机械化、无人化能够解放劳动力，规避安全风险，使入库、出库模式发生根本性改变；无人自动驾驶技术应用是无人机坪建设的重要环节，为实现高质量发展转型提供了新的方向和路径。

第二节 信息管理与资源管理

基于对信息数据的收集、整合和分析，机场管理者可以获得全面的视野，实时监控掌握各个运营环节的情况，通过智能控制与协同优化，减少航班保障流程中的浪费和过载，提升运行资源利用率，实现流程匹配业务、资源匹配流程。

一、机场信息系统

机场信息按性质可分为以下三种类型：面向机场业务和航班营运的信息、面向旅客服务的信息、机场安全信息，参见图 8.23。

机场信息系统主要实现的功能有航班信息、气象信息、旅客信息、货物信息、邮件信息、行李信息、指挥调度信息、运行资源信息等的采集、自动处理和统一发布等。

机场运行

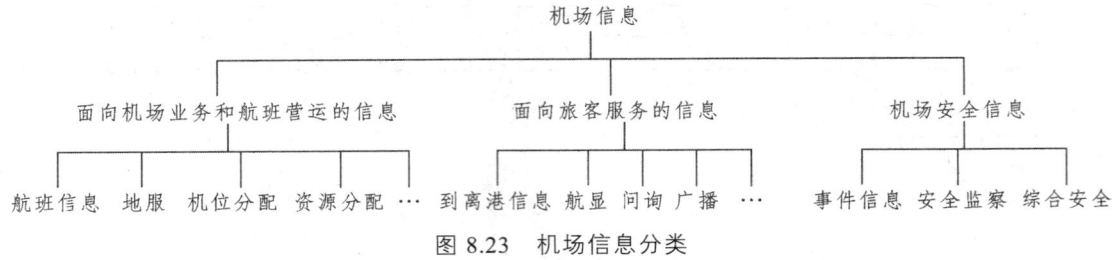

图 8.23　机场信息分类

机场信息系统包含全部或部分以下弱电子系统。

（1）信息集成系统。

将不同功能的子系统在物理上、逻辑上和功能上连接在一起，以实现信息综合、资源共享。

（2）离港系统。

为机场提供旅客值机、配载平衡、航班数据控制、登机、联程值机等信息服务，可以满足值机控制、装载控制、登机控制以及信息交换等旅客服务所需的全部功能。

（3）安检信息系统。

设置在旅客安检口，与离港系统信息对接，实现旅客过检验证。

（4）集成调度系统。

及时、准确反馈航班保障进程等信息，主要包括航班信息处置系统、机位资源管理系统、监视协调系统、航班正常性管理系统等。

（5）航班显示系统。

通过 DLP 拼接屏、LED、LCD、PDP 等显示终端，向旅客和机场工作人员发布航班动态信息、值机信息、安检信息、候机/登机信息、行李提取信息、天气信息等实时信息。

（6）行李分拣系统。

实现旅客行李分拣自动化，将大量托运行李按航班进行分类，通过传送带自动将行李分拣至对应槽口的系统。

（7）物流信息系统。

主要应用于机场物流园区，主要包括货站系统、快件系统等，实现了机场物流保障信息化，使保障流程更趋于透明，信息更加公开，保障进度流程更加清晰，极大提升了保障效率。

（8）广播系统。

由自动广播软件实现语音合成和逻辑控制，集中或分区播放航班动态信息、值机信息、登机信息和机场服务信息，具有人工广播功能的系统。

（9）机场内部通讯系统。

由专用交换设备和专用话机组成的具有直通、群呼、组呼和免操作应答等功能的通信调度系统。

（10）飞机泊位引导系统。

飞机泊位自动引导系统能引导飞机快速、安全、准确地进入机位，从而提高工作效率，做到航空器入位的准确引导。

（11）机场协同决策系统。

机场协同决策系统（Airport Collaborative Decision Making，A-CDM）由机场牵头，航空公司、空管以及其他相关单位共同参加建设，旨在通过优化资源利用和改善时间节点可预测性，保证各单位间信息畅通，进一步充分调动保障资源，提升资源利用效率和机场整体运行效率，进一步提升机场地面运行效率和大面积航班延误下的快速响应和处置能力，实现对机场航班运行动态、航班保障进程管控、机坪运行动态、气象、生产数据等的监控分析，支撑机场的信息管理。

（12）监控系统。

实时监视机场各个区域，为机场提供视频目标识别与跟踪、航班保障节点自动采集等应用。

机场信息系统通过航班电报接口、离港接口、时钟接口等分别获取航班信息、旅客/行李信息、时间信息等；通过信息管理模块实现基础信息、航班信息、资源信息、旅客信息的管理；通过指挥调度模块实现机场生产一线各部门的统一指挥调度；通过信息发布接口实现对航显、广播、信息查询和外部信息系统的信息发布；通过信息控制接口实现对机场机电设备的运行控制；通过信息安全管理软件实现对网络和信息的安全管理以及病毒的探测与防护；通过系统监控维护软件实现对系统运行的监控维护管理。

二、航班信息处置

航班信息处置主要涉及航班动态信息处置、航班计划制作，以及对机场代码、机型数据等基础信息的管理和维护。机场信息系统建立了统一的信息集成平台，为业务子系统提供数据交换与数据共享，在航班信息控制下协调完成大规模信息处理任务，实现多源异构数据的治理融合。

（一）航班计划制作发布与动态信息处置

机场运行指挥部门主要承担机场航班计划的制作、发布，以及航班动态信息的处置。主要工作包括对机场航班计划、动态信息、气象信息、要客信息、特殊飞行信息和其他生产信息进行采集、接收、确认、修正和发布，接收、干预并发布次日航班计划和当日航班计划。

1）航班计划发布

机场运行指挥部门接收来自民航局、总调、管调、站调、空管塔台、航空公司、航服、AFTN（航空固定电信网）报文的数据源并对其进行处理，确认后向整个机场相关部门和单位发布。发布内容包括整个机场的航班长期计划、短期计划、临时计划、次日航班、航班动态、重要飞行任务、要客、专机以及不正常航班等相关信息。航班作业服务计划如附录 C 所示。

2）航班动态信息处置

航班动态信息处置是指根据相关工作标准或规程，准确、及时、完整地接收和监控机场航班动态信息，包括掌握/预测航班预达信息、前序航班信息和过站航班信息，以及应对处理航班机号变更、延误、备降、返航、取消等信息，尤其是大面积航班延误情况下航班信息的处理。航班动态信息处置流程如图 8.24 所示。

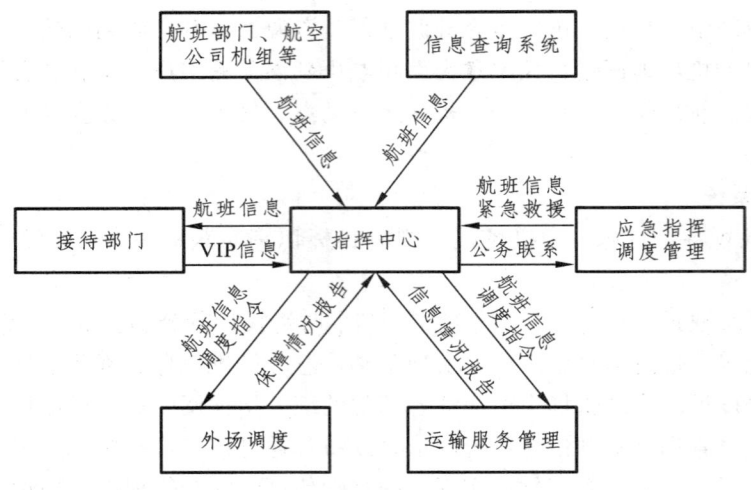

图 8.24 运行信息管理流程

（二）运行品质信息数据处理

机场运行品质分析主要是对航班运行数据进行统计与分析，统计分析报告有日报、周报、月报和年报等。许多大型运输机场专门成立航班运行品质控制室，负责运行品质信息的处理、传递和发布，实时监控，提升机场航班运行品质，制定提升机场运行效率和运行品质的具体措施。航班运行品质控制室还负责因机场责任原因造成航班不正常的组织调查、上报工作，解决影响机场整体运行效率的突出问题，适时发布联合运控中心工作提示、通报。随着大数据时代的到来，人工智能和机器学习将成为数据分析和处理的重要工具。

（三）基础信息维护管理

航班信息处置涉及航班编号、机场代码、机型数据等基础信息。

1. 航班编号

航班编号由航空公司代码和航班序号组成。航空公司代码分为两种，即两字代码和三字代码。两字代码是报请 IATA 确认分配的全世界范围内不得重复的唯一代码，由两位英文字母或一位英文字母加一位数字组成。三字代码由 ICAO 给定，更多用于民航系统内航空业务和飞行勤务信息传递，见表 8.6 所示。

表 8.6 航空公司代码

两字代码	三字代码	三字数字代码	航空公司英文名	航空公司中文名
CA	CCA	999	Air China	中国国际航空公司
CZ	CSN	784	China Southern Airlines	中国南方航空公司
MU	CES	781	China Eastern Airlines	中国东方航空公司
3U	CSC	876	Sichuan Airlines	中国四川航空公司
AF	AFR	057	Air France	法国航空公司

续表

两字代码	三字代码	三字数字代码	航空公司英文名	航空公司中文名
BA	BAW	125	British Airway	英国航空公司
JL	JAL	131	Japan Airlines	日本航空有限公司
LH	DLH	020	Lufthansa German Airlines	德国汉莎航空公司
SK	SAS	117	Scandinavian Airlines	北欧航空公司
UA	UAL	016	United Airlines	美国联合航空公司

航班序号为 3 位或 4 位数字，由各航空公司自行决定，一般规则是尾数为单数表示去程航班，双数则为回程航班。

2. 机场代码

机场代码是用来标识机场的一组字母代号，有四字机场地名代码和三字机场地名代码两种不同的机场代码系统，如表 8.7 所示。四字机场地名代码由 ICAO 制定，适用于 AFTN 格式电报，我国的空中交通服务电报、气象电报、航行通告和民航局业务电报都使用该格式电报。三字机场地名代码由 IATA 制定，适用于 SITA（国际航空电信协会）格式电报。航空公司内部或航空公司之间的各类航务电报均使用该格式。

表 8.7 国内主要机场三字和四字代码

地名	机场名称	四字代码	三字代码
北京	北京首都国际机场	ZBAA	PEK
广州	广州白云国际机场	ZGGG	CAN
上海	上海浦东国际机场	ZSPD	PVG
上海	上海虹桥国际机场	ZSSS	SHA
成都	成都双流国际机场	ZUUU	CTU
深圳	深圳宝安国际机场	ZGSZ	SZX
昆明	昆明长水国际机场	ZPPP	KMG
杭州	杭州萧山国际机场	ZSHC	HGH
西安	西安咸阳国际机场	ZLXY	XIY
重庆	重庆江北国际机场	ZUCK	CKG

3. 机型代码和参数

航空器机型数据对于做好航班保障计划至关重要，当执行航班任务的航空器的机身长度、翼展等机型数据发生变化时，机场运行指挥部门应评估变化产生的影响，视情调整保障计划。常见机型代码和参数参见附录 A。

（四）无线电通信和标准用语

无线电陆空通话（RTF）是在空中交通管制运行程序基础上建立起来的一门特殊语言体

机场运行

系，最初只作为空中交通管制员与飞行员的交流载体，后来在机场运行指挥、机坪作业和管理中逐步推广应用。陆空通话语言以英语为基础，有特殊的发音，语言简洁、严谨，经过严格的缩减程序，多使用祈使句。标准字母及数字的发音分别见表8.8和表8.9所示。

表8.8 标准字母的发音

字母	单词	读音	字母	单词	读音
A	Alpha	AL FAH	N	November	NO VEM BER
B	Bravo	BRAHVOH	O	Oscar	OSS CAH
C	Charlie	CHAR LEE 或 SHAR LEE	P	Papa	PAH PAH
D	Delta	DELL TAH	Q	Quebec	KEH BECK
E	Echo	ECK OH	R	Romeo	ROW ME OH
F	Foxtrot	FOKS TROT	S	Sierra	SEE AIR RAH
G	Golf	GOLF	T	Tango	TANG GO
H	Hotel	HOH TELL	U	Uniform	YOU NEE FORM 或 OO NEE FORM
I	India	IN DEE AH	V	Victor	VIK TAH
J	Juliett	JEW LEE ETT	W	Whiskey	WISS KEY
K	Kilo	KEY LOH	X	X-ray	ECKS RAY
L	Lima	LEE MAH	Y	Yankee	YANG KEY
M	Mike	MIKE	Z	Zulu	ZOO LOO

注：下划线的部分为重读音节。

表8.9 数字的标准发音

数字	英文读法	中文读法	数字	英文读法	中文读法
0	ZE-RO	洞	7	SEV-en	拐
1	WUN	幺	8	AIT	八
2	TOO	两	9	NIN-er	九
3	TREE	三	10	WUN ZE-RO	幺洞
4	FOW-er	四	.	DAY-SEE-MAL 或 POINT	点
5	FIFE	五	100	HUN-dred	百
6	SIX	六	1000	TOU-SAND	千

首次联系应采用以下方式：对方呼号+己方呼号+通话内容。

以后的各次通话，可采用方式为：对方呼号+通话内容。

飞行员通话方式为：对方呼号+己方呼号+通话内容。

飞机呼号优先使用航班号，例如：CCA981读"国航九八幺"或"Air China NIN-er AIT WUN"。如无航班号，则话呼航空器国籍登记号，例如：B3475读"Bravo 三四拐五"或"Bravo TREE FOW-er SEV-en FIFE"。

对讲机的使用方法：

（1）确定对讲机在同一频道下，按下发射键，指示灯亮，表示对讲机处于发射状态。此时应使对讲机处于垂直位置，并保持话筒离嘴边 2~5 cm 的距离，讲完话松开发射键。处于同一频道时对方接收你的讲话。

（2）通常接收时不需要按键。部分对讲机可以使用监听键，按下时，监听指示灯亮，表示对讲机处于强制接收状态。此功能在对讲机接收信号很微弱的时候使用，因为很耗电，平常不建议使用。

（3）同品牌、型号的对讲机出厂频率相同，即可通话，不同型号的对讲机只要频段相同也可通过编程软件，实现更改频率后通话。

（4）使用过程中不要进行多次开机关机的动作，注意调整为合适的音量。

机场设有应急救援无线电专用频道，突发事件发生时，指挥中心使用专用频道与机场塔台及参与救援的单位保持不间断联系。遇险通信在各种通信业务中有绝对优先权。航空器遇险时无线电呼信号为"MAYDAY"，紧急状态时（含医务飞行信号）无线电呼"PAN，PAN"或"PAN，PAN，MEDICAL"。

现场指挥常用通话及标准用语参见附录 B。

三、安全信息管理

（一）安全信息的分类

安全信息分为事件信息、安全监察信息、综合安全信息。

（1）事件信息是指在民用航空器运行阶段或者机场活动区内发生航空器损伤、人员伤亡或者其他影响飞行安全的情况。主要包括：民用航空器事故、民用航空器征候以及民用航空器一般事件信息。按照事件报告划分，包括紧急事件（运输航空紧急事件和通用航空紧急事件）和非紧急事件（运输航空非紧急事件和通用航空非紧急事件）。

事故是指对于有人驾驶航空器而言，从任何人登上航空器准备飞行直至所有这类人员下了航空器为止的时间内；或者对于获得民航局设计或者运行批准的无人驾驶航空器而言，从航空器为飞行目的准备移动直至飞行结束停止移动且主要推进系统停车的时间内；或者其他在机场活动区内发生的与民用航空器有关的下列事件。

① 人员死亡或者重伤。但由于自然、自身或者他人原因造成的人员伤亡以及由于偷乘航空器并藏匿在供旅客和机组使用区域外造成的人员伤亡除外。

② 航空器损毁无法修复或者严重损坏。

③ 航空器失踪或者处于无法接近的地方。

征候是指在民用航空器运行阶段或者在机场活动区内发生的与航空器有关的，未构成事故但影响或者可能影响安全的事件。

一般事件是指在民用航空器运行阶段或者机场活动区内发生航空器损伤、人员伤亡或者其他影响飞行安全的情况，但其严重程度未构成征候的事件。

（2）安全监察信息是指地区管理局和监管局各职能部门组织实施的监督检查和其他行政执法工作信息。地区管理局和监管局各职能部门应当按照民航局的相关要求报告安全监察信息。

（3）综合安全信息是指企事业单位安全管理和运行信息，包括企事业单位安全管理机构及其人员信息、飞行品质监控信息、安全隐患信息和飞行记录器信息等。机场应当按照所属地区管理局的相关要求报告综合安全信息。

（二）安全信息管理的有关要求

机场应制定包括自愿报告在内的民用航空安全信息管理程序，建立具备收集、分析和发布功能的民用航空安全信息机制。机场的民用航空安全信息管理程序应当报所属地监管局备案。

机场应当指定参加民用航空安全信息管理人员培训并考核合格的人员负责民用航空安全信息管理工作，并且应配备足够的人员和必需的设备以满足民用航空安全信息管理工作的需要。

（三）安全信息收集的要求

事件信息收集分为紧急事件报告和非紧急事件报告，实行分类管理。

1. 紧急事件的报告

紧急事件发生后，事发相关单位应当立即通过电话向事发地监管局报告事件信息。监管局在收到报告事件信息后，应当立即报告所属地区管理局。地区管理局在收到事件信息后，应当立即报告民航局民用航空安全信息主管部门。

紧急事件发生后，事发相关单位应当在事件发生后 12 h 内（事件发生在我国境内）或者 24 h 内（事件发生在我国境外），按规范如实填报民用航空安全信息报告表，主报事发地监管局，抄报事发地地区管理局、所属地监管局及地区管理局。

当空管单位为事发相关单位时，事发地/所属地监管局和地区管理局为空管单位所在地的监管局和地区管理局。

2. 非紧急事件的报告

非紧急事件发生后，事发相关单位应当在事发后 48 h 内，按规范如实填报民用航空安全信息报告表，主报事发地监管局，抄报事发地地区管理局、所属地监管局及地区管理局。

3. 报告的事件信息处理程序

对已上报的事件，事发相关单位获得新的信息时，应当及时补充填报民用航空安全信息报告表，并配合局方对事件信息的调查核实。如事实简单，责任清楚，事发相关单位可直接申请结束此次事件报告。

负责组织调查的地区管理局和监管局应当及时对事件信息进行审核，完成事件初步定性工作。

对初步定性为事故的事件，负责组织调查的单位应当提交阶段性调查信息，说明事件调查进展情况，并应当在事件发生后 12 个月内上报事件的最终调查信息，申请结束此次事件报告。

对初步定性为严重征候的事件，负责组织调查的地区管理局应当在事件发生后 30 日内上报事件的最终调查信息，申请结束此次事件报告。

对初步定性为一般征候的事件，负责组织调查的地区管理局应当在事件发生后 15 日内上报事件的最终调查信息，申请结束此次事件报告。

当事件初步定性为一般事件，事发相关单位应当在事件发生后 10 日内上报事件的最终调查信息，负责组织调查的地区管理局应当在事件发生后 15 日内完成最终调查信息的审核，并申请结束此次事件报告。

在规定期限内不能完成初步定性或不能按规定时限提交最终调查信息，负责调查的单位应当向民航局民用航空安全信息主管部门申请延期报告，并按要求尽快上报事件的最终调查信息，申请结束此次事件报告。

民用航空安全信息报告表应当使用中国民用航空安全信息系统上报。当该系统不可用时，可以使用传真等方式上报；当系统恢复后 3 日内，应当使用该系统补报。

机场应当妥善保护与事故、征候、一般事件以及举报事件有关的所有文本、影音、数据以及其他资料。

4. 安全信息通报工作的基本原则

当发生安全事件时，机场运行指挥员对安全信息进行通报应遵循以下基本规则：
（1）"首报快"是指当安全事件发生时，迅速将基本的消息报告相关部门；
（2）"续报准"是指在进一步了解和跟踪事件动态，将基本查明的情况报告给相关部门；
（3）"终报全"是指最终的调查结果和影响情况报告相关部门。

（四）自愿报告的民用航空安全信息管理的要求

任何人可以通过信件、传真、电子邮件、网上填报和电话的方式向中国民用航空安全自愿报告系统提交报告。报告可分为以下几类：
（1）涉及航空器不良的运行环境、设备设施缺陷的报告；
（2）涉及到执行标准、飞行程序困难的事件报告；
（3）除事故、征候和一般事件以外其他影响航空安全的事件报告。

四、运行资源管理

机场运行资源主要有停机位、登机口、值机柜台、行李转盘，以及用于航空器地面保障、航空运输服务等作业的专用设施设备，广义的运行资源还包括跑道、滑行道、终端区空域和机场航班时刻等。运行资源管理功能应实现资源的规划管理、预分配和实时分配。

（一）运行资源规划管理

规划设计是机场的"基因工程"，其质量直接决定了运行安全和效率水平。资源规划的意义体现为：可以使资源的利用效率得到最大化，避免资源的浪费和闲置，降低生产运营成本；

避免资源的过度消耗，确保资源的可持续供应；优化资源配置，推动资源综合利用；推进安全关口前移，确保运行环境满足机场运行安全要求。例如，指廊式布局是4E类以上机场中常见的航站楼构型，其U形机坪底部相邻多个机位滑行线由桥位向滑行道成逐渐收窄形态，致使航空器在滑进、推出过程中易与邻近机位航空器产生刮碰。指廊之间的宽度对机坪运行效率也有很大影响。作为地空服务转换的纽带，航站楼规划布局要在实用和美感之间找到平衡，充分考虑使用的需求，构建多种交通方式高度融合的一体化换乘体系，为航空器地面运行提供安全空间。国内机场航站楼构型如图8.25和图8.26所示。

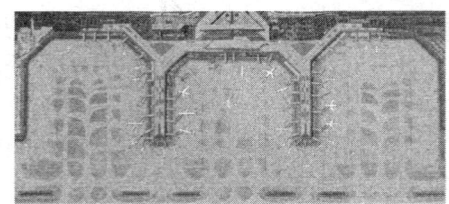

图8.25　虹桥机场航站楼构型

图8.26　天府机场航站楼构型

国外机场更偏重功能性和实用性，例如芝加哥奥黑尔国际机场，根据运行和保障维护工作需要，有块地就修一块儿，不同区域尽最大可能联通，可以不好看，但力求好用，如图8.27所示。

图8.27　芝加哥奥黑尔国际机场

为了缩短航空器地面滑行时间、促进节能减排、提升空侧运行效率，一些多跑道机场启用了就近起降运行程序。就近起降是指航空器在多跑道机场使用靠近停机位一侧的跑道进行起飞或降落。显然，由于机场构型、停机区域保障、航班计划衔接等限制，程序实施条件非常复杂，需要在航司分布、国内国际业务分配、旅客流程、行李保障模式、资源统筹等方面作好提前规划。

很多千万级机场存在比较突出的早离港高峰和晚进港高峰，如果远机位登机口位置设置不合理或规划数量不足，将直接影响地面转运效率。图8.28中，相邻两个登机口只规划了一个摆渡车位。

图8.28　相邻远机位登机口摆渡车位规划问题

资源规划应适度超前。行李提取转盘配置数量可按下式确定：国际与地区航班配备数量宜为高峰小时旅客到达流量除以航班平均乘载人数再乘以 80%；国内航班配备数量宜为高峰小时旅客到达流量除以航班平均乘载人数再乘以 66%。

资源规划可以从源头上解决近机位资源结构性问题。传统确定近机位数量的方法主要根据航站楼可用边线长度、高峰小时值，以及假定的近机位比例等推算得出。而从需求管理角度，高峰小时机位动态容量、机型占用资源的时间、资源作业效率等是其主要影响因素。容量分析的基础是桥位系统能提供的总服务时间应大于或等于航班需要的总服务时间。考虑极限情况，建立方程

$$u_k N_k = E[T] C_{桥位}$$

式中，u_k 为机位利用率，即单位小时 k 型机位可供 i 类飞机使用的时间比值；N_k 为可供 i 类飞机使用的 k 型机位数；$E[T]$ 为占用机位时间的预期值；$C_{桥位}$ 为桥位系统容量，即每小时飞机架数。显然

$$E[T] = \sum m_i T_i$$

式中，m_i 为机型组合中 i 类飞机占比；T_i 为 i 类飞机所需占用机位的时间。

根据高峰小时旅客流量、航班平均座位数、航班平均上座率、靠桥率可以得出需要保障的高峰小时架次，即连续需求情况下单位时间桥位系统的最大容量 $C_{桥位}$。当机位使用不受限时，则

$$N = \frac{C_{桥位} \sum m_i T_i}{u}$$

（二）停机位分配管理

机位资源是机场运行的核心资源。停机位分配管理是机场运行指挥的关键环节，分配结果不仅直接影响航空器运行、空侧安全以及旅客的出行体验，还会影响登机口、行李转盘、摆渡车及其他航班保障专用设备的合理分配和使用。

1. 停机位分配基本规则

机位资源的分配与利用应遵守安全第一、效率优先、统筹兼顾、方便旅客和地勤保障的原则，每个航班只能分配给一个机位，一个机位同时只能停靠一个航班，最大限度地使用机位资源，尽量减少临时调整机位带来的影响，公平地为各航空运输企业提供服务。

机位分配优先原则主要体现为：

（1）发生紧急情况或者执行急救等特殊任务的航空器优先于其他航空器；
（2）正常航班优先于不正常航班；
（3）大型航空器优先于中小型航空器；
（4）国际航班优先于国内航班；
（5）已签订综合保障协议或备降协议航空公司的航班优先于未签订综合保障协议或备降协议航空公司的航班；
（6）航班正常率较高的航班优先于航班正常率较低的航班；
（7）同类机型过站时间短的航班优先于过站时间长的航班；

(8)中转旅客人数较多的航班优先停放在中转最为便利的机位。

机位分配需要满足以下几个方面的要求:

(1)机位与机型匹配。

在规划设计时,机位的大小和方位应以允许停放最大机型的尺寸、进出机位方式、毗邻建筑物相对位置关系,以及螺旋桨或喷气流的流向为依据。因此,机位只能停放其允许的最大机型的飞机,如D类及以上机型不能停放C类机位。判断机位能否停靠航班,主要考虑航班机型的翼展宽度是否在机位所能容纳的范围之内,兼顾机身长度等要求。停靠规则向下兼容,而向上不能兼容,即E类机位可停靠A、B、C、D、E类航空器,但不能停靠F类航空器。在进出机位时,应考虑对相邻机位停放飞机的影响,如图8.29所示。

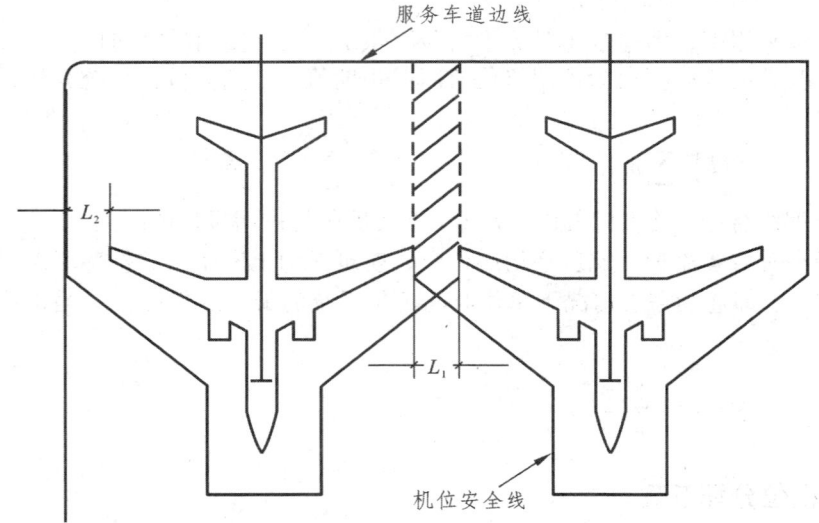

注:L_1为飞机与相邻飞机等物体的净距,L_2为服务车道边线距停放飞机的净距。

图8.29 相邻机位场地受限时的机位安全线

(2)航空器驶停净距要求。

航空器在地面停放和滑行时必须满足最小安全净距要求,如表8.10所示。

表8.10 机坪上飞机的最小距离   单位:m

飞行区指标Ⅱ	航空器类别					
	A	B	C	D	E	F
进入或离开机位的飞机与相邻机位上停放的飞机以及邻近的建筑物等物体之间的净距	3.0[②]	3.0[②]	4.5[①②]	7.5[①]	7.5[①]	7.5[①]
机坪服务车道边线距停放飞机的净距	3.0	3.0	3.0	3.0	3.0	3.0

注:①当机头向内停放时,对于具有依靠目视停靠引导系统进行方位引导的机位,机位上停放的飞机与任何邻近的建筑物、另一机位上的飞机等物体之间的净距可适当减小,航站楼、旅客廊桥固定端、回位点上的旅客廊桥活动端等与机头之间的净距可减小至3.75 m;②保障车辆作业需要时,最小距离宜增加。

已知或被认为受到非法干扰,或因其他原因需要隔离停放的航空器,必须专门安排隔离机位。隔离机位的位置应能使其距其他航空器集中停放区、建筑物或者公共场所至少

100 m，并尽可能避开地下管网等重要设施。

U 形机坪底部相邻多个机位滑行线存在交叉，机位虽然满足最小安全净距要求，航空器滑进、推出时却可能出现刮碰。因此要对特殊机位运行可能存在的风险进行梳理，机位分配时应充分考虑相邻机位影响，避免 U 形机坪热点区域机位同时运行，如图 8.30 所示。

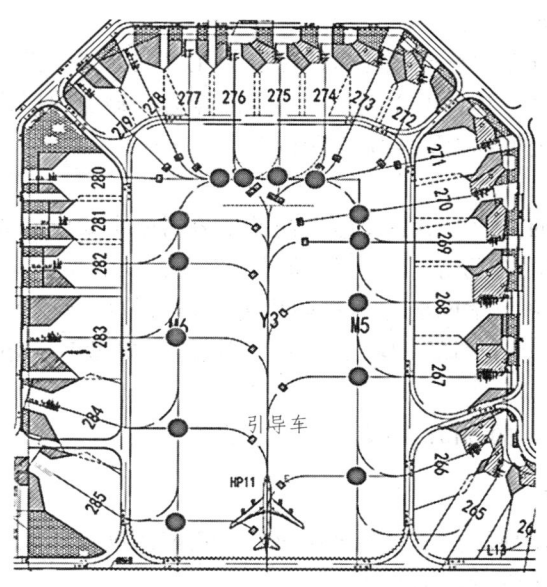

图 8.30　机坪 U 形区域

当新型大型机（超长或超宽）停放时，可采用合并机位、相邻机位限制停放以及划定临时停放区域等处理方法以满足安全净距要求。在机位和障碍物附近只准慢速滑行，并有专人引导。

（3）机型最少过站时间。

机型最少过站时间是指保证航班正常运行所必需的地面最短停靠时间，包括加油、航空器配餐、卸货装货、下客上客、检修等等，航空器的停场时间不得少于最短地面服务时间。部分机型最少过站时间如表 8.11 所示。

表 8.11　机型最少过站时间表　　　　　　　　　　　　　　单位：min

座位数	机型	机场		
		北京、虹桥、浦东、广州、深圳、成都、昆明	天津、杭州、重庆、西安	其他机场
60 座及以下	EMB145、ATR72、CRJ200、DORNIER328 等	50	45	35
61～150 座	CRJ700、E190、A319、B737（700 型含以下）等	65	60	50
151～250 座	B737（700 型以上）、B757、A310、A320、A321 等	75	70	60
251 座及以上	B747、B777、A300、A330、A340、A380 等	90	85	75

（4）同机位安全间隔时间。

同机位安全间隔时间是指在机位连续服务的情况下，同一机位从前机推出后开始滑出时起至后机引导入位为止的最小间隔时间。同机位安全间隔时间不仅保证航空器使用机位前有充分时间进行机位适用性检查，还有利于降低机坪刮碰风险。

（5）机型保障作业要求。

机位分配时必须充分考虑航空器地面设备能否在机位上为该机型提供安全、高效的航班保障作业服务。部分机位虽具备停靠大型航空器的能力，却受到周边空间环境的限制，不能使用货运升降平台车等大型的航班保障专用设备。

（6）其他要求。

机位分配需要考虑的其他因素主要包括同航空公司航班集中停放、就近起降、旅客舒适出行、航站楼内商业资源布局等。对于停场过夜航班的机位分配，还应兼顾次日执飞航班计划时间以及拖曳方式和效率问题，并提前化解临时机位停放或U型机坪热点区域特殊机位使用时的航空器地面运行风险。当航班临时更换执飞机型时，还需要再次对上述要求进行审核。

到港航班预计落地前 30 min，原则上不得变更停机位。

2. 停机位分配方法

（1）协议分配。与基地航空公司签署协议，固定使用某一区域的机位，该区域机位由航空公司自行分配，除非出现特殊情况。

（2）预分配。在符合停机位分配管理基本原则和要求的前提下，根据次日航班计划，通过科学合理的方式分配和利用有限的机位资源，使资源的利用效益最大化，以提升航班正常性及旅客服务质量。机位预分配计划编制完成后应及时提供给各驻场单位。

（3）动态调配。由于航班延误、取消、备降等原因导致机位预分配计划不能正常执行，通过对部分航班预留机位进行临时调整，尽快恢复正常。

3. 停机位分配工作流程

飞行前1日，航班计划席通过信息系统接收或录入次日航班计划，并将信息传送给机位分配系统；资源管理席使用资源分配系统编制并及时、准确发布机位预分配计划，驻场单位和部门依此提前制定各自航班保障服务计划；信息协调席实时跟踪航班动态，及时发布航班推出、到港、起飞、着陆、取消、延误、备降、机号变更等信息；资源管理席预测机位使用冲突情况，对部分航班机位预分配计划进行干预，实施动态调配，将变更信息及时通知各相关航班保障单位；资源管理席对机位的使用情况进行监控，发现异常时进行协调。

4. 临时机位使用管理

临时机位停放航空器不得影响其他机位安全运行以及机坪作业的正常开展，满足航空器驶停安全净距要求。为降低机坪运行风险，由临时机位停放航空器执飞的次日始发航班计划离港时间原则上应早于相邻机位始发航班的计划离港时间，且尽量避免延误。当临时机位使用量较大时，安排有临时机位的各航空公司的航班数量应尽可能平均，避免给个别航司造成过大运行压力。

5. 机位分配模型及算法

机位分配和运行问题实际上是资源的时间占用问题,即在给定作业时间窗口内符合最优指派原则的多目标决策过程。航班的机位占用顺序与持续时间通过活动列表和时间刻度来显示,从而形成活动与时间联系起来的图表形式,称为甘特图,如图 8.31 所示。甘特图能够很清晰地标识出每项任务的起始与结束时间。

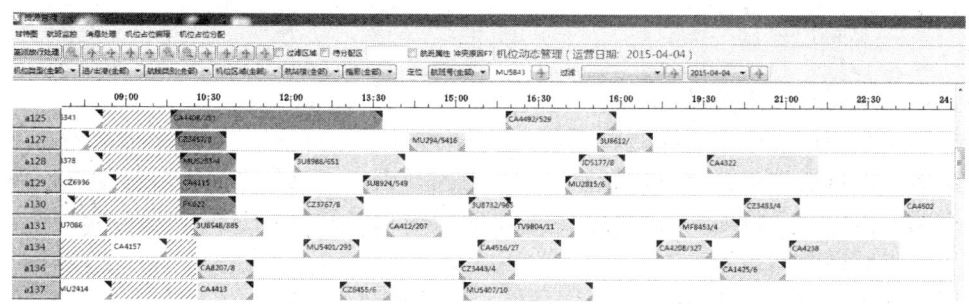

图 8.31　停机位分配甘特图表示

航班机位占用时间是指航班从引导滑入机位时起,至推出后自滑时止的间隔时间。航班机位占用时间不得少于该机型最小过站时间。在机位连续服务的情况下,对停靠同一机位的两个航班出入机位时间间隔进行统计/预测,扣除同机位安全间隔时间后得到机位空闲时间,如图 8.32 所示。机位空闲时间主要是航班到达间隔时间累积的结果,航班延误以及进出机位干扰造成的延误时间不能使总的空闲时间变长,而只会让原有的空闲时间在各个航班间重新分布。为了简化问题,常规优化模型通常把同机位安全间隔时间纳入航班机位占用时间。

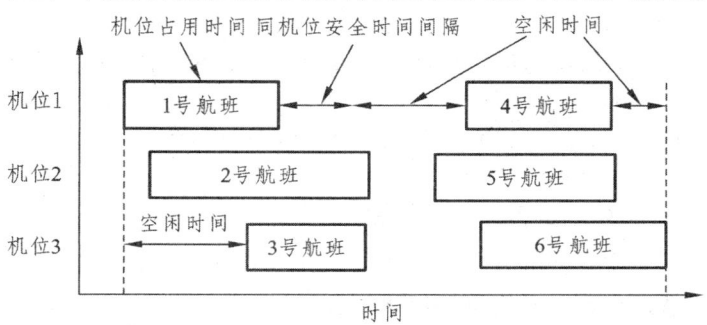

图 8.32　机位空闲时间分析图

常见的资源分配优化模型为最大最小化模型和多目标规划模型,主要优化目标有以下几种。

（1）近机位空闲时间最短。

以机位空闲时间最短为优化目标,提高廊桥机位周转率,从而增加航班靠桥率。提高单个廊桥机位周转率的最直接方式是从机型配置、过站时间、航线布局等方面优化航班计划衔接,减少长时间过站航班数量。

（2）机位空闲时间最均衡。

机位空闲时间越均衡,则机位利用率越均衡,能够避免对部分机位的过度使用,有利于提高资源综合利用效益。此时,设备和设备操作员的工作时间和强度较均衡,能有效保证保

障任务的顺利进行。另外，当航班发生短时间延误时，仅对预分配计划进行局部调整即可。通常用机位空闲时间最小方差来描述机位空闲时间的均衡程度。

（3）旅客行走距离最短。

从提升旅客满意度和服务质量角度，以旅客最小行走距离为优化目标，如所有航班到港、离港和中转旅客的累计行走距离。机型越大所载的旅客越多，优先停靠近机位可使旅客总步行距离缩短，因此提高机位利用率可以很好地达到这个目标，同时减少了地面服务的调配距离。

（4）航班地面滑行距离最短。

从控制航空器运行成本角度，以所有航班累计地面滑行距离最短为优化目标，尽可能降低航空器地面滑行燃油消耗。机位和跑道的相对路径决定了航班进离港滑行距离，跑道选择与航线有关，由此产生按航线集中分配机位的运行模式，称为航空器同向区域停放。

（5）航班延误时间最短。

以所有航班总延误时间最短为优化目标。特殊情况下，需要考虑航班延误时间均衡性问题。

（6）抽象为其他模型。

分配策略通常是将机位分配问题抽象为其他数学模型，如排序问题、图着色问题、网络最大流问题等进行求解和优化。

灵活的优化解决方案是解决实际优化问题的有效方法。尤其在预分配过程中，应适当提高模型的鲁棒性，以减少各种不确定因素对项目实施的影响。可以在原来优化基础之上进行二次优化，例如，将临时机位和远机位航空器拖拽或自滑至廊桥机位是有效提升靠桥率的运行手段。

下面以旅客行走距离最短为优化目标，建立 0-1 整数规划模型。其目标函数为

$$D = \min\left\{\sum_{i=1}^{M}\sum_{j=1}^{N}\left(s_i^a c_j^a + s_i^d c_j^d + s_i^t c_j^t\right)x_{ij}\right\}$$

$$x_{ij} = \begin{cases} 1, & \text{当航班 } i \text{ 被安排在停机位 } j \text{ 时} \\ 0, & \text{其他} \end{cases}$$

式中，M 为某天的航班总数；N 为机场停机位数量；s_i^a、s_i^d、s_i^t 分别为航班 i 的到港、离港和中转旅客人数；c_j^a、c_j^d、c_j^t 分别为航班 i 的到港旅客离开停机位 j、到离港和中转旅客到达停机位 j 的距离，相应的约束条件如下：

（1）每个航班只能分配给一个停机位，即

$$\sum_{j=1}^{N} x_{ij} = 1$$

（2）任一机位同时只能分配一个航班（任一停机位一次只能分配一架飞机），即

$$\sum_{a \in k(a)} x_{aj} + x_{ij} \leq 1$$

$$k(a) = \left\{a \mid t_{ij}^d \geq t_{ij}^a, j \in W\right\}$$

式中，$k(a)$ 为离港时刻 t_{ij}^d 大于等于航班 i 到港时刻 t_{ij}^a 的航班集合，该式表明当航班 i 到港时，停机位 j 仍然被占用，不能分配给航班 i；$W(|W|\leqslant N)$ 为航班 i 到港时仍然被占用的停机位集合，它的大小应当等于集合 $k(a)$ 的元素个数，根据这一点可以简化约束个数。

上述模型可以通过使用启发式算法、分支定界法、模拟算法、专家系统与遗传算法等方法求解，或根据具体问题和需要，对多种方法进行组合运用。算法优劣性可以用空间复杂度与时间复杂度来衡量。下面以贪心算法、图着色算法为例进行介绍。

贪心算法是停机位分配问题中常用的搜索方法。贪心算法就是不断选择当前最好的选择，也就是说贪心算法并不从整体最优考虑，它所作出的选择只是在某种意义上的局部最优选择。虽然贪心算法不能对所有问题都得到整体最优解，但在一些情况下，即使不一定能得到整体最优解，其最终结果却是近似最优解。贪心算法通常以迭代的方式做出相继的贪心选择，每做一次贪心选择就将所求问题简化为规模更小的子问题。停机位等资源分配问题的贪心算法搜索过程如图 8.33 所示。

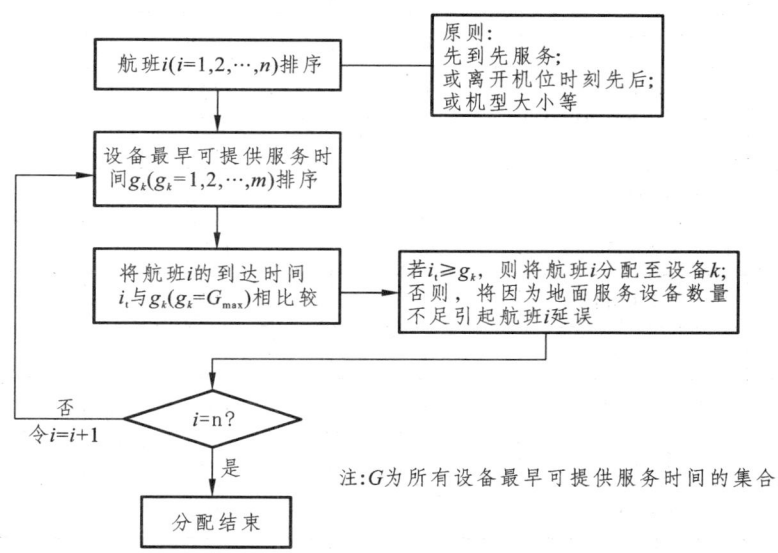

图 8.33 贪心算法流程图

停机位分配问题的图着色算法描述为：给定一个无向图 $G=(V, E)$ 和 m 种颜色，其中 V 为顶点集合，E 为边集合，顶点代表航班，颜色代表停机位。有

$$V = \{v_i | 待分配停机位的所有航班 i\}$$

$$E = \{(v_i, v_j) | 停机位分配中时间相冲突的航班\}$$

顶点 V 代表需要分配停机位的所有航班集合，$V = \{v_i \mid i = 1, 2, \cdots, n\}$ 边 E 代表停靠时间相互冲突的航班集合，$E = \{(v_i, v_j) | i \neq j\}$，停靠时间相互冲突的航班不能使用同一停机位，也就是不能使用同一种颜色。要求为图 G 的每个顶点 $v_i(v_i \in V)$ 分配一种颜色，使得 G 中每条边 (v_i, v_j) 的两个顶点着不同颜色，如图 8.34 和表 8.12 所示。在算法设计中，通常按顶点的度数和禁色数进行排序，以迭代的方式做出相继的贪心选择。

表 8.12 航班停机位占用时间

航班	航班号	机型大小	机位占用开始时刻	机位占用结束时刻
01	MU5407	3	1120	1220
02	CA4306	1	1200	1250
03	CZ3457	2	1105	1155
04	HU7147	1	1010	1105
05	CA4301	3	1210	1340
06	CA4335	1	1135	1235
07	CA5637	2	1215	1305
08	CA4103	3	1240	1340
09	CA4408A	2	1000	1100
10	MF8417	1	1155	1300
11	MU2411	2	1000	1055
12	FM541	2	1130	1220
13	CA4436	1	1125	1205
14	CZ3404	3	1025	1135
15	3U302	2	1245	1335
16	CA4903	1	1000	1100
17	CZ7412	2	1310	1400
18	MU2815	1	1030	1120

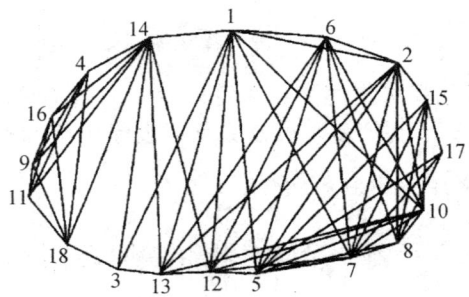

图 8.34 航班停机位分配冲突无向图示例

6. 航班近机位靠桥率统计

机场靠桥率相关数据统计和分析，由民航局运行监控中心负责，并按月发布通报。

航班靠桥率：统计周期内，机场使用近机位廊桥上、下客航班架次占总客运航班起降架次的百分比。部分机场航班靠桥,但旅客仍使用摆渡车接驳,此类航班不计入靠桥航班架次。

始发航班靠桥率:统计周期内,机场始发客运航班中使用廊桥机位上客的航班占比。始发航班指同一注册号飞机,计划离港时间在当日 06:00(含)以后,实际执行的第一段离港航班。

过夜航班靠桥率:统计周期内,机场过夜客运航班中使用廊桥机位下客的航班占比。过夜航班指当日或次日 02:00(含)以前计划到港,后飞在次日 06:00(含)以后计划离港的航班。

随着大数据、人工智能和物联网等信息技术的发展,机场、航司协同配合,持续提升机位分配管理能力,促进行业高质量发展。一般情况下,机场航班靠桥率不宜低于 80%,机场始发航班和过夜航班靠桥率不宜低于 50%。

(三)登机口分配管理

登机口是航班乘客由候机区通往机位的端口,分为近机位登机口和远机位登机口。绝大多数情况下,登机口与机位之间存在一一对应的关系,分配的灵活性较小,但同样遵循资源分配基本规则,应充分考虑航班计划、候机旅客数量等因素影响。

1. 基本原则和要求

(1)避免一个登机口同时被多个航班使用。

登机口与候机区紧密相连,候机区通常按航班载客数的 80% 来设定其面积,即候机区的座位数只能满足 80% 的旅客。如出现航班大面积延误或离港高峰,候机区就会聚集大量旅客,从而干扰航站楼的正常运行秩序,严重时可致使登机口成为机场运行的瓶颈。因此,应避免一个登机口同时被多个航班使用。

(2)"航班对"的限制。

正常情况下,一架飞机每天都要执行多段航班任务,飞机在登机口的一次停靠通常由一对航班(前序航班和后续航班,也称转场)来标识,因此需要尽量把转场航班安排在同一个登机口,同一登机口的转场航班对之间时间不能冲突。

(3)减少旅客步行距离。

在避免候机区旅客过度拥挤的前提下,尽量减少旅客步行距离,优先把距离安检较近的登机口分配给乘客数量较多的航班。

(4)登机口的调配。

临时变更登机口时,调整后的登机口与原来的登机口距离不宜过远,便于旅客换乘,同时纾解地面运输压力。

2. 登机口分配模型及算法

登机口分配模型及算法与其他资源分配优化模型类似,下面以旅客步行距离最短为优化目标,建立网络最大流模型。如图 8.35 所示,其中,网络图中的节点代表航班;顶点流量代表每个航班的乘客数量；有向边表示可以将连接的两个航班安排在同一个登机口；网络图的最大流量就表示可以使用一个登机口的人数最多的航班组合。

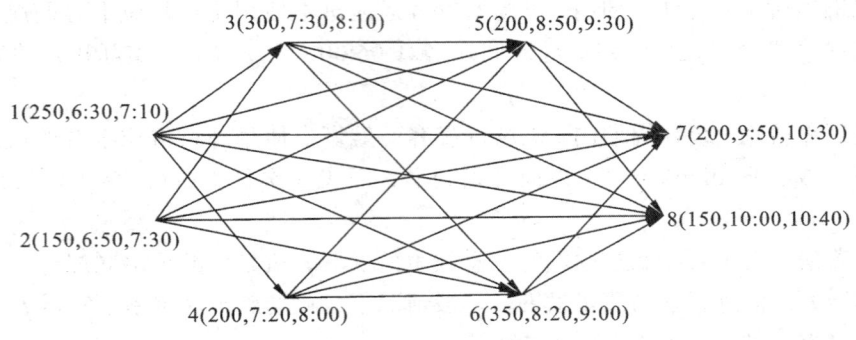

图 8.35　登机口分配网络图

假设机场有 m 个登机口，当日有 n 个航班，进离港旅客在航站楼内步行距离近似相等，每个航班到达后登机口开启和关闭时间都已知。将航班人数和登机口启用时间、登机口关闭时间标注到节点上，图 8.35 中，"3(300，7:30，8:10)" 表示航班 3 的预计载客人数为 300 人，登机口启用时间是 7:30，关闭时间是 8:10。按时间顺序，从左到右为时间从早到晚。如果后面航班的登机口开启时间晚于前面航班的登机口关闭时间，则在这两个航班之间连接一条箭线，方向是从时间早的航班指向时间晚的航班，表示这两个航班可以共用一个登机口。按这样的规则，将 n 个节点连起来，形成一个网络图。显然，网络图中从起点到终点的每一条有向路上的节点都是可以安排在一个登机口上的航班。从起点开始寻找一条到终点航班人数最多的路线，并把这条路线上的航班安排到距离安检最近的登机口。然后，在网络图上去掉已安排过的航班节点及与其相关联的箭线，再从新的起点开始寻找一条到终点航班人数最多的路线，并把这条路线上的航班安排到距离安检次近的登机口。依此类推，直到所有的航班安排完为止。

（四）航空器地面设备调度管理

为加强作业现场的组织引导，许多大型运输机场设置了专门的二级调度，其主要工作是：根据保障协议，推算作业服务类型和时间，制定航空器地面设备调度计划，并通知设备操作员；由于航班延误、取消、备降、作业超时、设备故障等原因导致计划不能正常执行时，通过资源综合调剂，尽快恢复正常生产；实时跟踪航班动态，及时通报，减少无谓的运行消耗。设备调度流程如图 8.36 所示。

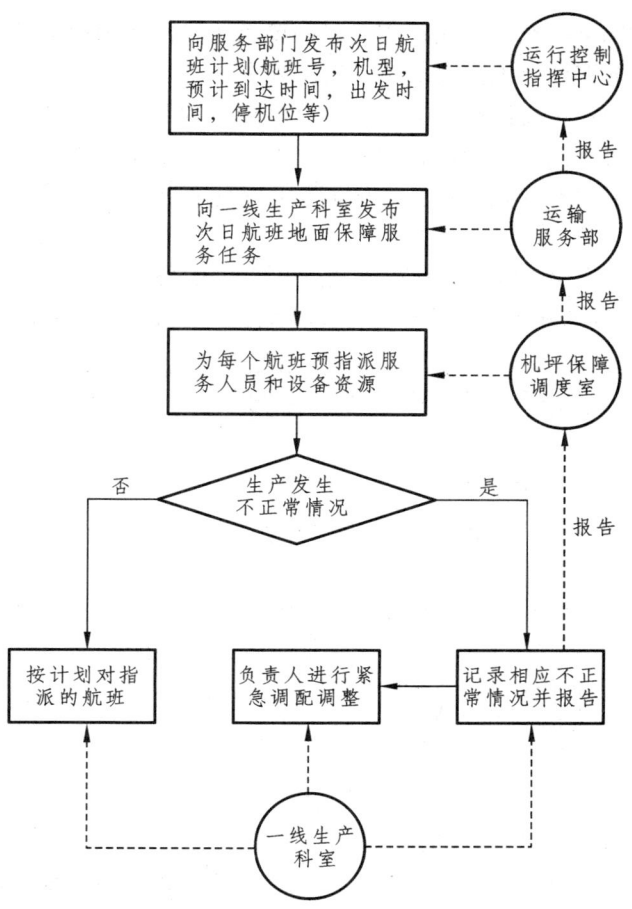

图 8.36 机坪保障服务调度流程

航空器地面设备资源调度管理按时空特性分为路径规划问题和设备资源调度问题。其中，仅根据空间的位置来安排设备的行驶线路，不考虑时间要求的为路径规划问题；考虑时间要求安排服务线路的为设备资源调度问题。后者本质上仍然是资源的时间占用问题，同样遵循资源分配基本规则，其甘特图描述见图 8.37 所示。

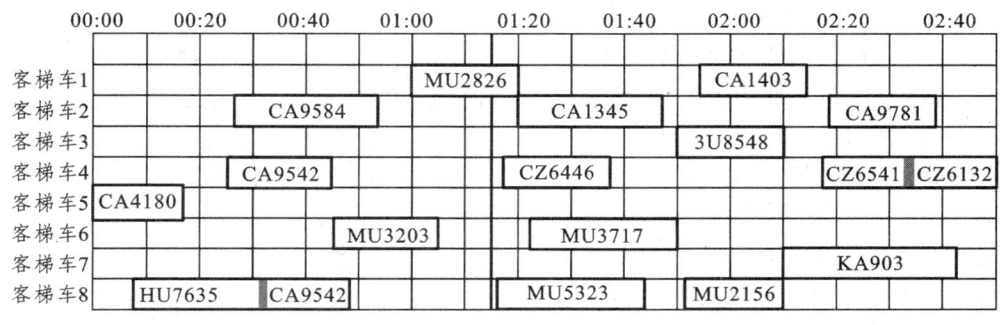

图 8.37 机坪服务设备资源分配计划的甘特图描述

根据作业服务的类型、性质，以及时空特性，选用不同的资源调度方法。针对旅客摆渡等简单的运送问题，有定向专车运行调度法、循环调度法、交叉调度法来实现方案优化。当作业任务量大,交通网络复杂,有机型作业时间要求时,可运用运筹学的基本理论与方法实现,如线性规划、最短路法、表上作业法、图上作业法等。下面以图上作业法为例对其原理进行介绍,优化目标为:运行路线最短、运费最低或行程利用率最高。

假定有多个航班要求同一类型的作业服务,作业服务设备位于多个停放点。将设备配送量反映在交通图上,通过对初始调运方案的调整,求出最优配送方案。基本步骤为:

(1)绘制交通图。

设有 A_1、A_2、A_3 三个停放区分别有特种设备车辆 4 辆、3 辆、3 辆,需前往四个作业点 B_1、B_2、B_3、B_4,已知各停放点和作业点的地理位置以及道路通阻情况,交通图如图 8.38 所示。

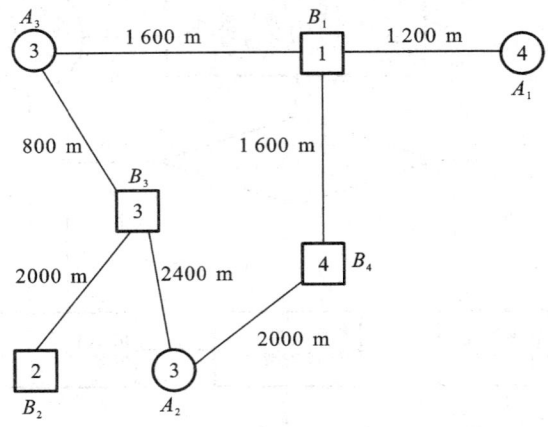

图 8.38 运距运量交通图

(2)将初始调运方案反映在交通图上。

任何一张交通图上的线路分布形态无非为成圈与不成圈两类。对于不成圈的,A_1、B_2 的运输,可按"就近调运"的原则,很容易得出调运方案。其中($A_1 \to B_4$,2 800 m)<($A_3 \to B_4$,3 200 m),($A_3 \to B_2$,2 800 m)<($A_2 \to B_2$,4 400 m),先假定($A_1 \to B_4$),($A_3 \to B_2$)运输。对于成圈的,A_2、B_3、A_3、B_1、B_4 所组成的圈,可采用破圈法处理,即按照"从距离最大地方破圈"且"就近"的原则对特种设备(车辆)进行调配,即可得出初始调运方案,如图 8.39 所示。在绘制初始方案交通图时,凡是按顺时针方向调运的调运线路(如 A_3 至 B_1、B_1 至 B_4、A_2 至 B_3),其调运箭头线都画在圈外,称为外圈;否则,其调运箭头线(如 A_3 至 B_3)都画在圈内,称为内圈,或者两种箭头相反方向标注也可。

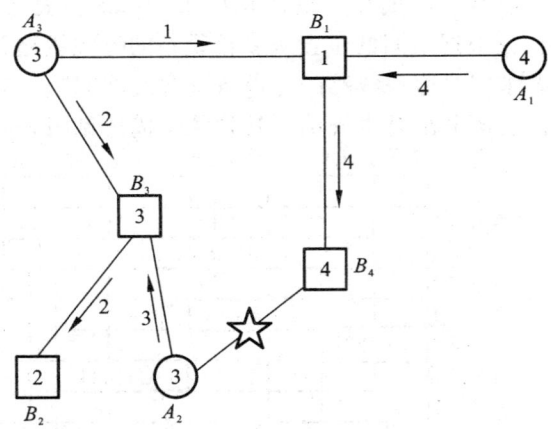

图 8.39 $A_2 \to B_4$ 破圈调运图

(3)检查与调整。

面对交通图上的初始调运方案,首先分别计算线路的全圈长、内圈长和外圈长(圈长即指里程数),如果内圈长和外圈长都分别小于全圈长的一半,则该方案即为最优方案;否则,即为非最优方案，需要对其进行调整。如图 8.40 所示，全圈（$A_2 \to B_3 \to A_3 \to B_1 \to B_4$）长为 8 400 m，外圈（$A_3 \to B_1$，1 600 m；$B_1 \to B_4$，1 600 m；$A_2 \to B_3$，2 400 m）长为 5 600 m，大于全圈长的一半，显然，需要缩短外圈长度。调整的方法是在外圈（若内圈大于全圈长的一半，则在内圈）的各调运量中，减去外圈的最小运量 1，其余圈内线路（含内圈及未调配线路）加上此最小运量，可得到调整方案如图 8.41 所示。然后，再检查调整方案的内圈长与外圈长是否都分别小于全圈长的一半。如此反复至得出最优调运方案为止。图 8.40 中，计算可得内圈长为 2 800 m，外圈长为 4 000 m，均小于全圈长的一半，可见，该方案已为最优方案。

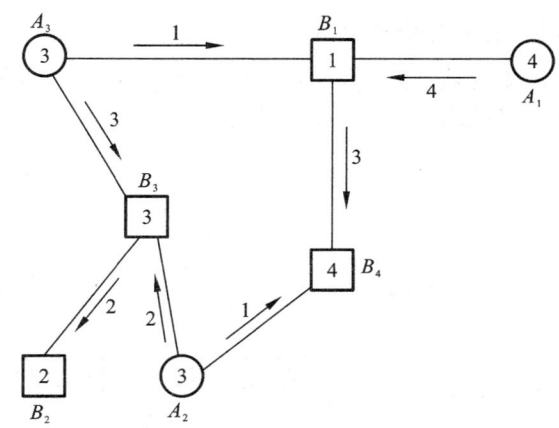

图 8.40　调整后的调运图

在车辆调运过程中，随时会出现突发情况，如地面车辆穿越滑行道时需要等待避让航空器，致使设备调度时间变动过大，从而对设备调度产生影响。因此，还需要关注以下几点：

（1）任意时刻，每台设备只能为一个航班服务，且作业服务一旦开始就不能中断直至服务完毕；

（2）任意航班在接受保障服务时的最早时间是航空器上轮挡的结束时间；

（3）对于任意两个具有串行作业关系的服务项目，紧前作业服务结束后紧后作业服务才能开始；

（4）特种服务设备必须能够在服务需求之前安全到达目标航班所停的机位，并能够为航班提供保障服务；

（5）调度计划执行过程中，特种设备必须沿机坪服务车道并按规定的速度行驶；

（6）提供保障服务的特种设备型号应满足过站航班机型的需求。

机坪运行安全和效率的主要评价指标包括：保障服务延误时间、单位时间设备服务航班数、设备日使用成本、设备均衡使用率和设备空载率等。

（五）其他运行资源管理

1. 行李转盘管理

行李转盘的分配工作程序如下：

（1）信息系统首先接收次日航班计划，根据到港航班数量、顺序、行李数量和机位分配情况预先配置行李转盘。

（2）接收和获取航班动态信息，对行李转盘进行人工干预。

（3）监控行李转盘使用情况，发现异常问题及时协调。

2. 值机柜台管理

值机柜台分配优先原则主要体现为：每周班次多的航班优于班次少的航班；大型航空器

机场运行

优于小型航空器；正班优于加班，加班优于补班、延误等航班；同一航空公司的两个航班柜台衔接时，优先安排在相同或邻近柜台。

3. 旅客安检通道管理

影响安检通道数量的主要因素包括：出港航班性质与机型、旅客到达分布、安检效率、旅客随身携带行李的件数、旅客队列形状、安检人员的熟练程度等。

第三节　航班正常性管理

航班正常性是衡量航空服务质量的一个重要标准。《民航航班正常统计办法》中界定了航班正常性的统计范围、统计部门和延误原因，给出了航班正常性统计的相关定义、统计指标和判定标准，为机场、航空公司等提高航班正常性，提升航空服务质量提供了依据。

一、航班正常性统计范围

（1）民航航班正常统计范围为国内外运输航空公司执行的客货运航班，包括正班、加班、包机。港澳台地区及国际航班的国内段，按地区航班或国际航班统计。

（2）机场放行正常统计范围为国内外运输航空公司在国内机场离港的客货运航班，包括正班、加班、包机。

（3）航班正常和机场放行正常月度统计以自然月为周期，即每月1日0时（北京时，下同）起至当月最后一日24时止。每日统计从当日0时起至当日24时止。跨日航班按计划关舱门时间所在日期统计。

（4）航空公司提前一日取消的次日航班或次日补班计划，不列入航班正常和机场放行正常统计范围。当日取消的航班按不正常航班统计，机场放行正常不做统计。

二、航班正常统计相关定义

1. 航段班次

航班每一次起降为一个航段班次。航班正常统计以航段班次为统计单位。

2. 计划关舱门时间

航班时刻管理部门批准的离港时间。

3. 实际关舱门时间

飞行地面保障工作全部完成并关闭客货舱门，机组向空管部门申请推出或开车的时间。

4. 计划开舱门时间

航班时刻管理部门批准的到港时间。

5. 实际开舱门时间

航空器在机位停稳后，开启客舱门的时间。

6. 计划离港时间

航班时刻管理部门批准的离港时间。

7. 实际离港时间

机组得到空管部门推出或开车许可后，地面机务人员实施撤去航空器最后一个轮挡这一动作的时间。

8. 计划到港时间

航班时刻管理部门批准的到港时间。

9. 实际到港时间

航空器在机位停稳后，地面机务人员实施挡上航空器第一个轮挡这一动作的时间。

10. 航班起飞、落地时间

空管部门拍发起飞、着陆电报中标准的时间。

11. 机场放行班次

每一个航班离港起飞为一个放行班次。机场放行统计以放行班次为统计单位。

12. 计划过站时间

前段航班到达本站计划开舱门时间至本段航班计划关舱门时间之间的时间。

13. 实际过站时间

前段航班到达本站实际开舱门至本航班实际关舱门时间。

14. 始发航班

同一注册号航空器，计划关舱门时间在当日 06:00（含）以后，实际执行的第一段离港航班。

机场运行

三、航班正常性统计指标和标准

1. 航班正常

符合下列条件之一的航班判定为正常：

（1）在计划关舱门时间后规定的机场地面滑行时间（见表8.13）内起飞，且不发生返航、备降等不正常情况；

（2）不晚于计划开舱门时间后10 min落地。

表8.13 机场地面滑行时间分类表

机场名称	滑行时间（地面滑出时间）/min
北京首都机场、北京大兴机场、上海浦东机场、上海虹桥机场、广州白云机场、成都双流机场、深圳宝安国际机场、昆明长水机场、西安咸阳机场、重庆江北机场、杭州萧山机场及境外机场	30
成都天府机场、南京禄口机场、厦门高崎机场、乌鲁木齐地窝堡机场、长沙黄花机场、武汉天河机场、郑州新郑机场、青岛胶东机场、天津滨海机场、海口美兰机场、三亚凤凰机场、哈尔滨太平机场、贵阳龙洞堡机场、沈阳桃仙机场、大连周水子机场	25
济南遥墙机场、福州长乐机场、南宁吴圩机场、兰州中川机场、太原武宿机场、长春龙嘉机场、呼和浩特白塔机场、南昌昌北机场、合肥新桥机场、石家庄正定机场、珠海金湾机场、宁波栎社机场、温州龙湾机场、银川河东、烟台蓬莱机场	20
其他国内机场	15

2. 航班不正常

有下列情况之一，判定为航班不正常：

（1）不符合正常航班全部条件的航班；

（2）当日取消的航班；

（3）未经批准，航空公司自行变更航班计划的航班。

但当航班备降时，如果备降机场与计划目的地机场属同一城市，且实际（起飞或落地）时间较计划（起飞或落地）时间在规定范围内，则该航班属于正常航班。

例1：国航1501航班，计划执行北京至虹桥航班任务，计划关舱门时间为08:30，计划开舱门时间为10:40，如何判断该航班为正常航班？

该航班正常需要符合下列条件之一，且不发生返航、备降或自行变更计划等情况：

（1）实际起飞时间不晚于09:00，即不晚于航班计划关舱门时间08:30 + 30 min 起飞；

（2）实际落地时间不晚于10:50，即不晚于航班计划开舱门时间10:40 + 10 min 落地。

注意：如果该航班备降至浦东机场，同时航班实际落地时间不晚于10:50，则该航班为正常航班。

3. 航班正常率

反映航班运行效率的指标，航班正常率等于正常航段班次与计划航段班次之比，用百分比表示。

航班正常率 = 正常航段班次/计划航段班次

4. 航班延误时间和航班平均延误时间

（1）航班延误时间。

反映航班延误程度的指标。航班延误时间等于实际起飞时间晚于计划关舱门时间和机场地面滑行时间之和的时间。

航班延误时间 = 实际起飞时间 − （计划关舱门时间 + 机场地面滑行时间）

当发生返航、备降、取消等不正常情况，航班延误时间不作统计。

例2：国航1501航班，计划执行北京至虹桥航班任务，北京为该航班始发机场，计划关舱门时间为08:30，计划开舱门时间为10:40，实际起飞时间为10:30，计算该航班延误时间。

航班延误时间 = 10:30 − （8:30 + 30 min） = 90 min

（2）航班平均延误时间。

反映航班总体延误程度的指标。航班平均延误时间等于计划航段班次总延误时间与计划航段班次之比。

航班平均延误时间 = 计划航段班次总延误时间/计划航段班次

航段班次总延误时间等于所有延误航班对应的延误时间之和，发生备降、返航、取消的航班延误情况用"无延误时间"表示。当日计划航段班次包括当日已执行航班和当日取消航班两部分。

5. 始发航班离港正常

（1）始发航班离港正常。

如始发航班在计划关舱门时间后规定的机场地面滑行时间内起飞，则该始发航班离港正常；

例3：国航1501航班，计划执行北京至虹桥航班任务，北京为该航班始发机场，计划关舱门时间为08:30，计划开舱门时间为10:40，如何判断该航班为始发航班离港正常。

如果航班实际起飞时间不晚于09:00，即不晚于计划关舱门时间08:30 + 30 min 起飞，则该始发航班离港正常。

（2）始发航班离港不正常。

若不符合正常始发航班条件的航班或未经批准，航空公司自行变更航班计划的航班。则判断航班为离港不正常

注意：始发航班离港正常仅考虑航班是否在规定的时间内起飞，如果在规定的时间内起飞后发生返航、备降，该航班仍判定为离港正常。

（3）始发航班离港正常率。

反映始发航班在离港机场运行效率的指标。始发航班离港正常率等于正常离港的始发航班班次与始发航班总班次之比，用百分比表示。

始发航班离港正常率 = 正常离港的始发航班班次/始发航班总班次

注意：当日取消的航班不作始发航班离港正常统计。

6. 机场放行正常及放行正常率

（1）机场放行正常统计标准。

符合下列条件之一，则判定该航班放行正常。

① 计划关舱门时间之前完成各项地面服务保障工作，并在规定的机场地面滑行时间内起飞，则该航班放行正常；

② 当前段航班实际开舱门时间晚于计划开舱门时间，如在计划过站时间内完成地面服务保障工作，并在规定的机场地面滑行时间内起飞，则该航班放行正常。

注意：考虑当前统计手段，前段航班实际开舱门时间约等于前段航班实际落地时间加上 10 min。

前段航班实际开舱门时间 ≈ 前段航班实际落地时间 + 10 min

例 4：国航 1502 航班，计划执行虹桥至北京航班任务，计划关舱门时间 11:55，计划开舱门时间 14:15。（假设该航班为始发航班，或航班为非始发航班时，前段航班为国航 1501，计划过站时间 = 国航 1502 计划关舱门时间 11:55 - 国航 1501 计划开舱门时间 10:40 = 75 min）。如何判断该航班是否为机场放行正常。

当国航 1502 航班为始发航班时，如果国航 1502 在 11:55 之前完成各项地面保障工作，且不晚于 12:25（11:55 + 30 min）起飞，则该航班放行正常。

当国航 1502 航班为过站航班时，当国航 1501 实际开舱门时间晚于 10:40，如国航 1502 在"国航 1501 实际开舱门时间 + 计划过站时间 75 min"对应的时间前完成各项地面保障工作，并在 30 min 起飞，则该航班放行正常。

例 5：武汉天河机场某航空器执行进港航班 MU2493 KMG—WHU，KMG 计划关舱门时间为 10:55，WHU 计划开舱门时间为 13:20，该航空器后续执行出港航班 MU2494 WHU—WNZ，WHU 计划关舱门时间为 14:20，WNZ 计划开舱门时间为 15:50；航班 MU2493 在 KMG 实际起飞时间为 11:21，WHU 实际着陆时间为 13:17，航班 MU2494 在 WHU 实际起飞时间为 14:38，请问该航班（MU2494）在武汉是否放行正常？

判断出港航班是否放行正常，首先要确定前段航班是否晚到，是或否对应不同判定标准；若前段航班早到，即实际落地时间 + 10 min 不晚于计划开舱门时间，则出港航班在计划关舱门时间 + 机场地面滑行时间前起飞，航班放行正常。若前段航班晚到，即实际开舱门时间晚于计划开舱门时间，则出港航班在实际开舱门时间 + 计划过站时间 + 机场地面滑行时间之前起飞，该航班放行正常。

进港航班是否晚到：13:17+10 min = 13:27，晚于 13:20 开门，则进港航班晚到。

计划过站时间：14:20-13:20 = 1 h，即 60 min（若进港航班早到，则此步可省）。如果该航班放行正常，则武汉实际起飞时间：13:27 + 60 min + 25 min = 14:52 之前。

放行正常的判断：武汉实际起飞时间为 14:38，早于 14:52，则该航班在武汉放行正常。

（2）机场放行正常率。

反映航班在机场过站时，各单位综合保障能力的指标，机场放行正常率等于机场放行正

常班次与机场放行总班次之比,用百分比表示。

机场放行正常率 = 机场放行正常班次/机场放行总班次

7. 航班滑行时间和机场平均滑行时间

(1) 航班滑行时间。

反映单个航段班次地面运行效率的指标,分为滑出时间和滑入时间。

滑出时间是指实际离港时间至实际起飞时间之间的时间长度;滑入时间是指实际落地时间至实际到港时间之间的时间长度。航班滑行时间以分钟为单位。

滑出时间 = 实际起飞时间 – 实际离港时间

滑入时间 = 实际到港时间 – 实际落地时间

(2) 机场平均滑行时间。

反映机场航空器地面运行效率的指标,分为机场平均滑行时间和机场平均滑入时间。

机场平均滑行时间是离港航班滑出总时间与离港航段班次之比;机场平均滑入时间是到港航班滑入总时间与到港航段班次之比。

机场平均滑行时间 = 离港航班滑出总时间/离港航段班次

机场平均滑入时间 = 到港航班滑入总时间/到港航段班次

注意:离港航班滑出总时间等于所有离港航班滑出时间之和;到港航班滑入总时间等于所有到港航班滑入时间之和;对发生滑回、中断起飞、备降、返航的航班在发生上述事件的机场不进行滑行时间统计。

四、统计部门和延误原因的界定与分类

1. 数据报告主体单位

(1) 航空公司负责记录、汇总和报告:航班实际关舱门和开舱门时间、离港航班松刹车推出时间、进港航班入位后刹车时间;

(2) 机场负责记录、汇总和报告:航班实际离港(撤轮挡)时间和实际到港(挡轮挡)时间;

(3) 空管部门负责记录、汇总和报告:航班报告准备好申请推出(开车)时间、管制员许可航班推出(开车)时间、航班报告滑行入位时间、航班实际起飞时间和实际落地时间。

(4) 前段航班晚到的,其延误原因由航空公司及时了解情况,并负责通知前段落地机场空管统计部门;涉及空管原因或流量原因时,由前段起飞机场空管部门负责将航班延误原因通知前段落地机场空管统计部门。

2. 延误原因的界定

(1) 航班延误须填写延误原因。延误原因采取"一通到底"的原则进行判定。即一架航空器执行多段任务,当出现首次延误并导致后续航段全部延误时,后续原因均按首次延误时

原因填写。如果后续某航段转为正常，但其后续航段又再次延误，则后续延误原因按正常航段后发生的首次延误原因填写。

（2）机场放行延误须填写延误原因，机场放行延误只统计在本站放行导致的延误原因，与前段航班是否晚到无关。

（3）不正常航班如果在计划离港时间前5 min（含）之前关舱门的，其延误原因以起飞机场空管部门为主进行界定；如果在计划离港时间前5 min（不含）之后关舱门的，其延误原因以航空公司为主进行界定。

3. 影响航班正常的主要原因

影响航班正常的原因很多，《民航航班正常统计办法》将航班延误因素分为12大类，约100小类（见附录D），其中以空管、天气、航空公司影响航班正常所占比例最大。虽然机场自身直接原因在航班延误中所占比例不高，但机场在资源能力供给、运行协同组织等航班正常工作中的作用至关重要。

航班正常工作是世界性难题，也是中国民航当前面临的重要问题。面对航空业务快速增长与资源不足的突出矛盾，我国始终围绕服务品质抓正常，不断挖潜，努力提升管理水平和运行效率，通过构建以运行控制为核心的航空公司运行管理体系、以提升运行效率为核心的机场保障管理体系、以流量管理为核心的空管运行服务管理体系和以考核机制为核心的政府监督管理体系，促进航班正常工作从管理框架向管理体系转变，夯实航班正常性工作基础，提升航班正常水平。

第四节　机场协同决策与航班进程管控

提高航班正常性的关键在于加强航班保障流程各要素之间的协同性。机场航班规模越大，旅客、行李、货邮的周转量就越大，全域协同运行的重要性就越突出。机场协同决策（A-CDM）是由机场协同决策参与方和利益相关方共同参与，以信息共享为基础，以协同运行为纽带，形成各方共同决策的机制，通过优化地面资源配置、管控运行保障节点、完善协同放行排序来实现机场运行效率的提升。

一、机场协同决策

（一）A-CDM 运行概念

机场协同决策参与方为机场、航空公司和空中交通管制单位，利益相关方为民航运行管理机构、地面保障单位和大型机场运行协同机制（运管委）。A-CDM 通过数据共享、数据集成、数据挖掘等信息手段，实现地空协同，确保航班信息透明，改善时间节点可预测性，为地面资源调度和站坪管理智慧化提供体制机制保障，构建以提升运行效率为核心的机场保障管理体系。

建立全域协同运行规则也是确保机场生态系统能够智慧运行的关键。空地协同的主要任务在于实现空中流量和地面需求之间的互为供给，保持供需平衡。智慧空管建立的基于 4D 航迹的运行，能够对航班的空中运行进行精准预测和规划，优化空域容量利用，智慧机场能够对航班在地面的周转运行进行精确的时空规划，对保障作业进程实施精准控制，并预测航班作业完成时间，而两个系统之间的智慧交互，实现空中和地面高效协同运行。实际上，空地协同的交互机理在于地面向空中提供每个航班精准的目标撤轮挡时间（TOBT），空中向地面提供经过流量计算得出的每个航班的计算起飞时间（CTOT）。

（二）A-CDM 系统与地面保障里程碑

机场协同决策系统是指为保障协同运行机制的执行，以及为参与方和利益相关方的协作配合而建立的技术支撑平台。A-CDM 系统整合了民航生产链的各类信息，提高了机场组织协同能力，有利于在航班运行中发挥以机场为主导的协同联动机制的作用。协同决策的核心任务是协作（会议、数据交互等形式）以实现各参与方更好地做出自己的决策。A-CDM 系统能够让每个协同单位更清楚了解自身的选择和局限性，从而优化自身的决策。A-CDM 系统为航班运行提供数据和辅助决策支持，可提高地面保障节点、放行排序的可预测性和准确度，可减少航班关舱门后等待时间和地面滑行时间，降低航空器和车辆燃油、电力等资源的消耗。A-CDM 系统与飞行流量管理系统数据深度融合，实现计算起飞时间（CTOT）和目标撤轮挡时间（TOBT）实时交互，改善参与方和利益相关方的情景意识，可优化航班放行排序，提高流量管理措施的可执行性。

从航班起飞到落地，完成过站到再次起飞，期间涉及的 45 个地面保障节点（见图 8.41），是 A-CDM 系统采集和配置的节点，也被称为地面保障里程碑。要让地面保障能够完美、智慧地结合，就需要定义清楚它们的上下游关系、协作规则和作业标准。从系统运行角度，就是要建立航空器地面运行流程标准，将旅客、行李和货物流程与之关联，依照流程标准对预计着陆时刻（ELDT）和计算起飞时间（CTOT）进行分解，按照航班进港、离港流程管理要求确定作业项目的时间顺序和工期，为每项作业分配目标时间，同时，通过资源调度系统，为飞机、旅客、货物和行李的保障作业项目分配资源，使得资源能够在恰当的时间，到达恰当的位置，按照目标时间和目标任务开展恰当的操作，通过全流程透明、全要素跟踪的闭环

管理，实现全域最优协同。

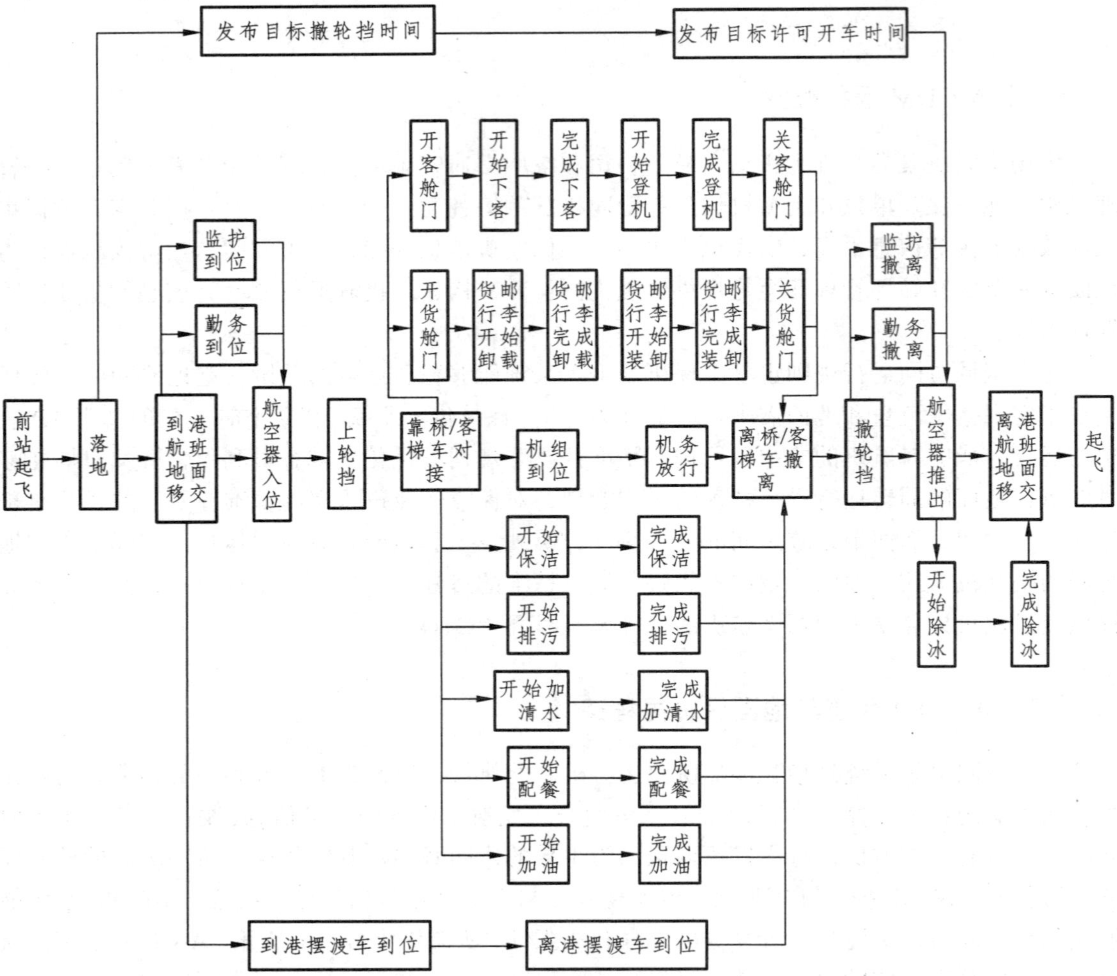

图 8.41 地面保障里程碑示意图

地面保障关键时间节点及说明如表 8.14 所示。

表 8.14 关键时间节点及说明

关键时间节点	缩写	英文全称	说明
预计撤轮挡时间	EOBT	estimated off-block time	FPL、DLA、CHG 报文中预计撤轮挡时间
计划撤轮挡时间	SOBT	scheduled off-block time	航班时刻表规定的航班离港时间
目标撤轮挡时间	TOBT	target off-block time	根据前段航班预计到港时间加上航班过站时间计算的时间
计算撤轮挡时间	COBT	calculated off-block time	根据 TOBT 与 EOBT 综合当前运行条件，计算的撤轮挡时间

续表

关键时间节点	缩写	英文全称	说明
计算起飞时间	CTOT	calculated take-off time	由 CDM 系统分配的航班预计离港时刻
预计着陆时刻	ELDT	estimated landing time	航空器预计接地的时刻
实际着陆时刻	ALDT	actual landing time	航空器实际接地的时刻
目标起飞时间	TTOT	target take-off time	人工干预时,目标撤轮挡时间加上滑行时间得到
预计起飞时间	ETOT	estimated take-off time	非人工干预时,预计撤轮档时间加上滑行时间得到

(三) A-CDM 运行实施

1. 常规计算方法

TOBT/COBT 是地面保障和放行排序的重要参考指标,该时间受空中飞行、地面保障、流量管理措施等因素的影响。因此,A-CDM 系统应根据空地运行情况,计算 TOBT 和更新计算 COBT。

对于尚未分配 CTOT 的始发航班应使用 SOBT 作为 TOBT。

对于尚未分配 CTOT 的过站航班应使用"正推"计算方法得出 TOBT,即

TOBT = ELDT 或 ALDT + 进港滑入时间 + 机型最少过站时间或平均过站时间

对于已分配 CTOT 的航班应使用"倒推"计算方法得出 COBT,即

COBT = CTOT - 离港滑出时间

航空公司启动快速过站或者更换航空器时,应与机场协调确定一个 TOBT。

2. 协同决策下的放行排序

A-CDM 系统应根据航班运行状态、地面保障能力等因素,向飞行流量管理系统提交 TOBT,空中交通管制单位应根据提交的 TOBT,结合空管通行能力和运行限制,给出 CTOT 并通过飞行流量管理系统发布。

A-CDM 系统收到飞行流量管理系统发布的 CTOT 后,应根据地面保障能力计算出 COBT,向参与方和利益相关方共享,参与方和利益相关方以 COBT 来安排地面保障资源。根据地面保障工作进展,机场、航空公司可对 TOBT 进行修改和更新。

当 TOBT 加上离港滑出时间,在飞行流量管理系统发布的 CTOT 有效范围内,机场、航空公司和地面保障单位应按照 TOBT 完成地面保障。否则,空中交通管制单位应依据 A-CDM 系统提供的 TOBT,结合空管通行能力和运行限制,重新分配 CTOT 并通过飞行流量管理系统发布,A-CDM 系统以更新后的 CTOT 重新计算 COBT,机场、航空公司和地面保障单位使用更新后的 COBT 进行地面保障,如图 8.42 和 8.43 所示。

机场运行

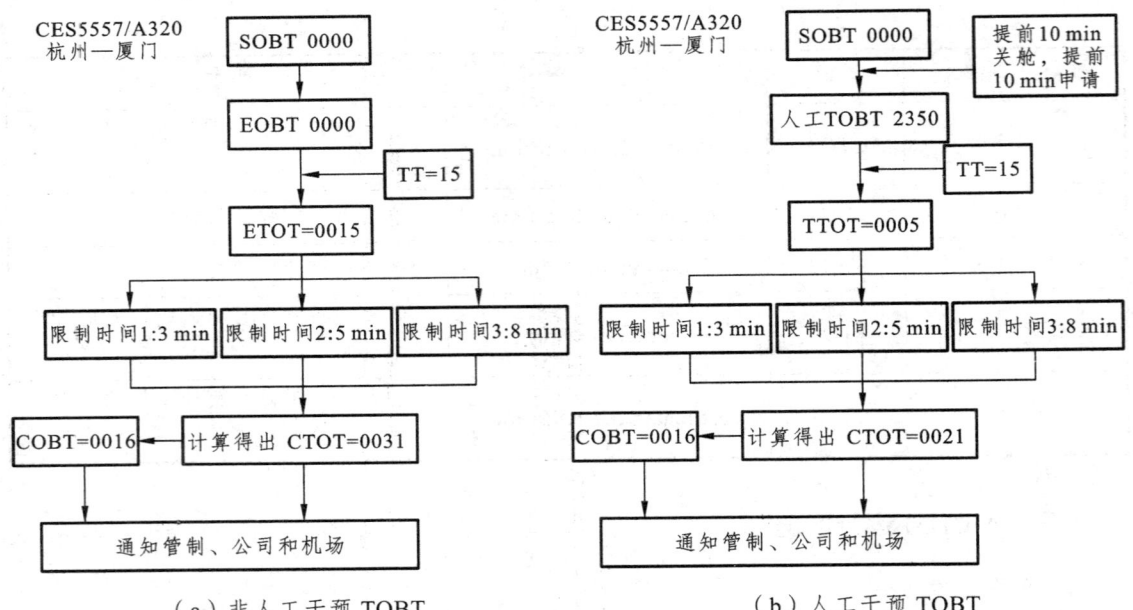

图 8.42　始发航班计算 COBT

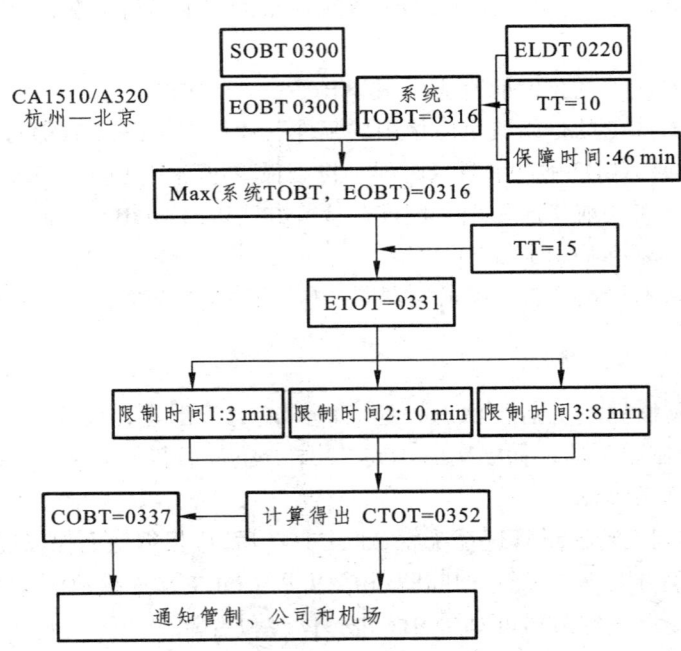

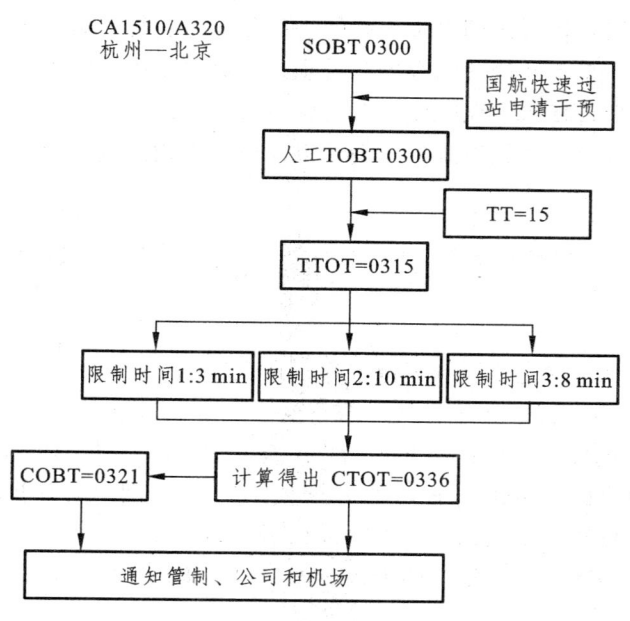

（b）人工干预 TOBT

图 8.43　过站航班计算 COBT

3. COBT 跳变保障流程

1）COBT 时间向前跳变（见图 8.44）

跳变到早于当前时间 + 40 min 时间段，评估后保障。

跳变到晚于当前时间 + 40 min 时间段，机组准备，保障，更新预离，通知相关，晚到旅客处置。

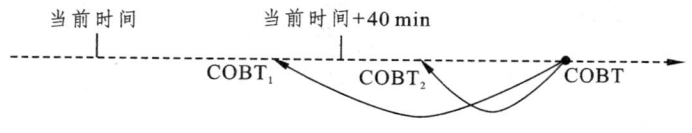

图 8.44　CDM 时间跳变提前

2）COBT 时间向后跳变（见图 8.45）

跳变到 COBT + 20 min 以内时间段，正常保障。

跳变到 COBT + 20 ~ 90 min 时间段，推后上客；已上客，协调否，酌情暂停上客或下客。

跳变到 COBT + 90 min 以上时间段，推后上客；已上客，协调否，暂停上客或下客。

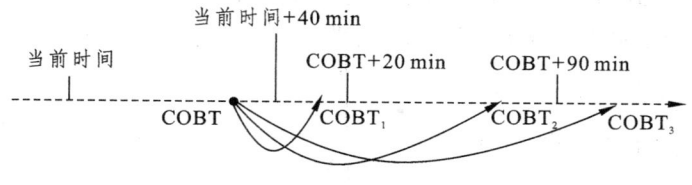

图 8.45　CDM 时间跳变推后

机场运行

机场协同决策是民航运行协调决策机制的一部分，只有每个机场运行顺畅了，整个民航运行才能高效。在飞行量不断增长的今天，特别是在遇有雷雨、降雪等恶劣天气时，运行协调决策机制对于改善运行环境，保障航班正常是不可或缺的，在运行协调决策机制建设完善过程中要更加注重机场协同决策系统的建设，以便更加有效地提升整体运行效率。

二、航班生产保障进程控制

提高航班保障效率，首先要控制关键进程。在现代化管理中，常用有向图来描述和分析一项工程的计划和实施过程，一个工程常被分为多个小的子工程，这些子工程被称为活动（Activity），在带权有向图中若以顶点表示事件，有向边表示活动，边上的权值表示该活动持续的时间，这样的图简称为 AOE（边活动）网。由于 AOE 网中的有些活动是并行的，所以完成工程的最短时间是从开始点到完成点的最长路径的长度，称为关键路径。通过分析关键路径，能够辨识航班保障服务流程中的关键活动，只有提高关键活动工效，才能达到缩短总工期的目的。

（一）关键任务识别

有向图中，用顶点 v_k（$k=1,2,\cdots$）表示事件，用有向边 a_i（$i=1,2,\cdots$）表示活动，如图 8.46 所示。显然，只有在某顶点所代表的事件发生后，从该顶点出发的各有向边所代表的活动才能开始，只有在进入某点的各有向边所代表的活动都已结束，该顶点所代表的事件才能发生。

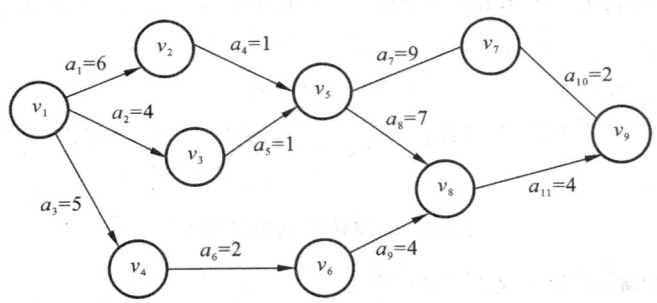

图 8.46　AOE 网示意图

（1）事件的最早发生时间 $v_e[k]$。

$v_e[k]$ 是指从始点到顶点 v_k 的最大路径长度。这个长度决定了所有从顶点 v_k 发出的活动能够开工的最早时间。如下图 8.47 所示。

$$\begin{cases} v_e[1] = 0 \\ v_e[k] = \max\{v_e[j] + \text{len}<v_j, v_k>\}, <v_j, v_k> \in p[k] \end{cases}$$

其中，$p[k]$ 表示所有到达 v_k 的有向边的集合，$\text{len}<v_j, v_k>$ 表示弧 $<v_j, v_k>$ 活动持续时间。

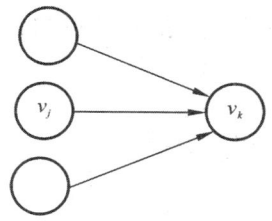
图 8.47 事件最早发生时间

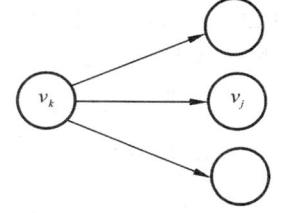
图 8.48 事件的最迟发生时间

（2）事件的最迟发生时间 $v_l[k]$。

$v_l[k]$ 是指在不推迟整个工期的前提下，事件 v_k 允许的最晚发生时间。如图 8.48 所示。

$$\begin{cases} v_l[n] = v_e[n] \\ v_l[k] = \min\{v_l[j] - \text{len} < v_k, v_j >\}, < v_k, v_j > \in s[k] \end{cases}$$

其中，$s[k]$ 表示所有从 v_k 发出的有向边的集合

（3）活动的最早开始时间 $a_e[i]$。

若活动 a_i 是由弧 $< v_k, v_j >$ 表示，则活动 a_i 的最早开始时间应等于事件 v_k 的最早发生时间，即

$$a_e[i] = v_e[k]$$

（4）活动的最晚开始时间 $a_l[i]$。

活动 a_i 的最晚开始时间是指在不推迟整个工期的前提下，a_i 必须开始的最晚时间。若 a_i 由弧 $<v_k, v_j>$ 表示，则 a_i 的最晚开始时间要保证事件 v_j 的最迟发生时间不拖后，即

$$a_l[i] = v_l[j] - \text{len} < v_k, v_j >$$

满足 $a_e[i] = a_l[i]$ 的所有活动所在的路径，即为关键路径。

根据图 8.46 中的数据，关键路径的计算步骤具体如下：

（1）事件的最早开始时间 $a_e[i]$ 和最迟发生时间 $v_l[k]$，计算结果如表 8.15。

表 8.15 事件的最早发生时间和最迟发生时间求解结果

事件	v_1	v_2	v_3	v_4	v_5	v_6	v_7	v_8	v_9
$v_e[k]$	0	6	4	5	7	7	16	14	18
$v_l[k]$	0	6	6	8	7	10	16	14	18

（2）活动的最早发生时间 $v_e[k]$ 和最晚开始时间 $a_l[i]$，计算结果如表 8.16。

表 8.16 活动的最早开始时间和最晚开始时间求解结果

活动	a_1	a_2	a_3	a_4	a_5	a_6	a_7	a_8	a_9	a_{10}	a_{11}
$a_e[i]$	0	0	0	6	4	5	7	7	7	16	14
$a_l[i]$	0	2	3	6	6	8	7	7	10	16	14

（3）求解关键路径，即 $a_e[i] = a_l[i]$ 的活动所在路径。由表 8.15 可知关键路径有两条。如图 8.49 中黑色粗实线所示。

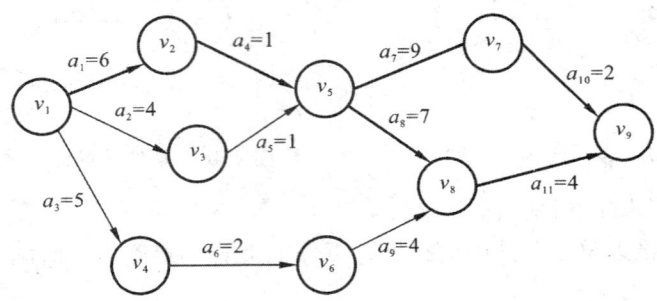

图 8.49 AOE 网求解结果

（二）航班作业进程的 AOE 控制

下面以典型航班过站服务为例，介绍如何使用 AOE 网计算关键路径。假设航班过站服务经历的主要工序如表 8.17 所示。

表 8.17 作业之间的关系以及各项作业的时间

作业	紧前作业	作业时间/min	作业	紧前作业	作业时间/min
A	—	2	J	I	10
B	A	2	K	J	15
C	B	5	L	K	15
D	B	18	M	GF	30
E	B	5	N	A	30
F	CDE	15	O	A	10
G	CDE	15	P	A	15
H	B	30	Q	NL	2
I	A	15	R	QHMP	2

注：A—航空器到位，机务放轮挡（如航空器未能停靠到位，还需要拖车牵引）；B—廊桥或客梯车靠客舱门；C—边防、卫生检疫、海关接机人员在航空器外与乘务长交接旅客、机组名单等；D—服务人员到机舱门引导旅客下机；E—商务人员接舱单；F—清洁队清洁客舱；G—食品公司上机回收餐车并装食品；H—机务人员上机询问了解航空器状况，检查舱内设备完好情况；I—平台车或传送带靠货舱门，卸行李；J—卸货；K—装货；L—装行李；M—通知并组织上客；N—油料公司油车到位加油；O—电源车靠机作业；P—污水车、垃圾车、加水车靠机作业；Q—值机人员送舱单等文件；R—关舱门；S—牵引车推出航空器。

绘制网络如图 8.50 所示。

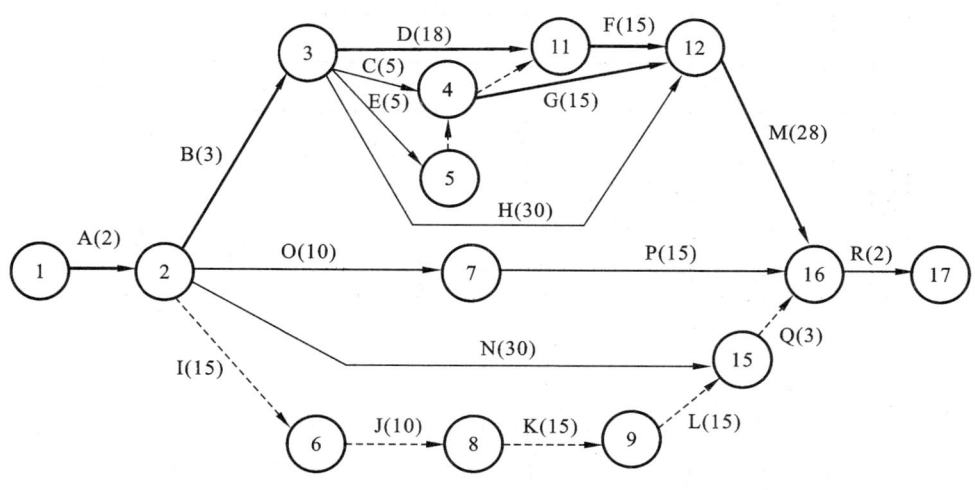

图 8.50　正常过站航空器地面作业的 AOE 网络

图 8.50 中，粗实线是关键路线，点划线是次关键路线，关键路线作业是控制的重点。其中 M 项目作业，即通知并组织上客时间最长，可以集中控制该项作业的时间，根据该项作业需要，将时间缩短到一个合理范围，重新画网络图，如果总的时间在要求的范围内则停止，否则继续调整可以控制作业的时间，直到符合要求为止。确定了需要控制的作业之后，紧接着要对该项作业分配资源，以实现作业时间的缩短。

当机坪航班运行保障作业影响离港航班正常进程时，机场航班运行保障人员应重点对该航班后续地面滑行进程进行合理控制，以保障航班能够尽早离港。

（三）航班离港作业控制

在机场航班作业控制中，负责离港控制的指挥员必须经常在航空器收费载量和准时之间做出折中的选择。图 8.51 所示为在货物装载设备出现故障的情况下，离港控制干预后产生的影响。如图 8.51（a）所示，在预订的 45 min 转场时间内，令人满意地完成了任务。如图 8.51（b）所示，由于做出了不装载非收益性航空公司备用品的决定，从而使因地面服务设备故障引起的 10 min 延误被缩短到最终仅仅 5 min 的停机坪延误。

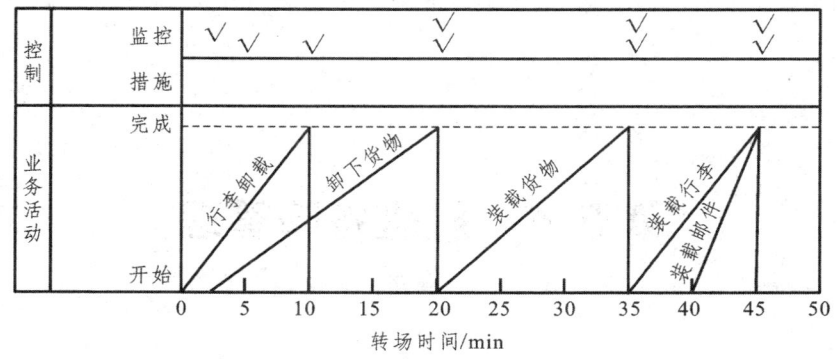

（a）工作正常，无调整行为

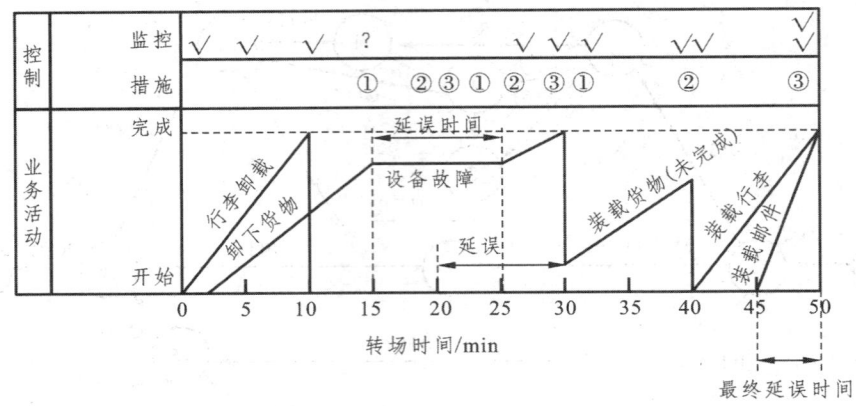

(b)因故障延误，需要调整

注：图（b）进行调整的措施①为确定问题（货物装载机故障）的性质和解决该问题需多长时间；措施②为立即采取正确的行动，或通知设备的基地，要求设备维修工程师立即到航空器这边来，或提取出可以替代的装载机；措施③为告知因故障而将受影响的所有部门，并给他们必要的提示（如告知、提醒因延误引起的工作调整，告知旅客服务部门延迟旅客登机等）。

图 8.51　机坪快速处理过程中的故障和延误所产生的影响

三、运行指挥协调

机场运行指挥是机场的神经中枢，它担负着机场运行的组织、指挥、协调、控制和应急救援指挥的重要职责。从航班计划到紧急事件处理，从航班运行控制到旅客服务保障，它都扮演着协调和管理的角色，像无形的纽带，将各个环节联系起来，确保飞机安全、高效地运行。指挥协调对象既包含飞机、旅客、货物、地面交通的活动，还包含商业、设施、能源、弱电、航空维修以及其他相关航空产业的活动。因此，需要树立"一盘棋"思想，建立分工协作、运转协调的工作机制，加强信息互联互通，做到既各司其职、各负其责，又主动衔接、通力合作，形成航班保障整体合力。在实际运行中，当 A-CDM 系统给出航班保障延误预警时，机场运行指挥需要与各方沟通协调，制定相应的紧急处理方案，全力保障航班运行正常。

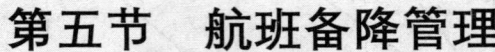

第五节　航班备降管理

航班备降的原因主要有航路交通管制、天气状况不佳、预定着陆机场不接收、预定着陆

第八章 航班保障与指挥协调

机场天气状况低于降落标准、飞机发生故障等，造成目的地机场不具备着陆条件的情况下到备降机场落地。备降是飞机在运行过程中为确保飞行安全采取的正常措施。

备降机场，一般在起飞前都已预先选定好。在每一个航班起飞之前，当班机长签署的飞行计划中都必须至少明确一个条件合适的机场作为目的地备降机场。当起飞机场的天气标准只满足起飞要求而不能满足落地要求时，备降机场中还应包含起飞备降场。

一、航班备降的有关定义

航班备降是指航班因故不能或不宜降落在目的地机场而需在其他机场降落，包括紧急备降和非紧急备降。

紧急备降是指航班发生空中遇险、非法干扰、危险品泄漏、油量紧急状况等紧急情况而需要尽快降落。

非紧急备降（以下简称航班备降）是指航班目的地机场因天气等原因不能供飞机降落时，需要在其他机场降落。

二、航班备降工作的有关要求

航班备降工作事关飞行安全、航班正常和真情服务，涉及机场、航空公司和空管部门，是一项重要的系统性工作，其中，航空公司对航班备降承担主体责任，管制单位、机场管理机构按照各自的职责分别对航班备降提供服务。航班备降工作应当遵循安全第一、积极主动、密切配合、保障有力的总体原则。当航班需要紧急备降时，航空公司、相关管制单位和机场管理机构应当立即启动相应的应急预案，优先保障其降落。

（一）备降工作中各相关方的职责

（1）被确定为重点地区、重点机场和重要航路的备降机场，应当根据航班备降需求，加大投入，完善备降保障所必需的基础设施，包括足够数量的备降正常机位及临时机位、飞机地面勤务设施设备、地面保障服务设施设备等，提升备降保障能力。

正常机位是指能够正常提供飞机地面勤务和地面保障服务，并在航空资料汇编中公布的机位。

临时机位是指仅供备降航班临时停放的非正常机位，如利用滑行道等作为临时机位。特殊情况时，在确保安全的前提下，可进行上下客。

机场管理机构在获悉周边机场因天气等原因不能正常运行、需要或者可能需要本机场提供备降保障时，应当及时了解本机场运行保障情况，包括所能提供的正常机位及临时机位数量及相应的可使用机型、地面勤务保障条件、旅客服务保障条件等信息，以备航空公司或管制单位需要时及时提供。当上述信息发生变化时，及时通报变化情况。

机场运行

机场管理机构应当与有备降需求并同意作为其备降机场的航空公司签订备降保障协议，或者在与航空公司签订的有关机场使用协议（或地面服务保障协议）中明确备降保障内容。与航空公司签订了备降保障协议的机场，在协议有效期内，应当做好备降保障工作。当未签订备降保障协议的航空公司航班在其备降机场因故无法接受备降而需在其他机场备降时，相关机场应当积极创造条件，提供备降保障，不得借故不予以保障。

承担备降保障任务的口岸机场，应当做好与海关、移民等联检单位的相互配合工作，保证备降的国际及地区航班正常备降。

当航班因为机械故障或是旅客身体原因导致航班紧急备降、返航时，机场管理机构应积极同空中交通管制部门、航空公司运行部门协调，根据事件发生情况决定是否启动应急救援或是相应的急救措施。

（2）航空公司根据航班、航线、机型等情况自主选择备降机场后，应当主动与目的地备降机场签订备降保障协议，或者在机场使用协议（或地面服务保障协议）中明确备降保障条款。该协议或条款至少应当包括：

① 备降航班所使用的机型；

② 机场提供备降服务的时间段；

③ 航班备降后飞机地面勤务和地面保障服务的内容、服务标准、收费标准、结算方式等。

航空公司运控部门在放行航班前，应当掌握目的地机场、备降机场的天气和开放使用情况，尽量避免航班备降的发生。航班起飞后，当遇到目的地机场和飞行计划中选择的备降机场因故无法降落时，运控部门应当与飞行机组共同选择其他可用的备降机场，主动与重新选择的备降机场协调，说明航班当前运行状态，确保安全、顺利备降。

实施航班备降的飞行机组，应当熟知备降机场的基本情况，当目的地机场因故不能降落时，应当首选飞行计划中确定的备降机场。当飞行计划确定的备降机场也不能降落时，应当立即报告本公司运控部门，并在其协助下选择新的备降机场。当飞行机组无法及时与运控部门取得联系而确定新的备降机场时，可向管制单位申请提供周边各机场的气象、情报等信息以及相关建议，选择确定具体的备降机场，并对此决定负责。飞行机组确定备降机场后，应当立即通知空中交通管制员，并向其报告飞行状态、当前油量状况、航空器续航能力和飞行意图，同时，通知本公司运控部门。

（3）管制单位针对航班备降活动应当做好以下工作：

① 密切关注辖区内天气情况，特别是辖区内大、中型枢纽机场因天气等原因不能正常运行时，及时掌握辖区内其他涉及备降机场的天气实况和可能的变化趋势；

② 当航空公司选定的备降机场因故均不能接受航班备降时，应当按照飞行机组的决定，指挥其飞往选定的备降机场，并提供备降机场的天气实况和可能的变化趋势等信息；

③ 将备降航班的航班号、计划起飞及目的地机场、计划到港时间、机型以及备降要求等信息及时通报给相关机场。

（二）备降工作中机位资源管理要求

承担备降保障任务的机场，应当完善备降保障所必需的基础设施，包括足够数量的备降正常机位及临时机位、飞机地面勤务设施设备、地面保障服务设施设备等。

（1）足够的备降正常机位。

① 具有正常机位在 100 个以下的备降机场，提供给备降航班使用的正常机位应当不少于正常机位总数的 10%；

② 具有正常机位在 100（含）个以上、400 个以下的备降机场，提供给备降航班使用的正常机位计算公式为：

$$Y = 20 - \frac{(X-250)^2}{2250}$$

③ 具有正常机位在 400（含）个以上的备降机场，提供给备降航班使用的正常机位，应当不少于 10 个。

足够的备降正常机位应当为 C 类（含）以上机位，不包括试车坪机位、专用除冰防冰坪机位。为充分调配使用机位资源，备降正常机位应当动态预留。足够的临时机位是指不低于足够的备降正常机位的 50%。

当以上计算结果为非整数时，向上取整。

（2）备降正常机位的调减规则。

在以下情形，备降正常机位可适当动态调减，具体调减规则如下：

① 每日 0 时至 8 时，30 个以下正常机位的机场，备降正常机位不应调减；30 个（含）以上正常机位的机场，备降正常机位应当至少预留 3 个；在以上预留基础上，具体预留机位数量，机场管理机构应当根据机场地域特点、运行实际、应急需求等因素综合评估后确定；

② 每日 8 时至 24 时，因不停航施工、日常维护、廊桥故障、冰雪天气等特殊情形导致机位关闭或暂不能使用的，造成备降正常机位预留不足的，备降正常机位可调减，但调减值不超过备降正常机位的 30%。机场管理机构应当积极采取有效措施，最大限度地减少备降正常机位预留不足情形的发生。

（3）因大面积航班延误、故障等原因造成航空器停场必须占用备降正常机位，停场航空器等同备降航班进行管理。

（4）承担备降保障任务的机场应当挖掘潜力，充分利用现有保障资源，当航班备降需求量大时，应当启动相应预案，在保证安全和机场正常运行前提下，为正常航班预留的机位有 3 h 以上空余等待时间的，应当给予备降航班调剂使用。

（5）年旅客吞吐量 1 000 万（含）人次以上的机场，应当通过机场协同决策系统等系统将备降机位信息与空管、航空公司等生产保障单位实时共享。年旅客吞吐量 1 000 万人次以下的机场，在需要或者可能需要本机场提供备降保障时，应当向管制单位通报备降保障信息，并在这些信息发生变化时及时通报。

承担备降保障任务的机场，当足够的备降正常机位、临时机位以及为正常航班预留 3 h 以上空余等待时间的机位均饱和时，方可发布不接收航班备降的航行通告。当能够提供备降保障时，应当及时通报管制单位并发布航行通告，不得无故不接收航班备降。

机场运行

复习与思考

1. 航班安全运行保障标准将机型分为哪几类？航班离港、到港时间如何定义？
2. 航空器始发、过站的保障流程及相关要求有哪些？
3. 机场信息分为哪几类？机场信息系统主要涉及哪些信息？
4. 机位分配原则及相关要求有哪些？在数学建模中如何体现？
5. 航班正常性统计指标和标准对民航运输的组织管理有何影响？
6. A-CDM 的核心思想是什么？A-CDM 系统应用对航班排序有何影响？
7. 分析系统运行瓶颈的方法有哪些？

第九章　民用机场应急救援

机场应急救援属于航空交通灾害危机管理范畴，其根本目的是在航空交通灾害以及其他影响机场运行的机场事件可能或者已经发生时，通过在有效时间内采取救援行动，尽量减少生命和财产损失。当事故或灾害无法避免时，有效的应急救援行动是唯一可以抵御事故或灾害蔓延，减轻危害后果的有力措施。

机场运行

第一节 运输机场突发事件应急救援管理

一、机场突发事件分类和应急救援响应

机场应急救援是指对发生在机场和机场周边地区的民用航空器突发事件及各类非航空器突发事件所采取的预防、响应和恢复的计划与活动。不同类型的突发事件根据其严重程度采取不同的响应等级。

（一）突发事件的类型

机场突发事件包括航空器突发事件和非航空器突发事件。

航空器突发事件包括：①航空器失事；②航空器空中遇险，包括故障、遭遇危险天气、危险品泄漏等；③航空器受到非法干扰，包括劫持、爆炸物威胁等；④航空器与航空器地面相撞或与障碍物相撞，导致人员伤亡或燃油泄漏等；⑤航空器跑道事件，包括跑道外接地、冲出跑道、偏出跑道；⑥航空器火警；⑦涉及航空器的其他突发事件。

非航空器突发事件包括：①对机场设施的爆炸物威胁；②机场设施失火；③机场危险化学品泄漏；④自然灾害；⑤医学突发事件；⑥不涉及航空器的其他突发事件。

（二）应急救援响应等级

响应又称反应，是在即将发生紧急事件、紧急事件期间及紧急事件后，对应急情景进行科学分析，为防止事态进一步扩大立即采取的应急救援行动。航空器突发事件的应急救援响应等级分为原地待命、集结待命和紧急出动。

（1）原地待命：航空器空中发生故障等突发事件，但该故障仅对航空器安全着陆造成困难，各救援单位应当做好紧急出动的准备。

（2）集结待命：航空器在空中出现故障等紧急情况，随时有可能发生航空器坠毁、爆炸、起火、严重损坏，或者航空器受到非法干扰等紧急情况，各救援单位应当按照指令在指定地点集结。

（3）紧急出动：已发生航空器失事、爆炸、起火、严重损坏等情况，各救援单位应当按照指令立即出动，以最快速度赶赴事故现场。

非航空器突发事件的应急救援响应不分等级。发生非航空器突发事件时，按照相应预案实施救援。

二、机场应急组织机构及职责划分

理想的机场应急救援组织结构包括应急救援领导小组（决策层）、机场应急救援指挥中心（管理层）和各救援队伍（操作层）。其中机场应救援领导小组属于最高决策机构，负责机场应急救援工作的总体指导和统一协调指挥；机场应急救援指挥中心由领导小组授权，负责日常应急救援工作的组织、指挥和协调；各救援队伍分别完成具体的救援工作，主要包括空中交通管理部门、机场消防部门、机场医疗救护部门、航空营运人或其代理人、机场公安部门、机场地面保障部门等。

（一）机场应急救援领导小组工作职责

按照应急救援规则的要求，机场应当组成应急救援领导小组，领导小组是机场应急救援工作的最高决策机构，由当地人民政府、民航地区管理机构或其派出机构、机场管理机构、空中交通管理部门、有关航空器营运人和其他驻地单位共同组成。

机场应急救援领导小组负责对关系人员伤亡、航空器或者其他建筑物、设备严重损伤的救援行动（措施）做出决策，例如航空器救援程序、搬移方案以及终止救援的决定等。对于专业性较强的救援工作，领导小组可以根据具体紧急事件的不同特点，授权应急指挥中心或者专业人员全面指挥应急救援行动。同时，负责批准向媒体发布有关信息。

机场管理机构应当设立机场应急救援指挥管理机构，即机场应急救援指挥中心（以下简称指挥中心），作为机场应急救援领导小组的常设办事机构，同时也是机场应急救援工作的管理机构和发生突发事件时的应急指挥机构。指挥中心是事故灾害的"神经中枢"，它必须具备通信、预警、灾情评估和监视、确定行动程序、协调及分配救援力量、公众信息与新闻媒介等多方面的功能，同时制定、汇总、修订和管理应急救援预案。指挥中心负责日常应急救援工作的组织和协调，根据机场应急救援领导小组的授权，负责组织实施机场应急救援工作。指挥中心总指挥由机场管理机构最高领导或其授权的人担任，全面负责指挥中心的指挥工作。

（二）机场各救援队伍工作职责

机场应急救援突发事件涉及航空器和其他非航空器事件类型，这也决定了参与应急处置的部门与人员众多，对这些事件的处置也是一个联合反应和综合协调的过程。

1. 空中交通管理部门

机场空中交通管理部门在机场应急救援工作中的主要职责包括：

（1）将获知的突发事件类型、时间、地点等情况按照突发事件应急救援预案规定的程序

通知有关部门；

（2）及时了解发生突发事件航空器机长意图和事件发展情况，并通报指挥中心；

（3）负责发布因发生突发事件影响机场正常运行的航行通告；

（4）负责向指挥中心及其他参与救援的单位提供所需的气象等信息。

2. 消防部门

机场消防部门在机场应急救援工作中的主要职责包括：

（1）救助被困遇险人员，防止起火，组织实施灭火工作；

（2）根据救援需要实施航空器的破拆工作；

（3）协调地方消防部门的应急支援工作；

（4）负责将罹难者遗体和受伤人员移至安全区域，并在医疗救护人员尚未到达现场的情况下，本着"自救互救"人道主义原则，实施对伤员的紧急救护工作。

3. 医疗救护部门

机场医疗救护部门在机场应急救援工作中的职责包括：

（1）进行伤亡人员的检伤分类、现场应急医疗救治和伤员后送工作，记录伤亡人员的伤情和后送信息；

（2）协调地方医疗救护部门的应急支援工作；

（3）进行现场医学处置及传染病防控；

（4）负责医学突发事件处置的组织实施。

4. 航空器营运人

航空器营运人或其代理人在应急救援工作中的职责包括：

（1）提供有关资料，包括突发事件航空器的航班号、国籍登记号、机组人员情况、旅客人员名单及身份证号码、联系电话、机上座位号、国籍、性别、行李数量、所载燃油量、所载货物及危险品等情况；

（2）在航空器起飞机场、发生突发事件的机场和原计划降落的机场设立临时接待机构和场所，并负责接待和查询工作；

（3）负责开通应急电话服务中心并负责伤亡人员亲属的通知联络工作；

（4）负责货物、邮件和行李的清点和处理工作；

（5）航空器出入境过程中发生突发事件时，负责将事件基本情况通报海关、边防和检疫部门；

（6）负责残损航空器搬移工作。

5. 公安部门

公安部门在机场应急救援工作中的职责包括：

（1）指挥参与救援的公安民警、机场保安人员的救援行动，协调驻场武警部队及地方支援军警的救援行动；

（2）设置事件现场及相关场所安全警戒区，保护现场，维护现场治安秩序；

（3）参与核对死亡人数、死亡人员身份工作；

（4）制服、缉拿犯罪嫌疑人；
（5）组织处置爆炸物和其他危险品；
（6）实施地面交通管制，保障救援通道通畅；
（7）参与现场取证、记录、录像等工作。

6. 地面保障部门

机场地面保障部门在机场应尽职责包括：
（1）负责在发生突发事件现场及相关地区提供必要的电力和照明、航空燃油处置、救援物资等保障工作；
（2）负责受到破坏的机场飞行区场道、目视助航设施设备等的紧急恢复工作。

三、机场突发事件应急救援预案

应急预案又称应急计划，是针对可能发生的重大事故（件）或灾害，为保证迅速、有序、有效地开展应急救援行动、降低事件损失，而预先制定的有关计划或方案。它是在辨识和评估潜在重大风险、事故类型、发生的可能性及发生过程、事故后果及影响程度的基础上，对应急机构的职责、人员、技术、装备、设施（备）、物资、救援行动及其指挥与协调等方面预先做出的具体安排。为了对机场及邻近地区发生的各类突发事件做出迅速有效的反应，最大限度地降低人员伤亡和财产损失，民用运输机场必须制定一个与本机场运行相符合的应急救援预案。

（一）应急救援预案的作用

大量实际经验证明，在发生紧急事件后，机场管理当局能否组织快速、有效的施救，直接关系到应急救援的效果和恢复正常秩序的效率。应急救援预案是否科学有效，以及能否快速执行直接关系到救援行动的成效。有效的应急救援预案应明确在应急事件发生之前、发生过程中以及结束后各个应急阶段中的指挥调度、响应程序、后续行动等各个环节。

（1）应急救援预案明确了应急救援的范围和体系，使应急准备和应急管理不再无据可依、无章可循。

（2）制订应急救援预案有利于做出及时的应急响应，降低事故的危害程度。应急行动对时间要求十分严格，不允许有任何拖延。应急预案预先明确应急各方的职责和响应程序，在应急力量和应急资源等方面做了大量准备，可以指导应急救援迅速、高效、有序地开展，将事故的人员伤亡、财产损失和环境破坏降到最低限度，也便于重大事故应急结束后的恢复。

（3）应急救援预案是处置各类事件的基础。通过编制应急预案，对不确定的、突发的应急事件或事故，起到指导作用。

（4）当发生超过应急能力的重大事故时，便于与上级应急部门的协调以及社会应急力量的协同。

（5）有利于提高风险防范意识。应急预案的编制，实际上是辨识某领域内重大风险和防

御决策的过程，强调各方的共同参与。因此，预案的编制、评审以及发布和宣传，有利于应急参与单位了解可能面临的重大风险及其相应的应急措施，有利于提高风险防范意识和能力。

（6）培训和演练依赖于应急预案。培训可以让应急响应人员熟悉自己的责任，具备完成指定任务所需的相应技能；演练可以检验预案和行动程序，并评估应急人员的技能和整体协调能力。

（二）应急救援预案的主要内容

机场突发事件应急救援预案应当纳入地方人民政府突发事件应急救援预案体系，并协调统一。该预案应当包括下列内容：

（1）针对各种具体突发事件的应急救援预案，包括应急救援程序及检查单等；

（2）根据地方人民政府的相关规定、本规则和机场的实际情况，确定参与应急救援的各单位在机场不同突发事件中的主要职责、权力、义务和指挥权以及突发事件类型及相应的应急救援响应等级；

（3）针对不同突发事件的报告、通知程序和通知事项，其中，通知程序是指通知参加救援单位的先后次序。不同的突发事件类型，应当设置相应的通知先后次序；

（4）各类突发事件所涉及单位的名称、联系方式；

（5）机场管理机构与签订应急救援支援协议单位的应急救援资源明细表、联系方式；

（6）机场管理机构与各相关单位签订的应急救援支援协议；

（7）应急救援设施、设备和器材的名称、数量、存放地点；

（8）机场及其邻近区域的应急救援方格网图；

（9）残损航空器的搬移及恢复机场正常运行的程序；

（10）机场管理机构与有关航空营运人或其代理人之间有关残损航空器搬移的协议；

（11）在各类紧急突发事件中可能产生的人员紧急预案，该方案应当包括警报、广播、各相关岗位工作人员在引导人员疏散时的职责、疏散路线、对被疏散人员的临时管理措施等内容。

此外，在制定机场突发事件应急救援预案时。还应当考虑极端的冷、热、雪、雨、风及低能见度等天气，以及机场周围的水系、道路、凹地，避免因极端的天气和特殊的地形等影响救援工作正常进行的因素。

（三）应急救援预案的响应程序

一般情况下，应急救援系统根据紧急事件的性质、严重程度、事态发展趋势实行分级响应机制，针对不同的响应级别确定相应的紧急事件通报范围、应急机构启动程度、应急力量的出动和设备及物资的调集规模、疏散范围及应急总指挥的职位。

应急事件一旦发生，应立即启动应急系统的响应程序。响应程序按照顺序可分为应急信息接收、响应级别的确认、救援行动、应急恢复、应急结束等几个过程，如图9.1所示。

1. 信息接收与确认

接到应急事件信息后，按照工作程序首先对情况作出核实与判断，如果事件不足以启动应急救援预案，则不予响应。

2. 响应级别确认

信息确认后，对于相应的应急事件，要确认相应类别与等级。

3. 应急启动

应急响应类别确认后，按照应急预案及响应的分类启动应急程序，如通知应急有关人员到位、开通信息与通信网络、通知调配救援所需的应急资源、成立现场指挥部等。

4. 救援行动

有关人员进入现场迅速展开有效的救援行动，包括灭火，伤员急救、疏散、警戒等有关应急救援工作。一些对于救援工作的支持性活动，如专家提供建议和技术支持、家属安抚、媒体报道等工作也相应展开。

5. 应急恢复

应急救援行动结束后，进入临时恢复阶段。包括现场恢复、人员清点和撤离、警戒接触、善后处理和事故调查等。另外，残损航空器的搬移及恢复机场正常运行的程序也是机场应急计划的重要内容之一。对于机场及邻近区域内发生的紧急事件，在完成现场救援后，各级民航管理部门监管航空器，进行必要的调查后批准航空器搬移的许可。

6. 应急结束

按应急预案，执行应急关闭程序，应急救援工作宣告结束。

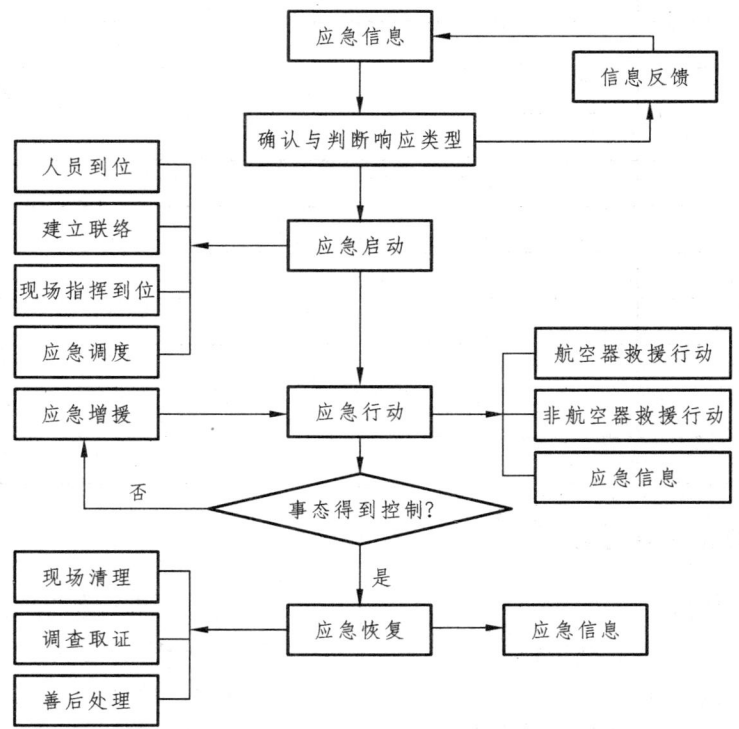

图 9.1 机场应急救援体系响应程序

四、机场消防救援

民用航空器火灾事故发生发展具有瞬时性、危害后果明确性和次生灾害多样性等特点，往往集多种火灾特点于一身，应急决策具有难度大、反应时间短、信息高度不确定、控制成本高等特点，同时还存在爆炸、毒害、窒息、放射、高温和倒塌等危险因素。如不能及时控制和清除，势必造成被困人员和救援人员的伤害。因此，机场消防应急救援的主要目标就是在突发事件中拯救人员的生命和扑灭火灾。

（一）机场救援和消防等级

机场消防保障等级是机场具备的与使用该机场最大机型航空器相对应的消防救援能力。因此，保障等级应按使用该机场起降最大机型航空器的机身长度和确定，并根据该机型起降频率进行调整。按机身长度、宽度共划分为 10 个等级，如表 9.1 所示。

当通常使用该机场的最大机型航空器在最繁忙的连续 3 个月内的起降架次大于或等于 700 次时，采用表 9.1 中相对应的消防保障等级。当起降架次小于 700 架次时，则根据表 9.1 的消防保障等级最多降低一级。若最大机型航空器的机身长度和宽度不在同一等级，应按二者较高的一级确定消防保障等级。

表 9.1 机场消防保障等级分级表

机场消防保障等级	航空器总长度/m	机身最大宽度/m
1	0 ~ <9	2
2	9 ~ <12	2
3	12 ~ <18	3
4	18 ~ <24	4
5	24 ~ <28	4
6	28 ~ <39	5
7	39 ~ <49	5
8	49 ~ <61	7
9	61 ~ <76	7
10	76 ~ <90	8

（二）灭火剂的种类和数量

1. 灭火剂的种类

灭火剂可以分为主灭火剂和辅助灭火剂。主灭火剂产生永久控制，历时几分钟或更长时间。辅助灭火剂具有快速的火力压制能力，但提供通常只能在使用期间获得短暂控制。

主灭火剂应为：达到最低性能等级 A 的泡沫、达到最低性能等级 B 的泡沫、达到最低性能等级 C 的泡沫，以上三类灭火剂的组合。对于消防保障等级为 1~3 类的机场，其主灭火剂的泡沫最好应达到性能等级 B 或 C。辅助灭火剂应为：化学干粉（B 类和 C 类粉末）或至少具有相同消防能力的其他灭火剂。当选择化学干粉与泡沫一起使用时，需要保证它们能相容。

2. 灭火剂的数量

救援与消防车辆上配备的发泡用水量和辅助灭火剂应当符合表 9.2 的要求。该表中配备的最低灭火剂的数量是根据给定消防保障等级中航空器的平均总长度确定。若机场计划接收的航空器的长度大于在该消防保障等级下航空器的平均长度，则应重新计算发泡用水量和泡沫溶液的喷射率。

表 9.2 最小可用灭火剂数量

机场消防保障等级	达到性能水平 A 的泡沫		达到性能水平 B 的泡沫		达到性能水平 C 的泡沫		辅助剂	
	水/L	泡沫溶液喷射率/（L/min）	水/L	泡沫溶液喷射率/（L/min）	水/L	泡沫溶液喷射率/（L/min）	化学干粉/kg	喷射率/（kg/s）
1	350	350	230	230	160	160	45	2.25
2	1 000	800	670	550	460	360	90	2.25
3	1 800	1 300	1 200	900	820	630	135	2.25
4	3 600	2 600	2 400	1 800	1 700	1 100	135	2.25
5	8 100	4 500	5 400	3 000	3 900	2 200	180	2.25
6	11 800	6 000	7 900	4 000	5 800	2 900	225	2.25
7	18 200	7 900	12 100	5 300	8 800	3 800	225	2.25
8	27 300	10 800	18 200	7 200	12 800	5 100	450	4.5
9	36 400	13 500	24 300	9 000	17 100	6 300	450	4.5
10	48 200	16 600	32 300	11 200	22 800	7 900	450	4.5

注：所需水量根据所属消防等级中的航空器平均总长度确定。

1）关键区域的确定

关键区域是用于航空器乘员救援的概念。确定关键区域的目的并非为了试图控制或熄灭整个火情，而是为了控制机身邻近的火区，从而保障机身的完整性，并为救援人员生命提供条件。

关键区域可分为理论关键区域（A_T）和实际关键区域（A_P）。理论关键区域为矩形，长 L 为航空器总长度，宽 W 为随机身长度和宽度变化的长度。根据实验，对于机身长度大于或等于 24 m 的航空器，在 16～19 km/h 的风力条件下以及与机身垂直的情况下，理论关键区域从机身延伸至上风 24 m 和下风 6 m 的距离。对于小型航空器，两边 6 m 的距离已足够。当机身长度为 12～24 m 时，可使用过渡区逐步扩大理论关键区域。理论关键区域的确定如表 9.3 所示。

表 9.3 理论关键区域（A_T）

总长度	理论关键区域 A_T/m²
$L < 12$ m	$L \times (12\ \text{m} + W)$

续表

总长度	理论关键区域 A_T/m²
12 m ≤ L < 18 m	L × (14 m + W)
18 m ≤ L < 24 m	L × (17 m + W)
L ≥ 24 m	L × (30 m + W)

理论关键区域实际上很少全部遭受火情，根据实际航空器事故统计分析的结果，实际关键区域（A_P）被认定为理论关键区域的 2/3。

2）发泡水量的计算

发泡水量可以从下列公式算出：

$$Q = Q_1 + Q_2$$

式中，Q——所需的总水量；

Q_1——控制实际关键区域火情所需的水量；

Q_2——火势被控制后，维持控制和/或熄灭余火等所需水量。

实际关键区域控制所需水量（Q_1），可按下列公式表示：

$$Q_1 = A_P \times R \times T$$

式中，A_P 为实际关键区域，R 为施用率，T 为施用时间。

发泡用水量是在按达到性能等级 A 的泡沫灭火剂施用率为 8.2 L/（min·m²）、对达到性能等级 B 的泡沫灭火剂施用率为 5.5 L/（min·m²），以及对达到性能等级 C 的泡沫灭火剂施用率为 3.75 L/（min·m²）的基础上判定的。这些施用率被认为是可以实现 1 min 内控制的最低施用率。

火势控制后的水量 Q_2 取决于多个影响因素，包括航空器的最大总质量、航空器的最大载客量、航空器的最大载油量以及以往的救援经验。一般以 Q_1 的百分比计的 Q_2 水量，如表 9.4 所示，变化范围从 1 级机场的约 0% 至 10 级机场的约 190%。

表 9.4　Q_2 的水量

机场消防等级	Q_2 的水量（基于 Q_1 百分比）/%
1	0
2	27
3	30
4	58
5	75
6	100
7	129
8	152
9	170
10	190

3）喷射率的确定

喷射率是取得实际关键区域的一分钟控制时间所需要的喷射率，因此每个类别均按实际关键区域面积乘以施用率确定喷射率。因此，泡沫溶液的喷射率等于 1 min 控制时间内的水量 Q_1。

$$喷射率 = A_p \times 施用率$$

例 1：某机场连续三个最繁忙月 A380 起降架次少于 700 次，允许的提供 9 级保障等级，试计算可用灭火剂数量和喷射率（使用性能等级 A 型的泡沫）。

该机场计划接受的航空器 A380 尺寸（$L = 73.0$ m，$W = 7.1$ m）大于在该类机场运行的航空器平均尺寸（$L = 68.5$ m，$W = 7$ m），则应根据 9 级消防等级航空器最大尺寸（$L = 76$ m，$W = 7$ m），重新确定发泡用水量及泡沫溶液的喷射率。

（1）关键区域确定。

理论关键区域：

$A_T = 76 \times (30 + 7) = 2\,812$ m²

实际关键区域：

$A_P = 0.667 \times 2\,812 = 1\,876$ m²

（2）发泡水量。

实际关键区域所需水量：

$Q_1 = 1\,876 \times 8.2 \times 1 = 15\,383$ L

火势控制后的用水量：

$Q_2 = 15\,383 \times 1.7 = 26\,151$ L

总水量：

$Q = Q_1 + Q_2 = 41\,534$ L

（3）喷射率。

喷射率 $= Q_1 = 15\,383$ kg/s

由此可见，A380 在 9 级消防等级下确定的发泡用水量和喷射率大于表 9.2 中采用平均全长确定的值。

（三）应答时间

应答时间是指从机场消防接到的首次呼叫（消防首次接收到救援指令后）至第一辆（批）消防车到位并按至少 50% 规定喷射率施放泡沫灭火剂的时间。我国规定，在最佳能见度和地面条件下，消防到达每条运行跑道的任一点以及航空器活动区任何其他部分的响应时间不超过 3 min。其中，最佳能见度和地面条件是指白天，良好能见度，未降雨雪，行车路线的表面没有水、冰或雪。若机场出现低能见度或交通拥堵的情况，为尽可能达到分钟应答时间要求，有必要为救援与消防车辆配备适当的指导、设备、通道和程序。

为保证连续喷施灭火剂，运送表 9.2 规定最小可用灭火剂数量的消防车辆（任何其他车辆），应在首次呼叫之后（消防首次接收到救援指令后）不超过 4 min 到达现场。

为了在航空器活动区拥堵或低于最佳能见度时尽可能达到响应时间，建议为消防车辆安装导航设备。

机场运行

（四）航空器火灾扑救

航空器一旦发生火灾，会给机上人员的生命安全造成直接危害。在扑救火灾时，战术上实行救人与救火同步进行，冷却、破拆、排烟并举，主要灭火剂与辅助灭火剂并用，以最快的速度、最大的喷射量向燃烧部位和危险区域喷射。

1. 起落架火灾的扑救

起落架装置是航空器的重要组成部分，它的任何部位发生火灾，都足以造成一场严重的航空器火灾事故。最危险的情况是危及油箱或造成航空器翻倒，使火势蔓延到整个机身。起落架火灾的发展，一般需要经过过热发烟、局部燃烧和完全着火三个阶段。扑救起落架火灾时，应在航空器停稳以后进行。

1）过热发烟阶段

由于航空器机轮在维修时装有新的刹车垫，机轮上附着残油，或紧急刹车制动被卡等原因，使机轮或轮胎在摩擦过程中产生高温，引起轮胎橡胶的热分解或易燃液体受热冒烟，有燃烧的可能。

其扑救的具体方法是：

（1）准备好干粉和水枪，并时刻严密观察，一旦发现起火，便立即喷射；

（2）如果烟雾逐渐减少，应该让机轮或轮胎自然冷却，避免发热的机轮或轮胎急剧冷却，特别是局部的冷却可能引起机轮或轮胎的爆炸；

（3）如果烟雾增大，可用雾状水流断续冷却，避免使用连续水流，更不可用二氧化碳冷却。

2）局部燃烧阶段

该阶段燃烧比较缓慢，火焰不大，热量也不算大，但能够在短时间内使整个机轮或轮胎全面燃烧，使轮胎报废，并对机身和机翼下部形成威胁，有引起机身和机翼火灾的可能。

其扑救的具体方法是：

（1）使用干粉迅速扑灭火焰；

（2）用雾状水流冷却受火势威胁的机身或机翼下部，以及其他危险部位；

（3）同驾驶员或机械师商量，快速撤离机上所有人员；

（4）清理出在轮轴方向上的安全地区；

（5）灭火后用雾状水流对机轮或轮胎进行均匀冷却，预防复燃。

3）完全着火阶段

除上述原因外，由于液压油的外泄，造成起落架完全着火。这时的火势猛烈，热辐射强，对机身或机翼的危险性更大，要求消防人员在最短的时间内将其扑灭。

其扑救的具体方法是：

（1）大剂量的泡沫与干粉联用进行扑救；

（2）迅速撤离机组人员和乘客；

（3）用泡沫冷却机身下部或机翼；

（4）清理出在轮轴方向上的安全地区；

（5）随时准备对付火势的蔓延或可能出现的大火。

第九章 民用机场应急救援

4）灭火注意事项

由于制作起落架的材料较多且燃烧特性不同，因此在扑救时，应注意以下几个方面的事项：

（1）接近方法。扑救起落架火灾时，要求消防人员全身穿好隔热服，戴头盔和手套，并将面罩放下。接近起落架灭火时，应从起落架前方或后方小心接近。

（2）危险区域。当轮胎着火或者轮毂处于高温时，轮毂容易爆炸，其爆炸方向为沿轮轴方向向外。相关危险区域，不准任何人进入。

（3）如果有可能，通过锁定销将减震柱锁定。

（4）在起落架下面，如发现有渗漏的油品，应用泡沫将其全部覆盖，以防起火燃烧。

（5）液压油管漏油时，应将漏口塞住或把液压油管折弯，从而有效地止住漏油。

（6）对镁火的扑救。镁在刚起火时用"7150"灭火剂将其扑灭。若大量含镁金属起火，可用强大水流加以控制，即使瞬间产生局部火焰增强并迸发相当大的火花，仍然是可以控制的。对小规模的镁火，还可以用沙土控制和扑救，也可以使用干粉扑救镁铝合金火灾，但不能用二氧化碳以及碳酸氢钠为基料的干粉扑救。

（7）机上人员的撤离路线。机上人员撤离时，应朝上风沿机身方向离开。当起落架还在燃烧时，切不可进入危险区域。撤离路线可以从机身前舱撤出，也可以从机身后舱撤出。为了确保撤离人员的安全，应有专人看管危险区域，防止误入而发生意外。

（8）如果只有轮胎着火，可用二氧化碳和喷雾水流扑救。

（9）对于流淌油火和液压油起火，可用干粉灭火器扑救。如果用二氧化碳灭火，距离要保持在 2 m 以上。

2. 航空器机翼火灾的扑救

航空器机翼内载有大量的航空燃料，发生火灾后燃烧猛烈，火势迅速向机身蔓延，并能够在短时间内烧毁机翼，引起机翼内燃油箱发生连续爆炸，使大量燃油泄漏到地面流淌燃烧，并迅速包围机身，对航空器起落架、机身及其内部人员构成严重威胁。灭火与疏散机内人员刻不容缓，消防人员应冷却保护机身，抢救旅客疏散为先，采用上风冲击、两翼外推阻挡火焰，干粉、泡沫联用围机灭火的战术。

一侧机翼根部起火，使用两辆主战消防车灭火，冷却机身使其不受热辐射的影响，由机翼根部向外推打火焰，防止火焰烧穿机身，保护机内人员由机身前舱和后舱安全撤离；干粉、泡沫联用夹击灭火。

一侧机翼外发动机部位起火，用两辆主战消防车，干粉、泡沫联用向机翼末端推打火焰，夹击灭火，保护机身，掩护机内人员由机身另一侧迅速撤离航空器。

灭火时应注意：向机身上喷射泡沫时，应沿机身由近及远将火向前驱赶，集中所有泡沫保护机身；切忌沿翼弦向机身方向喷射，防止把机翼上的游离燃油引到机身上燃烧；几辆泡沫车同时喷射泡沫，要避免某一门泡沫炮喷射出的泡沫冲开其他炮喷射出的泡沫覆盖层。

不能接近危险区域时，可用泡沫炮喷射集束泡沫，进行远距离灭火。能够接近实际危险区域时，可将泡沫炮喷射口改成鸭嘴形，使喷射出的泡沫呈扇面状，实现快速、大面积覆盖灭火。泡沫炮操纵手应根据燃烧区域面积和距离，适时改变消防车停车位置和泡沫炮喷口形状。将泡沫准确、均匀地喷射到燃烧区，并避免机上人员受到泡沫强大冲力的伤害。喷射干

粉时,主要用于压制火焰,应实施上风向冲击,以减少灭火剂损失。

疏散撤离机内人员时,应用雾状水流掩护,并对下航空器困难的人员给予必要的接应。消防人员皮肤上沾有航空燃油和液压油时,应尽快用肥皂水冲洗干净,防止引起皮肤炎症。

3. 航空器发动机火灾的扑救

发动机是航空器的关键组成部件,通常安装在发动机吊舱、机舱尾椎、机身腹部或机身底部和侧面。发动机内部发生火灾,会使航空器瘫痪或从空中掉下来,消防人员在扑救发动机内部的火灾时,应根据不同情况采取不同的扑救办法。

1)发动机内部起火

内部燃烧时,排出的火焰呈耀眼的蓝色,带有高温气柱,除非相对湿度达到70%或更大时,几乎看不见烟。在推力消失时,发动机内部燃烧的残留物(如橡胶垫片和毡纤维垫片)能产生一阵黑烟,在某些情况下,残留物质会继续慢慢燃烧2~3 min,在管嘴内产生小的火焰。

当发动机内部燃烧时,因为其内部燃烧室耐热性较好,持续几分钟的极高温度机体才能燃烧起来。在这种极高的温度下,其内部一般早已损坏,若发动机机体尚未着火就不需要抢救。

如果火包围了发动机,使发动机机体燃烧,可用水和泡沫有效控制周围的火,防止火势向机身外等部位蔓延,因为燃烧本身含氧化剂,短期内会剧烈燃烧,这种火不可能被立刻扑灭。

2)对钛火的控制

有些发动机的零部件含有钛的成分。如果着火,使用普通的灭火剂一般是不能扑灭的,处理方法是:如果含钛部件着火被封闭在吊舱内,应尽可能让它燃烧完全。只要外部没有可能被火焰或炙热的发动机表面引燃的易燃混合气体,则这种燃烧不致严重威胁航空器本身。用泡沫、雾状水喷洒覆盖吊舱和周围暴露的航空器结构。

3)灭火注意事项

(1)登高问题。由于发动机高出地面很多,因此,扑救航空器发动机火灾首先要准备好登高工具(如消防梯、举升工作平台)和用来喷射适当灭火剂的可伸缩喷筒。因为现代发动机内腔舱容量很大,灭火机的喷射量也必然需要很多,在高速喷射灭火剂时,灭火剂喷出时会产生很大的反作用力,在登高作业时,必须稳定、准确地握住喷筒,并采取有效措施,保障登高作业人员的安全。

(2)发动机下禁止站人。正在扑救发动机火灾的人员和设备不要位于发动机正下方,因为这些位置可能有漏油、熔化金属或地面火势的伤害。在实际灭火时,选择合适的喷筒或射程、有效的喷射灭火剂种类,喷射位置设在发动机的外侧、前面或后面。

(3)灭火剂的选择。扑救发动机火灾时,应选用卤代烷或二氧化碳灭火剂控制发动机内的火灾。在发动机火势已发展到危及其他结构时,可使用其他灭火剂。

(4)危险区域。航空器发动机进气口前7.5 m,排气口后45 m范围内为危险区域,消防人员与被撤离人员严禁进入这一区域,以免被运转的发动机吸入或被尾喷气流烧伤。

发动机起火与扑救如图9.2所示。

图 9.2　航空器发动机起火与扑救

4．航空器机身内部火灾扑救

机身内部发生火灾将直接对机身内部人员的生命和财产造成危害，消防人员应把营救机身内部人员脱险作为首要任务完成，需要灵活运用冷却降温、阻截控制、破拆排烟、抢救疏散、内外夹攻、多点进攻、灌注灭火剂等战术。

1）机身尾部客舱发生火灾

（1）消防人员从中部舱门攻入机身内部，用雾状水阻截火势向中部客舱蔓延，抢救乘客和机组人员从前、中部舱门应急出口撤离航空器，疏散到安全地带。

（2）打开尾部舱门或打碎舷窗进行排烟，以降低舱内烟雾浓度。同时，在开启的舱门或舷窗开口处布置水枪，阻止火焰从开口处向机身外部蔓延。

（3）用泡沫覆盖或用开花水流喷洒机身外部受火势威胁较大的危险部位。

（4）在控制住火势向中部客舱蔓延的同时，消防人员从尾部客舱门突破烟火封锁，强攻进入客舱尾部，中部客舱水枪手与之形成合击，在舷窗间处的水枪手应将水枪从舷窗口伸入客舱内部，与内部水枪手协同配合，打击火焰消灭火灾。

2）机身中部客舱发生火灾

（1）消防员同时从前舱门和尾舱门攻入机身内部，用雾状水控制火势，避免其向前部客舱和尾部客舱蔓延，掩护乘客和机组人员从前舱门和尾舱门撤离航空器，疏散到安全地带。

（2）在下风向距机翼较远的部位打碎舷窗进行排烟，从舷窗口伸入水枪，多点进攻打击火焰，配合内部水枪手消灭火灾。

（3）在进攻的同时，应采用泡沫覆盖或开花水喷洒的方法冷却机身下部机翼，预防高温辐射引起机身和机翼处的燃油箱发生爆炸。

3）机身前部客舱发生火灾

（1）消防员同时从前舱门和中舱门攻入机身内部，用雾状水控制火势向驾驶舱或中部客舱蔓延，抢救乘客和机组人员从中、尾舱门和应急出口撤离航空器，疏散到安全地带。

（2）当火势凶猛，前舱门进攻受阻且火势已越过前舱门，严重威胁驾驶舱时，就在驾驶舱处打碎两侧舷窗，将水枪从舷窗口伸入机身内，用雾状水封锁空间，阻截火势蔓延，保护驾驶舱，并配合内部水枪手里应外合，消灭火灾。

机场运行

4）驾驶舱内发生火灾

（1）消防人员从前舱门攻入机身内部，用雾状水冷却驾驶舱与客舱之间的隔墙，防止火势蔓延到客舱，掩护乘客和机组人员从前、中、尾部舱门和应急出口撤离航空器，疏散到安全地带。

（2）使用卤代烷（1211等）灭火剂扑救驾驶舱内火灾。没有卤代烷灭火剂时，可用干粉或二氧化碳灭火剂扑救，迫不得已时再用水或泡沫灭火剂扑救，因为只有用卤代烷灭火剂后不会留下痕迹，其他灭火剂会使驾驶舱内的贵重仪器仪表设备遭受不同程度的水渍或损坏。

5）货舱（行李舱）内发生火灾

当航空器上有乘客时，应先组织力量疏散客舱内所有人员。当货舱内装运普通货物时，用喷雾水或泡沫扑救。当货舱机内装运化学危险品时,应根据所装运货物的性质选用灭火剂。

灭火时的注意事项：

（1）做个人防护。深入机身内部的消防员必须佩戴呼吸器，穿着避火服或隔热服。

（2）防止形成爆燃。机身处于全封闭状态，起火后产生的烟雾和热量散发不出去，会在机身内迅速集聚，当舱门打开后，空气进入机舱形成爆燃。消防人员应手持喷雾水枪站在机舱门后，先稍微打开一点舱门，将喷雾水枪伸进机舱内射水，然后再完全打开机舱门，进入机舱内救人、灭火。

（3）客舱内没有旅客时，可从机身上部破拆口灌入高、中倍数泡沫，对客舱进行封闭灭火。

（4）氧气瓶受到火势和热辐射威胁时，应用雾状水冷却，或将钢瓶疏散到机身外安全地带，预防氧气瓶爆炸。

（5）要在机组人员协助下，充分利用救生设备（自动滑梯、救生索等）疏散机身内乘客。

（6）在灭火过程中，要酌情打开舱门、紧急出口，并打碎舷窗等进行排烟，为机身内人员安全脱险提供条件。

（7）掩护机身内人员疏散或内攻灭火时，应避免盲目射水，防止水枪射流伤人。

（8）作战时间较长，应组织预备力量及时接替内攻人员，使内攻人员得到休整。

5. 航空器坠落火灾事故的扑救

当航空器坠落后，整个航空器都燃烧起来时，首先用干粉压制机身外部火焰，同时用泡沫覆盖冷却机身，降低高温对乘客的影响，为机身内部人员的生存创造条件。在灭火力量充沛的情况下，也可重点考虑扑灭油箱、发动机和起落架等部位的火。

当航空器油箱破裂，大量燃油洒落到地面燃烧，火焰威胁机身灭火战术的安全时，首先要用干粉和泡沫直接射向机身下面火焰根部，将火焰与机身分隔开，然后向机身周围的火焰喷射，最后覆盖整个火区，消灭燃油火。

当航空器与洒落地面的燃油同时起火时，应首先扑灭机身上的火焰，用泡沫覆盖冷却机身，再向机身下部和周围的地面喷射泡沫，将地面火焰与机身隔开，控制住燃油火向机身蔓延，为展开救援工作创造条件，最后消灭地面燃油火。

航空器坠落时，机身结构可能变形，使舱门、紧急出口等无法开启。消防人员应尽一切可能，以最快的速度、最有效的方法救出机身内部所有人员，救援方法是：

（1）消灭机身内部火焰，排烟降温，对内部人员施加保护。消防人员应首先打碎火焰附

近的机身舷窗，采用多点进攻的方法，消灭机身内部火焰，然后用雾状水排烟，降低舱内温度，对机身内人员施加水雾保护。

（2）打开舱门救援。在条件许可的情况下，消防人员应迅速打开航空器舱门和应急出口，深入机身内部，对伤残者实施救援。

（3）从机身尾部入孔救援。如果航空器尾部毁坏折断，消防人员可以通过尾部增压舱隔墙入孔，从尾部进入机身内部实施救援。

（4）破拆救援。在舱门、紧急出口无法开启情况下，消防人员应用斧头、撬棒、机动破拆工具等实施破拆救援。破拆位置应选择在舱内座位水平线以上、行李架以下的舷窗之间，或在机舱顶部中心线两侧。航空器上有用红色或黄色明确标记的破拆位置点。

灭火时注意事项：

（1）消防队到达失事航空器坠落地点时，不论航空器内部是否起火，消防人员和消防车辆都应处于临战状态，按平日制定的灭火作战方案各就各位，随时准备灭火战斗。

（2）喷射灭火剂时，应选择最佳的位置和角度，充分利用风向、地势等有利条件，边移动边喷射、调整落点、力求打准、加快覆盖速度。

（3）避免随意破拆，防止伤人。由于机身的金属外壳坚硬，内部结构比较复杂，随意破拆不仅难以奏效，而且容易造成燃油箱破裂，甚至伤及内部人员。因此，消防人员必须掌握正确的破拆位置与破拆技巧。

（4）在灭火战斗中，消防员不得随意移动航空器残骸，如果必须搬移，需要记录下它们的原始状况、位置和地点，并保存所有有形物体，便于火灾原因的调查。

（五）飞行区消防设施设备

机场消防站设立在航空器活动区适当位置，承担发生在机场或其邻近地区航空器事故或航空地面事故及其他消防救援任务的机构。机场需要根据消防保障等级来确定机场消防站的规模、消防车辆和人员的配备、消防器材配备。

1. 机场消防站

消防保障等级为3级以上（含3级）的机场应当设置消防站。当一个机场设置有两个（含）以上消防站时，应指定其中一个站作为主消防站，其余的为消防执勤点。当消防站的救援不能满足应答时间要求时，应增设消防执勤点。消防保障等级为3级以下的机场可不设消防站。消防站的选址应满足下列要求：

（1）保证应答时间不超过3 min；

（2）消防站应设立在飞行区内，宜靠近跑道或滑行道中部位置；

（3）能使出车方向面向飞行区，其位置能尽可能保证消防车辆通往该站所负责的跑道的距离最短，转弯次数最少，且能迅速、顺利地进入跑道地区；

（4）能设置直通跑道（或滑行道）的消防通道。

消防站应设有车库、备用车库、药剂储存间、接处警值班室、消防员备勤室、器材室、救援战术研讨室、室内综合体能训练室及必需的生活用房。有3辆以上（含3辆）消防车的消防站，需要设置备用车位。

机场进近和离场飞行是在海域、沼泽、潮汐河口、山区地带、沙漠、有大量季节性降雪的地区，消防站应设置符合以上区域特殊救援装备专用设备间，且配备能迅速、顺利地抵达救援区域的特殊救援装备。

2. 消防站车辆及人员配备

1）消防站车辆配备

消防站业务车辆包括：快速调动车、主力泡沫车、重型泡沫车、中型泡沫车、重型水罐车、跑道喷涂泡沫车、干粉车、通信指挥车、火场照明车、破拆抢险车、保障车、升降救援车。机场消防站车辆配备应根据机场消防保障等级确定，车辆配备的要求见表9.5所示。

表9.5　车辆配备要求

序号	消防车类型	配备数量							
		消防保障等级（级别）							
		3	4	5	6	7	8	9	10
1	快速调动车	—	—	—	—	1	1	1	1
2	主力泡沫车	—	—	—	1	2	3	3	4
3	干粉车	—	—	—	—	1	1	1	1
4	重型泡沫车	—	1	1	2	2	2	2	2
5	中型泡沫车	1	1	1	1	1	1	1	1
6	火场照明车	1	1	1	1	1	1	1	1
7	通信指挥车	1	1	1	1	1	1	1	1
8	破拆抢险车	—	—	—	—	—	1	1	1
9	保障车	—	—	—	—	1	1	1	1
	合计	3	4	4	5	9	11	11	12

注：重型水罐车、升降救援车、跑道喷涂泡沫车应根据机场实际需要选配；无夜航机场的消防站可不配备火场照明车；当主力泡沫车性能满足快速调动车标准时，可不配备快速调动车；当快速调动车或主力泡沫车辅助干粉灭火系统干粉量不少于450 kg时，可以不配备干粉车。

不同消防保障等级机场消防车辆最低配备数量如表9.6所示。

表9.6　车辆配备最低要求

消防救援等级	最低消防救援车辆数量
1	1
2	1
3	1
4	1
5	1
6	2

续表

消防救援等级	最低消防救援车辆数量
7	2
8	3
9	3
10	3

机场消防车辆配备通常是以高标准进行确定，但数量的最终确定需要根据飞抵本场航空公司与机场在应急救援方面的协商要求为准。

2）消防站人员配备

机场消防站人员包括专职消防人员、行政技术人员和后勤保障人员。专职消防人员包括指挥员、通信员、消防车驾驶员和战斗员；行政技术人员包括行政管理人员和专业技术人员。行政技术人员和后勤保障人员按专职消防人员总数的15%配备。单车专职消防人员的数量根据表 9.7 的要求配备。

表 9.7 机场消防车定员

序号	消防车类型	配备数量 消防保障等级							
		3	4	5	6	7	8	9	10
1	快速调动车	—	—	—	—	3×1	3×1	3×1	3×1
2	主力泡沫车	—	—	—	3×1	3×2	3×3	3×3	3×4
3	干粉车	—	—	—	—	3×1	3×1	3×1	3×1
4	重型泡沫车	—	6×1	6×1	6×2	6×2	6×2	6×2	6×2
5	中型泡沫车	6×1	6×1	6×1	—	—	—	—	—
6	火场照明车	3×1	3×1	3×1	3×1	3×1	3×1	3×1	3×1
7	通信指挥车	2×1	2×1	2×1	2×1	2×1	2×1	2×1	2×1
8	破拆抢险车	—	—	—	—	—	5×1	5×1	5×1
9	保障车	—	—	—	—	1	2×1	2×1	2×1
	合计	11	17	17	20	31	39	39	42

3. 消防站其他器材配备

消防器材包括车配器材、人身防护装备、通信器材、破拆抢险救生工具、灭火及备用药剂、零配体能训练器材、车辆保养器材、火场专用器材等。其配备要求可参考《民用航空运输机场消防站消防装备配备》（MH/T 7002—2006）。

五、机场应急演练

应急救援演练是指来自多个机构、组织或群体的人员针对假设事件，执行实际紧急事件

发生时各自职责和任务的排练活动，是检测重大应急管理工作的最好度量标准，是评价应急救援预案准确性的关键措施。

（一）应急演练的目的和作用

1．演练的目的

演练的目的在于验证预案的可行性、符合实际情况的程度以及救援队伍的实际救援能力，即：

（1）通过演练可以检查专业队伍应对可能发生的各种紧急情况及它们之间相互救援、协调的程度，验证应急救援预案的整体或关键性布局是否可行。

（2）通过演练可以检验、测试应急设备的可靠性，使救援队伍掌握装备的正确使用方法，提高实际技能及熟练程度，培养顽强精神；还可以检验应急能力，包括组织指挥、专业能力和应急响应能力。

（3）通过演练可以发现预案存在的问题，找出预案可能需要进一步完善和修正之处，为修正预案提供实证。

（4）通过演练后的评价、总结，可以发现预案中未曾考虑的环节，修改提高预案的质量。

（5）演练可以检查所有相关组织是否已经熟悉并履行了职责，检验通信是否有效。

2．演练的作用

（1）评估组织应急准备状态，发现并及时修改应急救援预案、执行程序、行动核查表中的缺陷和不足。

（2）评估组织应对重大事件的应急能力，识别资源需求，澄清相关机构、组织和人员的职责，改善不同机构、组织和人员之间的协调问题。

（3）检验应急响应人员对应急救援预案、执行程序的了解程度和实际操作技能，评估应急培训效果，分析培训需求；同时，作为一种培训手段，通过调整演练难度，进一步提高应急响应人员的业务素质和能力。

（4）促进公众、媒体对应急预案的理解，争取他们对应急工作的支持。

3．演练的项目

（1）事故期间通信是否正常；

（2）救援参与机构能否及时参与救援；

（3）救援设备、器材和人员数目是否与事故规模匹配；

（4）应急行动中的突发事件处理能力；

（5）显示情况是否与预案制定时相符；

（6）其他情况。

（二）应急演练的分类和要求

1．演练的分类

演练在整体上遵循"不留死角、不漏盲点"的原则，使预案在实施过程中的每个环节都得到检验，使全部紧急救援队伍得到训练。根据演练的场所和参与人员的范围不同，可以分为以下三类。

（1）桌面演练也称指挥所推演，是由机场管理机构或参加应急救援的相关单位组织，各救援单位参加，针对模拟的某一类型突发事件或几种类型突发事件的组合以语言表达方式进行的综合非实战演练。

（2）单项演练是由机场管理机构或参加应急救援的相关单位组织，参加应急救援的一个或几个单位参加，按照本单位所承担的应急救援责任，针对某一模拟的紧急情况进行的单项实战演练。

（3）综合演练是由机场应急救援工作领导小组或者其授权单位组织，机场管理机构及各个驻机场参加应急救援的单位及协议支援单位参加，针对模拟的某一类型突发事件或几种类型突发事件的组合而进行的综合实战演练。

机场应急救援综合演练应当至少每三年举行一次，未举行综合演练的年度应当至少举行一次桌面演练，机场各参加应急救援的单位每年至少应当举行一次单项演练。

2. 演练的基本要求

应急救援演练是为了检验和提高机场各救援保障部门在遇到紧急事件发生时的反应能力、指挥协调能力和综合实战能力，进而牢固树立常备不懈的观念。通过应急救援演练，锻炼队伍、总结经验、摸索规律、增强各部门间的联系，提高机场应急救援的综合保障能力。为使应急演练达到预期效果，同时减少对机场正常运行的影响，机场应急救援演练的基本要求有：

（1）机场在组织应急救援演练时，应当保持机场应急救援的正常保障能力。

（2）应急救援演练应当尽可能避免影响机场的正常安全生产。

（3）应急救援演练前，应当制定详细的演练计划，主要包括：演练所模拟的突发事件类型、演练地点及日期；参加演练的单位；演练的程序；演练场地的布置及模拟的紧急情况；规定的救援人员及车辆的集结地点及行走路线；演练结束和演练中止的通知方式。参加应急救援演练的部门和人员应熟悉在应急救援工作中的职责，参加的各个部门应当定期对救援人员和后备人员进行医疗救护知识和其他救援知识及技能的培训。

（4）演练工作应当坚持指挥与督导分开的原则。

应急演练时，应当在演练指挥机构之外另设演练督导组。演练督导组是由民航地区管理局在收到演练计划后召集。综合演练督导组应当由民用航空管理部门、地方人民政府及其有关部门、机场管理机构、相关航空器营运人、空中交通管理单位人员及特邀专家组成。演练督导组应当对机场应急救援演练工作进行监督检查，演练督导组应当根据演练形式和规模派出足够的督导人员，进入演练现场，对演练涉及的各个方面实施全程监督检查。

3. 演练计划的制定

在举行机场应急救援演练前，机场管理机构或者组织单项演练的相关单位应当组织编制应急救援演练计划，应急救援演练计划应当按照突发事件发生、发展的进程进行编制，应急救援演练计划可以是一种或几种突发事件的综合。应急救援演练计划制定完毕并经应急救援领导小组同意后，应当在演练实施两周前报送民航地区管理局。

（三）应急演练的组织实施

1. 应急情景构建

情景构建由演练的目的而定，即把预期达到的目的分裂成演练科目，再转换成演练方式，通过演练逐步进行核查、考核来完成。因此，如何将这些预待检查的项目有机地融入模拟事故中去是情景构建的第一步，如图 9.3 所示。为使情况设置逼真而又便于分项检查，在设置时需要考虑以下几个方面的问题。

图 9.3　应急演练

（1）根据任务设置应急场景，根据事故等级分科目进行详细描述，部分演练一般只要简单的事件描述，而综合演练不仅需要设置一般场景，而且要包括各种情况的综合描述；

（2）演练的序列要强调时间性，顺序符合逻辑性；

（3）有关数据设置要符合实际情况，演练时采集的数据要与实际相符；

（4）演练用的信号、标志和指令要统一，便于识别；

（5）待检查项目和考核内容标准清楚，容易评分和评价。

2. 场景描述

应急救援事件是在某种条件下由某一事物触发而形成的，或者是由此而形成连锁影响而造成更大、更严重的事故或复合反应，对此要进行简要的描述。描述的详细程度要使演练参加者可以根据此描述来执行事故应急救援任务和相应的防护行动，考核组人员可以根据描述对演练进行评价。

一般事故的描述应有下列内容：

（1）事故场所的外部特征和涉及的范围描述，如航空器类型、旅客人数、危险品覆盖范围、起火燃烧情况等；

（2）损坏部件或设备状态描述；

(3) 假定现场的各种标志；
(4) 消防处理；
(5) 急救、救护演练；
(6) 通信、报警演练；
(7) 交通控制演练；
(8) 治安保卫工作；
(9) 事故控制、善后工作。

3. 演练的保障与安排

1) 演练时间安排

基本按照真实事故条件下进行，但在某些特殊情况下，可以适度压缩或延长演练时间。可事先通知参与演练人员，也可事先不通知，增强与实践的结合。

2) 安全保障

演练应在绝对安全的情况下进行，如燃烧、爆炸等必须考虑模拟剂的释放、化学事故中水的排放等安全性以及消防安全的保障。另外，应急演练不应影响机场的正常运营，应当保持机场应急救援的正常保障能力。演练前应向有关单位通报演练信息，以免产生误解。

3) 应急演练环境

为提高队伍的适应能力，演练可选择在不同的天气情况下进行，如在大风天气、雷雨天气或高温条件等非正常的环境条件下演练，或安排航空器应急的夜间演练和日间演练等。

4) 应急演练的组织与实施

机场应急演练的组织与实施是一项非常复杂的任务，涉及到航空公司、空中交通管制部门、机场内各应急保障单位以及社会力量。应建立应急演练策划小组，由其完成应急准备阶段，包括编写演练方案、制定现场规则等各项任务。

(1) 分类组织。

应急演练类型有多种，不同类型的应急演练在演练内容、演练情景、频次、评价方法等方面有不同特点。

(2) 演练实施的基本过程。

应急演练是由许多机构和组织共同参与的一系列行为活动，其实施过程的管理在演练准备、演练实施和演练总结三个阶段都应精心组织，必须遵守法律、法规、标准和应急救援预案的规定。

在演练实施前，演练督导组研究并熟练参演机场的应急救援预案和本次应急救援演练计划，全程跟踪演练进程，在演练实施过程中提出各种实际救援中可能出现的复杂或者意外情况交指挥中心应对。

5) 应急演练总结

应急救援演练结束后，演练组织者应召集各参演单位负责人进行总结讲评。总结讲评活动中，演练督导组应当就演练的总体评价、演练的组织、演练计划、演练人员和设备等方面提出综合评价意见。演练总结与讲评可以通过访谈、汇报、自我评价、公开会议等形式完成。

机场运行

第二节 残损航空器搬移

残损航空器是指因为不同的原因丧失其机动性且妨碍机场正常运行的航空器,一般包括冲(偏)出跑道、滑行道、机坪或者发生事件导致受困、受损、解体的航空器以及事故后的残骸。残损航空器的搬移是航空器在发生紧急事件,完成必要的应急救援和事故现场调查以后,为了尽快恢复机场的运行,保证民航安全运输的顺利进行,事故恢复的重要内容之一。因此,安全快速地搬移残损航空器,对机场恢复正常运行具有分秒必争的意义。但要搬移一架残损航空器是一项复杂且有潜在危险的任务,特别是在搬移过程中应尽量避免对航空器造成二次损害。近年来,航空器的体积和质量都在不断增大,更增加了这项工作的难度,搬移一架航空器可能需要更长的时间。航空器的搬移涉及到各种机型、每架航空器所处的环境以及损坏的状况都有所不同,因此搬移时需要的注意的问题以及使用的设备也不尽相同。为此,熟悉残损航空器的相关规定、使用的设备以及搬移程序非常重要。

一、残损航空器搬移的责任与要求

当航空器突发事件发生以后,由航空器运营人承担残损航空器搬移工作的主体责任,提供残损航空器搬移的技术支持,尽量避免航空器搬移过程中受到二次损伤。机场管理机构根据残损航空器搬移协议组织残损航空器搬移工作,并具备与机场可使用的最大机型相匹配的残损航空器搬移的能力。

机场管理机构与航空器运营人签订的残损航空器搬移协议一般包括以下内容:双方的责任和义务;委托搬移的机型;关于航空器技术资料的提交条款;二次损伤免责条款;搬移收费条款;双方残损航空器搬移决策人(或者授权的决策人);负责的部门、联系方式。残损航空器搬移实行有偿服务,收费标准由各方协商确定。

二、残损航空器搬移设备

1. 残损航空器搬移设备分类

残损航空器搬移设备包括移动设备、起重和支撑设备、地面加固设备和拴系设备等。移动设备主要包括搬移拖车（或者平板车）、牵引车、起落架挂具等；起重和支撑设备主要包括吊车、吊装索具、顶升气囊、千斤顶等；地面加固设备主要包括活动道面或者枕木、钢板、碎石、其他新型高强度板材等；拴系设备主要包括钢索、绳索等。

1）搬移拖车

搬移拖车是用于航空器发生事故或者起落架受损时代替起落架使用的航空器搬移救援的载重车辆。主要由拖车底盘平台和支承上装（机身支承和机翼支承）组成，前起落架上装支撑平台采用万向结构设计，支撑宽度可进行调节；主起落架上装支撑平台采用液压翻转设计，配有不同型号的增高架，满足不同高度航空器的救援需求。单台搬移拖车的载荷与线轴承载力有关，线轴越多承载力越大，如图9.4所示。

平板车在残损航空器搬移过程中可以代替搬移拖车使用，平板车的载荷与线轴承载力有关，线轴越多承载力越大。当起落架受损时，在平板车上一般垫有轮胎、顶升气囊等柔性物体，避免机身与平板车直接接触，将飞机顶升后放置在平板车上，如图9.5所示。

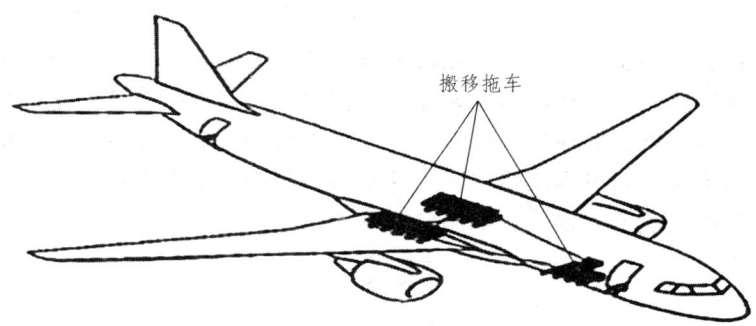

图 9.4　搬移拖车使用

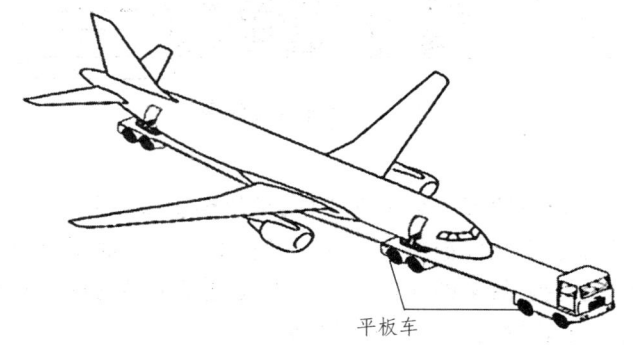

图 9.5　平板拖车使用

2）吊装索具

吊装索具是用于航空器救援的起重装置，主要由副吊带、主吊梁、副吊梁、主吊带组成。吊装索具各组成部分在设计上可根据机型大小进行拆卸组装。通常在飞机机身前后以及机翼处均有起吊点，在使用过程中，主要起吊点为前机身起吊点和机翼起吊点，后机身起吊点一般不受力，用于稳定飞机。其中前后机身起吊点使用吊装索具进行起吊、机翼起吊点使用吊绳起吊，如图9.6所示。

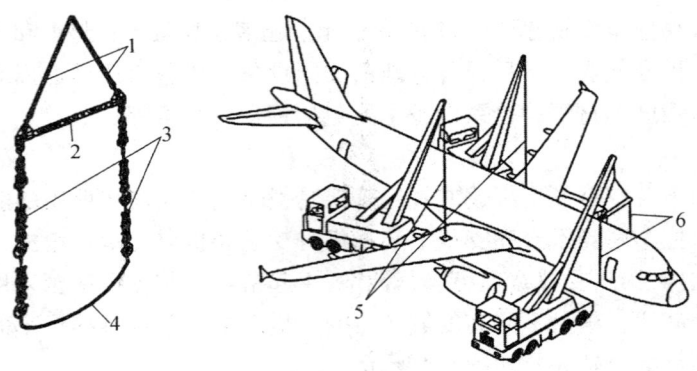

1—副吊带；2—主吊梁；3—副吊梁（配装动平衡装置）；
4—主吊带；5—吊绳；6—吊装索具。

图 9.6　吊装索具使用

3）顶升气囊

顶升气囊是在航空器救援中用于将倾覆的航空器顶升恢复至正常姿态的柔性可充气物体，由独立的气囊单体层叠组成。在起落架未受损的情形下，需要配合牵引车进行搬移；在起落架受损的情形下，需要配合搬移拖车或者平板车等进行搬移，并需预留搬移拖车和平板车的作业空间。顶升高度不足时可以使用枕木搭建平台满足顶升高度的需求，当单侧主起落架部位受损时可使用多组气囊进行顶升，如图 9.7 所示。

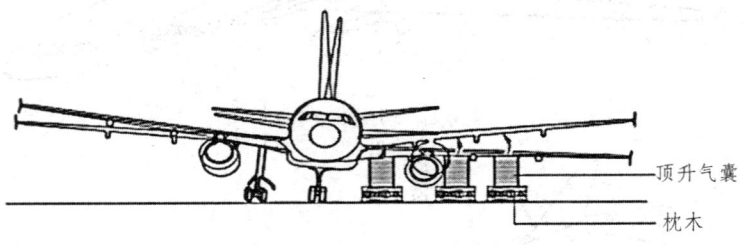

图 9.7　顶升气囊使用

4）起落架挂具

起落架挂具是作用于航空器起落架减振立柱，可使牵引车远距离拖拽航空器行进的装置，由牵引缆、起落架拴系带、安全保护装置、连接卸扣等组成。根据机型大小确定使用起落架挂具的长度，使用时绕过主起落架的减震支柱，再绕过起落架轮轴（双轮式）或轮轴架（小车式），然后用卸扣与安全装置连接好，如图 9.8 所示。

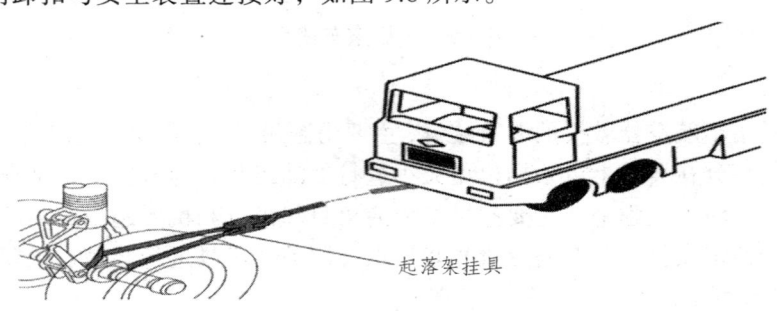

图 9.8　起落架挂具使用

5）活动道面

活动道面是铺设在松软湿滑地面上，便于陷入软土地的航空器及救援车辆顺利通过的一种临时硬化设备，按结构分为平板式和卷曲式活动道面。平板式活动道面由移动作业路面结构单元、单孔连接件、双孔连接件三部分组成，单孔连接件和双孔连接件主要位于移动作业路面的四个直角区域，连接两块移动作业路面结构单元。卷曲式活动道面主要由软质移动式道面单元块、单孔橡胶保护垫、双孔连接保护垫和钢钎四部分组成，用钢钎将卷曲式活动道面固定在救援区域上，在一定救援条件下可用枕木、钢板、碎石、其他新型高强度板材等替代，如图9.9所示。

图9.9　活动道面使用

6）千斤顶

千斤顶是将飞机顶起脱离地面的顶升装置，根据作用区域不同分为机身千斤顶和机翼千斤顶，主要由锁定螺帽、手摇泵、压力表、气动开关、轮子、万向底座、气管接头等组成，用于更换飞机主轮或者刹车时使用，在一定情形下可用于应急救援工作，如图9.10所示。

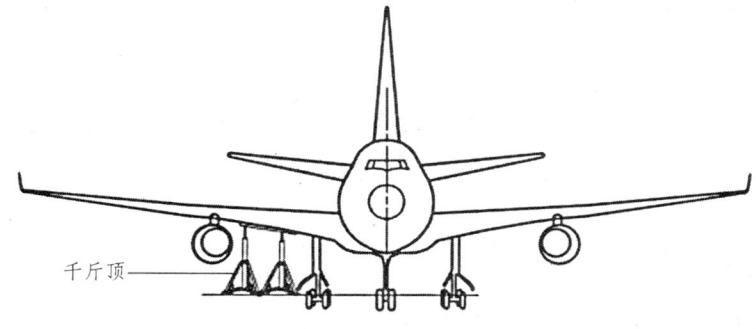

图9.10　千斤顶使用

2. 残损航空器搬移设备的配备要求

搬移设备具有投资高、使用频率低、寿命短等特点，国际上存在一些航空器搬移设备的共享方案。例如，某个航空公司根据航班比例分摊搬移设备的购置、保管成本，在发生了紧急事件后，可以使用这些装备。我国一些航空公司在运营国际航线时，受国外机场管理当局的要求，也参加了这些共享方案。

在我国，机场管理机构应当根据本机场拟运行的机型、运行量、气候环境、飞行区土面区土质状况等实际情况开展搬移设备配置需求评估，并根据评估结果配置搬移设备。根据相关规定和需求评估，确需配置搬移拖车、吊装索具、顶升气囊、起落架挂具等主要搬移设备

机场运行

的，应当按照配置标准配备适宜的型号和足够的数量。搬移设备可以全部自配，或者部分自配和部分协议支援的方式配置。

飞行区指标为 4F 的机场、E 类飞机年起降架次超过 2 000 架次的 4E 机场应当自配搬移拖车和顶升气囊，其他机场一般可不自配。每个机场应当至少自配 1 套起落架挂具（尽量为通用型）和 1 套吊装索具。其他需要自配的设备类型根据评估需求确定。除了必须自配的设备外，对于在发生突发事件起 4 h 之内可能获得的搬移设备可以不自配（顶升气囊除外，只要在实施搬移前支援到位即可），但应当有明确的救援支援协议。

三、残损航空器搬移计划和程序

1. 残损航空器搬移计划

根据《国际民用航空公约》附件 14《机场》建议，要建立一个关于在机场活动地区及其邻近地区的残损航空器搬移计划。在预案中，应明确现场指挥权以及各项工作的具体分工、航行通告的发布程序、信息通报程序、现场保护及事故调查、新闻发布、机场部分关闭及恢复的程序、物资设备和专业人员清单及联系电话、残损航空器搬移程序、搬移后的讲评及预案修订工作程序、培训及演练等。残损航空器搬移计划应基于通常使用该机场的航空器的特性和可能使用该机场的航空器的特性，残损航空器搬移预案应当至少包括以下内容：

（1）组织机构及职责；
（2）与航空器运营人之间的信息传递流程和要求，以及协商决策流程；
（3）各种机型在不同损伤情形下的搬移方法；
（4）搬移培训及演练；
（5）搬移设备、人员清单；
（6）救援支援单位信息表，包括航空器运营人、其他机场、当地有关单位等可支援的残损航空器搬移设备和人员及联系方式。

2. 搬移要求

1）搬移准备

机场及其邻近区域内发生航空器突发事件后，如果残损航空器需要搬移，机场管理机构应按照搬移协议、搬移预案和现场情况等及时制定搬移实施方案，并做好设备、人员调配工作。

航空器运营人需要及时提供航空器配载信息（包括货物装载信息、油料信息等）以及相关技术支持，积极配合机场管理机构制定搬移实施方案。其他相关单位应当配合机场管理机构做好残损航空器搬移准备工作。

搬移前，应当使航空器的总重量尽可能减到最小。例如移去航油、货物等。检查机上是否有危险品，如果有，要采取安全措施或必要时搬移这些物品。在搬移航空器之前，采用符合消防安全的方法放干航空器油箱，并记录油箱排放量和油箱识别标志，同时消防车应在现场进行警戒。为防止起火，保证现场安全，应切断电源并关闭氧气瓶，保持航空器的内部通风。

2）搬移过程

在搬移过程中，应当拍照并录像。此过程应当注重从四个方向观察航空器全景，已损坏或分离的部分也应拍照，还应包括反映驾驶舱内开关和控制键状态的照片。

在航空器的顶升及搬移过程中，应当确保航空器栓系牢固。航空器顶升过程中，应注意顶升部位和航空器中心位置的可靠与准确。航空器移动中，仅靠机体与搬移设备之间的摩擦力是不安全的，应当在机体的主要部位与牵引设备之间建立稳固的固定，保证搬移的顺利进行。

此外，在搬移过程中，应保持与空中交通管制部门的通信联系，注意行驶中的安全。要采取措施保护航空器在滑行过程中得到良好的控制。对于较大的航空器，可以采用后面牵引重型车辆的方法，帮助控制。

3）搬移结束

搬移完成后，机场管理机构应当快速清理现场、恢复设施设备，尽快恢复机场正常运行。搬移工作全部结束后，机场管理机构应当召集有关单位进行总结讲评，对搬移预案中暴露出的不合理部分及缺陷等内容进行研究分析和修改完善。

4）搬移时长

应急救援现场灭火和人员工作结束后，经组织事件调查部门同意，机场管理机构应当迅速将残损航空器搬移，建议的最大时长如表9.8所示，尽量减少对机场正常运行的影响。

表9.8 一般情形的残损航空器搬移建议时长

损伤分类Ⅰ（大类）	损伤情形Ⅱ（中类）	搬移时长/h			
		道面或者硬质土面区		软质土面区	
		C类及以下机型	D类及以上机型	C类及以下机型	D类及以上机型
机身受损	航空器侧倾，机翼触地造成折损，机身严重破坏等事件但不必拆解	6.5	7	7.5	8
起落架受损	航空器本体及其他部位未发生严重损伤，起落架受损及未受损起落架下轮胎受损，无法靠起落架移动	5	5.5	6	6.5
	航空器本体以及其他部位未发生严重损伤，起落架受损，无法靠起落架移动	3.5	4	4.5	5
轮胎/刹车毂受损	航空器本体以及起落架没有受损，轮胎/刹车毂受损	3	3.5	4	4.5
其他情形	航空器本体没有受损，因液压系统、发动机故障等系统故障无法靠自身动力移动，但部件基本完好	不属于本办法规定的残损航空搬移情况		2.5	3

注：1. 搬移时长=搬移完成时间-搬移起算时间。

2. 搬移完成时间是指残损航空器搬移至指定区域的时间。

3. 搬移起算时间一般为组织事件调查的部门同意搬移的时间。如需要设备支援，且支援设备到达的时间晚于组织事件调查的部门同意的时间时，当设备到达的时间小于等于发生突发事件起4 h的，以支援设备到达时间为起算时间；当设备到达的时间大于发生突发事件起4 h的，以发生突发事件起4 h为起算时间。

机场运行

5）强行搬移的情况

当残损航空器严重威胁其他航空器、机场航站楼及地面设施安全，或机场管理机构与航空器运营人就搬移实施方案难以达成一致，影响搬移实施且严重影响机场正常运行的。机场管理机构可以按其制定的搬移实施方案，强行搬移残损航空器，并尽量避免造成残损航空器二次损伤。

复习与思考

1. 航空器突发事件的应急救援响应等级如何划分？典型场景有哪些？
2. 机场应急救援响应程序中，信息接收与确认、救援行动的主要任务是什么？
3. 为什么需要制定应急预案？应急预案应包含的主要内容有哪些？
4. 确定机场消防保障等级的依据是什么？
5. 某机场连续三个最繁忙月 B747-8 起降架次少于 700 次，允许的提供 9 级保障等级，试计算可用灭火剂数量和喷射率（使用性能等级 A 型的泡沫）。
6. 残损航空器搬移的责任主体及其主要责任和义务是什么？
7. 设计一个残损航空器搬移计划的基本框架，包括组织机构及职责、信息传递流程、搬移方法、搬移设备和人员清单等内容。

第十章　机场安全保卫

　　与其他公共设施一样，机场也可能受到各类违法犯罪行为的危害或损毁。作为世界航空运输体系的一部分，机场甚至可能成为恐怖分子恶意攻击的一个焦点。需要建立长期的防护措施，预防可能针对民用航空领域的犯罪。机场是预防这类犯罪的最后一道防线，对于管理机构而言，一方面需要做好民航运输服务工作，另一方面需要提供高质量的安全保护，保障旅客和工作人员的人身安全。

机场运行

第一节 政策与组织机构

随着人类航空活动的大量增加以及国际局势的演变，包括劫机在内的各种各样的航空犯罪事件也日益增多，通过国际立法来制止航空犯罪成为必然。1970年，国际民航组织举行特别大会，要求在《国际民用航空公约》的附件中增加有关处理非法干扰（劫持）问题，使国际民航公约更加完整，1974年最终通过了附件17《安全保卫》。该附件为国际民用航空组织的民用航空安全保卫方案奠定了基础，并寻求办法以反对非法干扰行为来安全保卫民用航空及其设施，但内容远不及刑法体系的三大公约详细和有力。20世纪60至70年代，为适应航空发展的需要，国际社会相继通过了三个著名国际公约：

（1）东京公约（《关于在航空器上犯罪和某些行为的公约》）。公约讨论了所有在航空器上实施犯罪行为的主体，并重点讨论了航空器和航空旅客的安全问题。

（2）海牙公约（《制止非法劫持航空器公约》）。公约讨论了有关劫持航空器的犯罪问题，并特别建议要引渡犯罪分子。

（3）蒙特利尔公约（《制止危害民用航空安全的非法行为的公约》）。公约是海牙公约的延伸，该公约增加了有关阴谋破坏罪的问题。

1988年通过议定书对蒙特利尔公约进行了补充，目的是应对在国际民用航空服务的机场发生的非法暴力行为。

另外，关于航空安全保卫规范方面的内容，由一本广泛而详细的《安全保卫手册》（Doc 8973）所扩充。该手册于1971年出版后经过多次修订，已被世界各国政府、航空公司经营人和机场管理机构在各自的民用航空安全保卫方案中采用。

显然，为实现民用航空安全运行，不仅需要世界各国及国际组织共同参与，还要求中央和当地政府机构、机场管理机构、航空公司、驻场单位、警察、海关、安检、医疗服务机构以及公众本身能够紧密合作、各司其职。

国家安全政策通常会反映在国家的安全规范或条例当中，如我国的《中华人民共和国民用航空安全保卫条例》。机场和政府对突发安全事件做出的反应，以及安全事件发生之后进行的其他工作，都必须参照此条例。机场各功能区及设施的布局应符合安全保卫工作的相关规定。用于预防、阻止或延缓针对机场、航空器及导航设施等的非法干扰行为，保护机场区域内人员及财产安全的安全防范设施及相关设备，都要进行检验、检查和调整，其规划、设计、施工和运行都应符合国家现行有关规定或标准的要求。

民用机场的开放使用应当满足下列安保条件：
（1）设有机场控制区以及符合标准的防护围栏、巡逻通道，并配备专门的值守人员；
（2）派驻机场公安机构并配备与机场运输量相适应的人员和装备；
（3）设有安全检查机构并配备与机场运输量相适应的人员和设备；
（4）设有专职消防组织并按照机场消防等级配备人员和设备；
（5）制定有航空安保应急处置预案并配备必要的设施设备；
（6）具有符合规定的航空安保方案；
（7）其他应当具备的条件。

相关的安全复查工作应当由专业人员来完成。要准确地指出可能的故障信息以及故障对机场安全的影响，辨识安全系统自身存在的漏洞，评估系统的可靠性和不足，并能随着安全形势的变化，通过常态化安全监测和持续性安全评估，把握主要安全策略的变化趋势，获得有价值的预防和应对措施。国际合作在此扮演了重要的角色。在某些特定的国家和机场，政治上的动荡或其他安全事件引发的流言蜚语，是影响、威胁安全的根本因素，图10.1展示了国外安全规划的结构流程。

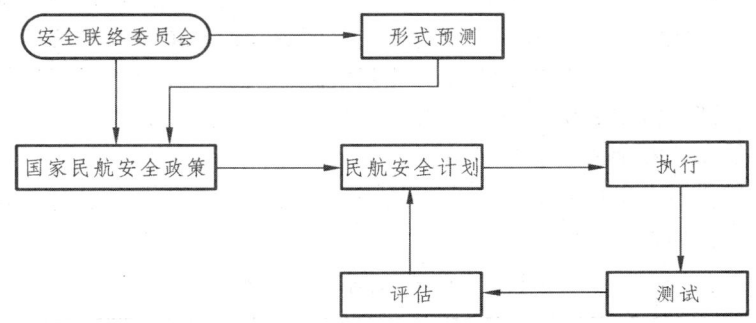

图 10.1　安全规划流程（资料来源：ICAO）

政府的行政部门通过制定、发布必要的指令并提供相应的指导信息，使每个机场和航空公司都能建立、运行并维护符合民航局要求的航空安保管理体系，以有效抵御航空安全威胁，并尽可能减少对常规运行模式的影响。机场根据其运行的实际情况，适时组织评估航空安保管理体系的符合性和有效性，及时调整完善。

我国民用航空安全保卫工作实行统一管理、分工负责的原则。民航公安机关负责对民用航空安全保卫工作实施统一管理、检查和监督。有关地方人民政府与民用航空单位应当密切配合，共同维护民用航空安全。机场管理机构接受民航局、民航地区管理局的行业管理，对机场航空安保工作承担直接责任，负责实施有关航空安保法规标准。机场设置专门的航空安保机构，具体负责协调本机场航空安保工作。有驻场单位的机场应当成立机场航空安保委员会，该委员会应当为各方讨论影响机场及其用户的航空安保问题提供平台，为民航地区管理局和与机场航空安保工作直接相关人员提供沟通途径。

任何针对民用航空领域的非法暴力行为，都有可能受到全球性关注，如果不能正确应对，极易引发舆情危机，造成深远的负面影响。对于机场管理机构而言，应当建立健全重大危机应对机制，掌握危机公关策略和实施方法，学会快速有效的舆情引导，采取有效措施防止事件升级。

 机场运行

第二节　安全程序

机场控制区是指根据安保需要在机场内划定的进出受到限制的区域。机场控制区分为候机隔离区、行李分拣装卸区、航空器活动区和维修、货物存放区等，设有安全防护设施和明显标志，有严密的航空安保措施，实行封闭式分区管理。从航空器维修区、货物存放区通向其他控制区的道口，应当采取相应的安保控制措施。人员与车辆进入机场控制区，必须佩戴机场控制区通行证并接受警卫人员的检查。机场控制区通行证，由民航公安机关按照国务院民用航空主管部门的有关规定制发和管理。

机场根据年旅客吞吐量以及受威胁程度划分安保等级，实行分级管理。我国机场安全保卫等级划分为四类，如表10.1所示。

表10.1　机场安全保卫等级分类

类别	一类	二类	三类	四类
年旅客吞吐量	≥1 000万人次	200万人次~<1 000万人次	50万人次~<200万人次	<50万人次

一、机场空侧安全程序

机场空侧很可能成为犯罪分子对航空器、空勤人员以及旅客进行非法伤害的主要目标地区，因此，停放在机场的民用航空器须有专人警卫，同时须保证机场控制区防护围栏处于持续良好状态，并配备相应人员进行巡逻检查，防止所有未经允许的人、物非法闯入该区域。

1. 机场围界和道口

航空器活动区周界应修建物理围界及配套设施，使之与公共活动区隔离。物理围界应坚固耐久，防止人员、车辆和可能对航空器造成威胁的动物进入。一类机场宜设置两道物理围界，两道物理围界间距应不小于3 m。入侵报警系统宜安装在外侧物理围界上，为机场处置突发事件争取更多时间。机场围界内侧应留有宽度不小于5 m的隔离带。围界外5 m范围内禁止搭建任何建筑和种植树木。给排水、通信、输油等地下管井穿越围界的，应在穿越处设

置钢栅栏等隔离设施或进行密实封堵。尽量减少机场围界上道口的数量，道口设置守卫值班室，并配备通信、照明等设施，以及相应的工作条件。

机场围界应符合机场净空和导航台电磁环境保护的相关要求。

2．机场控制区的通行管制

机场控制区的通行管制由机场控制区通行证信息管理系统、门禁系统两部分组成。机场控制区通行证信息管理系统实现对机场控制区人员通行证件信息的管理；门禁系统主要由身份验证设备和执行装置（门或者人）组成，实现对授权人员、车辆的放行和对非授权人员、车辆的拒绝。相关信息保存时限不少于90日。进入机场控制区的工作人员、车辆应当持有机场控制区通行证，接受安全检查。机场工作人员和航空公司地面服务人员在需要进入机场控制区时，需要申明其工作身份，而机组人员则要通过身份验证后方可进入机场控制区。机场安全部门应向员工发放贴有照片和防伪封面的证件。在机场控制区内，所有工作人员要时刻将证件挂在胸前。证件发放必须严格管理，每名工作人员被严格限制在自己的工作区域，证件必须接受定期审查，有效期一般不超过一年。必须密切跟踪证件持有人员的变动情况，那些被停职或者调离机要地区的工作人员的名字应该及时从名单中清除。

3．交通工具的识别

机场控制区车辆通行证只应授权给那些必须在机场控制区内工作的交通工具。交通工具的进入权限严格限定在具有机场控制区通行证的车辆范围内，通行证的发放和维护统一由机场安全中心控制。该通行证同样应该有固定期限，除了车辆通行证外，该车固定的驾驶人员也需要通行证件，该证件的持有者还必须接受定期的检查，以确认他有持续使用的权利。运输航空配餐和机上供应品的车辆进入机场控制区应当全程签封，道口安检人员应当查验签封是否完好并核对签封编号。机场控制区车辆通行证应当置于明显位置。

4．航空器安全监护

执行航班飞行任务的民用航空器在机坪停留期间，由机场管理机构负责其安全监护。航空器监护人员接收和移交监护任务时，应当与机务人员办理交接手续，填写记录，双方签字。航空器停放区域应当有充足的照明，确保守护人员及巡逻人员能够及时发现未经授权的非法接触。航空器隔离停放位置的照明应当充足且不间断。在不危害飞行安全的前提下，通过聚光灯照射机坪以阻碍入侵；锁好航空器舱门；从航空器旁移走用于空勤组登机的平台或工作梯；或使用各类入侵探测器以确保机坪安全。

5．通用航空控制

大多数通用航空器在原出发机场都未做过有效的安全检查，因此需要对来自通用机场的航空器和机上人员采取特殊的安保措施，如独立设置通航机坪或安全检查点，防止与正常接受过安检的旅客混杂。

6．中转和换乘的旅客、行李、货物

当航班来自或即将到达某个高风险地区时，旅客、行李、货物在机场间的中转和换乘或将增加安全风险。在大多数大型国际机场，中转旅客会与其他已经接受过安全检查的旅客分开。

历史上曾出现的一些严重的安全事件与中转行李和货物有关，如 1988 年发生的洛克比空难，事故调查发现，爆炸原因是一颗安放在中转行李中的炸弹，而该行李的主人并未出现在该架航班上。为防止此类恶性事件再次发生，ICAO 在附件 17 中引入了新的条款"每一个签署本公约的国家应当建立起有效的可操作的保障机制，确保在航空往来中不运送那些旅客本人不在航空器上的行李，除非这些行李通过了其他相关的安全控制程序"。为此，一些机场引入了旅客行李自动核对系统，通过收集和融合所有与航班有关的旅客和行李的数据，能够将系统中记录的行李数据与各航空公司登机旅客数据进行匹配。未登机旅客的行李不能装上航空器，如果已经装上了航空器也要卸下来。

航空货运由托运人交由航空公司办理，中间可能会经过货运代理人、包装代理人、地面装载人等若干环节。任何环节在安全上的疏忽，都可能会造成严重后果。作为货运进入航空器的最后关卡，航空安全检查显得尤其重要。建立安全可靠的安全检查系统，把影响航空安全的货物和其他因素拒之舱外，方能保障航空运输安全的生命线。

7. 隔离停放位置和特别处置区域

机场应该建立航空器隔离停放位置，其作用是当怀疑有人对航空器蓄谋犯罪或航空器被非法劫持时，航空器能够停靠在该机位上。隔离航空器停放位置应位于与其他停放位置、建筑物或公共地段等实际可行的最大距离，并在任何情况下不小于 100 m。应注意保证该位置不位于地下公用设施，诸如煤气管道和航空燃油管道之上。并在可能范围内也不位于地下电力或通信电缆之上。此外，在机场也应当设置一个特别处置区域，主要用于处理或引爆从犯罪分子或劫机分子处查获的任何危险装置，该区域必须与其他区域，包括隔离航空器停放位置，保持至少 100 m 的间距。一般一个机场可能需要数个这样的隔离停放位置，以防同时出现多起不同的犯罪事件，上述这些区域应当采取相应的保密措施。

二、旅客航站楼安全程序

航站楼内人员及其物品需经安全检查才能进入的区域为航站楼的空侧，属于机场空侧的一部分。

1. 候机隔离区

候机隔离区应封闭管理。隔离区与公共活动区相邻或相通的门、窗、通道等，均应设置安全保卫设施，对所有进入该区域的人员和物品均应进行安全检查。机场应建立符合标准的安检信息管理系统，及时收集、存储旅客安检信息。已经通过安全检查的人员离开候机隔离区再次进入的，应当重新接受安全检查。已经通过安全检查和未经安全检查的人员不得相混或接触。如发生相混或接触，机场管理机构应当采取以下措施：

（1）对相应隔离区进行清场和检查；
（2）对相应出港旅客及其手提行李再次进行安全检查；
（3）如旅客已进入航空器，对该航空器客舱进行安保搜查。

机场管理机构应当采取措施，确保过站和转机旅客受到有效的安保控制。

2. 安检工作区

为防范空中的非法犯罪活动，旅客航站楼内是设置安全检查措施的最佳地点，当公众意识到这里设有安全检查系统，那么在某种程度上也会降低非法攻击的概率，同时也体现了安全防范的作用。实际上在不暴露安全检查系统工作原理的前提下，向公众公布机场内这些设施的工作情况是一种切实可行的手段，因为公众对机场安全检查系统的手段了解得越少，系统成功查获有关犯罪行为的可能性就越大，然而也可能会有更多不明底细的人试图蒙混过关。

一个理想的安全检查系统覆盖了旅客活动的各个方面，包括从旅客购票、旅客值机与行李值机直至旅客登机的全过程，在旅客购票和接受值机检查阶段，工作人员应当警惕旅客的异常行为，以便提早发现潜在的问题。

良好的机场安全体系应该明确空侧和陆侧的安全界限，从而确保旅客能够无障碍地穿越整个航站楼安全区域。空侧出入口数量应该严格限制，对于获准进入空侧的旅客要派负责安全的工作人员陪同。对于通往空侧的员工通道也应避免设置得过于明显，当通道靠近公众出入区时必须设置明确的禁行标志。通向空侧的紧急出口必须安装报警装置，无人值守的登机廊桥和其他通往空侧的连接设施也应设置同样的安全措施。

机场安全检查的方式有分散式安全检查和集中式安全检查。分散式安检一般在每一个登机口处对旅客实施人身检查，该方式解决了对旅客隔离和监督的难题。然而，分散式安全检查会增加过多的安检设备和工作人员，并会减慢旅客的登机速度，此外，当意识到有武装犯罪分子和犯罪组织时，他们与航空器的距离已非常接近。集中式安全检查是在旅客进入登机口候机休息室前对旅客实施集中检查，一方面可有效减少工作人员数量和设备数目，另一方面也可以使用更加先进复杂的安检设备。但是，未接受人身检查的人员可能会从停机坪或员工通道秘密进入此安全区。集中检查和分散检查的优缺点分别列于表 10.2 中。

旅客人身检查通常采用物理检查的方法，一般使用机电一体化仪器检查、电子仪器检查及 X 射线安全检查，如果只允许旅客随身携带一件行李，则会大大增强安全检查的可靠性。当旅客通过安全门进行人身检查时，其行李应同时经过机器设备自动检查或手工检查，并在需要的情况下施行搜身检查，确保没有非法犯罪的物品带入控制区。一般而言安检人员会搜缴：所有的枪支；攻击性武器及其仿制品；爆炸物、易燃物、有毒物质以及具有腐蚀性的物质。如果携带上述物品不违反当地的法律，则航空公司会在其登机前代为保管并随机托运，在航班到达目的地后返还给旅客。

表 10.2 集中式安全检查与分散式安全检查的利与弊

类别	优点	缺点
集中式检查	迎合旅客	要将旅客隔离在一个洁净的离港休息室比较困难
	在给定的旅客人数下，工作人员和设配的配置可实现最小化	要求全体工作人员接受检查
	鼓励乘客在旅馆、免税店和其他商店进行消费	食品和商店受到限制；人员流动大，旅客隔离难以实现
	警察可便捷地到达某一地点执行任务	在繁忙的机场对旅客的观察监督很困难；只可能用一种检查标准，而有较大风险的航班需要更彻底的检查
登机口检查	解决了隔离和监督的难题	需要为乘客提供更早的公告；导致饭店、酒吧、商店等的经济收入下降

 机场运行

续表

类别	优点	缺点
登机口检查	罪犯串通的风险将降至最低程度	旅客在拥挤的登机口休息室门前会长时间等待,而且没有什么设施可供休息;对同等数量的旅客,所需配置的工作人员和设备会更多;若航班出现变动,则会影响旅客检查的有效性
	对于有较高风险的航班可以采取特殊的检查措施	在有多个登机口同时开放的情况下,造成警察执勤困难;可能使旅客在检查前能够靠近航空器并且取道去停机坪(存在突发事件);使恐怖分子易于区分出特定的旅客,并且排队时与他们排在一起,以便在排队时进行攻击;流动的登机口休息室不能胜任未来航空器的需求
指廊检查	融合了其他两个系统的优点和缺点,从空间上看是建立检查站的最佳位置	

三、货运站安全程序

机场货运站是一个人员活动频繁的地方,会给犯罪分子非法进入空侧、客机或货机以可乘之机,因此应当在机场货运站建立相应的切实可行的安全措施,从而使整个航站楼的安全体系得到有力保障。

考虑到机场货运站主要工作对象是旅客,因此其安全程序相对简单,大体上有以下几条:

(1)证件:所有有权进入空侧的工作人员都必须持有通行证。

(2)门窗的安全:在门上可以安装声控报警装置,如果门未关好要及时报警,对于那些需要考虑通风而敞开的门窗可以安装铁栅栏。

(3)出入控制:通常,用于车辆通行的通道,行人不得出入。保安人员应当检查所有进入机场货运航站区人员的证,对进入机场货运航站的车辆和人员采取限制措施。

机场衡量货运航站安全措施是否健全的一个最好的标准是,看其能否发现偷盗行为,对于那些所谓"一般犯罪"发生率比较高的机场货运站,很可能存在非法侵入的不安全隐患。

第三节 民用航空安全检查

安全检查是保障民用航空运输安全和空防安全的重要工作,不仅包括对乘机旅客及其行

李物品等的安全检查，还包括对候机隔离区的安全监控、对停场民用航空器的监护。

进入民用运输机场控制区的旅客及其行李物品、航空货物、航空邮件应当接受安全检查。拒绝接受安全检查的，不得进入民用运输机场控制区。安全检查人员应当查验旅客客票、身份证件和登机牌，使用仪器或者手工对旅客及其行李物品进行安全检查，必要时可以从严检查。已经安全检查的旅客应当在候机隔离区等待登机。

一、随身携带和托运物品限制

旅客不得携带或者在行李中夹带民航禁止运输物品，不得违规携带或者在行李中夹带民航限制运输物品。禁止随身携带或交运的物品有：

（1）枪支、弹药、军械、警械；
（2）管制刀具；
（3）易燃、易爆、有毒、腐蚀性、放射性物品；
（4）国家规定的其他禁运物品。

除上述规定的物品外，其他可能用于危害航空安全的物品，旅客不得随身携带，但可以作为行李交运或者按照国务院民用航空主管部门的有关规定由机组人员带到目的地后交还。

对含有易燃物质的生活用品实行限量携带。限量携带的物品及其数量，由国务院民用航空主管部门规定。

二、安检级别划分

机场安检一般分为四个级别。一级就是平常的普通安检，包括护照检查、金属物品等一系列常规检查；二级安检一般为奥运会、世博会等大型活动期间的标准，在一级基础上增加开包率，不低于50%，脱鞋、解腰带的抽查率不低于30%，同时在安检口和登机口增派安检人员；三级又在二级的基础上增加登机口的抽查安检，一般是10%左右；四级为最高级，开包率100%，脱鞋、解腰带的抽查率100%，另外，在登机口要重新检一遍，在空中还要增加安检人员。

三、安检工作实施

公共航空运输企业、民用运输机场管理机构应当在售票、值机环节和民航安检工作现场待检区域，采用多媒体、实物展示等多种方式，告知公众民航安检工作的有关要求、通告、

机场运行

民航安检机构应当按照民航局要求,实施民航安全检查安全信用制度。对有民航安检违规记录的人员和单位进行安全检查时,采取从严检查措施。民航安检机构设立单位应当在民航安检工作现场设置禁止拍照、摄像警示标识。

1. 旅客及其行李物品的安全检查

旅客及其行李物品的安全检查包括证件检查、人身检查、随身行李物品检查、托运行李检查等。安全检查方式包括设备检查、手工检查及民航局规定的其他安全检查方式。

乘坐国内航班的旅客应当出示有效乘机身份证件和有效乘机凭证。对旅客、有效乘机身份证件、有效乘机凭证信息一致的,民航安检机构应当加注验讫标识。

旅客依次通过人身安检设备接受人身检查。对通过人身安检设备检查报警的旅客,民航安全检查员应当对其采取重复通过人身安检设备或手工人身检查的方法进行复查,排除疑点后方可放行。对通过人身安检设备检查不报警的旅客可以随机抽查。旅客在接受人身检查前,应当将随身携带的可能影响检查效果的物品,包括金属物品、电子设备、外套等取下。手工人身检查一般由与旅客同性别的民航安全检查员实施;对女性旅客的手工人身检查,应当由女性民航安全检查员实施。

残疾旅客应当接受与其他旅客同样标准的安全检查。对要求在非公开场所进行安全检查的旅客,如携带贵重物品、植入心脏起搏器的旅客和残疾旅客等,民航安检机构可以对其实施非公开检查。检查一般由两名以上与旅客同性别的民航安全检查员实施。

旅客的随身或托运行李物品应当经过民航行李安检设备检查。发现可疑物品时,实施开箱包检查等措施,排除疑点后方可放行。对没有疑点的可以实施开箱包抽查。实施开箱包检查时旅客应当在场并确认箱包归属。

对来自境外,且在境内民用运输机场过站或中转的旅客及其行李物品,民航安检机构应当实施安全检查,但与中国签订互认航空安保标准条款的除外;对来自境内,且在境内民用运输机场过站或中转的旅客及其行李物品,民航安检机构不再实施安全检查,但旅客及其行李物品离开候机隔离区或与未经安全检查的人员、物品相混或者接触的除外。

2. 航空货物、航空邮件的安全检查

对航空货物实施安全检查前,航空货物托运人、航空货运销售代理人应当提交航空货物安检申报清单和经公共航空运输企业或者其地面服务代理人审核的航空货运单等民航局规定的航空货物运输文件资料。

航空货物依照航空货物安检要求通过民航货物安检设备检查。检查无疑点的,民航安检机构应当加注验讫标识放行。对于有疑点、图像不清或者图像显示与申报不符的航空货物,民航安检机构应当采取开箱包检查等措施,排除疑点后加注验讫标识放行。无法排除疑点的,应当加注退运标识作退运处理。开箱包检查时,托运人或者其代理人应当在场。单体超大、超重等无法通过航空货物安检设备检查的航空货物,装入航空器前应当采取隔离停放至少 24 h 的安全措施,并实施爆炸物探测检查。

航空邮件实施安全检查前,邮政企业应当提交经公共航空运输企业或其地面服务代理人审核的邮包路单和详细邮件品名、数量清单等文件资料或者电子数据。航空邮件安检方法和

程序与航空货物安检一致。

3. 其他人员、物品及车辆的安全检查

进入民用运输机场控制区的其他人员、物品及车辆，必须接受安全检查，安检方法和程序与对旅客及行李物品检查一致，有特殊规定的除外。

对进入控制区的工作人员，民航安检机构应当核查民用运输机场控制区通行证件，并对其人身及携带物品进行安全检查；对进入控制区的车辆，应核查民用运输机场控制区车辆通行证件，并对其车身、车底及车上所载物品进行安全检查；对进入控制区的工具、物料或者器材，应根据相关单位提交的工具、物料或者器材清单进行安全检查、核对和登记，带出时予以核销。工具、物料和器材含有民航禁止运输物品或限制运输物品的，应当要求其同时提供民用运输机场管理机构同意证明。对进入控制区的执行飞行任务的机组人员，应核查其民航空勤通行证和民航局规定的其他文件，并对其人身及物品进行安全检查。对进入控制区的民用航空监察员，应核查其民航行政机关颁发的通行证并对其人身及物品进行安全检查。对进入控制区的航空配餐和机上供应品，应核查车厢是否锁闭，签封是否完好，签封编号与运输台账记录是否一致，必要时可以进行随机抽查。

民用运输机场管理机构应当对进入民用运输机场控制区的商品进行安全备案并进行监督检查，防止进入民用运输机场控制区内的商品含有危害民用航空安全的物品。对进入控制区的商品，应核对商品清单和民用运输机场商品安全备案目录一致，并对其进行安全检查。

四、增强型安全机制

根据受威胁程度，民航局、管理局及其派出机构、机场管理机构或机场建设项目法人可根据规定，适当提高机场安全保卫等级或安保设施建设标准。机场有责任保证安全保卫措施的良好实施，并制定突发事件处置预案，定期实施演练。日复一日的安全防卫工作主要是为保障航站楼内及其周围的安全，同时也肩负着保障过境旅客和机组人员的人身安全。对于任何图谋航空犯罪的人员最有效的震慑手段是让他们知道机场的安全防范措施是他们难以突破的，实际上通过不断变换安检程序可以增强安检手段的不确定性，这种方式可以应用于值机检查、旅客搜身和旅客人身检查方面，甚至可以应用到旅客登机后的机上检查。对于安全方面考虑的一个重要因素是确定每位旅客和他们的行李的关联关系，甚至要求旅客在登机前再次核对自己的行李，任何剩下的无人认领的行李则属可疑行李。类似检查可以采取对航班随机抽查的形式，即不形成某种"固定"模式。

对旅客的人身探查和扫描程序也应当不断变化。即使旅客已经通过了人身安全检查扫描设备，也可以随机抽取部分旅客对其实施搜身安全检查程序，这种检查同样要遵循随机抽样的基本原则，使旅客无法预料是否会被选中做额外的安全检查。集中式安检方式需要安检人员共同检查旅客和行李，最好有安检人员能够站在旁边监控安检过程，以便监控任何企图逃

机场运行

避安检程序的行为。

安检程序的实际范围和复杂程度主要依据机场方面受到安全隐患威胁的程度和安全事件发生可能性的评测结果，视具体机场环境而有所不同。安全威胁程度相对较低的机场可以采用简单的旅客人身检查程序，而在安全威胁程度严重的情况下，则要对每一位旅客做口头审查、搜身检查以及所有随身行李的开箱检查，同时对旅客通过安检的托运行李也要做开箱检查。

五、创新安检服务

安检是机场唯一为旅客提供全口径服务的环节，是机场旅客人流、行李流与信息流的汇聚点。高效的登机和安全检查可为全球旅客提供无缝安全保障，最小化对乘客和货物的干预。在未来公共安全领域，智慧安检将成为常态，除非必要，乘客和货物都能不停留无感通过安检。

智慧安检是以人工智能应用为主要特征，利用新型人体安检技术、大数据、物联网、自助设备及行李自动跟踪等新兴技术手段，由旅客，安检员和监管等各方参与，结合国际、国内民航相关法律法规共同组成的耦合系统。

人脸识别技术作为较为成熟的人工智能技术，已经在机场的安检验证环节大规模普及。智能旅客安检系统是智慧安检的典型应用，系统通过采集旅客检查信息与航班信息、旅客托运行李信息、公安布控信息、旅客过检历史信息、旅客征信等信息，实现全数据集成与互通。以北京大兴国际机场为代表的全国各地机场智能旅客安检系统能够支持旅客自助安检的全流程自动化操作，创建了以生物特征标签为关键信息的安检流程，实现随身行李与生物特征标签的对应、安全行李与可疑行李的分离和空筐回传、旅客过检信息实时监控和即时倒查等功能。

为适应新形势下的空防安全保障工作，践行真情服务理念，我国机场结合智慧化建设，不断探索服务创新方法，通过流程再造、业务融合，大力解决空防安全保障的难题，取得了一系列成果。智慧安检与购票、值机、登机、中转、商业服务和通关等业务协同配合，可实现"刷脸过检""刷脸登机""一次两检"，为进一步升级无纸化出行服务、提高机场保障全流程效率和航班正常性夯实基础。目前国内已广泛开展民航旅客差异化安检模式，针对不同风险程度的旅客执行不同等级的安检措施。在此基础上，开通"易安检"服务平台，旅客可以线上预约，享受精准、便捷的个性化服务。机场也可根据旅客预约信息，掌握预约旅客在各时间段的流量分布，合理安排保障力量，实现安检提质增效目标。"易安检"模式采用智能安检通道，省去了人工验证环节，通过自助验证闸机、人脸识别系统、行李自动传送装置、毫米波人体安检仪等一系列安检新技术、新设备运用，实现了全流程自助安检，优化了旅客过检体验。

复习与思考

1. 哪些法律法规适于指导机场安全保卫工作？
2. 民用机场开放使用应满足的安保条件有哪些？
3. 我国机场安全保卫等级如何划分？机场空侧安全程序有哪些？
4. 机场安检级别如何划分？为什么需要创新安检服务？

附录 A 机型代码和参数

表 A1 机型代码和参数

型号	最大滑行重量/kg	最大着陆重量/kg	最大起飞重量/kg	载客量	机长/m	垂直尾翼高度/m	机头与前起落架距离/m	前门底离地高度/m	后门底离地高度/m	底货舱门底离地高度/m	主货舱门底离地高度/m	空调接口离地高度/m	气源接口高度/m	清水接口高度/m	污水接口高度/m	供电设施插座高度/m	续航里程/n mile
B727-100	77 200	64 700	76 700	106	40.59	10.44	4.60	2.94/2.46	—	1.66/1.3 1.66/1.3	2.90 /2.59	1.22	1.83	1.8 3.70	2.40 2.40	1.83（115/200 V，三相，400 Hz，60 kW，2 组）	1 600~2 500
B727-200	95 300	73 100	95 200	134	46.69	10.64	4.60	3.07/2.44	—	1.68/1.27 1.65/1.17	—	1.22	1.83	1.83	2.40 2.70	1.83（115/200 V，三相，400 Hz，90 kVA，2 组）	1 900~2 500
B737-100	50 340	44 900	49 190	85	28.65	11.33	3.96	2.64/2.46	2.77/2.74	1.3/1.17 1.55/1.52	—	0.99	1.12 1.93	1.93 3.15	2.39 1.78	1.63（120/208 V，三相，400 Hz，60 kVA，1 组）	—
B737-200	52 610	46 720	52 390	95-110	30.53	11.35	3.96	2.62/2.46	2.80/2.74	1.3/1.17	—	0.99	1.12	1.93 3.15	2.39 1.78	1.63（120/208 V，三相，400 Hz，60 kVA，1 组）	1 900~2 500
B737-300	61 460	52 526	62 823	128	33.40	11.15	4.01	2.77/2.62	2.67/2.62	1.3/1.17 1.4/1.27 1.37/1.37	—	0.99	1.12	1.93	2.39 1.78	1.63（120/208 V，三相，400 Hz，60 kVA，1 组）	1 900~2 800
B737-400	63 050	54 880	62 820	146	36.45	11.15	4.02	2.62	2.67	1.27 1.37	—	0.99	1.12	1.93	1.78 2.39	1.63（120/208 V，三相，400 Hz，60 kVA，1 组）	2 700~3 200
B737-500	60 800	49 895	60 555	108	30.01	11.15	4.01	2.62	2.67	1.27 1.37	—	0.99	1.12	1.93	1.78 2.39	1.63（120/208 V，三相，400 Hz，60 kVA，1 组）	1 700~2 420

续表

型号	最大滑行重量/kg	最大着陆重量/kg	最大起飞重量/kg	载客量	机长/m	垂直尾翼高度/m	机头与前起落架距离/m	前门底离地高度/m	后门底离地高度/m	底货舱门底离地高度/m	主货舱门底离地高度/m	空调接口离地高度/m	气源接口高度/m	清水接口高度/m	污水接口高度/m	供电设施插座高度/m	续航里程/n mile
B737-800	76 295	65 318	75 978	170	39.50	12.55	4.09	2.64	3.00	1.29 1.68	—	2.44 2.13	2.13 2.13	2.13	4.9 2.1 2.7	2.74（120/208 V，三相，400 Hz，85 kVA，负载）2 组	4 500
B747-100	34 155	265 300	340 195	442	70.68	19.58	7.75	5.36/4.65	5.33/4.57	3.2/2.645 3.15/2.7 3.45/2.9	—	2.44 2.13	2.13 2.13	2.13	4.90 2.70 2.1	2.74（120/208 V，三相，400 Hz，85 kVA，负载）2 组	4 500
B747-200	379 100	285 700	377 800	442	70.68	19.58	7.75	5.36/4.65	5.33/4.57	3.2/2.645 3.15/2.7 3.45/2.9	—	2.44 2.13	2.13 2.13	2.13	4.90 2.70 2.1	2.74（120/208 V，三相，400 Hz，85 kVA，负载）2 组	5 200~5 600
B747-300	341 500	255 800	340 100	496	70.68	19.58	7.75	5.36/4.65	5.33/4.57	3.2/2.645 3.15/2.7 3.45/2.9	—	2.44 2.13	2.13 2.13	2.13	4.90 2.70 2.1	2.74（120/208 V，三相，400 Hz，85 kVA，负载）2 组	5 600
B747-400	386 800	285 700	385 400	421	70.66	19.41	7.75	5.36/4.65	5.33/4.57	3.25/2.64 3.15/2.69	—	2.44 2.13	2.13 2.13	2.13	4.90 2.70 2.1	2.74（120/208 V，三相，400 Hz，85 kVA，负载）2 组	7 100~7 230
B747SP	3 188 760	204 117	315 701	331	56.31	19.84	7.75	4.98/4.78	5.18/4.98	2.95/2.74 3.10/2.9	—	2.44 2.13	2.13 2.13	2.13	4.90 2.70 2.1	2.74（115/200 V，三相，400 Hz，90 kVA，1 组）	6 000
B757-200	109 316	89 811	108 862	186	47.32	13.74	5.90	4.01/3.79 4.01/3.79	4.14/3.89	2.67/2.46 2.77/2.59 2.51/2.36	—	2.13	2.13 2.13	3.05	3.03 2.13 2.44	2.44（115/200 V，三相，400 Hz，90 kVA，1 组）	2 600~4 000

机场运行

续表

型号	最大滑行重量/kg	最大着陆重量/kg	最大起飞重量/kg	载客量	机长/m	垂直尾翼高度/m	机头与前起落架距离	前门底离地高度/m	后门底离地高度	底货舱门底离地高度/m	主货舱门底离地高度/m	空调接口高度/m	气源接口高度/m	清水接口高度/m	污水接口高度/m	供电设施插座高度/m	续航里程/n mile
B767-200	143 790	123 370	142 880	216	48.52	16.13	4.55	4.46/4.09	4.42/4.07	2.52/2.25 2.51/2.2 2.60/2.29	—	2.13	2.13	2.13	3.00	2.13（115/200 V，三相，400 Hz，90 kVA，1组）	3 300～4 000
B767-300	157 390	136 070	156 490	269	54.94	16.03	4.55	4.50/4.13	4.40/3.98	2.56/2.28 2.5/2.18 2.58/2.2	—	2.13	2.13	2.13	3.00	2.13（115/200 V，三相，400 Hz，90 kVA，1组）	4 000～4 260
B777-200	243 000	201 800	242 639	305-375	63.73	18.45	5.98	5.00	5.07	3.05 3.39	—	2.40	2.40 2.40	2.80 3.0	3.3	2.8（115/200 V，三相，400 Hz，90 kVA，2组）	4 050～6 350
A300-B4	150 900	132 993	150 003	269	53.61	16.72	6.67	4.67/4.62	5.38/5.16	2.73/2.68 3.20/3.00 3.1/2.92	—	2.27	2.16（2组）	2.48	4.29 3.29	3.29（115/200 V，三相，400 Hz，90 kVA，1组）	3 000～3 800
A300-600R	171 400	140 000	170 500	267	54.08	16.66	6.67	4.41/4.58	5.16/5.4	2.49/2.65	2.98/3.18	2.27	2.16（2组）	2.48	4.29 3.29	2（1组）	2 680
A310-200	132 900	118 500	132 000	218	46.66	15.95	6.67	4.51/4.53	4.85/4.67	2.62/2.59 2.75/2.6 2.74/2.59	4.61/4.57	2.27	1.89（2组）	2.48	4.29 3.29	2（1组）	3 800
A320-100	66 400	61 000	66 000	164	37.57	11.91	5.07	3.09/3.46	3.36/3.55	1.99/2.06 1.99/2.11 2.14/2.3	—	1.76	1.76（1组）	2.59	2.79 2.35	2（1组）	2 300
A320-200	72 400	64 500	73 500	164	37.57	11.8	5.07	3.42	3.42	1.98/2.06 1.98/2.11	—	1.76	1.76（1组）	2.59	2.79 2.35	2（1组）	2 870～3 000
A321-100	47 070	73 000	82 200	186	44.51	11.81	—	3.42	3.42	—	—	—	—	—	—	—	2 300～2 365
A340-200	254 400	184 000	253 500	303	59.39	16.74	6.67	4.45（前）4.68（中）	5.49	2.58	3.18	1.89	1.79（2组）	3.13	3.60	1.98（115/200 V，三相，400 Hz，2-90 kVA，1组）	6 650～7 750
A340-300	254 400	186 000	253 500	295-335	63.66	16.74	6.67	4.45（前）4.68（中）	5.49	2.58	3.18	1.89	1.79（2组）	3.15	3.60	1.98（115/200 V，三相，400 Hz，2-90 kVA，1组）	6 650～7 750

附录 B 常用通话及标准用语

1. 现场指挥常用通话

（1）现场：各单位注意，UN001，预达时间 11:05。我再说一遍，UN001，预达时间 11:05。（Attention, UN001, estimated time of arrival 11:05. I say again, UN001, estimated time of arrival 11:05.）

（2）现场：各单位注意，UN001 因机械故障，预计起飞时间推迟到 16:30。我再说一遍，UN001 因机械故障，预计起飞时间推迟到 16:30。（Attention, UN001 mechanical problem, estimated time of departure is delayed until 16:30. I say again, UN001 mechanical problem, estimated time of departure is delayed until 16:30.）

（3）现场：各单位注意，调机，UN001，航线北京至天津，预达时间 17:50。我再说一遍，UN001，预达时间 17:50。（Attention, Ferry flight, UN001, from Beijing to Tianjin, estimated time of arrival 17:50. I say again, UN001, estimated time of arrival 17:50.）

（4）现场：各单位注意，UN001，预计起飞时间改为 18:30。我再说一遍，UN001，预计起飞时间改为 18:30。（Attention, UN001, estimated time of departure is changed to 16:30. I say again, UN001, estimated time of departure is changed to 16:30.）

（5）现场：各单位注意，UN001，预达时间改为 13:40，预计起飞时间改为 14:30。我再说一遍，UN001，预达时间改为 13:40，预计起飞时间改为 14:30。（Attention, UN001, estimated time of arrival is changed to 13:40, estimated time of departure is changed to 14:30. I say again, UN001, estimated time of arrival is changed to 13:40, estimated time of departure is changed to 14:30.）

（6）现场：各单位注意，备降航班，UN001，预达时间 09:50。我再说一遍，UN001，预达时间 09:50。（Attention, diversion flight, UN001, estimated time of arrival 09:50. I say again, UN001, estimated time of arrival 09:50.）

（7）现场：×××，现场，收到。（×××, TAMCC, roger.）

（8）现场：×××，现场，稍等。（×××, TAMCC, standby.）

（9）现场：×××，现场，我们必须按规定执行。（×××, TAMCC, we must follow the regulations.）

2. 航空器除冰雪作业常用通话

（1）飞行员与现场指挥中心进行除冰需求确认。

机组应在计划离港时刻前 45 min 联系现场，通报除冰部位和除冰模式。

飞行员：现场，国航 321，飞机需要除冰。（Ramp, CCA321, the plane need to be de-iced.）

现场：国航 321，飞机需要除冰，现场收到，请确认除冰位置和除冰模式。（CCA321, roger, confirm de-icing position and mode.）

飞行员：全部除冰，两步法，国航 321。（Full de-icing, two-step, CCA321.）

现场：国航 321，全部除冰，两步法，现场收到。（CCA321, full de-icing, two-step, roger）

（2）航空器推出并滑行至除冰等待位置。

机坪联系机坪管制，通报除冰需求（定点除冰/机位除冰），此阶段如需修改除冰需求可在达到除冰等待位置前联系现场更改。

飞行员：机坪，国航 321，机位 305，准备好，申请定点除冰。（Apron, CCA321, gate 305,

ready, request spot de-icing.）

  机坪管制：国航 321，机坪，收到除冰需求，同意推出开车，跑道 36R，机头朝北。（CCA321, Apron, de-icing request received, push back approved, runway 36R, face north.）

  飞行员：同意推出开车，跑道 36R，机头朝北，国航 321。（Push back approved, runway 36R, face north, CCA321.）

  机务人员：机长，飞机已推到位，请设置停留刹车。（Captain, Push-back completed, confirm brakes set.）

  飞行员：启动正常，谢谢再见。（Normal start-up, thank you and goodbye.）

  机坪管制：国航 321，滑行经过 Y4，T2 外等待。（CCA321, taxi via Y4, hold short of T2.）

  飞行员：滑行经过 Y4，T2 外等待，国航 321。（Y4, hold short of T2, CCA321.）

  机坪管制：国航 321，滑行经过 T2、Y2 在 32 号除冰等待点等待。（CCA32, taxi via T2, Y2, hold at de-icing holding point 32.）

  飞行员：滑行经过 T2、Y2 在 32 号除冰等待点等待，国航 321。（Taxi via T2, Y2, hold at de-icing holding point 32, CCA321.）

  飞行员：机坪，国航 321，T2、Y2，32 号等待点等待。（Apron, CCA321, T2, Y2, hold at holding point 32.）

  机坪管制：国航 321，联系除冰频率 127.025，再见。（CCA321, contact 127.025, goodbye.）

  飞行员：127.025，再见，国航 321。（127.025, goodbye, CCA321.）

（3）航空器进行定点除冰程序。

  飞行员：除冰，国航 321，Y2，32 号等待点等待。（De-icing, CCA321, Y2, hold at holding point 32.）

  除冰指挥：国航 321，北京除冰，请跟随黄色引导灯光进入除冰位 371，机头正切机位左侧 stop 停止线，刹车。（CCA321, Beijing de-icing, follow the yellow lights to de-icing stand 371, align the nose with the left stop line, set brakes.）

  飞行员：跟随黄色引导灯滑行，除冰位 371，机头左侧正切 stop 停止线，设置刹车，国航 321。（Follow the yellow lights, de-icing position 371, align the nose with the left stop line, set brakes, CCA321.）

  除冰指挥：国航 321，入位后叫。（CCA321, report entering position.）

  飞行员：除冰，国航 321，准备好。（De-icing, CCA321, ready.）

  除冰指挥：国航 321，确认已设置停留刹车。（CCA321, confirm brakes set.）

  飞行员：刹车已设置，国航 321。（Breaks set, CCA321.）

（除冰作业前准备）

  飞行员：北京除冰，国航 321，已经做好慢车除冰准备。（CCA321, Beijing de-icing, ready for de-icing, keep idle.）

  除冰指挥：国航 321，保持慢车，禁止移动，开始除冰。（keep idle, Do not move, deicing.）

（4）除冰作业。

  除冰指挥：国航 321，北京除冰。（CCA321, Beijing de-icing.）

  飞行员：北京除冰，请讲。（Beijing de-icing, pass your message.）

  除冰指挥：国航 321，北京除冰，慢车除冰结束，除冰检查完毕，请记录，除冰开始时间，北京时间 0835，防冰开始时间，北京时间 0850，联系机坪 122.625 再见。（Beijing de-icing, de-icing completed, de-icing inspection complete, please record, de-icing start time, Beijing time 08:35, anti-icing start time, Beijing time 08:50, contact apron on 122.625, goodbye.）

（5）除冰完成联系机坪。

飞行员：机坪，国航321，除冰位371，除冰完成，申请滑出。（Apron, CCA321, de-icing stand 371, de-icing completed, request pushback.）

机坪管制坪：国航321，联系地面121.75，再见。（CCA321, contact ground on 121.75, good day.）

飞行员：121.75，再见，国航321。（121.75, good day, CCA321.）

3. 机坪管理移后进离港管制常用通话

机场机坪管理移交后，由机坪塔台负责航空器在机坪范围内的推出、开车、滑行等指挥工作。

（1）进港航空器机坪管制移交部分通话。

飞行员：武汉机坪，南航3408，接近T1机坪管制移交点，请求指挥。（Wuhan Apron, CSN3408, approaching T1 apron control transfer point, request further instruction.）

机坪管制：南航3408，武汉机坪，可以经由C1、C4滑行至停34机位停靠，见引导（机位）报告。（CSN3408, taxi via C1, C4 to stand 34, report marshaller/gate in sight.）

飞行员：经由C1、C4滑行至34停机位停靠，南航3408。（Taxi via C1, C4 to stand 34, stand in sight report, CSN3408.）

机坪管制：武汉机坪，南航3408，看到引导员（机位指示牌）。（Wuhan apron, marshaller/gate in sight, CSN3408.）

飞行员：南航3408，再见。（CSN3408, good day.）

（2）离港航空器机坪管制移交部分通话。

飞行员：武汉机坪，南航3456，机位34，请求推出开车。（Wuhan apron, CSN3456, stand 34, Destination Beijing request push-back and startup.）

机坪管制：南航3456，可以推出开车，经由C4、C1至T1移交点，接近移交点报告。（CSN3456, Taxi via C4, C1 to T1 transfer point, approaching transfer point report.）

飞行员：可以推出开车，经由C4、C1至T1移交点，接近移交点报告，南航3456。（Wuhan Apron, CSN3456, approaching T1 transfer point.）

机坪管制：南航3456，联系武汉地面121.7，联系好后报告。（CSN3456, contact Wuhan 121.）

4. 飞行区日常巡视检查常用通话

（1）机坪塔台管制范围内巡视检查。

场道1号：天府机坪，场道1号。（Tianfu Apron, flight check 1.）

机坪管制：场道1号，天府机坪，请讲。（Flight check 1, Tianfu Apron, pass your message.）

场道1号：场道1号申请检查1号区域，自行避让航空器。（Flight check 1, requests inspection of area 1, self-avoidance of aircraft.）

机坪管制：场道1号，天府机坪，可以检查1号区域，自行避让航空器，保持联系，退出报告。（Flight check 1, Tianfu Apron, inspect area 1 approved, self-avoidance of aircraft, keep advised, report vacated.）

场道1号：可以检查1号区域，自行避让航空器，保持联系，退出报告，场道1号收到。（Inspect area 1 approved, self-avoidance of aircraft, keep advised, report vacated, flight check 1.）

场道1号：天府机坪，场道1号，1号区域检查完毕，道面正常可用，再见。（Flight check

1, Tianfu Apron, aera 1 completed, surface is available, goodday.)

机坪管制:场道1号,天府机坪收到,再见。(Flight check 1, Tianfu Apron roger, goodday.)

(2)巡场车上跑道检查。

场道1号:天府塔台,场道1号,01号跑道外等待,请求上跑道检查。(Tianfu tower, flight check 1, hold at holding point runway 01, request inspect runway 01.)

塔台管制:场道1号,天府机坪,可以上跑道检查,脱离报。(Flight check 1, clear to inspect runway 01, report vacated.)

(3)巡场车上穿越跑道。

场道1号:天府塔台,场道1号,请求穿越01号跑道。(Tianfu tower, flight check 1, request cross runway 01.)

塔台管制:场道1号,可以穿越01号跑道,穿越报。(Flight check 1, clear to cross runway 01, report vacated.)

场道1号:可以穿越01号跑道,穿越报,场道1号。(Clear to cross runway 01, report vacated, flight check 1.)

场道1号:天府塔台,已穿越01跑道,场道1号。(Tower, runway 01 vacated, flight check 1.)

塔台管制:场道1号,联系地面121.35,再见。(Flight check 1, contact ground on 121.35, good day.)

附录 C 航班作业服务计划

表 C1 航班作业服务计划

航班号	注册号	机型	停机位	登机口	航班类型	航班状态	全航线	计划时间	前/后站计划时间	后接飞航班号	外部状态	候机厅	共享航班	行李转盘	最大旅客数	指廊	外场保障	乘客保障	维修保障	机型类型
5X11	N287UP	M11	407	—	货班	正常	CTU-ICN	4:10	8:00	—	正常	T2	—	—	—	—	机场代理	机场代理	机场代理	D
Y87937	B5053	733	330	—	货班	正常	PVG-CTU	5:00	2:00	[11]Y87960	正常	T2	—	—	300	—	国航代理	国航代理	国航代理	C
CF041	B3667	C52	401	—	校飞	正常	CTU-CTU	5:00	4:00	—	正常	T2	—	—	—	—	机场代理	机场代理	机场代理	B
CA4473	B6047	319	336	336	正班	正常	CTU-JZH	6:10	7:00	—	正常	T2	ZH4473	—	—	—	国航代理	国航代理	国航代理	C
CA4491	B6004	319	333	220	正班	正常	CTU-JZH	6:30	7:15	—	正常	T2	ZH4491	—	—	—	国航代理	国航代理	国航代理	C
MU2435	B6430	319	202	202	正班	正常	CTU-JZH	6:35	7:25	—	正常	T2	—	—	—	—	机场代理	机场代理	机场代理	C
CA4493	B6226	319	337	337	正班	正常	CTU-JZH	6:40	7:30	—	正常	T2	ZH4493	—	—	—	国航代理	国航代理	国航代理	C
MU5473	B6439	319	311	220	正班	正常	CTU-LXA	6:40	8:40	—	正常	T2	—	—	—	—	机场代理	机场代理	机场代理	C
MU5851	B5225	73G	132	132	正班	正常	CTU-JZH	6:50	7:40	—	正常	T2	—	—	—	D	机场代理	机场代理	机场代理	C
CA4159	B6915	320	168	168	正班	正常	CTU-KRL	6:50	10:35	—	正常	T2	ZH4159	—	—	F	国航代理	国航代理	国航代理	C
KY8218	B5673	738	154	154	正班	正常	CTU-KMG	6:50	8:10	—	正常	T2	—	—	—	EF	国航代理	国航代理	国航代理	C
3U8659	B6447	319	109	109	正班	正常	CTU-JZH	6:50	7:40	—	正常	T1	—	—	—	B	川航代理	川航代理	川航代理	C
CA4215	B6223	319	334	334	正班	正常	CTU-DCY	6:50	7:55	—	正常	T2	ZH4215	—	—	—	国航代理	国航代理	国航代理	C
EU2705	B6229	319	142	142	正班	正常	CTU-JZH	6:55	7:45	—	正常	T2	—	—	—	DE	机场代理	机场代理	机场代理	C
CA4249	B6362	321	171	171	正班	正常	CTU-SYX	6:55	9:15	—	正常	T2	—	—	—	G	国航代理	国航代理	国航代理	C
CA4193	B2673	738	423	220	正班	正常	CTU-PEK	7:00	9:35	—	正常	T2	ZH4193	—	—	—	国航代理	国航代理	国航代理	C
3U8627	B6321	320	217	221	正班	正常	CTU-WUX	7:00	9:10	—	正常	T1	—	—	—	—	川航代理	川航代理	川航代理	C
3U8995	B6957	321	115	115	正班	正常	CTU-HFE	7:00	9:00	—	正常	T1	—	—	—	B	川航代理	川航代理	川航代理	C
EU2715	B6900	320	150	150	正班	正常	CTU-BHY	7:05	9:05	—	正常	T1	—	—	—	E	机场代理	机场代理	机场代理	C
3U8931	B6838	321	114	114	正班	正常	CTU-WNZ	7:10	9:45	—	正常	T1	—	—	—	B	川航代理	川航代理	川航代理	C

311

机场运行

附录 D　航班延误原因分类

1. 天　气

（1）天气条件低于机长最低飞行标准；
（2）天气条件低于飞机最低飞行标准；
（3）天气条件低于机场最低飞行标准；
（4）因天气临时增减燃油或装卸货物；
（5）因天气造成机场或航路通信导航设施损坏；
（6）因天气导致跑道积水、积雪、积冰；
（7）为避开天气而改变航路；
（8）因高空逆风造成实际运行时间超过标准航段运行时间；
（9）航空器进行除冰、除雪检查或等待除冰、除雪；
（10）天气原因造成航班合并、取消、返航、备降；
（11）天气原因（发展、生成、消散等各阶段）造成空管或机场保障能力下降；
（12）其他天气原因。

2. 航空公司

（1）公司计划；
（2）运行保障；
（3）空勤组；
（4）工程机务；
（5）公司销售；
（6）地面服务；
（7）食品供应；
（8）货物运输；
（9）后勤保障；
（10）代理机构；
（11）其他航空公司原因。

3. 流　量

（1）实际飞行超过区域管制扇区保障能力；
（2）实际飞行超过终端管制扇区保障能力；
（3）实际飞行超过机场跑道、滑行道或停机坪保障能力；
（4）航路通信、导航或监视设备校验造成保障能力下降。

4. 航班时刻安排

航班时刻安排超过空管或机场保障能力。

5. 军事活动

（1）军航训练、转场、演习、科研项目等限制或禁止航班飞行，造成保障能力下降；
（2）军方专机禁航；

（3）其他军事活动原因。

6. 空　　管

（1）空管人为原因；
（2）空管系统所属设备故障；
（3）气象服务未及时提供；
（4）航空情报服务未及时提供或有误；
（5）其他空管原因。

7. 机　　场

（1）机场跑道、滑行道等道面损坏或灯光故障；
（2）机场活动区有异物；
（3）人、畜、车辆进入跑道或滑行道；
（4）机场责任范围内发生的鸟害；
（5）机场所属设施、设备（含通信、导航设备）故障；
（6）等待停机位或登机口分配；
（7）机场原因导致飞机、保障车辆等待；
（8）候机区秩序；
（9）机场运行信息发布不及时；
（10）安检原因；
（11）机场通信、导航或监视设备校验造成保障能力下降；
（12）机场施工造成保障能力下降；
（13）机场净空条件不良或跑道、滑行道、停机坪构型不合理造成保障能力下降；
（14）机场或跑道宵禁造成保障能力下降；
（15）其他机场原因。

8. 联　　检

（1）因联检单位（边防、海关、检验检疫）原因未及时为旅客办理手续，造成旅客晚登机；
（2）其他联检原因。

9. 油　　料

（1）未按计划供油；
（2）油品质量不符合规定要求；
（3）加油设施设备故障；
（4）加油时损坏飞机；
（5）其他油料原因。

10. 离港系统

（1）离港系统故障，延误或不能办理旅客登机手续；
（2）其他离港系统原因。

11. 旅　　客

（1）等待旅客；

(2)登机手续不符合规定;
(3)旅客突发疾病;
(4)旅客丢失登机牌,重新办理乘机手续;
(5)旅客登机后要求下飞机,重新进行客舱及行李舱安全检查;
(6)旅客拒绝登机、霸占飞机;
(7)其他旅客原因。

12. 公共安全

(1)因举办大型活动或发生突发事件,造成保障能力下降或安检时间延长;
(2)航班遭到劫持、爆炸威胁;
(3)发生可能影响飞行安全的事件(如机场周边燃放烟花导致能见度下降,发现不明飞行物、气球、风筝、地震、海啸等自然灾害);
(4)公共卫生事件;
(5)其他公共安全原因。

参考文献

[1] 阿什弗德，斯坦顿，摩尔. 机场运行[M]. 高金华，译. 北京：中国民航出版社，2006.
[2] 曾小舟. 机场运行管理[M]. 北京：科学出版社，2017.
[3] 朱沛. 机场规划与运营管理[M]. 北京：兵器工业出版社，2003.
[4] 马志刚，牟奇锋. 机场概论[M]. 成都：西南交通大学出版社，2010.
[5] 牟奇锋，张积洪，林举庆，等. 航空器地面设备操作员[M]. 北京：中国民航出版社，2018.
[6] 罗良翌，赵晓硕. 机场运营管理[M]. 北京：国防工业出版社，2016.
[7] 中国民用航空局. 运输机场安全管理体系 SMS 建设指南[S/OL]. [2019-07-10]. https://www.caac.gov.cn/XXGK/XXGK/GFXWJ/201910/P020191010533562230855.pdf.
[8] 中华人民共和国交通运输部. 运输机场运行安全管理规定[S/OL]. [2022-02-11]. https://xxgk.mot.gov.cn/2020/gz/202202/t20220228_3643615.html.
[9] 中国民用航空局. 运输机场运行安全保障能力综合评估管理办法[S/OL]. [2021-07-12]. https://www.caac.gov.cn/XXGK/XXGK/GFXWJ/202107/P020210713367479108926.pdf.
[10] 中国民用航空局. 民用机场名称管理办法[S/OL]. [2023-09-08]. https://www.caac.gov.cn/XXGK/XXGK/GFXWJ/202309/P020230920566093156443.pdf.
[11] 中国民用航空局. 运输机场使用许可规定[S/OL]. [2018-08-31]. https://www.caac.gov.cn/XXGK/XXGK/MHGZ/201809/t20180930_191930.html.
[12] 中国民用航空局. 民用机场飞行程序和运行最低标准管理规定[S/OL]. [2016-10-28]. https://www.caac.gov.cn/XXGK/XXGK/MHGZ/201610/t20161028_40362.html.
[13] 中国民用航空局. 机场时刻容量评估技术规范[S/OL]. 2017-05-09. https://www.caac.gov.cn/XXGK/XXGK/GFXWJ/201705/P020170510350548465279.pdf.
[14] 中国民用航空局. 运输机场飞行区场地管理办法[S/OL]. [2022-05-11]. https://www.caac.gov.cn/XXGK/XXGK/GFXWJ/202401/P020240126593228092009.pdf.
[15] 中国民用航空局. 运输机场跑道表面状况评估和通报规则[S/OL]. 2021-09-03. https://www.caac.gov.cn/XXGK/XXGK/GFXWJ/202109/P020240408352702472828.pdf.
[16] 中国民用航空局. 运输机场跑道表面状况评估程序[S/OL]. [2022-05-13]. https://www.caac.gov.cn/XXGK/XXGK/ZFGW/202403/P020240408352093014937.pdf.
[17] 中国民用航空局. 运输机场目视助航设施管理办法[S/OL]. [2023-03-01]. https://www.caac.gov.cn/XXGK/XXGK/GFXWJ/202303/P020230309306740769769.pdf.
[18] 中国民用航空局. 运输机场外来物防范管理办法[S/OL]. [2022-05-16]. https://www.caac.gov.cn/XXGK/XXGK/GFXWJ/202205/P020220523405546118006.pdf.

[19] 中国民用航空局. 运输机场鸟击及动物侵入防范管理办法[S/OL]. [2022-01-13].
https://www.caac.gov.cn/XXGK/XXGK/GFXWJ/202201/P020220209322797315356.pdf.
[20] 中国民用航空局. 民用机场鸟情生态环境调研指南[S/OL]. [2009-08-18].
https://www.caac.gov.cn/XXGK/XXGK/GFXWJ/201511/P020151103346867428754.pdf.
[21] 中国民用航空局. 运输机场地面车辆和人员跑道侵入防范管理办法[S/OL]. [2022-01-17].
https://www.caac.gov.cn/XXGK/XXGK/GFXWJ/202401/P020240126597028444706.pdf.
[22] 中国民用航空局. 运输机场机坪运行管理规则[S/OL]. [2022-06-15].
https://www.caac.gov.cn/XXGK/XXGK/GFXWJ/201910/P020191030627429298268.pdf.
[23] 中华人民共和国交通运输部. 民用航空空中交通管理规则[S/OL]. [2022-11-03].
https://xxgk.mot.gov.cn/2020/gz/202303/t20230329_3783866.html.
[24] 中国民用航空局. 民用运输机场航班保障专用设备配置指南[S/OL]. [2015-11-09].
https://www.caac.gov.cn/XXGK/XXGK/GFXWJ/201606/P020160601354094286348.pdf.
[25] 中国民用航空局. 运输机场不停航施工管理办法[S/OL]. [2023-06-28].
https://www.caac.gov.cn/XXGK/XXGK/GFXWJ/202306/P020230628608458736443.pdf.
[26] 中国民用航空局. 航班安全运行保障标准[S/OL]. [2020-01-16].
https://www.caac.gov.cn/XXGK/XXGK/ZFGW/202003/P020200319625809747758.pdf.
[27] 中国民用机场协会. 民用机场旅客服务质量: T/CCAATB 0007-2020[S/OL]. [2020-10-29].
https://www.chinaairports.org.cn/u/cms/www/202011/17111528eukm.pdf.
[28] 中国民用航空局. 大型机场运行协调机制（运管委）建设指南[S/OL]. [2018-09-29].
https://www.caac.gov.cn/XXGK/XXGK/GFXWJ/201905/P020190523526238801848.pdf.
[29] 中国民用航空局. 民用运输机场突发事件应急救援管理规则[S/OL]. [2016-04-20].
https://www.caac.gov.cn/XXGK/XXGK/MHGZ/201606/t20160622_38643.html.
[30] 中国民用航空局. 运输机场残损航空器搬移管理办法[S/OL]. [2022-06-10].
https://www.caac.gov.cn/XXGK/XXGK/GFXWJ/202206/P020240417520919336009.pdf.
[31] 刘明. 中外机场管理模式比较与中国机场管理模式探讨[J]. 经济问题探索, 2007, (11):6-9.
[32] 邓松武. 智慧机场之全域协同运行[EB/OL]. （2022-04-22）.
https://news.carnoc.com/list/583/583105.html.
[33] 陈虹莹. 机场运行模式转型分析与研究[EB/OL]. （2021-11-09）.
https://att.caacnews.com.cn/zsfw/jcgl/202111/t20211109_60250.html.